JOSÉ LEZAMA LIMA: UNA BIOGRAFÍA
AÑOS DE FORMACIÓN (1910-1939)

JOSÉ LEZAMA LIMA: UNA BIOGRAFÍA

AÑOS DE FORMACIÓN (1910-1939)

Ernesto Hernández Busto

PRE-TEXTOS

DISEÑO GRÁFICO: Pre-Textos (s.g.e.)

DISEÑO DE SOBRECUBIERTA Y CUBIERTA: Ramón Gaya y M. Ramírez

ILUSTRACIÓN DE CUBIERTA: Mariano Rodríguez. *Retrato a tinta de José Lezama Lima* (1941)

LUIS SANTÁNGEL, 10 · 46005 VALENCIA

www.pre-textos.com

ISBN: 978-84-10309-98-2 · DEPÓSITO LEGAL: V-4646-2025

Impreso en Safekat S.L.

A mi madre

ÍNDICE

«¿Lo que más admiro de un escritor? Que maneje fuerzas que lo arrebaten, que parezca que van a destruirlo. Que se apodere de ese reto y disuelva la resistencia. Que destruya el lenguaje y que cree el lenguaje. Que durante el día no tenga pasado y que por la noche sea milenario. Que le guste la granada que nunca ha probado y que le guste la guayaba que prueba todos los días. Que se acerque a las cosas por *apetito* y que se aleje por *repugnancia*».

JOSÉ LEZAMA LIMA, en entrevista con EUGENIA NEVES (1969)

«Lezama –y vuelvo a no saber cómo decirlo– llegó hasta tal punto a ser la encarnación del gran funámbulo, o del gran poeta, o del gran farsante (y no puedo olvidar cuando, en los primeros tiempos que lo conocí, me dijo: *No olvides que todo poeta es un farsante*), que en los gestos, las palabras, la conducta, no dejó de traslucir al personaje que se había inventado (porque Lezama, por supuesto, tiene que haberse inventado un personaje, pero lo bueno es que él se convirtió en ese personaje)».

LORENZO GARCÍA VEGA, en «MAESTRO POR PENÚLTIMA VEZ» (2009)

«Un árbol en el desierto es menos asombroso que el hombre por los arrabales, bajo la lluvia, cubriéndose con un periódico. Todo lo acepta el hombre, menos que es un asombro, un monstruo que lanza preguntas sin respuestas».

JOSÉ LEZAMA LIMA, «PRELUDIO A LAS ERAS IMAGINARIAS» (1958)

ABREVIATURAS BIBLIOGRÁFICAS

OBRAS DE JOSÉ LEZAMA LIMA:

MN. *Muerte de Narciso* (Úcar, García y Cía, La Habana, 1937).
CJRJ. *Coloquio con Juan Ramón Jiménez* (Publicaciones de la Secretaría de Educación, La Habana, 1938).
ER. *Enemigo rumor*. Col. Cuadernos Espuela de Plata (Úcar, García y Cía, La Habana, 1941).
AS. *Aventuras sigilosas* (Orígenes, La Habana, 1945).
LF. *La fijeza* (Orígenes, La Habana, 1949).
AF. *Arístides Fernández* (Publicaciones del Ministerio de Educación, Dirección de Cultura, La Habana, 1950).
AR. *Analecta del reloj* (Orígenes, La Habana, 1953).
LEA. *La expresión americana* (Instituto Nacional de Cultura, Ministerio de Educación, La Habana, 1957).
TH. *Tratados en La Habana* (Universidad Central de las Villas, Departamento de Relaciones Culturales, Impresora Úcar, García, S. A., 1958).
DA. *Dador* (Úcar, García, S. A., 1960).
APC. *Antología de la poesía cubana* (3 t.), Col. Biblioteca Básica de Autores Cubanos, Editora del Consejo Nacional de Cultura, La Habana, 1965.
OR. *Órbita de Lezama Lima*. Ensayo preliminar, selección y notas de Armando Álvarez Bravo (Col. Órbita, Ediciones Unión, La Habana, 1966).
PA. *Paradiso* (Col. Contemporáneos, Ediciones Unión, La Habana, 1966).
LCH. *La cantidad hechizada* (Col. Contemporáneos, Ediciones Unión, La Habana, 1970).
PC. *Poesía completa* (Letras Cubanas, La Habana, 1970).
OC. *Obras completas*. Introducción de Cintio Vitier. (2 vols.) Col. Biblioteca de Autores Modernos, Editorial Aguilar, México, 1975/1977.
OL. *Oppiano Licario* (Arte y Literatura, La Habana, 1977).
FR. *Fragmentos a su imán* (Arte y Literatura, La Habana, 1977).
IP. *Imagen y posibilidad*. Selección, prólogo y notas de Ciro Bianchi Ross (Letras Cubanas, La Habana, 1981).

PA(EC). *Paradiso.* Edición crítica y coordinación a cargo de Cintio Vitier. Col. Archivos, UNESCO, Madrid, 1988. (Hay segunda edición en 1996).
OL(EC). *Oppiano Licario.* Edición de César López (Col. Letras Hispánicas, Cátedra, Madrid, 1989).
DI. *Diarios. 1939/49-1956/58* (Editorial Era, México, 1994).
PC(EC). *Poesía completa.* Prólogo y edición corregida y aumentada de César López (Alianza Editorial, Madrid, 1999).

ARCHIVOS, CORRESPONDENCIA, ENTREVISTAS Y TESTIMONIOS:

VM. *Recopilación de textos sobre José Lezama Lima* (Julio Simón, ed.), Serie Valoración múltiple, Casa de las Américas, La Habana, 1970.
MIC. José Rodríguez Feo: *Mi correspondencia con Lezama Lima* (Ediciones Unión, La Habana, 1989).
CLL. Carlos Espinosa: *Cercanía de Lezama Lima* (Letras Cubanas, La Habana, 1986).
FM. *Fascinación de la memoria. Textos inéditos de José Lezama Lima* (Letras Cubanas, La Habana, 1993).
PLDS. Félix Guerra: *Para leer debajo de un sicomoro. Entrevistas con José Lezama Lima,* (Letras Cubanas, La Habana, 1998).
CE. *Cartas a Eloísa y otra correspondencia (1939-1976).* Edición comentada e introducción de José Triana. Prólogo de Eloísa Lezama Lima (Verbum, Madrid, 1998).
MI. Iván González Cruz: *Archivo de José Lezama Lima. Miscelánea,* Centro de Estudios Ramón Areces, Madrid, 1998.
AA. Iván González Cruz / Diana María Ivizate González: *Álbum de los amigos de José Lezama Lima* (Universidad Politécnica de Valencia, Valencia, 1999).
CCN. José Lezama Lima: *Como las cartas no llegan...* Introducción, selección y notas: Ciro Bianchi Ross (Ediciones Unión, La Habana, 2000).
EEGA. *El espacio gnóstico americano. Archivo* de José *Lezama Lima.* Edición crítica de Iván González Cruz (Editorial de la Universidad Politécnica de Valencia, Valencia, 2001).
COR. *Correspondencia entre José Lezama Lima y María Zambrano y entre María Zambrano y María Luisa Bautista.* Prólogos de Eloísa Lezama Lima

y Tanghy Orbón. Edición de Javier Fornieles Ten (Espuela de Plata, Sevilla, 2006).
AH. Ciro Bianchi Ross: *Así hablaba Lezama Lima. Entrevistas* (Col. Sur Editores, UNEAC, La Habana, 2010).
UFH. Eloísa Lezama Lima: *Una familia habanera* (Ediciones Universal, Miami, 1998).
LAO. Lorenzo García Vega: *Los años de Orígenes* (BajoLaLuna, Buenos Aires, 2007).

***

En el libro usamos «Orígenes», en redondas, para referirnos al grupo, y «*Orígenes*», en cursivas, cuando se trata de la revista.

INTRODUCCIÓN

I.

«No tengo biografía ninguna», declaró en entrevista. «Vivo en lo que queda al pasar por un espejo», dice en una carta. Ambas frases, y muchas otras que podríamos sumarles, apuntan al tipo de escritor que levanta su obra como un túmulo reverencial y evita distraernos con las mil anécdotas burbujeantes en el caldo del personaje. Esa aparente renuncia a lo biográfico distingue a quien gustaba de considerarse un clásico futuro, cuyos lectores estarían esperándolo en la eternidad, allí donde se borra la memoria del cuerpo para que sobreviva un espíritu fundido con la letra.

Años después de su muerte, en efecto, el espíritu y la letra de Lezama regresaron a la literatura cubana. Pero no venían juntos; eran como fantasmas enemigos, hoscos hermanos tras una historia de traiciones mutuas. Historia turbia, de la que empezamos a desconfiar cuando, luego de sufrir censura y ostracismo, el poeta se convirtió en referencia clave de la nueva política cultural.

En los años 80 del siglo pasado, su imagen remitía a la famosa estampa de Arcimboldo: un rostro hecho de libros, una presencia fantasmagórica que alternaba la majestuosidad de un estilo, perezosamente resumido en el adjetivo «barroco», con los fogonazos de frases mánticas y aforismos para ocasiones diversas. Desde este punto de vista, Lezama fue nuestra prueba más rotunda de la literatura concebida como absoluto, elevada a la condición de una «segunda naturaleza, tan *naturans* como la primera», cuya supuesta inocencia se confunde a veces con lo que él mismo llamó «la gracia de lo demoníaco».

Inocente o demoníaco, el deslumbramiento que su escritura suscitó en mi generación no fue casual. Tampoco se trataba de un disfraz escogido para impresionar a la concurrencia, que por entonces solía burlarse de aquel estilo críptico y del rabelesiano personaje que lo encarnaba. Sin embargo, quienes descubrimos a Lezama diez años después de muerto intuíamos que su escritura tocaba una zona reveladora, a la que no accedían sus predecesores ni sus contemporáneos.

Su literatura tenía, ante todo, la atracción de lo teratológico: monstruoso y exclusivo ejemplo del triunfo de una vocación sobre las circunstancias. No se entendía muy bien cómo había aparecido en Cuba aquel escritor que, sin embargo, era también profunda y esencialmente cubano. La admiración no tardó en convertirse en culto: creímos que una vez leídos todos sus libros y los muchos que él citaba alcanzaríamos una suerte de salvación, lejos de nuestra circunstancia nacional, para habitar entre las sombras precoces de «una ínsula indistinta en el Cosmos», flotante en el misterio de la palabra poética. Se trataba, por supuesto, de una impostura. Pero sería injusto que la madurez nos obligase a desechar aquel intento adolescente de «literaturizar» la vida, la necesidad de identificarnos con un escritor a costa de simular ser alguien que no somos. Algo fundamental nos descubrió nuestra ferviente lectura de Lezama, y tal vez con eso baste, como bastaba sospechar entonces, sin entenderlo del todo, su verdadera importancia.

Mientras perduró la sensación reconfortante de quien descubre un credo semisecreto, del adolescente que «comienza a verse, a verificarse en los demás», fue fácil compartir la solución de Lezama, ese camino en que vida y literatura se borran mutuamente las huellas. Pero toda vocación que rebasa su pubertad, ese periodo en que «coinciden la intensidad de los deseos y la gracia que se nos regala», está obligada a una lectura menos servil de sus clásicos.

Los vaivenes de la propaganda política y la obsesión de Cintio Vitier, sobreviviente de Orígenes, por identificar la obra de Lezama con el espíritu de la Revolución de 1959 hacían del escritor una presencia formal y vacía, como aquel ensamblaje o retrato escultórico que debemos a su amiga Antonia Eiriz: decimonónica silla envuelta en apariencias, unos ropajes que sustituyen al rostro. Aquel intento de Vitier por conectar al Estado cubano con la «utopía de la encarnación histórica» prevista por Lezama también arrastraba un gran equívoco: no eran los políticos, sino los poetas y creadores de la llamada «generación de los 80» quienes mejor representaban el nuevo sentido posible de aquel legado.

Después de un largo silencio, esa generación de escritores a la que pertenezco empezó a leer a Lezama con otras claves, y en un ambiente que recordaba aquella República supuestamente hostil al origenismo, aludida casi siempre con el prefijo «seudo» o el adjetivo «mediatizada».

Si en aquel momento su ejemplo nos permitió igualar los males republicanos con los de una gastada Revolución fue porque Lezama representaba, como se ha dicho, todo aquello de lo que carecía el aspirante a escritor en Cuba. Desde ese modelo, sentíamos la «necesidad fanática» de hacer revistas, de constituir «un estado organizado contra el tiempo» para defender una poética ajena a la imperante. Por una curiosa paradoja, imitarlo era una forma de ser originales, en un país y una época en los que el simple hecho de querer ser escritor bastaba para ser visto con desconfianza.

A mediados de los años 90, enfrentada a aquellos jóvenes creadores y objetores del uso político de Lezama, la interpretación hagiográfica y legitimista empezó a resquebrajarse. Ayudaron varias polémicas, no muy conocidas fuera de la isla. Vitier y Fina García Marruz, albaceas de Orígenes, protestaron por las lecturas de sus contradictores, estigmatizados como retoños del «espíritu negador» de Virgilio Piñera, de *Ciclón* o de Lorenzo García Vega, que ya en *Los años de Orígenes* había criticado la beatificación de Lezama y las trampas del «ceremonial origenista». Sin duda aquellos jóvenes habían leído a Piñera y a García Vega, pero eso no les impedía ver en Lezama la Literatura con mayúsculas.

Traigamos, como ejemplo, dos citas. En un ensayo titulado «Orígenes y los ochenta», el poeta Pedro Marqués de Armas escribe: «Leer a Lezama siendo adolescentes fue como recuperar de un golpe la memoria que habíamos perdido». O más bien, precisa luego, «de una memoria literariamente tomada por el realismo, todo un orden simbólico secuestrado por la Revolución».[1] Ese mismo año, en su ensayo «Olvidar *Orígenes*», el escritor Rolando Sánchez Mejías afirmaba: «La significación de *Orígenes* para mí ha sido la significación que han podido tener algunas de sus escrituras: la posibilidad de contar con un imaginario complejo, de una apertura o conexión entre distintos órdenes de la vida, o lo que es lo mismo: un concepto de Ficción en el orden del Absoluto [...] La otra lección de *Orígenes* derivada de su sentido total de la ficción, es la idea del Libro: del Libro como vastedad, como metáfora que encarna el mundo. Antes de *Orígenes* no contábamos con dicha tradición».[2]

Al revisar estas declaraciones uno termina preguntándose si, pese a los previsibles movimientos del péndulo generacional, hay algún escritor cubano que pueda en realidad «olvidar a Orígenes» o ignorar el lugar de Lezama en el canon insular. Porque de eso se trata, a fin de cuentas: un puesto ineludible, que no tiene que ver sólo con sus fecundos ejercicios críticos, su poética o una lectura de nuestro *pasado*, sino con la capacidad de irradiación sobre un grupo de escritores *futuros* cuyo imaginario había sido mutilado por la estética del realismo revolucionario.

Orígenes y Lezama volvieron a ser un problema; volvíamos a pensar al poeta, a defenderlo contra intrusiones ideológicas y afanes de consagración, a tratar de evitar que hicieran con Lezama lo que antes se había hecho con Martí.[3] Al *pathos* revisionista de García Vega y la molestia por el uso político de un poeta hermético se sumaba la relectura de la tradición que distingue a cualquier cultura viva. En *Los años de Orígenes*, la reacción anti-Lezama respondía a la necesidad de purgar una iniciación a la sombra del *magister*, un esfuerzo de identidad que evocaba la cura psicoanalítica. En cambio, ninguno de los escritores de los 80 con que Vitier y García Marruz polemizaron en La Habana había conocido personalmente a Lezama. Su lectura prescindía de aquella neurosis, del agujero de lo individual, para enfrentarse al espectro invocado en las ouijas de la nueva política.

La canonización de Lezama provocó un efecto colateral: el intento por «descifrar» su apoyo a la Revolución. No creo exagerar si digo que la política de Lezama se convirtió en una de las obsesiones intelectuales de mi generación. En los años 70 no se mencionó el tema (un *lapsus* cargado de significado), mientras que en los 90, al reducirlo a poeta capaz de celebrar en el Estado revolucionario la encarnación de un absoluto, regresamos al maniqueísmo: de nuevo parecíamos incapaces de separar la escritura de sus circunstancias, la letra del espíritu.

Una aséptica y completa separación de ambos dominios resultaba imposible. ¿Acaso «A partir de la poesía» puede considerarse un texto prescindible o anecdótico? ¿Qué es exactamente una «política de la *imago*», versión tropical de aquella «política del espíritu» proclamada por Valéry? ¿Se puede reducir la «política» de Lezama al misticismo nacionalista reconstruido *a posteriori* por Vitier? Eran preguntas apasionantes, aunque sospecho que con ellas prolongábamos cierto delirio hermenéutico, trasladábamos al campo literario frustraciones originadas fuera de él.

El intento de ahondar en estas cuestiones recorre lo mejor del ensayo cubano de las últimas décadas. Al mismo tiempo, la política cultural hizo de Lezama un apóstol de la «vuelta a las raíces» y casi lo despoja de cualquier heterodoxia. Esa contrahistoria oficialista de Orígenes soslaya las diferencias filosóficas entre Vitier y Lezama, sus diversos calados y rumbos. Al sustituir el Espíritu por la *imago*, Lezama se aparta de la metafísica moral de Vitier (demasiado marcada por Max Scheler y su libro *El puesto del hombre en el cosmos*) para proponer una concepción más compleja de la Historia en relación con la Poesía. Los términos de su llamado «sistema poético» no sólo son más ambiciosos que los de Vitier sino, en ocasiones, irreconciliables con una teleología espiritualista. Aunque esas diferencias hayan quedado medio ocultas por un imperioso sentido de pertenencia grupal, para acotar y definir con justicia el lugar de Lezama en nuestra tradición literaria lo primero sería prescindir de los equívocos que resultan de igualar al maestro con sus discípulos. Incluso con los mejores entre ellos, como es el caso.

Tanto en la «Teleología insular» propuesta en el *Coloquio con Juan Ramón Jiménez*, como en su posterior búsqueda de un arte que superara una nación «indecisa, claudicante y amorfa» para ponerse a la altura de un «estado posible», Lezama practica la ambivalencia del mistagogo: por un lado, quiere edificar una tradición; por otro, exalta el vacío circundante para dar mayor importancia a la empresa que anuncia. Una empresa, ya lo sabemos, inseparable del mito. Para él, como para muchos otros poetas modernos, el núcleo de cualquier impulso civilizador tenía que ver con una mitología (esa entidad que Friedrich Schlegel llamó «la más artística de todas las obras de arte») desde la cual acceder a lo universal. Sólo la reelaboración de viejos y nuevos mitos, creyó, permitiría reconstituir la expresión de un país varado en una profunda crisis de identidad.

Tan grandilocuente misión no estuvo a salvo de equívocos: el «caldo criollo» del estilo lezamiano al que se refiere Octavio Paz[4] contiene también algunas piedras e ingredientes de difícil digestión: mistificaciones, exageraciones, incongruencias. Todo cabe en esa «olla podrida» si sirve a su sistema, siguiendo la curiosa condición de lo cubano que prefiere la superposición a la síntesis. Como notó Severo Sarduy, en el *collage* filosófico de Lezama hay siempre algo de burla; abierto choteo unas veces y discreta ironía otras, un pastiche de saberes metafóricos e invenciones sobre todas las materias imaginables. Sería un poco absurdo exigirle «coherencia», y ni hablemos de coherencia política. Si antes, como un mistagogo aficionado, había rebajado la dimensión cultural de la República para realzar las misiones de su Tribu dentro de la Ciudad, en 1959 se vestirá de aprendiz de brujo para incorporar la Revolución a su teleología poética.

Con el ensayo «A partir de la poesía» Lezama saludó una Revolución triunfante y trató de encontrarle lugar en su doctrina volviéndola la última de las *eras imaginarias*: la hipóstasis martiana de la «posibilidad infinita». Por supuesto, la transformación social a la que se refiere en aquellos primeros años era apenas una promesa. El propio Vitier explicaba a finales de los años 50 las diferencias del sistema lezamiano entre el *ethos* y la *poiesis*, reconocible en el carácter hipertélico de la segunda: «Lo que ella provoca no es, como el acto creador del *ethos*, la aparición del soberano bien, sino del Eros de la posibilidad que por la relación metafórica crea el puente unitivo de los dos mundos».

Su elogio inicial de la Revolución fue también celebración de lo hipertélico, de la oportunidad agrandada. Para Vitier *ethos* y *poiesis* debían coincidir en la «solución unitiva»; Lezama pronto descubrió que toda revolución lleva consigo su propio catálogo de estragos, censuras y nuevos valores. Si pudo concebir la absurda idea de que la destrucción del antiguo régimen republicano no implicaba por fuerza su propia ruina, enseguida tuvo ocasión de desengañarse. «En nuestro país casi nunca sucedía nada –le escribió a su hermana Rosa en 1966–, pero desgraciadamente cuando sucede algo es algo aplastante, que rebasa las posibilidades de enmienda, como antes rebasó las mismas posibilidades en el hecho de un resurgimiento». Si bien es imposible soslayar el impulso que lo lleva a identificar la Revolución con una especie de avatar mitológico, lo justo sería no colocarlo *a posteriori* dentro de una interpretación legitimista.

En uno de sus cuadernos de notas, apuntó: «Goethe decía que para hacer gran poesía era necesario el campo dejado por los antepasados y una revolución». La frase resume el largo camino de la secularización moderna, preñado de contradicciones. En todo gran poeta habita, por así decirlo, la tentación de legislar en nombre de alguna *polis*. Pero ese mismo poeta siente también la necesidad de emprender migraciones solitarias, fugas que implican importantes mutaciones del lenguaje. En Lezama están presentes, a veces al mismo tiempo, ambas pulsiones: el legislador público y el exiliado interior. Quienes citan una y otra vez el artículo «El 26 de julio: imagen y posibilidad» deberían recordar que en 1959 su autor también recomendaba a los poetas «formar otra clase sagrada, ir más allá del estado, liberarse en la lejanía del curso recorrido por la maldición».

La fe lezamiana en la Revolución como gesta mesiánica dejó sitio a un progresivo distanciamiento. La censura y la marginación que padeció durante sus últimos años acabaron por convencerlo de que la poesía estaba en otra parte, lejos del avatar histórico que había usurpado la voz nacional. A la metáfora del «anillo reencontrado» con que saludó aquel cambio social le siguió entonces la de la «llave perdida». En una carta enviada a su amigo exiliado, el músico Julián Orbón, la Revolución cubana se entiende como posesión y extravío de un emblema sagrado, una gran promesa incumplida. Lo cual revela que Lezama, como tantos otros intelectuales modernos, osciló políticamente entre el arrebato mesiánico y el más profundo pesimismo, paradoja apenas resuelta (si es que el término «resolver» tiene aquí algún sentido) con la idea órfica del poeta sacrificado en nombre de la imagen-nación.

Es por todo eso que aunque el escritor haya mostrado el mismo entusiasmo de tantos otros cubanos ante la Revolución triunfante, resulta un poco ridículo hablar de un «Lezama revolucionario». Así como en las mitologías que gustaba de citar el trayecto luminoso del anillo va siempre acompañado de alguna maldición ineluctable, su augurio de la «era de la posibilidad infinita» acabó por volverlo reo de una dictadura mesiánica. Tampoco debemos alegrarnos de ello, o culparlo por ese karma de malversación simbólica: en casi ningún escritor de su siglo el proyecto de una *política del espíritu* termina bien.

Desde cierta perspectiva moderna, los devaneos políticos de Lezama pueden parecernos «regresivos» o ingenuos. Pero si reconocemos que el historicismo moderno sacrifica en su visión el contacto con ciertos dones de la palabra, tal vez podamos juzgar de otra manera su empresa intelectual y reivindicarla por mantener el lazo de la literatura con «algo» esencial que emula el ansia trascendente de las revoluciones.

Están, además, las virtudes de su peculiar estilo: al fundir el *pathos* de la frustración con una necesidad de refundación mítica, Lezama no sólo inaugura una perspectiva inédita en la literatura cubana, sino también un tipo especial de elocuencia. De ahí esos ensayos suyos donde el difícil equilibrio entre la crítica de la cultura y la voluntad de lo sagrado produce algunos de los argumentos más originales de la literatura de su época.

Si se entiende la historia como un proceso de crecimiento, como maduración orgánica o dialéctica, todo el sistema lezamiano parecerá irracional y fuera de lugar. En cambio, una comprensión desde el punto de vista del lenguaje revela que muchas de sus ideas no sólo tienen plenos derechos filosóficos en el contexto de la modernidad, sino que además anticipan algunas de sus marcas fundamentales. Hay en Lezama esa ambición que desemboca en una suerte de salvajismo o barbarie, una antropofagia erudita que rebasa cualquier complejo de inferioridad y redimensiona la relación entre Viejo y Nuevo Mundo. Sobre ese punto conviene escuchar a T. S. Eliot cuando, a propósito de Wyndham Lewis, advertía que el artista es a la vez más primitivo y más civilizado que sus contemporáneos: «Su experiencia es más profunda que la civilización a la que pertenece, y en realidad, todo artista auténtico utiliza el fenómeno de la civilización sólo para expresar esa experiencia».

II.

No encontraríamos mejor definición del antimoderno
que como moderno arrastrado por la corriente de la historia,
pero incapaz de guardar luto por el pasado.

ANTOINE COMPAGNON

Marqués de Armas opina, con razón, que Orígenes fue nuestra puerta de entrada a la modernidad. Y luego precisa: «el filtro que depura o bien deja escapar los grumos de una parte de esa modernidad». Si convirtiéramos a Lezama en antimoderno por esos ejercicios de filtrado, también nos veríamos en aprietos al afirmar que Joyce, Kafka o Proust, por ejemplo, son verdaderos escritores modernos. Como nos recuerda Valéry, «un hombre moderno, y en ello reside el carácter de la modernidad, vive familiarmente con una gran cantidad de contrarios instalados en la penumbra de su pensamiento».

Lezama está lleno de paradojas. Su catolicismo roza muchas veces la herejía; su profundo conservadurismo no le impidió celebrar una revolución; su curiosidad y cosmopolitismo contrastan con la figura del «peregrino inmóvil» que apenas viajó fuera de la isla; su estilo hermético convive con el gran conversador, capaz de seducir a los más disímiles interlocutores, y con el generoso *magister* del Curso Délfico.

Es arriesgado convertir las reticencias de Lezama ante la Vanguardia en pruebas de un antimodernismo sin matices: asimiló mucho del *paideuma* de Pound, de los arcanos de Lautréamont o del simbolismo mallarmeano; bebió del ambivalente modernismo de Rimbaud y de Joyce, de Cézanne y Picasso, de Breton y la filosofía heideggeriana. Tampoco se abstuvo de dejar su impronta en esos diálogos: al «método mítico» de Eliot replica con la idea de los nuevos mitos de la expresión americana; al *ser para la muerte* de Heidegger opone su *ser para la resurrección;* al subconsciente surrealista, tan fechado, un subconsciente mítico que va más allá de su parodia. La absoluta modernidad también puede ser vivida como el desarraigo de sus principios rectores. Y hay poemas de *Enemigo rumor* o de *Dador* que son, como dice Fina García Marruz, más delirantes que todos los surrealistas. A los críticos empeñados en reducirlo, él parece ripostarles con el verso de uno de sus mejores poemas: *my soul is not in an ashtray*, su alma no está en el cenicero de las etiquetas fáciles. Porque cada gran escritor, y Lezama lo es, crea su propia categoría.[5]

Esa particular grandeza, como ya notó Cortázar en su momento, tampoco está a salvo de la caricatura. El estilo de Lezama es todo menos elegante (carece de equilibrio o simetría, abusa de parataxis y anacolutos, tiene una puntuación errática, se pierde a menudo en digresiones, es demasiado reiterativo a veces), mientras que su figura, la del obeso poeta hermético que saca de su chistera de mandarín intelectual sucesivas misiones trascendentales (dar sentido histórico a una nación, descifrar la originalidad americana, construir un sistema poético del mundo) puede ser (y lo fue) blanco de burlas fáciles. Varias generaciones han parodiado su habla reducida a jerigonza asmática, hecho mofa de su gordura y su gula, cuestionado su torpe relación con otras lenguas y las pifias de su erudición. Buena parte del anecdotario disponible insiste en lo ridículo del personaje, ajeno y a la vez inseparable de su entorno. Burlarse siempre es más fácil que pensar. Cuando en La Habana de 1970 un grupo de escritores irreverentes puso de moda los epitafios en verso de grandes autores vivos, el suyo («Jamás viajó ni a Nueva York ni a Roma, / José Lezama Lima, vida vana, / entre nosotros, en su vieja Habana, / se dedicó a escribir, mató el idioma») fue un ejemplo perfecto de mala lectura: convertía en defecto su gran virtud.[6]

Para explicar por qué Lezama no ha alcanzado el reconocimiento de un clásico más allá del mundo de habla hispana, Roberto González Echevarría menciona a un tipo de escritor «tan enraizado en su cultura que resulta intraducible a otra, sin que esto quiera decir que son figuras menores, porque su influencia sobre escritores de su propia lengua que sí son universalmente reconocidos es tan grande que son leídos a través de ellos».[7] Mucha razón tiene aquí el discípulo cubano de Harold Bloom, sobre todo cuando localiza el origen de esa lectura desviada o equívoca en una «rareza radical» que no excluye cierto «mal gusto». El mal gusto de alguien a quien no le interesan las apariencias: ni estar al día, ni sostener una relación aquiescente con los discursos dominantes de la modernidad (vanguardismo, freudismo, existencialismo), ni dar una imagen «correcta» para complacer a la galería local. El *kitsch* o, dicho en cubano, la *picuencia* del personaje que se mueve sin complejos con un traje un poco anticuado y demasiado grande. No es la suya una prosa que se proponga hoy como modelo en ninguna escuela. Esa también puede ser la clave de la actualidad última del antimoderno, la negación de la negación vanguardista, la posibilidad de «ser poeta maldito siendo en vez poeta bendito».

La progenie intelectual que Antoine Compagnon deriva de Pascal (Maritain, Du Bos, Thibaudet) fue muy importante para Lezama. Esa familia espiritual es también la de quienes estuvieron alerta a lo que otros no vieron, ultramodernos cuya audaz defensa de lo clásico define un estilo de pensamiento a contracorriente.[8] Octavio Paz, por su parte, ubica a Lezama en una vanguardia *otra*, «silenciosa, secreta, desengañada», «crítica de sí misma y en rebelión solitaria contra la academia en que se había convertido la primera vanguardia», menos ocupada en inventar que en explorar.

El desencaje de Lezama en relación con ciertos ideales que rigieron su época no debería conducir a una comprensión totalizadora o excluyente. Si bien hay en todo el grupo Orígenes una evidente reacción contra el modernismo entendido como espíritu positivista y culto al progreso (nótese la tremenda influencia que tuvieron, desde los días de *Verbum*, aquellos apuntes de Juan Ramón Jiménez titulados *Límite del progreso*), también es cierto que el verdadero modernismo digno de tal nombre, ese que designa entre nosotros una reacción espiritual y uno de los grandes movimientos literarios de la lengua, ha sido siempre un poco antimoderno: es decir, ambivalente, dolorosamente consciente de sus límites. Desde sus polémicos dogmas y aventuras espirituales, Lezama parece tener todavía mucho por enseñar, mientras que los escritores que se le enfrentaron en nombre de la modernidad (pienso, por ejemplo, en Mañach, Baragaño o Padilla) hoy suenan un poco cansinos, aburridos.

A diferencia de las poéticas que abrazaron muchos de sus contemporáneos, Lezama aspiró siempre a la plenitud. En el lugar de la negación colocó la reinvención, y al fácil nihilismo opuso una alegre confianza en los misterios católicos. Intentó crear un escudo a salvo de modas y generaciones, un sistema poético en el que conceptos como «sobrenaturaleza», «hipertelia» y «súbito» fueran versiones abreviadas de lo sublime y escalones del pensamiento creador. Pero también hay en ese sistema *una idea del mundo concebida a partir de la metáfora*, un intento por redescribir la realidad más allá de la causalidad tradicional y usar la imaginación como vía de conocimiento. Mucho después, redescubrimos algunas de sus intuiciones en grandes pensadores como Gadamer, Ricoeur y Agamben, o en escritores como Roberto Calasso y Guy Davenport. Lezama llegó allí por sus propios medios. El suyo es un sistema cerrado y coherente, que proclama su superioridad contra un escepticismo reactivo, con términos y nociones que llaman la atención por su atrevimiento –muchas veces confundido con la ingenuidad–. Lo más admirable es que esa gran labor creadora se ejerció en un mundo donde cualquier intento de afirmación espiritualista era, y todavía sigue siendo, visto con sospecha.

Fue María Zambrano, atrapada en una disyuntiva intelectual muy parecida, quien mejor entendió la ambición de Lezama. «Toda tu obra anda en busca de las definiciones de Dios y de lo divino», le dice en alguna carta, identificando la raíz de una poesía que parece no cansarse nunca de buscar su propia sustancia. Esa preocupación, como también vio Zambrano, sería el origen de otros males, triste destino de poetas siempre fuera de lugar, dedicados a obsoletos menesteres teológicos y condenados a vivir «como lagartijas en el resquicio de un muro».

No sirve de mucho adjudicarle a Lezama la etiqueta de antimoderno sin reparar en todo lo que esa condición lleva consigo, al menos para la literatura. A fin de cuentas, los escritores antimodernos –no confundir con los tradicionalistas– son, ya lo ha dicho Compagnon, una parte tan fundamental de la Modernidad que bien podrían ser considerados los verdaderos modernos.

III.

Parte de esa Modernidad que los origenistas trataron de esquivar o con la que tuvieron una relación contradictoria fue el freudismo: no tanto Freud, al que sí leyeron, como su *vulgata*, ese intento de «convertir una etapa en un sistema», según se lee en *Paradiso*. Sonreímos, claro, cuando Fina García Marruz dice que les aburría Freud, y salta de inmediato la réplica ingeniosa: lo opuesto es menos probable. Pero se debe recordar que, salvo excepciones, Freud no tuvo demasiada suerte con los literatos. Es posible que esta desconfianza esté relacionada con una especie de disputa territorial. El fundador del psicoanálisis intentó convencernos de que todos tenemos una vida secreta, esa corriente más o menos impetuosa que sólo controlamos a medias, mientras que la mayoría de los escritores aspira justo a lo contrario: revelar hasta el último recoveco de esos dominios prohibidos.

Durante el siglo XIX la literatura reclamó, cada vez con mayor éxito, una autonomía radical, una dignidad al margen de causas y determinaciones extraliterarias. Como bien explica Richard Ellmann,[9] el psicoanálisis vino a contradecir de manera evidente estas pretensiones de autonomía. Y lo hizo muchas veces con términos y ejemplos (Narciso, Edipo,

Gradiva...) extraídos de la literatura, hasta el punto de que hoy la mención de Edipo nos remite antes a Freud que a Sófocles.

El propio analista reconoció que muchos de sus descubrimientos sobre la psique habían sido anticipados por escritores. No era demasiado raro que la mayoría de ellos percibieran el psicoanálisis como una intrusión, o se resistieran a la idea de que sus poderes creativos tenían que ver con la sublimación de deseos reprimidos. Virgilio Piñera, modelo de heterodoxo, explica en su nota sobre el centenario de Freud que mientras el psicólogo presume de descubrir el mecanismo de la vida onírica «va desplegando ante nuestra vista otro sueño, esto es, la interpretación del sueño por él estudiado, y dicha interpretación por el hecho de haber sido presentada como sueño exige a su vez ser interpretada». Con este posible círculo vicioso, la literatura atrapa a la ciencia: «la estatua por él modelada resulta más inquietante, extraña y misteriosa que el modelo».[10]

Un área donde el psicoanálisis podría percibirse como particularmente intrusivo es la biografía literaria. Antes de Freud, las biografías de escritores se construían sobre todo a partir de archivos: documentos, semblanzas, cartas, testimonios orales y escritos. Con lo factual y sus evidencias, el biógrafo hilaba sus premisas o conjeturas, pero al mismo tiempo le era casi imposible ignorar el peso y la influencia de las obras en la imagen del escritor. Como si Hamlet y Próspero, por ejemplo, se volvieran los principales modelos para entender la vida de Shakespeare.

A partir de Freud, todo cambió. Poco a poco, el Archivo empezó a depender de ciertas ideas, o a ser sustituido por teorías preconcebidas sobre el autor. Si las evidencias no encajaban, se buscaban otras. El Leonardo de Freud o el Flaubert de Sartre, por citar sólo dos modelos notables, subordinan las evidencias documentales a una teoría del creador para terminar demostrando de manera demasiado complaciente la hipótesis inicial del biógrafo.

Las reticencias de Lezama ante lo biográfico tampoco son excepcionales. Muchos escritores han razonado su negativa a ser biografiados, y el propio Freud dejó claro que no quería convertirse en sujeto de ese tipo de experimento. En 1936, cuando Arnold Zweig se ofreció a escribir su biografía, respondió que prefería ahorrarle ese ingente y desagradecido trabajo: «Para ser biógrafo hay que atarse a mentiras, ocultamientos, hipocresías, falsos matices e incluso ocultar la falta de comprensión, puesto que la verdad biográfica no se puede alcanzar, y si se alcanzara, no podríamos usarla... La verdad no es factible, la humanidad no se la merece y, de todos modos, ¿no tiene razón nuestro príncipe Hamlet cuando dice que, si todos tuviéramos lo que nos merecemos, "nadie se libraría de los azotes"?». Hay aquí dos objeciones un tanto contradictorias: por un lado, los biógrafos mienten porque les cuesta encontrar la verdad, y por otro, si las verdades fueran reveladas resultarían poco menos que insoportables. La conclusión es que tampoco Freud estaba dispuesto a ser víctima de una biografía freudiana.

Cuando Lezama asegura no tener biografía y presume de una vida «muy monótona, la del viajero alrededor de su cuarto y de su imaginación», está tratando de evitar los dos peligros a los que se refiere Freud: ser una víctima de la mentira, o serlo de la verdad biográfica. Posa de Hombre-Obra y, al mismo tiempo, quiere dar su propia versión de una vida que no fue siempre la del escritor encerrado en su biblioteca. Ahí está «Confluencias», uno de sus mejores ensayos, esa ruta de exégesis como «lo rescatado del fuego de la parte íntima». Y, sobre todo, *Paradiso*, donde lo autobiográfico se convierte en parte de una poética. Más que prescindir de la biografía, su autor amontona ingentes trozos de su vida para que sólo podamos descifrarla como ficción, por el camino que él mismo ha trazado: «un hombre tiene una vida verificada y una vida en la infinita posibilidad de la imagen. Y es, desde luego, la forma en que la imagen se particulariza en cada escritor, lo que le da la verdadera importancia a lo sucedido en su vida».

En este libro he intentado sortear ese y otros peligros. Creo que el conjunto ofrece una idea sobre el trayecto vital y literario de Lezama, una comprensión del escritor que quiso ser, sin los excesos de una teoría demasiado rígida o preestablecida. Freud llega aquí (aunque no lo sigamos al pie de la letra ya lo hemos absorbido sin remedio) acompañado por el Archivo, y si bien hay casos en que cuesta no ver la influencia de ciertos hechos reales en la ficción, también he buscado revelar a veces, como recomendaba Harold Bloom, el mecanismo opuesto: cómo esa obra influyó en su autor, qué consecuencias le acarrearon a Lezama sus ambiciones y logros literarios.

A pesar de todo el tiempo y el esfuerzo dedicados a esta empresa, quedan dudas y zonas oscuras. No aspiro a desbrozar en esta biografía, la primera de uno de nuestros escritores fundamentales, *toda la verdad* sobre el protagonista. Tampoco he pretendido un estudio detallado de su obra, sobre la cual hay muchísimo escrito. Me interesan el hombre y sus coartadas, ciertos nombres recurrentes de su mitología personal (Narciso, Orfeo, Anfión), el esclarecimiento de equívocos demasiado repetidos, su relación con el tono de la vida nacional y el tejido de esa gran ciudad que fue La Habana, sus fecundas contradicciones, el voluntarismo de sus ceremonias y la ironía de sus ceremoniales. Y todo eso me llama la atención porque en Lezama tenemos no sólo al autor de una gran obra, sino al personaje de un mundo perdido.

Uno de los inevitables apetitos de cualquier biógrafo que se ocupa de un escritor fallecido es el deseo secreto de que este regrese a la vida. Que vuelva para explicarnos algunas claves de nuestro propio mundo. Que venga a consolar un duelo que creemos consolable, a ocupar una tierra arrasada y baldía. Queremos devolverlos a la vida, devolverles tanta vida como podamos. Muchos escritores, y Lezama entre ellos, habitan un orbe semisecreto de cuyas intenciones y fuentes sólo conocemos lo que ellos mismos deciden revelarnos. Hay más, claro, y toda biografía pretende siempre hurgar en ese *más*: que el biógrafo explique no sólo lo que como lectores nos falta por descubrir, sino también las claves del genio excepcional. Son demasiadas expectativas, y más tratándose de una cultura en la que el género biográfico resulta bastante raro.

Si las biografías constituyen un índice del nivel de una república literaria, tendríamos que reconocer que la literatura cubana está entre las menos civilizadas del idioma. Por distintas razones, que van desde el pudor de la tradición hispanoamericana hasta el uso político de la censura, los grandes escritores cubanos no han sido muy biografiados. Con excepción de un famoso libro de Jorge Mañach sobre José Martí, apenas hay en nuestro canon biografías importantes o definitivas. Al compararnos con otros focos literarios latinoamericanos, como Argentina o México, el saldo es casi ridículo.

Sin atreverme a teorizar sobre este asunto, puedo al menos dar fe de ciertas manías que conspiran contra una consideración seria del género. El núcleo inicial de este libro, concebido hace más de veinte años y realizado según aquel método de trabajo intelectual que su protagonista definió como «la suma de poquedades»,[11] fue una veintena de entrevistas con familiares, amigos y personas que conocieron a Lezama o que en algún momento estuvieron cerca de su círculo. Demasiadas veces me tocó escuchar testimonios contradictorios sobre los mismos hechos, y cada uno de los entrevistados aseguraba tener la versión definitiva. A los cubanos, y Lezama no fue la excepción, nos encanta el chismorreo, y solemos preferir la invención a la investigación. Si damos por seguras versiones imprecisas o abiertamente falsas de los hechos es porque nos hemos convencido de nuestras propias mentiras o, si se quiere, de nuestras propias metáforas. Al parecer, necesitamos que el pasado funcione como coartada de un presente ruinoso.

El síndrome se agrava cuando nos adentramos en un territorio básico para cualquier biógrafo: la sexualidad de los escritores. Este libro aborda sin ambages la condición homosexual de su protagonista, analizada en su libro más ambicioso y conocido, pero presente también en otros pasajes menos frecuentados de su obra. Negada por sus familiares, ignorada pudorosamente por algunos críticos y amigos católicos, testimoniada por muchos otros amigos y conocidos, la homosexualidad de Lezama ha sido uno más entre los tabúes de la cultura cubana. La supuesta «frivolidad» de la pregunta sobre este asunto privado es resultado de la pudibundez que caracteriza a nuestra crítica literaria, por una parte, y a la moral católica de casi toda la generación de Orígenes, por otra. De criticar estos «procedimientos provincianos» ya se ocupó Piñera en su momento, a propósito de Ballagas. Sin duda, elucidar algunas circunstancias de la vida de Lezama relacionadas con su compleja sexualidad puede arrojar una luz diferente sobre su obra, como ha sucedido en muchos otros casos (y pienso ahora en recientes biografías de García Lorca, Proust y Marguerite Yourcenar, por citar sólo tres ejemplos que a Lezama le fueron muy queridos).

Internarse en esos parajes es pisar terreno movedizo. Son pocas las certezas y muchas las versiones que no resisten un mínimo escrutinio, aunque a veces también conviene aplicar la célebre cuchilla de Ockham a la tradición oral: podemos dudar de la anécdota que Natalio Galán contó a Cabrera Infante sobre el encuentro de Lezama y Piñera a la salida de un prostíbulo masculino, pero hay menos margen de incertidumbre en la carta de Lezama a Rodríguez Feo donde le dice que le gustaría ir con él a las casas de citas que frecuentaba Proust. Todo esto es importante y no debe ser ignorado. Ni exagerado. Algunos lectores de biografías entran en ellas buscando la carnaza del chisme, la mundana confirmación de que un gran escritor también puede ser en algunos aspectos como nosotros. Esta tentación del lector filisteo que se regodea en «él, como yo», o en «él, como nosotros» resulta inevitable, aunque vale la pena compensarla a veces con el pensamiento opuesto: «él, a diferencia de nosotros».

Desde la perspectiva de Freud todos, incluyendo a los grandes genios de la humanidad, somos pacientes potenciales, materia de aquello que él llamaba «patografías». Por eso es absurdo hablar de «sexualidad sana» o términos similares. Otras veces, en esa misma perspectiva freudiana, las reconstrucciones del subconsciente se vuelven parte de un pasado imaginativo, doblemente deformado por pacientes y testigos. A diferencia de la biografía, cuya voluntad es fijar determinados acontecimientos en el tiempo para construir el relato confiable de una vida, el inconsciente parece un mundo atemporal; las llamadas «escenas primordiales» acechan para empujarnos a organizar los hechos de una determinada manera. Algo parecido sucede al entrevistar a las personas que conocieron al personaje cuya realidad se intenta reconstruir: demasiadas veces el entrevistado termina hablando de sí mismo aunque crea hacerlo de aquel por el que le hemos preguntado.

Valga el largo preludio para avisar de que las entrevistas antes mencionadas fueron apenas el primer núcleo de este libro y que, si bien contribuyeron a mi idea general del protagonista, sólo aparecen aquí citadas las palabras y referencias a hechos que he podido comprobar por otras vías o fuentes. El complemento indispensable a este derroche de opiniones y anécdotas ha sido una investigación de archivo que se beneficia de muchos documentos inéditos o no disponibles hasta hace algunos años. Resulta obligado agradecer aquí el tremendo trabajo de rescate hecho por Iván González Cruz y Diana María Ivizate González, sin el cual no podríamos tener una idea integral del extenso archivo y de la papelería de Lezama, conservados hoy, con restricciones de acceso, en la Biblioteca Nacional de La Habana.

IV.

Este libro, voluntariamente excesivo en ocasiones, está estructurado en tres grandes partes que aspiran a explicarse por sí mismas. La primera, titulada *Años de formación*, se concentra en el periodo 1910-1939, y está precedida por un análisis genealógico de los cruces entre la cultura cubana y la española desde la Guerra de Independencia de 1868 hasta la fundación de nuestra segunda República. Es una sección voluntariamente prolija: sin una comprensión del siglo XIX cubano es imposible entender la obra y la figura de Lezama. Me detengo, también, en las estancias cubanas de tres escritores españoles que fueron importantes para él: Federico García Lorca, Juan Ramón Jiménez y María Zambrano.

La segunda parte, *Años de fundación*, abarca desde el verano de 1939 hasta diciembre de 1958, y sigue el rastro del protagonista a través de las sucesivas publicaciones que fundó esos años (*Espuela de Plata*, *Nadie Parecía*) para desembocar en *Orígenes* (1944-1956), esa que Octavio Paz llamó alguna vez «la mejor revista del idioma». Una nueva estética coincide aquí con el momento «constitucional» de la República cubana, sacudida luego por numerosos vaivenes políticos. Son los años en que Lezama desarrolló su carrera de poeta y animador cultural, llegando a convertirse, no sin polémica, en una figura de referencia.

La tercera parte del libro, *Años de revolución*, se dedica a analizar la relación entre Lezama y la Revolución cubana de 1959 a partir no sólo de hechos probados, sino también de los textos con que el escritor establece su peculiar «política». Es la época del semanario *Lunes de Revolución*, de la reunión de Fidel Castro con los intelectuales en la Biblioteca Nacional, del Congreso de Educación y Cultura, y también el periodo en que Lezama pasó de poeta hermético a novelista de reconocimiento mundial. La crónica de sus acercamientos y tensiones con la Revolución es también la de una política cultural que entusiasmó a buena parte del mundo intelectual en los años 60 del siglo pasado. Se citan aquí, por último, documentos y testimonios, algunos inéditos, para explicar cómo Lezama transitó del entusiasmo inicial al ostracismo y la vigilancia por parte de la policía política tras el «Caso Padilla», un parteaguas definitivo en la relación de la Revolución con los intelectuales, dentro y fuera de Cuba.

***

Para esta biografía fueron entrevistados: Lorenzo García Vega (en 1997); Manuel Díaz Martínez (en 1997); Eliseo Alberto Diego (en 1998); José Triana y Chantal Dumaine (en 2001); Jorge Camacho y Margarita Ortega Martín (en 2001); Carlos Monsiváis (en 2001); Eloísa Lezama Lima (en 2002); Ángel Gaztelu (en 2002); Pablo Pérez-Cisneros (en 2002-2012); Carlos M. Luis (en 2002); César López (en 2004); Manuel Pereira (en 2004); Jorge Edwards (en 2005); Carlos Franqui (en 2005); Mario Parajón (en 2005); Antón Arrufat (en 2017); Germán Puig Paredes (en 2017); Alvar González-Palacios (en 2022); Umberto Peña (en 2022); Ernesto Bustillo Sotolongo (en 2023); José Prats Sariol (en 2022-2024); Reinaldo García Ramos (en 2023); Josefina de Diego (en 2023-24); Mercedes Cortázar (en 2024); Andrée Conrad (en 2024). A todos, mi profundo agradecimiento.

Dejo además constancia de gratitud a todas las personas que, de alguna u otra manera, contribuyeron a las páginas que siguen. Estoy en deuda con Juan Abreu, María Abril, Gonzalo Aguilar, Michèle Alderete, Jorge Luis Arcos, Octavio Armand, Margarida Assis, Víctor Batista Falla†, Ciro Bianchi, Anke Birkenmaier, Rosa Ileana Boudet, Atilio Caballero, Jorge Luis Camacho, Yoela Chaveco, María Gabriela Díaz Gronlier, Néstor Díaz de Villegas, Jorge Ignacio Domínguez, Arcadi Espada, Carlos Espinosa†, Abilio Estévez, Vicente Echerri, Leandro Estupiñán, Víctor Fowler, Ernesto Fundora, Jonathan Galassi, Miriam Gómez, Alejandro González Acosta, Esther María Hernández, David Huerta†, Jorge Enrique Lage, Gaelle Le Calvez, Aurelio Major, Alain-Paul Mallard, Enrico Mario Santí, Pedro Marqués de Armas, Bárbara Mingo, William Navarrete, Orlando Luis Pardo Lazo, José Prats Sariol, Pío Serrano, Yaiza Santos y Armando Valdés Zamora, entre otros.

NOTAS

[1] Pedro Marqués de Armas: «Orígenes y los ochenta», en *Prosa de la nación. Ensayos de literatura cubana*, Editorial Casa Vacía, Richmond, 2017, pp. 29-32.

[2] Rolando Sánchez Mejías: «Olvidar Orígenes» (1994), en *Diáspora(s) Documentos*, n. 1, La Habana, septiembre de 1997, pp. 17-19.

[3] «Publico las páginas que siguen –escribe Antonio José Ponte en el prólogo a *El libro perdido de los origenistas* (Aldus, México, 2002)– para ayudar a que la obra y la vida de José Lezama Lima no resulte tan mal administrada como la de José Martí». Ese libro, en mi opinión, es el que mejor resume la reacción generacional antes descrita y su trasfondo político.

[4] «La obra de Lezama Lima se despliega en otra dirección. Se ha dicho que sus poemas son informes. Creo lo contrario: son un océano de formas, un caldo criollo en el que nadan todas las criaturas terrestres y marinas del lenguaje español, todas las hablas, todos los estilos. Ese hervidero de formas seduce y aterra. Lezama Lima ensancha los límites de la obra y pone a disposición del lector no un libro sino lo que sobrevive de los libros». Octavio Paz: Prólogo a la antología *Poesía en movimiento*, México, Siglo XXI, 1966, pág. 12.

[5] Trato de responder aquí a uno de los libros realmente importantes que se han escrito sobre Orígenes: *Los límites del origenismo* (Colibrí, Madrid, 2005) de Duanel Díaz Infante. Lleno de grandes ideas y magníficas intuiciones, su autor sostiene, sin embargo, varias tesis con las que no estoy de acuerdo o que me parecen desprovistas de matices importantes.

[6] El famoso epitafio aparece citado en una novela de Jesús Díaz, *Las palabras perdidas*, donde se incluye también la supuesta réplica de Lezama a la chirigota: «Mató el *idiomaaa* –dijo degustando la frase–. En nuestra lengua pocos escritores podrían vencer semejante *sentenciaaa*... Quizá sólo Góngora y Martí sean capaces de trocar tamaño sarcasmo en *elogiooo*, porque gracias a las ciclónicas fuerzas genitoras de sus respectivas *verbaaas*, al matar un idioma estaban dando nacimiento a otro más *plenooo*».

[7] Roberto González Echevarría: «Lezama, Góngora y la poética del mal gusto», *Hispania*, vol. 84, n. 3, septiembre de 2001, pág. 428.

[8] Véase el análisis de Antoine Compagnon en *Los antimodernos*, Acantilado, Barcelona, 2007. También un libro injustamente olvidado: *Modernismo*, de Rafael Gutiérrez Girardot (Montesinos, Barcelona, 1983).

[9] «Qualities that writers have cherished, their aesthetic power, their inspiration

and exaltation, their development of previously established forms, have no psychoanalytic standing; they are demystified, or it may be, explained away as results of more basic drives and appetites. Writers fancied they were eagles, and are only clams». Richard Ellmann: *A Long the Riverrun. Selected Essays,* Penguin, London, 1989, pág. 257.

[10] Virgilio Piñera: «Freud y Freud», en *Ciclón,* vol. 2., n. 6, La Habana, noviembre de 1956, pp. 48-49.

[11] «Pudiéramos decir que el método cubano de trabajo intelectual es la suma de poquedades. Todos los días se escribe un poco, con apetito, con gusto, con voracidad verbal, y al cabo de un año nos asombramos que la caja donde antes cabía el sombrero gigante de la abuela está llena de signos aljamiados, con gran sorpresa nos acercamos y es nuestra letra. Siempre he visto que los que ponen en marcha para hacer de un solo rasponazo una obra no van bien con el estilo cubano, y a los que dicen que esperan a su madurez para escribir sus memorias, les llega primero la afasia del primer lóbulo frontal y la pérdida total de la memoria». JLL, *VM,* pág. 29.

1.
FÁBULAS DE LA SANGRE (1868-1905)

En una de las amenas charlas que improvisó a principios de la década del 70 ante una cámara de cine, Alejo Carpentier advertía que no todos los siglos tienen, por fuerza, los prescriptivos cien años. La extensión de ciertas unidades temporales está sujeta a la perspectiva histórica, es decir, al calado de los hechos que las enmarcan y les dan forma. Esta historia reacomodada por la mirada del novelista tendría siglos cortos y siglos largos porque los acontecimientos humanos suelen entenderse mejor si se abandona la mera cronología para disponerlos en un panorama más complejo.[1]

El XIX sería, según Carpentier, un buen ejemplo de «siglo largo»: habría comenzado con la toma de la Bastilla en el verano de 1789 y concluiría con el pistoletazo de Sarajevo, que anuncia el comienzo de la Primera Guerra Mundial en otro verano, el de 1914. Se trata, por supuesto, de una perspectiva europea. En la historia de Cuba, ese mismo siglo político se encoge, quizás desde 1812 (cuando las cortes de Cádiz adoptan la constitución liberal) hasta 1902 (fundación de nuestra primera República), y está partido en dos mitades: antes y después del 10 de octubre de 1868, fecha en la que el patricio Carlos Manuel de Céspedes proclamó la independencia política de España y dio comienzo a la llamada Guerra de los Diez Años.

El XIX es también, como explican los historiadores, el siglo en que tomó forma definitiva la nación cubana, vertebrada en la lucha por la independencia o, como lo resume Hugh Thomas en el título de su conocido libro, por la «búsqueda de la libertad».[2] Hubo primero una imagen colectiva o, para decirlo a la manera de Lezama, la *imago* actuando en la Historia. «Fue esa invención –explica Enrico Mario Santí– la que le dio justificación moral a su lucha separatista, la que le concedió al pueblo una identidad colectiva, y la que forjó gran parte de la mitología cultural con la que los cubanos se representan a sí mismos hasta hoy».[3]

El término *invención* no tiene, como explica Santí, la carga despectiva de sus sinónimos aparentes: falsedad, engaño, ficción... La *invención de*

Cuba es sencillamente un «ansia de forma», el proceso que hizo cuajar elementos preexistentes, moldeando algo que ya existía en la conciencia criolla. Desde ese punto de vista, octubre de 1868 sería un parteaguas histórico: los eventos anteriores a esa fecha preparan el terreno a la insurrección, mientras que los posteriores, incluida la guerra del 95 y la entrada de Estados Unidos en el conflicto entre España y Cuba, desembocan en la República.

Esta rápida ojeada impide enfocar bien otra realidad –o paradoja– de nuestro siglo fundador: a pesar de sus guerras de independencia y del fermento nacionalista que las precede, Cuba fue la colonia donde la presencia española resultó más duradera y esencial, hasta el punto de que incluso el separatismo estuvo muy vinculado a los acontecimientos de la metrópoli. Recordemos, por ejemplo, que la revolución liberal contra el gobierno de Isabel II también estalló en 1868, y ese hito político, que prometía reformas y anunciaba libertades fundamentales, coincidió con los ideales e intereses de los criollos, tanto en Cuba como en Puerto Rico.

Pese a la omnipresencia de lo español, nuestra alta cultura siempre ha asociado el siglo XIX con «lo mejor de lo cubano», el mayor grado de cierta intensidad espiritual, el cuajo fundacional. Tal ejercicio, como ya se ha dicho, resulta inseparable de otra tradición: la que hace de Cuba la nación más blanca de las Antillas. «En ninguna parte de la América española –escribía Humboldt en su célebre *Ensayo político*– ha tomado la civilización un aspecto más europeo». Ya desde el XVIII, la isla era el más occidentalizado de los territorios de ultramar, con una amplia tradición ilustrada, primero, y romántica, después. A diferencia de las *sugar islands* o de las Antillas francesas, e incluso del resto de las colonias españolas del Caribe, la Cuba europea, cuya capital ostentaba el título de «París de los trópicos», consiguió desarrollarse alrededor de una élite local. Pretendidamente blanca, esa oligarquía criolla era en realidad el resultado de una sociedad cada vez más mestiza.

La independencia cuestionó, al menos formalmente, el flagelo de la esclavitud, ya criticado por Humboldt. Cuando Céspedes convoca a sus conjurados en el modesto ingenio La Demajagua y alza su versión de la bandera cubana también declara libres a sus esclavos y los conmina a unirse a los blancos en la misma lucha. Sus convicciones («cuando se rebela comienza por sacrificar riquezas», escribirá Lezama) se fundían aquí con el pragmatismo: necesitaba soldados que lo siguieran en su arriesgada empresa. Notables patriotas de otras provincias irán más lejos, al proponer la abolición como parte de su programa político.

El hecho de juntar abolición e independencia propició cierto malentendido romántico: muchos intelectuales que apoyaban la segunda se negaron a entender la cultura y la historia de Cuba en términos raciales y prefirieron trascender sus componentes aislados. Si la lucha por separarse de España significaba también desprenderse del trauma de la esclavitud, el arribo a una expresión nacional debía implicar una superación espiritual de las diferencias raciales entre cubanos o su disolución en un mestizaje integrador.

En realidad, por debajo del independentismo sobrevivieron maneras diferentes, a veces antagónicas, de reaccionar ante la herencia española. Para los antiguos esclavos, España era sinónimo de sumisión y sufrimiento; para los criollos cubanos, en cambio, se trataba de un vínculo difícil de ignorar. Durante un tiempo, el mestizaje moldeó la convivencia entre peninsulares, criollos y negros: incluso algunas de las familias más ricas de la isla tenían, según detallan los cronistas de la época, sangre mezclada. Mientras se multiplicaban las prohibiciones, gravámenes y abusos del gobierno local, tanto negros como criollos se sentían cada vez más inconformes con aquel oneroso sistema de obediencia colectiva: España (no los españoles) se había convertido en un obstáculo. Pero tras el 68 volvieron a aflorar visiones raciales de «lo cubano», sin que el problema de la diferencia social creada por la esclavitud y otros estigmas derivados del sistema económico de plantación desaparecieran con la refundación del país y su entrada en la Modernidad, a principios del siglo XX.

LA vida cubana posterior a 1868 tiene un marcado sesgo conspirativo: todo y todos se definen a favor o contra el separatismo. Al mismo tiempo, luego de tres siglos de gobierno peninsular son muy pocas las familias criollas sin vínculos importantes con la metrópoli, o que puedan prescindir de España para contar –y contarse– su propia historia.[4]

Los antepasados de José Lezama Lima no fueron una excepción de esta regla: su genealogía es parte del prolongado y traumático diálogo español con sus últimas colonias, aun cuando algunos de ellos optaron por la causa independentista, todo un motivo de orgullo para el escritor.

Podríamos empezar esta historia con dos matronas, dos recias mujeres que son las referencias familiares más antiguas que el propio Lezama incluye en su novela *Paradiso.* La primera es una puertorriqueña, María del Carmen Aybar Gimbernat (1837-1897?), hija de madre cubana y de un comandante y oidor español de Puerto Rico, es decir, el ministro que en las audiencias del reino escuchaba y sentenciaba las causas y pleitos de la colonia.[5] Esta María del Carmen Aybar, a la que llamaban Carmita, corresponde a la «Abuela Cambita» o Carmen Alate de *Paradiso.* Tras casarse en Puerto Rico con un militar sevillano, Federico Rosado Brincau (1832-1894), ambos emigraron a Cuba *circa* 1867, estimulados seguramente por las facilidades que concedía la metrópoli con la intención de *españolizar* la isla.

Rosado Brincau es definido por un contemporáneo suyo como «un luchador, un entusiasta, para quien la estancia en este mundo tenía siempre algún atractivo».[6] El sevillano había hecho carrera de armas, aunque tenía debilidad por los versos: solía publicar poemas en los periódicos, recitaba en las veladas del Círculo Militar y cada año no faltaba su colaboración poética en aguinaldos y almanaques. Poco antes de su muerte, encargará a uno de sus hijos que reúna sus poemas en un libro, casi trescientas páginas en las que lo mismo entona una apasionada loa a su esposa que hace crítica de costumbres o se rebela contra el culto de su época a las apariencias: «Siglo de bambolla / Es el diez y nueve / En que todos ansían / Dar gato por liebre / Y en que muchos fingen / Tener y no tienen / Talento brillante / Y crecidos bienes».[7]

El tomo, publicado *post-mortem,* informa de algunos sucesos importantes en la vida de su autor: su llegada a la isla que lo acoge, «huérfano y triste», como una madre «entre los pliegues de tu verde falda»; su admiración por la ciudad de Cárdenas, donde estuvo sólo una vez («El poder de Mercurio en ti reside / Poder á quien se acata y dá loor»); su estancia posterior en Camagüey; el duelo por la temprana muerte de una hija y el incondicional amor a su esposa, que lo sobrevivió apenas unos años. El 7 de noviembre de 1894, el *Diario de la Marina* dará noticia del fallecimiento de Rosado Brincau, en La Habana, sin mención a su carrera literaria, como «coronel honorario del Cuerpo de Bomberos municipales de Matanzas». Es curioso que Lezama tampoco haya mencionado nunca a este bisabuelo poeta, cuyas letrillas y romances tienen cierto gracejo, y que escribió además poemas de tono más elevado o elegíaco, parecidos a los de su amigo el poeta romántico Esteban de Jesús Borrero (1820-1877), patriota camagüeyano y fundador de una de las grandes familias literarias de Cuba.

Federico Rosado y María del Carmen Aybar tuvieron seis hijos, pero una, Ángeles, falleció cuando ya estaban en Cuba. Sobrevivieron Celia Rosado Aybar y cuatro varones: José, Augusto, Federico y Raúl. En los archivos de Puerto Rico consta que Celia María del Carmen Lucía Rosado Aybar, abuela materna de Lezama, nació en San Juan en diciembre de 1861, y fue bautizada en la parroquia de Santa María de los Remedios el 24 de febrero de 1862. La fe de bautismo la acredita como «hija legítima de Federico Rosado Brincau y de María del Carmen Aybar», y especifica que sus abuelos paternos son «José Rosado, Dr. en medicina cirugía, primer ayudante del Cuerpo Militar y Caballero de la Real Orden Americana, y María de los Ángeles Brincau», mientras que «los maternos son Juan de Mata Aybar: licenciado, Fiscal de Guerra de esta capitanía general, director de la Real Tendencia de Buenas Letras y Caballero de la Real distinguida Orden de Carlos III, y Dolores Gimbernat».[8]

A finales de la década de 1860, la familia se estableció en Sancti Spíritus y más tarde en Matanzas, donde Federico trabajó como policía y bombero, aunque por razones desconocidas recorrió con frecuencia casi toda la isla. En enero de 1877 asiste en La Habana a una función de *La traviata* en el recién inaugurado teatro Payret, donde cantó la famosa soprano española Elisa Volpini. Como era costumbre, le dedica varios poemas a la diva. En 1884 figura como miembro de la Sociedad Cubana Protectora de Animales y Plantas, de cuyo boletín se encarga. En 1887 funda en Sancti Spíritus, junto a su amigo Luis Lagomasino y Álvarez, un pequeño periódico llamado *El Teatro*, y cuatro años después imparte clases en una Escuela de Primera Enseñanza en Corralillo, Villa Clara.

La infancia de Celia Rosado Aybar, la «doña Augusta» de *Paradiso*, no transcurrió entre lujos. En algún poema, su padre culpa a un «genio de los males» de robarles «el oro y las grandezas»; también menciona el «hogar modesto dó juegan nuestros hijos». Se contaba que en Puerto Rico, siendo todavía bebé, Celia fue atacada por una rata, que le arrancó de un mordisco la yema de un dedo. Alertada por una criada, la madre encontró a la niña en su cuna cubierta de sangre y la creyó asesinada, pero el padre se dio cuenta de que estaba viva y mandó a llamar a un vecino médico, que descubrió la causa del percance. La anécdota era narrada religiosamente a todos los niños de aquella familia. «Mi abuela –recuerda Eloísa Lezama Lima– mostraba su dedo para indicar la cicatriz y darle gran realidad al incidente: razón para explicar ese miedo insuperable a los roedores que aquejaba a toda la familia».

El segundo pilar de este linaje es otra matrona, Mercedes Padilla y Fuentes (1837?-1924?), la vieja Mela de *Paradiso*, nacida en La Habana y establecida por un tiempo en Cienfuegos, que casó con un ingeniero y arquitecto español, Esteban Lima y Hernández-Milián, cuyos antepasados ostentaban el título de marqueses de Santa Olalla –por eso Lezama va a usar el apellido Olalla/Olaya para referirse a los Lima en su novela–. Más adelante vivió en Camagüey, donde nació Andrés, el primero de sus tres hijos. De carácter difícil, y profundamente amargada por la temprana pérdida de su esposo, Mercedes será el origen de disputas familiares que atraviesan generaciones y llegan hasta los Lezama Lima.

Su fuerte carácter y su temple de criolla separatista están bien descritos en el capítulo IV de *Paradiso*, donde se narra un registro hecho en su casa por soldados españoles en busca de armas para los insurrectos. Los soldados dan vueltas por la casa y el patio, revuelven camas y escaparates, no encuentran nada y empiezan a sudar copiosamente, mientras las niñas les ofrecen vasos de limonada, que los uniformados no saben si aceptar:

> –Le falta por registrar el gallinero, capitán –dijo la Mela, con gracia muy cubana, que nos lleva a arriesgar de nuevo la partida después que ya está ganada.
>
> –Basta de bromas, señora, basta de bromas –dijo el capitán, acariciándose el bigote, después de asegurar la espada en el tahalí. Cerró la puerta, evitando la grosería del portazo, pero con sequedad, como para demostrar que rehusaba reír la gracia.
>
> Al día siguiente los insurrectos que operaban por las lomas de

> Cojímar y Tapaste, recibieron trescientos rifles, enterrados por la Mela en el apisonado del gallinero. Estaba en lo cierto el capitán al no reír la gracia.[9]

Según Lezama, se trata de una anécdota real, de la época en que Mercedes Padilla vivía en Guanabacoa. En la novela, el «separatismo virulento» de la Mela se opone a la docilidad de la vieja Munda (abuela materna de José Eugenio Cemí), de quien se dice que es *cipaya*, es decir, que simpatiza con los españoles. Mercedes tampoco soportaba a los Rosado Brincau, militares de la colonia. El hermano mayor de Federico, Rafael, fue coronel de infantería en Cuba y ayudante del gobernador militar José Lachambre Domínguez. Es como si el tema del independentismo avivara silenciosos rencores entre familias sin llegar al cisma definitivo, puesto que al final todos están emparentados: la consanguinidad zanjaba las brechas abiertas por la guerra.

Con este culto a la familia, las madres criollas jugaron un papel esencial en la formación de la nacionalidad.[10] Esos linajes como pequeños reinos obligados a convivir propician numerosas fábulas de sangre, relatos que son también un modo de apropiarse de la historia común.

La Cuba de finales del siglo XIX era un mundo de mujeres recluidas. Fieles a las costumbres de la provincia española, las jóvenes cubanas de buenas familias no tenían muchas oportunidades de compartir con los hombres. Veían la calle desde el interior de las volantas y si visitaban algún café, iglesia o lugar público lo hacían siempre acompañadas por sus parientes. La simple camaradería o convivencia entre los distintos sexos era inimaginable: las muchachas permanecían confinadas en sus casas y no tenían más contacto con los varones de su edad que las raras salidas, a la misa dominical o cuando asistían a algún baile, y en esas ocasiones cada una iba acompañada al menos por dos o tres parientes, incluido algún «hombre que la representara».

En una de aquellas fiestas, donde las famosas orquestas de la época tocaban su repertorio de valses, habaneras o los primeros danzones, se conocieron Celia Rosado Aybar y Andrés Severiano Lima Padilla, abuelos maternos de Lezama. Deben de haber noviado, como tantos jóvenes de la época, desde ventanas abiertas a la calle pero enrejadas. Era costumbre que las muchachas, muy maquilladas y arregladas, esperaran al eventual pretendiente que empezaba a rondarlas o «pasearle la cuadra», según se decía entonces. Este, recuerda Carpentier, «empezaba a pasear la cuadra durante días y días, hasta que un día se atrevía a deslizarle una carta y entonces la muchacha se guardaba la carta, una carta muy respetuosa y que muy a menudo se copiaba de un libro que vendían que se llamaba *El secretario de los amantes*, y entonces según la cara que pusiera la muchacha al día siguiente, se sabía si era aceptado el paseo de la cuadra o no, como preparación para un acercamiento mayor, que sería probablemente en un baile».[11]

Un ritual de cortejo muy parecido describe en 1898 Stephen Crane, corresponsal en La Habana para varios periódicos estadounidenses:

> En los estratos superiores de la sociedad, los hombres y las mujeres jóvenes tienen oportunidades convencionales para conocerse y darse a conocer, pero esa no es la situación de la mayoría. En este último caso, un joven casi invariablemente se enamora de un rostro entrevisto a través de una persiana. Él mismo no sabría decir si la dama es sorda y tonta. En cuanto a ella y su disposición, podría, por lo que él sabe, estar acostumbrada a arrastrar a su madre arriba y abajo de las escaleras por el pelo y golpear a su padre a diario con los utensilios de cocina. Incluso podría tener una pierna de madera oculta con éxito tras su pose de descanso. Aunque, de todos modos, nuestro protagonista convertirá ese remolino en un romance, del que sólo los dioses sabrán el final.
>
> Lo primero que hay que hacer es atraer la atención de la dama. Esto se logra, por lo general, mediante un proceso de patrullaje heroico de un lado a otro frente a su casa. Ella se sienta en la ventana y observa la escena. Si ella lo mira, él sonríe, con apariencia tonta y de adoración, actuando como un asno.
>
> Esta etapa puede ser larga o corta, eso depende del hombre y la doncella.
>
> Pero tarde o temprano llega un momento en que él se acerca con timidez a la ventana y una carta atraviesa las rejas, y la chica la oculta probablemente a toda prisa, aunque es de suponer que se la lleve de inmediato a su madre.

Estas reglas, que se complicaban con prescripciones adicionales para los bailes (las muchachas llevaban un carnet donde anotaban cada pieza, y debían cuidar de no bailar más de dos en una noche con el mismo joven para evitar habladurías), conducían con el tiempo a «la entrada», el derecho a visitar la casa de la novia bajo una vigilancia severísima, hasta que se efectuaba la declaración de intenciones y la petición de mano. Entonces empezaba formalmente el noviazgo, también bajo vigilancia, que podía extenderse varios años:

> El joven que es aceptado comienza el verdadero cortejo. Se establece una especie de horario, y el joven llega puntual. Aparece todas las noches, digamos a las 8 en punto y hasta las 10 en punto. La luna, los vapores transatlánticos y un buen valet son nada comparados con la puntualidad de este joven. El horario no cambia los domingos, ni con las enfermedades, ni por razón alguna, salvo un accidente mortal.
>
> No importa tanto la puntualidad ininterrumpida, sino la duración del asedio. Se prolonga por mucho tiempo. Es común que este tipo de cosas duren hasta ocho años. Cinco años, o tal vez tres años, es lo habitual.
>
> Lo que el joven hace es entrar en un salón, sentarse en una silla cerca de la joven y hablar con una voz tenue y oprimida, la mitad a la joven y la otra mitad a su implacable madre, que mantiene su posición con un coraje nacido de la noble causa. [...] ¡Imaginen este estado de cosas durante ocho años, o incluso tres años! Tiene toda la ardiente emoción de ser cajero en una zapatería.[12]

Fue por esa época que se puso de moda el término *carabina* para aludir a las ayas o familiares que escoltaban a las muchachas solteras cuando salían o se encontraban con sus pretendientes. Por supuesto, los jóvenes intentaban burlar la guardia. Entre los poemas costumbristas de Federico Rosado hay uno, «La carabina de Ambrosio», donde describe el caso de una tal Doña Blasa que «Se alaba de que sus hijas / No se la dan con sus novios / Porque en amor es un lince / Con ojos de microscopio». Pero resulta que sus hijas, de fingida virtud, en realidad la engañan, «y mil lances amorosos / Tienen en cada semana / Con Pedro, Diego o Antonio, / Y la pobre Doña Blasa / Hace de continuo el oso /

Y en sus barbas se le ríe, / Más de un mosalvete [sic] loco / Que le teme cual temiera / La carabina de Ambrosio».

Existen dos versiones sobre el primer encuentro de los abuelos maternos de Lezama. La primera asegura que los padres de ambas familias ya se conocían y planearon el noviazgo. La segunda afirma que Andrés Lima conoció a Celia Rosado en Matanzas, durante una fiesta en la que ella no pudo resistirse a los encantos de su porte y uniforme militar. Ninguna de estas versiones está reñida con la otra; lo más probable es que la realidad haya sido una combinación de ambas.

La incipiente pasión no fue vista con buenos ojos por Mercedes Padilla, a quien su futura nuera le parecía demasiado mestiza. Ese será el origen de las muchas desavenencias posteriores: la certeza de que su hijo se había encaprichado con «una mora», eufemismo español de la época para aludir a alguien no del todo blanco, de sangre mezclada o mozárabe.[13]

Andrés desoyó los reparos de su madre, y la boda se celebró el 29 de marzo de 1883 en la catedral de Matanzas. El país había pasado por una guerra prolongada y la situación económica aún era incierta. A pesar de ello, el recién casado supo hacer carrera de comerciante y en 1884 la nueva familia ya está asentada en La Habana, con varias propiedades y negocios. Ese mismo año, intenta legalizar ante las autoridades españolas sus estudios de segunda enseñanza cursados en un colegio privado, solicitud que le fue denegada.[14] Poco después, sin embargo, es nombrado Caballero de la Orden de Carlos III, una distinción frecuente entre los funcionarios de la colonia.

En el capítulo III de *Paradiso*, un Andrés Olaya huérfano de padre y sin demasiados recursos se va a vivir a la finca matancera del matrimonio entre Juana Blagalló y el millonario Elpidio Michelena, para quien hace diligencias mercantiles.[15] Recomendado por un primo de Cienfuegos, Andrés acabará beneficiándose de que sus protectores no hayan podido tener hijos. Aunque casi lo adoptan como tal, en la casona de los Michelena hay un cocinero y un criado chino que ningunean al joven a la hora del reparto de comida por considerarlo un advenedizo.[16] Tal vez esos hayan sido también los comienzos difíciles de Andrés Lima, pero en la fecha de su casamiento, con 25 años cumplidos, ya se había convertido en un buen partido y manejaba sus propios negocios. Tan rápida fortuna puede tener que ver con la concesión recibida en 1882, por parte de la Dirección General de Hacienda, del «cobro por el impuesto de consumo de ganado de las jurisdicciones de Santa Clara, Sancti Spíritus, Trinidad, Cienfuegos y Remedios con la mejora para el Tesoro de más de 4 400 pesos de la máxima cantidad que estaba produciendo por administración y por remate, y de la que presupuesta la administración económica».[17]

EL primer hijo del matrimonio entre Celia y Andrés, al que pusieron el nombre del padre, nació poco después de la boda. En 1884, Andrés viajó a España. En 1886 tuvieron a Carmen, y en 1888 a Rosa, la madre de Lezama. Entre los dos últimos nacimientos, en julio de 1887, Lima y su esposa visitaron Europa, con escala en Nueva York. Dos meses después, un periódico norteamericano informa que «un grupo de cubanos adinerados, ocupando dos coches cama Pullman, pasó ayer por la ciudad [Palatka] camino a La Habana. Regresaban de una gira europea y también habían visitado Saratoga y otros lugares de este país. Entre ellos estaban el señor Fernando Heydrick [Klein], propietario de las obras del viaducto en Matanzas, con su familia; el Dr. Domingo F[ernández] de Cubas, uno de los principales profesores de medicina de La Habana y delegado al Congreso Médico, junto a su familia; el Lic. Evaristo Yduate, Interventor del Ferrocarril de Cienfuegos y Santa Clara; el señor Manuel Alvaro, jefe del cuerpo de ingenieros de La Habana con su hija; la Srta. Manuela Saladrigas, hermana del célebre orador y líder popular D. Carlos Saladrigas, y el Sr. Andrés Lima y su señora, de la *elite* de La Habana».[18] Un tránsito que quizás no habría sido noticia de no haberlos acompañado William J. Curry, el primer millonario que tuvo la Florida. El grupo iba camino a Tampa, donde tomaron un vapor de regreso a la capital cubana.

Lo de «elite» no es una exageración del periodista. Vemos a Lima en medio de varios empresarios notables,[19] la mayoría matanceros y cercanos al Partido Liberal autonomista; algunos muy patriotas, pero sobre todo hombres de negocios, preocupados por las consecuencias de una nueva guerra.

Andrés Lima tenía gran facilidad de palabra y, según cuenta la familia, fue el portavoz de Cuba en el extranjero para varios asuntos legales y políticos. Esa facilidad lo condujo también al periodismo, y en 1889 estará entre los fundadores del periódico *La Discusión*, junto a famosos cronistas de la época como Enrique Fontanills, Aniceto Valdivia y Francisco Hermida. El periódico, dirigido por Luis Santos Villa, retomaba el nombre y el espíritu de la publicación que había dirigido hasta su muerte el escritor Adolfo Márquez Sterling.[20]

En 1891-92, Lima reaparece en Cienfuegos, prestando fianzas a unos empresarios locales y como vocal de la Junta auxiliar liquidadora de atrasos, en la Dirección General de Hacienda. Su nombre figura, además, entre los vocales de la directiva del Círculo Habanero. Por esa misma época entabla pleitos contra unos asturianos, Segundo García Tuñón y Ramón Fernández Valdés, sus socios de la Refinería de Azúcar de Cárdenas, convertida en sociedad anónima *circa* 1886. Les reclama no haber respetado el *quórum* de socios necesario para decidir un aumento del capital y otros manejos que, al parecer, le perjudicaban.

Los litigios no le salieron bien –los asturianos eran gente influyente–, sus derechos fueron desoídos, y en enero de 1893 todos los periódicos importantes de La Habana y algunos españoles informaron que una Real Orden había desestimado sus recursos contra las presuntas infracciones cometidas por la junta general de la Refinería.[21]

Aquella sonada derrota legal debe haber frustrado profundamente a Andrés Lima, empujándolo a emigrar. En 1894 ya está instalado en Jacksonville, Florida, en una amplia casa en Main Street, junto a toda su familia, incluidos madre, suegra y hermanos.

Les molesta el clima, que consideran demasiado invernal, y sobre todo experimentan el choque con la mentalidad norteamericana, un conflicto presentado en *Paradiso* como oposición entre catolicismo y protestantismo. Recordemos que en la novela la vecina Florita, esposa de origen cubano del organista Frederick Squabs, sorprende a la niña Rialta robando unas nueces (una parodia del hurto de las peras en las *Confesiones* de San Agustín) y da las quejas a doña Augusta, que le riposta con parrafadas teológicas sobre las sutilezas de la moral católica. Parejas discusiones llevan a cabo don Andrés y Mr. Squabs. El primero, incluso, empieza a leer a los místicos alemanes para contrarrestar «la sombría teología del organista». Otro personaje, el anciano Don Belarmino, también cubano y exiliado, suele terciar en esas conversaciones calificando de «tonterías tenebrosas» las ideas de Squabs. Para calmarlos, don Andrés da pruebas de su cortesía y fineza criolla brindando al protestante un té con bizcochos y a Belarmino una copita de oporto.

La *fineza* es la clave que usa Lezama para diferenciar a sus ancestros maternos del mundo norteamericano donde vivirán seis o siete años. La frialdad y el automatismo anglosajón están personificados en Mr. Squabs, llegado desde Carolina del Norte a Jacksonville por una afección de laringe, convencido de que el frío perjudicaba sus dotes artísticas y el clima cálido las favorecía. Una creencia que no compartían los feligreses floridanos, obligados a soportar cada semana su tremenda desafinación. El narrador también advierte que el organista, con cierto masoquismo, «había cabeceado hacia el puritanismo cerrado de quien sabe qué voluptuosidades cariciosas».

Para Lezama, el rigor protestante incuba un mundo de falsas apariencias. La esposa de Squabs tiende a idealizar a su cónyuge y lo considera un gran artista, mientras que este actúa dentro del templo como si estuviera en un teatro. Los domingos se pasea entre los devotos vestido de negro y saluda con ceremonia a cada uno según su rango, dándose importancia. A veces hay fiestas en casa del organista, pero en ellas imperan los tonos gélidos y las parejas de bailarines parecen «moldes de yeso» y «árboles escarchados»; tanto invitados como anfitriones fingen alegría cuando en realidad se aburren soberanamente.

Estos ritos severos contrastan con el ambiente festivo de los emigrados cubanos, que en Jacksonville organizaban numerosas fiestas y bailes. Una de estas celebraciones, descrita en el capítulo III de *Paradiso*, incluye una tómbola para apoyar la guerra, lo que añade emoción patriótica al convite. Los participantes demuestran su cultura y buen gusto mientras el joven Andresito, hijo de don Andrés, ejecuta una *passacaglia* bachiana, aplaudida «con respetuosa gravedad».

Se trata de una ficción novelesca, pero basada en las anécdotas que le contaron a Lezama su madre y su abuela Celia; historias de patriotismo doméstico, en las que los cubanos marcaban sus diferencias con los locales. La familia solía burlarse de los vecinos americanos a sus espaldas: usaban sus muletillas en inglés para el choteo privado y, en general, tomaban distancia del mundo anglosajón, que les parecía hipócrita y efectista. A aquellas apariencias oponían una compenetración espontánea entre padres e hijos, como si el señorío y la fineza cubanas fueran exclusivos dones de sangre.[22]

¿POR qué emigraron los Lima a Jacksonville? Parece que, además de la frustración económica de Andrés, típica de muchos criollos de esa época con importantes negocios en la isla, la familia corría algún riesgo político. A favor de esta sospecha tenemos un anuncio publicado varias veces durante el mes de marzo de 1895 en el *Diario de la Marina*, en el que la Comandancia Militar de Marina y Capitanía avisa de que se busca «a la morena Aurora Fariñas, criada que fue de don Andrés Lima, vecino de la calle de Ánimas 89, así como a la persona que sepa el domicilio de la expresada morena, con el fin de que preste declaración». Una criada buscada como testigo por las autoridades militares de la colonia después que toda la familia hubiera emigrado sin aviso no parece buena señal.

Junto a la relación un poco humillante de Andrés con el empresario Michelena, en *Paradiso* también se menciona como causa del exilio el afán conspiratorio de su madre: «Andrés Olaya se enriquecía al tiempo que aumentaba con robusta sencillez su prole. Pero el separatismo virulento de la vieja Mela, el recuerdo de la pobreza en la adolescencia, el maltrato y ciertas formas innatas del señorío que lo llevaban a no subordinarse, lo hicieron trasladarse como emigrado a Jacksonville».[23]

En esa ciudad, por cierto, los Lima coincidirán a finales de 1895 y principios de 1896 con un primo hermano de la abuela paterna de Lezama, el coronel del Ejército Libertador Fernando Méndez Miranda, que había sido enviado por Antonio Maceo a Estados Unidos en busca de armas y pertrechos para la nueva guerra contra España.

Durante ese mismo periodo, un hiperactivo José Martí recorría los clubes de emigrados cubanos en la Florida buscando ayuda para la insurrección. Lezama presumía de que su abuelo había formado parte de esos clubes y apoyado económicamente distintas expediciones.[24] Aseguraba, incluso, que Andrés Lima había sido amigo de Martí y colaborador del periódico *Patria*, detalle comprobable en un libro de Joaquín Llaverías.[25]

Para 1894, la Florida era sede de numerosas empresas de fabricación de puros que daban trabajo a miles de inmigrantes cubanos. Junto con

Tampa y Cayo Hueso, Jacksonville era un importante centro de emigrados criollos con una potente industria tabacalera gracias a su condición de término de varias vías de ferrocarril y un canal bastante profundo, que se consideraba puerta de acceso a las Bahamas y Cuba.

La fábrica más grande de Jacksonville, El Modelo Cigar Manufacturing Company, pertenecía a la familia Hidalgo-Gato, famosa por sus simpatías separatistas. El patriarca Eduardo Hidalgo-Gato, por ejemplo, donó grandes cantidades de dinero a la insurrección, tras lo cual un agradecido Martí lo llama «hermano» en alguna carta.[26]

Otro empresario del ramo era el matancero José Alejandro Huau, cuya hermana estaba casada con uno de los Hidalgo-Gato, y que llegó a Jacksonville para trabajar en el Ferrocarril Central de Florida a comienzos de la década de 1870. Antes estuvo preso en el Castillo del Morro por sus simpatías separatistas, hasta que las autoridades españolas decidieron deportarlo a Estados Unidos. Pasó por Maryland y Nueva Jersey, y al final decidió instalarse en Jacksonville, donde se hizo cargo de un pequeño aserradero y una fábrica de tabaco en sociedad con Henry M. Fritot. Trabajó duro varios años, hasta que pudo comprarle el negocio a su socio y renombrarlo C. M. de Huau and Company (por las iniciales de su esposa, Catalina Miralles). La fábrica, una de las quince que por entonces había en la ciudad, ocupaba un edificio de tres pisos en West Bay Street. Con ventas anuales que llegaban a los 200 000 dólares, empleaba a 150 trabajadores, en su mayoría cubanos.[27]

En 1892, Huau, amigo y admirador de Martí, fundó junto a varios conocidos el Club Político Cubano de Jacksonville. Dos años después, los conspiradores se reunían secretamente en su casa para recaudar dinero y planear expediciones a la isla. Líderes cívicos y empresariales de Jacksonville se sumaron a esas reuniones: hombres como William Adolphus Bisbee, extesorero de la ciudad, magnate inmobiliario y propietario del barco de vapor Dauntless, o los hermanos Montcalm y Napoleón Bonaparte Broward, futuro gobernador de Florida y propietario del vapor Three Friends. Todos ellos, que entendían las razones de la lucha contra España, armaron barcos para contrabandear armas y municiones a Cuba.

El escritor y periodista Stephen Crane fue uno de aquellos norteamericanos que, además de simpatizar con la causa cubana, participaron en las expediciones armadas contra España, unas veces por solidaridad y otras por simple deseo de aventura. Entre diciembre de 1896 y enero de 1897, Crane estuvo en Jacksonville escondido de los espías al servicio de los españoles y esperando para embarcar en el vapor Commodore, cuyo naufragio a finales de diciembre contará en varios reportajes y un célebre relato: *The Open Boat.* «Entre 1895 y 1898 –resume Paul Auster en su exhaustiva biografía de Crane– setenta y un barcos filibusteros zarparon de Florida hacia Cuba, más de la mitad interceptados por la Marina estadounidense o española. Aunque las políticas de ambos países eran idénticas, la de Estados Unidos surgía de una obligación jurídica (hacer cumplir las leyes relativas a la neutralidad), mientras que las de España eran cuestión de poder (sofocar la rebelión)».[28]

Por la época en que los Lima residieron en Jacksonville la Florida era, pues, un hervidero de insurrectos y espías. Martí viajaba sin descanso entre Nueva York y los clubes de tabaqueros emigrados, dando discursos enfebrecidos y haciendo incontables gestiones clandestinas que habrían de conducir a la «guerra necesaria». A propósito, Lezama contaba la anécdota de un singular encuentro entre su abuelo y Martí, que debe haber tenido lugar en Tampa o Cayo Hueso *circa* 1894, en medio de los preparativos para el alzamiento cubano, el llamado Plan de la Fernandina. Según este relato, Andrés Lima llegó una noche a un hotel regentado por dos señoras, en el que no había habitaciones disponibles, por lo que le sugirieron compartir una con otro cubano. El abuelo de Lezama dijo que no tenía objeción en compartir cuarto con un compatriota. Subió, se bañó, comió algo rápido y se metió en la cama. Más tarde, de madrugada, sintió que se abría la puerta y distinguió en medio de la oscuridad al otro huésped, un hombrecillo que sin hacer ruido encendió dos velas, agarró una pluma y se puso a escribir sobre una pequeña mesa. Tan rápido escribía, que no le daba tiempo a ordenar los papeles que iban cayendo al piso. Al amanecer, el hombre andaba en cuatro patas por todo el cuarto buscando las hojas caídas debajo de la cama y ordenando lo escrito. Luego se lavó, se vistió y se fue. Era Martí.[29]

Una prueba más documentada del fervor patriótico de aquella familia fue el alistamiento del hermano de Andrés y tío abuelo de Lezama, el joven Carlos Lima, en una de las expediciones que trató de llegar a las costas cubanas para sumarse a la insurrección, iniciada en febrero de

1895. Esa expedición, finalmente frustrada, fue parte del llamado «filibusterismo» separatista, y quedó documentada por el patriota Eduardo Rosell y Malpica, uno de los mejores amigos del poeta Julián del Casal.[30]

Rosell había estudiado Derecho en la Universidad de La Habana; se doctoró en Leyes en Madrid y más adelante, por petición familiar, hizo estudios de Ingeniería Química en Nueva Orleans para prepararse como heredero de negocios de azúcar. Se le menciona entre los primeros dandis independentistas de la acera del café El Louvre, centro de reunión de la juventud criolla que simpatizaba con la insurrección. Luego su familia lo envía al extranjero, desde donde escribió varias cartas a Casal e incluso le envió una estatuilla de Buda, que el poeta atesoraba. Criado en la opulencia, Rosell era codueño de un gran ingenio en Jovellanos, el Dolores, y estaba acostumbrado a una vida de sibarita. Como tantos otros cubanos de su época, lo abandonó todo para tomar parte en la guerra contra España. El prologuista y editor de sus interesantes *Diarios* lo presenta como parte de «aquella generosa y dorada juventud del 95, volteriana y frondista (¡dejarían de ser cubanos!), devota de francachelas y duelos, pero que llevó su espíritu de sacrificio en pos del fugitivo fantasma de la Independencia, de la libertad de Cuba, hasta los más remotos confines del heroísmo».

En agosto de 1895, Rosell llegó a Nueva York, se presentó ante el general insurrecto Francisco Carrillo y solicitó alistarse en una de las expediciones a Cuba que preparaba el Partido Revolucionario Cubano en el exilio. Por diversas causas, fracasó varias veces antes de conseguir su objetivo.

La primera expedición, en la que viajaba también el joven Carlos Lima, zarpó de Nueva York el 10 de octubre de 1895 en el vapor Delaware. El barco que debía recogerlos en altamar para desembarcarlos en Cuba nunca apareció, por lo que los cubanos atracaron el día 18 en la isla de Inagua, en las Bahamas, y gestionaron un permiso para bajar a tierra y esperar allí el regreso del Delaware, que los llevaría de vuelta a Estados Unidos. Mientras tanto, los dos líderes, Carrillo y Enrique Collazo, seguirían en barco hasta Haití con la intención de regresar a recogerlos al cabo de diez días. Sin embargo, después de la partida de Carrillo, el gobernador ordenó arrestar a los expedicionarios restantes. Fueron conducidos en un buque de guerra inglés, el Partridge, hasta

Nassau, donde enfrentaron un largo juicio que comenzó en la segunda quincena de noviembre.

La travesía y estancia en Nassau están muy bien contadas en el diario de Rosell y Malpica, con varias alusiones a Carlos Lima. La primera es apenas una referencia de oídas: «jovencito al parecer muy simpático». La segunda –que le habría gustado a Lezama– es una expresión escuchada al muchacho en los primeros días de la travesía: «Morir solo, como un chivo en el desierto, sin que nadie lo llore».[31]

Poco después, cuando ya el diarista conoce mejor a todos los tripulantes, apunta: «Lima es un niño, si no por sus ideas, por sus cosas; se las da o quiere dárselas de académico con sus peroraciones y discursos. Los años lo irán domando».[32] Esta opinión, escrita por alguien de apenas 25 años, nos lleva a preguntarnos por la edad del joven Lima, que no debía llegar a los 20. En una foto de grupo que se incluye en la edición posterior del *Diario* es el único imberbe, con gafas y sombrero.

Durante el viaje y la posterior espera por el juicio en Nassau, Lima y Rosell, ambos hijos de buenas familias, se hacen amigos. Pero mientras que el dandi habanero admira la belleza voluptuosa de las negras locales, el jovencito matancero deplora unos labios femeninos que le parecen «bembas de zuncho de bicicleta».[33] En diciembre del 95, aún a la espera de la sentencia, Lima cae enfermo con fiebres, y Rosell se queja de que sus compañeros no se muestren dispuestos a cuidarlo por miedo al contagio.

A finales de enero de 1896, tras el fallo a favor de los expedicionarios y ya de vuelta en Nueva York, Rosell y Malpica nos informa de que Lima no viajará en la próxima expedición: su madre, que «según le escribieron estaba muy afectada y enferma por la muerte reciente de otro de sus hijos», ha ido hasta Nueva York para llevarlo de regreso a Jacksonville. «Han apelado a los grandes sentimientos para hacerlo desistir, al menos por ahora», escribe el diarista. «Y lo siento porque es muy buen muchacho, valiente, serio y reservado; no dudo sería un magnífico soldado».[34]

Después del fracaso del Delaware y otras gestiones frustradas, Rosell podrá al fin sumarse a la expedición de Calixto García y desembarcar en Baracoa, en el Oriente cubano, el 25 de marzo de 1896. Aunque encaja en la imagen de aquellos a quienes el cónsul español en Tampa y Cayo Hueso, Pedro Solís, llamaba despectivamente «señoritos habaneros», resultó ser un soldado valiente. Morirá en combate casi un año después, el 3 de febrero de 1897, con grados de teniente coronel del ejército insurrecto. Sus diarios fueron rescatados por un oficial español, que decidió entregarlos a la familia de su adversario. Está enterrado, como era su deseo, junto a su amigo Casal en el panteón familiar.

Si fuera cierto que, como sostiene Tolstói en el archicitado comienzo de *Anna Karénina*, todas las familias felices se parecen y sólo la desdicha es capaz de otorgar originalidad a las tramas humanas, entonces la historia de los Lima merecería figurar entre nuestras sagas más singulares.

En Jacksonville, el centro de aquella familia de emigrados era el primogénito, bautizado como Andrés Enrique Federico Lima y Rosado, quien pronto demostró sorprendentes aptitudes musicales, casi de niño prodigio. Su abuela Mercedes le había regalado un violín, y él pasaba horas practicando en su habitación, espiado por sus hermanas pequeñas, que apenas lo veían fumar corrían a denunciarlo ante sus padres. Pero Andresito era el consentido de todos, no sólo por su talento sino también por su carácter hipersensible y un poco tímido. En *Paradiso,* Lezama contrapone sus dotes de virtuoso al escaso talento de Mr. Squabs, falso artista envanecido. También describe cómo el niño empieza a entrar en el mundo de los adultos: ya usa la ropa de su padre y, conversando con este, hace gala de sorprendentes intuiciones musicales.

El temor de la familia es que el muchacho se «descubanice», que olvide las costumbres de su tierra natal. Sobre la condición cubanoamericana que empezaba a insinuarse en aquellos emigrados decimonónicos tenemos algunos indicios: Andresito Lima se hacía llamar «Andrew», y cuando Rosa Lima llegó con 16 años a Cuba no sabía leer bien en español. Parte de la educación familiar, entonces, podrían haber sido esas jornadas patrióticas en que Andresito tocaba el violín para un público de exiliados.

En la novela, don Belarmino pide a la señora Augusta que su hijo participe en la tómbola «con algún *numerito* de violín». El niño toca a Tchaikovski y a Paganini, un programa que al Lezama narrador le parece signo de una precoz sensibilidad política, al tratarse de dos reveladores del nomadismo y la libertad «del Oriente europeo». Sin embargo, la desgracia o la mala suerte acechan al violinista: más tarde subirá a un ascensor cuyo barandal no estaba bien asegurado –era tarea del cubano Carlitos, incumplida por culpa de Mr. Squabs, que le insiste para que vaya a montar las luces de su fiesta–. Falla la plancha-barandal del ascensor y Andresito se estrella contra el suelo, rodeado de unas máscaras alusivas a la tragedia griega:

> De pronto, la plancha mal clavada por Carlitos, tironeado por el organista, cedió y el coro prorrumpió en un grito salvaje, y después la fiesta se detuvo, y cuando la frágil figura con su smoking de ejecutante, quedó extendida en el suelo, y la sangre empezó, gota tras gota, a correrle por la boca, la antiestrofa que luchaba con los gritos del coro, impuso la maldición de su silencio. El coro volvió a levantarse muy lentamente:
>
> –Es el hijo de don Andrés, es su hijo, ¿por qué tenía que ser el hijo de don Andrés?[35]

El relato novelesco evoca hechos ocurridos el 12 de abril de 1898, cuando el verdadero Andresito Lima tenía apenas 14 años. Tras la explosión del acorazado Maine en el puerto de La Habana y la muerte de al menos 260 marinos norteamericanos el 15 de febrero de 1898, los residentes cubanos de Jacksonville organizaron una feria de varios días en el John Clark Building, con el objetivo de recaudar fondos para la guerra. La esposa del empresario tabacalero José Alejandro Huau, Catalina Miralles, junto a su hija Catalina y su sobrina Theresa Fritot, presidían la mesa principal del acto. Fue esa la feria en que murió Andresito.

La prensa local ofreció, de hecho, una descripción del accidente muy similar a la de la novela:

> FELL DOWN AN ELEVATOR
> *Accident to Andrew Lima at the Cuban Fair Last Evening*
>
> While Andrew Lima, a young Cuban, was enjoying himself at the Cuban fair, in the John Clark Building, last evening, he suddenly fell down the elevator shaft, going a distance of one story and then into the basement. He had been sitting on a board across the shaft, the board breaking in two.

> The young man was picked up in an unconcious condition. Dr. Montalvo was called in to attend him, and it was some time before he regained conciousness. The patrol wagon was finally sent for, and the young man was taken to his home. He was badly bruised about the head, and otherwise injured, but it is hoped the injuries will not prove fatal.
>
> The affair quite naturally created a great deal of excitement among the large number of ladies at the fair.[36]

Otras notas precisan que la caída, desde una altura de 32 pies (unos diez metros), le ocasionó al joven una fractura de cráneo.

Una semana después, los periódicos informan de la muerte de Andresito, ocurrida el 18 de abril, y de su funeral, efectuado el día siguiente. Lezama cuenta que la vieja Padilla, al ver el cadáver, se limitó a decir: «Murió por Cuba».

El entierro tuvo aires marciales: el féretro fue cargado por varios soldados entre salvas de la Florida Light Infantry y otros honores militares.[37] El duelo de la comunidad exiliada fue acompañado por gritos patrióticos: la opinión pública culpaba a España por la voladura del Maine y muchos norteamericanos y cubanos coreaban juntos *«Remember the Maine, to hell with Spain»*. La misma semana del entierro, los independentistas recaudaron 250 dólares para los insurrectos en otra feria, organizada en el Armory Building, con el auspicio del mismo batallón de infantería.

Del trauma familiar que significó la infausta muerte de su tío materno habla Lezama en su ensayo «Confluencias»:

> Ahí está Andresito, el niño prodigio, con su violín, muerto en un accidente en una tómbola para recaudar fondos para la Independencia. Tocaba esa noche con el smoking que usaba frecuentemente su padre. Se cae del elevador y muere y mi abuelo que muere poco después de tristeza. Y mi abuela que cuando relataba este hecho, terminaba con una antiestrofa de alguna tragedia griega, ¿por qué tenía que ser mi hijo? De niño yo quería ser el violinista, el que llegase a expresarse a trueque de enfrentarse con el *fatum*. Se configuraba en mí constantemente aún a través de la muerte. Era el ausente, con lo mejor de la familia en la tenebrosa Moira, ocupaba todo el *simpathos* familiar y me gustaba oírles

> relatar a mi abuela y a mi madre cómo eran sus horas de estudio y la noche de su muerte.

Andresito fue enterrado en el viejo cementerio de Jacksonville, según consta en el registro de decesos, y como le contará a Lezama, mucho después, un residente en esa ciudad: Armando J. Piedra. En una carta de 1972, este espontáneo corresponsal le explica que trató de encontrar la tumba con la ayuda de un celador, pero que ya no quedaban marcas del sepulcro ni datos sobre una posible inhumación. Años más tarde, Piedra le manda al escritor fotos del sitio, así como algunas preguntas sobre su vida y obra.

En la que puede haber sido su última carta enviada al extranjero, fechada en julio de 1976, el escritor agradece los detalles y las fotografías: «Pienso que tantos años después sea un cubano como Ud. el que haya vuelto sobre su recuerdo, es para mí muy emocionante y patético. Para él, en su inmensa soledad, debe de darle alegría que Ud. vuelva sobre su vida tan breve, destruida por la fatalidad».[38]

Por culpa de los relatos familiares sobre la muerte de su tío, Lezama padeció, de por vida, un tremendo miedo a los elevadores.

DÍAS después de la muerte de Andresito, el 25 de abril de 1898, Estados Unidos declaró la guerra a España usando la explosión del Maine como *casus belli*. La marina norteamericana decidió el resultado de la contienda en tres meses y medio. Los cubanos empezaron a vislumbrar el fin del largo dominio colonial –y a temer la ambición norteamericana, prevista por Martí antes de su muerte en el campo de batalla–.

Durante las negociaciones de paz, España trató de que Estados Unidos se hiciera cargo de la deuda cubana, que superaba los 400 millones de dólares. Andrés Lima publicó entonces un artículo en *Patria*, el periódico de los emigrados fundado por Martí, para recordar, con no poca razón, que la llamada «deuda cubana» en realidad debía llamarse «española» por haber sido contraída «por y para España». Lima alude también a los beneficios que las operaciones crediticias representaron para el Banco Colonial de Barcelona y los funcionarios públicos que intervinieron en ellas. Como empresario escaldado y como patriota, critica la «funesta administración española», que se había endeudado no sólo para sostener la guerra sino también con fraudes y manejos de burócratas nombrados en Madrid:

> ¿Con qué razones, pues, sostienen esos periódicos que al separarse Cuba de España, por consecuencia de una guerra, debe la primera tomar á su cargo las referidas emisiones de títulos? Eso significaría reembolsar á la Metrópoli los gastos que hizo para combatir las justas aspiraciones de los cubanos, es decir, satisfacer el personal, los fusiles y la pólvora empleados en herir á nuestros compatriotas, y pagar á España el oro –manchado con la sangre de los reconcentrados– que el carnicero Weyler conserva en sus arcas y que figuran como gastos del Ejército. Es el colmo del cinismo pretender que la Isla arruinada por España, cargue con los millones de pesos comprendidos en esos déficits, que disfrutan los burócratas peninsulares hoy convertidos en *respetables propietarios y rentistas* de Madrid, Barcelona, etc.[39]

Al final, Estados Unidos se negó a asumir la deuda cubana y España no tuvo otro remedio que ceder sus colonias al nuevo poder mundial. En diciembre de 1898 se firmó el Tratado de París, por el que la antigua metrópoli abandonaba sus demandas sobre Cuba y entregaba además Filipinas, Guam y Puerto Rico a la nueva potencia, cuyo presidente era entonces William McKinley.

La situación en La Habana, aún bajo el control estadounidense durante ese diciembre y los meses sucesivos, era confusa, y los Lima prefirieron esperar un tiempo antes de volver a la isla. Por entonces morirá María del Carmen Aybar, la Carmen Alate de *Paradiso,* avejentada hasta convertirse en involuntaria sibila vegetativa.[40] Así pasó aquella familia otra de las sombrías y «escarchadas nochebuenas de Jacksonville».

Tras el fin de la ocupación norteamericana y la proclamación de la República, cuando ya los Lima/Rosado había regresado a La Habana para instalarse en Prado 9, fallece de improviso Andrés Lima. Quienes conocieron al patriarca destacan su modestia y delicadeza.[41] Era tan educado, cuentan, que en su último día, el 12 de febrero de 1903, aunque se sentía mal y estaba descansando, no quiso dejar de recibir a unos inesperados visitantes en su cuarto: «conversaron un momento y los señores abandonaron la habitación y le comunicaron que Don Andrés estaba dormido. Dña. Celia se asombró porque era un individuo de modales ceremoniosos e incapaz de tal incorrección. Cuando abrió la puerta del cuarto observó un extraño dormir que era la muerte».[42] Días después, el *Diario de la Marina* precisará la causa del deceso: hemorragia cerebral.

Concluido el duelo, el 31 de octubre de 1903, un viejo amigo del difunto, Enrique Fontanills, informa en el mismo periódico de que una de las hijas de don Andrés, Carmita Lima, «ha sido pedida en matrimonio por el joven y distinguido médico de la Guardia Rural, el doctor A. Sonville».

Carmen Celia Matilde Lima y Rosado, Carmita, es la más olvidada de los nueve hijos de Andrés y Celia. Emigró de niña a Jacksonville con sus padres y creció marcada por la trágica muerte de su hermano. En *Paradiso* se la menciona apenas una vez, cuando Lezama atribuye a un trasunto de su novio, el doctor Arturo Sonville Cervantes (convertido en «doctor Zunhill»), el intento de disparar a bocajarro contra su prometida:

> Nosotros estábamos en la sala –dijo doña Augusta–, cuando Carmen comenzó a llamar, a dar gritos después. Estaban ella y el doctor Zunhill, su novio, en la salita. Puesto ya de pie, vimos que el doctor con el revólver en la mano, apuntaba para mi hija. Se oía el ruidito del gatillo como los conejos cuando mascan las mazorcas del maíz, pero las balas felizmente no salían. Estaba descargado, pero el doctor sin preocuparse de que ninguna detonación siguiese el golpe del gatillo, se congestionaba como el rostro de alguien que tenía que matar. Entonces sacó la bayoneta, primera vez que la portaba, y fue cuando nuestros gritos deben de haber alarmado a la vecinería. Andrés iba ya a adelantarse sobre él, y Alberto corría desde el corredor donde estudiaba; a mí y a mis hijas el terror no nos dejaba mover. Entonces llegaron los soldados, se fueron derechos a él y lo amarraron.[43]

La escena viene a sumarse a una rocambolesca lista de infortunios familiares. Pareciera exagerada, pero la realidad es aún más terrible de lo que consigna el narrador. Después de comprometerse, mientras planchaba con ilusión una cinta «para embellecerse», la joven Carmita tuvo un descuido y la ropa que llevaba puesta se incendió. Murió el domingo 3 de abril de 1904, tras 72 horas de agonía.[44]

La historia no escapó a la pluma de Fontanills, que en su sección de crónica social del *Diario de la Marina* da todos los detalles del desdichado final:

> La señorita Carmen Lima Rosado, que tuvo hace días la desgracia de sufrir quemaduras graves al inflamársele casualmente los vestidos, ha sucumbido víctima del citado percance.
>
> Cuando á Carmen le sonreía el porvenir, cuando sus bellas prendas personales la hacían ser querida de cuantos la trataron, un percance inesperado la arrebata al cariño de propios y extraños, siendo por todos llorada.
>
> Reciban sus familiares muestro sentido pésame.
>
> ***
>
> ¡Qué terrible desgracia la que ha llevado á la tumba a Carmen Lima!
>
> La bella, la buena niña, víctima de las llamas, al prendérsele en su casa las ropas, ha sufrido en el lecho un largo é indecible martirio.
>
> Pedía ella misma la muerte.
>
> Sí; era más dulce morir que continuar así, presa de angustias, horriblemente magullada, en vísperas de sufrir la amputación de un brazo.
>
> ¡Qué fin más triste de una existencia amada!
>
> Cuando el amor señalaba á su alma el derrotero de la felicidad, uniendo su suerte á la del joven doctor Arturo Sonville, en vez del velo nupcial envuelve un sudario de muerte la figura de la bella y buena *Carmita,* de la niña cuyo infortunio no puede ser más conmovedor.
>
> Inmenso es el dolor que esa pérdida lleva á tantos corazones.
>
> Adiós, *Carmita!*[45]

Por su parte, Sonville hizo una brillante carrera. En la época de su noviazgo con Carmen, además de médico de la Guardia Rural, ya era cirujano del cuerpo de urgencias del hospital Calixto García. En 1909 contrajo matrimonio con María Nodarse y Bacallao y fue nombrado comandante de Sanidad Militar. Promovió con éxito varios sueros para tratar la sífilis. En 1917, aún en vida del padre de Lezama, fue designado teniente coronel al mando del Hospital Militar de Columbia. Se licenció en 1921, y se trasladó a París y luego a Barcelona junto a su familia. Falleció en marzo de 1929, «víctima de incurable dolencia», en el Instituto Pere Mata, de Reus.

De un episodio biográfico de Sonville pudo servirse Lezama para recrear la violenta escena que incluirá en su novela: en 1917 el doctor fue procesado por «homicidio y disparo de arma de fuego» sobre un oficial, una causa radicada por el Estado Mayor General de la que salió absuelto. También pudo haberlo inspirado otra anécdota, protagonizada por un hermano de Celia, Federico Rosado Aybar, que era Inspector del Departamento de Obras Públicas y, por lo visto, hombre dado a los celos. El 7 de septiembre de 1905, el *Diario de la Marina* publica que, «encontrándose ayer tarde en la calle de O'Reilly 64 la joven doña Feliciana Iglesias Llebres, se le presentó el blanco Federico Rosado Aybar, con quien había sostenido relaciones amorosas, el cual después de insultarla de palabras la amenazó con un revólver. El vigilante 693 detuvo al acusado, ocupándole un revólver Smith calibre 34. Rosado Aybar quedó en libertad mediante fianza, con la obligación de presentarse hoy ante el juez correccional del distrito».

La cadena de muertes prematuras (Andresito, su padre, Carmita, y luego Alberto y Horacio Lima) que debieron cargar los Lima/Rosado abonó la leyenda de una maldición. Con ella Lezama teje parte de su novela, recreando un mito familiar que, como todos los mitos, le fue transmitido de manera oral.

En *Paradiso*, José Cemí cuenta que de niño oía a su madre o a su abuela comenzar los relatos del pasado doméstico con las fórmulas «cuando la emigración, o allá en Jacksonville». Esas simples palabras bastaban para abrir su imaginación, «esa condición de arca de la alianza resistente en el tiempo que se apoderaba de la familia, cuando conservando su unidad de cercanía, se ve obligada a anclar en otra perspectiva, que viene como a tornar en mágica esa unidad familiar rodeada de una diversidad que tocan como desconocidas sus miradas».

En otras páginas de Lezama, esa arca memoriosa se transforma en el «escaparate titánico» del último cuarto de la casa de Prado, que la abuela Celia abrirá ante él años antes de morir:

> Ahí estaba el smoking de mi abuelo, con el cual había muerto mi tío Andresito, los trajes con los que mi abuela había asistido a las bodas de sus hijas. Estaba también allí una desmesurada escribanía con pozuelo para la tinta y unos renos de plata labrada, y sobre la escribanía una manilla de ámbar muy usada en el XVIII y XIX, para rascarse. Esa ingenua oleada reminiscente pasa a la segunda estrofa de mi obra *Oda a Julián del Casal*, para sugerir el título de una de sus obras, aludo al reno de la escribanía y a una manilla de ámbar por la espalda. A veces pienso con deleite que en el día de las despedidas, ese escaparate titánico volverá a abrirse para mí.

El poema fue escrito en 1963, en ocasión del centenario de Casal. Es una reflexión sobre el XIX cubano, o más bien sobre «un especial siglo XIX » que convoca la figura del poeta. Lezama comienza por enumerar no sólo los objetos que su abuela materna guardaba en el armario, sino toda la mitología de su linaje. Se trata también de la elegía de un poeta a otro que, como bien ha visto Duanel Díaz,[46] dialoga a su manera con el *Adonais* de Shelley. Sobre todo, la *Oda* intenta poner en práctica un método, la potencia de «razonamiento reminiscente», explicada por Lezama en su ensayo sobre Casal de 1941, para terminar convirtiendo al influenciado en influenciador. El poeta modernista era ejemplo de un siglo que debía ser rescatado de los «ponzoñosos profesores» y «pasivos archiveros»: en vez de hacer arqueología, habría que estimular el poder creador de la memoria para engendrar nuevos comienzos de esa vida/obra; escribir, pegar y recortar sobre el texto de la historia cubana. Esa reconsideración creadora del XIX es parte del ruego que Lezama hace por Casal –y para sí–.[47]

A través de Rosell y Malpica, el joven Carlos Lima había entrado en la órbita del poeta decimonónico. El patriarca Andrés Lima también muere, como Casal, por la rotura de una arteria dilatada (una hemorragia cerebral, en su caso; un aneurisma de Rasmussen, en el de Casal), y de la misma manera inopinada (la falsa siesta delante de los amigos visitantes; el cigarrillo aún encendido que alguien saca de entre los dedos del poeta tras su carcajada fulminante). Ambas muertes ocurrieron, además, en la misma calle, el habanero Paseo del Prado. Todas esas coincidencias alimentan la *Oda* lezamiana, que coloca al frágil fantasma de Casal paseando por la vieja Habana, como un Orfeo de ojos verdes camino al inframundo:

> La errante chispa de su verde errante,
> trazará círculos frente a los dormidos
> de la terraza, la seda de su solapa
> escurre el agua repasada del tritón
> y otro tritón sobre su espalda en polvo.
> Dejadlo que se vuelva, mitad ciruelo
> y mitad piña laqueada por la frente.
> Déjenlo que acompañe sin hablar,
> permitidle, blandamente, que se vuelva
> hacia el frutero donde están los osos
> con el plato de nieve, o el reno
> de la escribanía, con su manilla de ámbar
> por la espalda. Su tos alegre
> espolvorea la máscara de combatientes japoneses.
> Dentro de un dragón de hilos de oro,
> camina ligero con los pedidos de la lluvia,
> hasta la Concha de Oro del Teatro Tacón,
> donde rígida la corista colocará
> sus flores en el pico del cisne,
> como la mulata de los tres gritos en el vodevil
> y los neoclásicos senos martillados por la pedantería
> de Clesinger. Todo pasó
> cuando ya fue pasado, pero también pasó
> la aurora con su punto de nieve.
>
> Si lo tocan, chirrían sus arenas;
> si lo mueven, el arco iris rompe sus cenizas.
> Inmóvil en la brisa, sujetado
> por el brillo de las arañas verdes.
> Es un vaho que se dobla en las ventanas.
> Trae la carta funeral del ópalo.
> Trae el pañuelo de opopónax
> y agua quejumbrosa a la visita

sin sentarse apenas, con muchos
quédese, quédese,
que se acercan para llorar en su sonido
como los sillones de mimbre de las ruinas del ingenio,
en cuyas ruinas se quedó para siempre el ancla
de su infantil chaqueta marinera.

A los objetos y recuerdos del escaparate de Celia se suma la «infantil chaqueta marinera» del niño Casal, abandonada en uno de los sillones del arruinado ingenio azucarero de su padre, y que tiene su réplica en el traje de marinerito con que un Lezama niño aparece junto a su hermana Rosa y su abuela materna en una foto *circa* 1916. Este intercambio de personalidades entre Casal y Lezama, similar al que se establece entre Keats y Shelley en *Adonais*, está puntuado por la fineza criolla que recorre el poema, sus invocaciones, sus suaves imperativos, como si Casal hubiera acabado siendo parte de la familia Lima o una visita de confianza.

Hay también otro detalle, una superstición de la época de Jacksonville, que Lezama incorpora tanto a su *Oda* como a las páginas de *Paradiso* sobre el exilio de los Lima/Olaya. Su abuela Celia creía que los ópalos traían mala suerte, que de alguna manera esa piedra estaba conectada con la muerte.[48] Esa creencia engendra una hermosa imagen del poema: «la carta funeral del ópalo». Por otro lado, en la novela se lee:

> Hablar de aquellas Navidades en Jacksonville, era hablar de la Navidad única, desventurada, escarchada, terrible, pero acompañada de rebrillos, llegadas indescifrables, manjares encantados, cobrando la familia el misterioso calor bíblico al sentirse asediada por todos sus bastiones y torres. Pero esperando la llegada, que sucediese algo, un ópalo frío y errante surcando con su variada cola de avisos.

La muerte acecha en ese «ópalo frío y errante» y deja una estela de indicios antes de consumar la fatalidad. El brillo helado de la piedra evoca la predestinación protestante y se contrapone al resplandor ambarino de la madera pulida y repulida, emblema de una resistencia noble frente al tiempo: «Dentro del escaparate mágico, el violín del tío Andresito, resguardado del polvo en su caja bien cerrada, mostraba unas silenciosas vetas en la madera. Estrías de ámbar, pequeño túmulo de jaspe, diminuta y graciosa ciudadela edificada por Anfión».

También en «Confluencias» Lezama describe su relación con un álbum de viejas fotos familiares como si fuera un paseo entre fantasmas. Al morir su madre, dice, sufrió el «encontronazo violentísimo y sin remedio» de tener que sumar el cuaderno de retratos de Rosa Lima, donde predominaban «los descendidos al sombrío Hades», a la colección propia, «mis contemporáneos, gozosos aún en la región de la luz». Fue una convocatoria de espectros entreverados con los vivos, nueva sobremesa de diálogos silenciosos que se desenvolvían con sospechosa naturalidad:

> Entre tantas vertiginosas pruebas, yo me encontraba como sumergido en lo oscuro. Las fotografías mientras más se alojaban en los confines del pasado, cobraban para mí un resplandor amortiguado de lectura hecha bajo un farol de gas. Aquellos retratos recobraban su alegría serena, su sedosa compañía. Eran aparecidos reales, tangibles existentes en la imagen, la que les prestaba un cuerpo andante, una voz oíble y una estremecida despedida. La imagen que habían abandonado como un huevo los corporizaba de nuevo.

Con este vocabulario nigromántico (refiriéndose a Carmen y Andresito dirá: «Se evaporaron y ardieron como apariciones de lo invisible»), Lezama recrea el especial encanto de las viejas fotografías familiares. Estas borrosas sombras grisáceas o color sepia no son ya los tradicionales retratos de familia, sino la presencia turbadora de vidas detenidas en su duración, liberadas de su destino porque la fotografía no crea –como el arte– una sensación de eternidad, sino que embalsama el tiempo; se limita a sustraerlo a su propia corrupción. Roland Barthes ha hablado del *punctum*, la punzada, el extraño poder de la fotografía para conferir vida a lo desaparecido o hacer presente lo ausente. Ese mecanismo de convergencia de tiempos, donde el *aquí* y *ahora* recuperan al *allí* y *entonces*, es una ilusión mediante la cual el observador se remonta en el tiempo y cumple un deseo de reencuentro. Pero más tarde surge en la conciencia del que mira la certidumbre de la separación. La fotografía sólo proporciona la ilusión de presencia en un primer momento. Lo que acaba por imponerse al espectador es la nostálgica conciencia de la ausencia, el lazo inefable entre la vida y la muerte.[49]

En «Confluencias» y otros pasajes de su obra, el escritor relaciona su vocación con la posibilidad de trascender esas necrologías: al escribir sobre sus ancestros vengaba de algún modo aquellos combates con el *fatum* que les arrebató, como al Anfión mitológico, una numerosa prole. La escritura de Lezama está siempre marcada por esa voluntad del exorcismo, el poder del conjuro que impide al memorioso volverse loco, destruir un templo y habitar el Tártaro para siempre.

A partir de la muerte de Andrés Lima Padilla con sólo 44 años, la casa de Prado 9 –dice Eloísa Lezama Lima– «dejó de ser un verdadero hogar para convertirse en un campo bizantino donde se discutían herencias y prebendas».

El pleito principal fue entre la madre y la viuda del difunto por el usufructo de dos propiedades habaneras: una situada en la calle Consulado 68 y otra en San Nicolás 20. Ambas casas habían sido compradas por Mercedes Padilla con dinero de su hijo Andrés, por lo que en 1885 la madre devolvió formalmente a su hijo las propiedades, a condición de que fueran alquiladas y ese dinero sirviese a su manutención.

La encargada de cobrar los alquileres y expedir los recibos era Mercedes, aunque los contratos quedaron a nombre de su hijo, que debía ocuparse, como legítimo dueño, de las reparaciones de las casas, los reclamos de los inquilinos y el desalojo de los morosos.

Durante los años del exilio en Jacksonville, a Mercedes no le faltó nada y el dinero de los alquileres engrosó el arca común de la familia. De vuelta en Cuba, dos meses después del fallecimiento de Andrés, empezaron los conflictos. La vieja Padilla empezó a cobrarles directamente a los inquilinos, sin contar con su nuera. Celia, por su parte, avisó a los arrendatarios para que le pagasen sólo a ella, la heredera legítima de las propiedades. Se sucedieron entonces juicios contra los inquilinos interpuestos por Padilla, y luego se enfrentaron las dos protagonistas del litigio para hacer valer los que consideraban sus derechos respectivos y cobrar el monto de las rentas pendientes: 846 pesos más los costes legales.

El trasfondo de la cuestión era el derecho de Mercedes Padilla a mantener el usufructo pactado sobre las propiedades tras la prematura muerte de un hijo que, en vida, se había preocupado por garantizarle «una mesada suficiente á cubrir su alimentación y demás necesidades». Por la otra parte Celia, viuda y con seis hijos, necesitaba más que nunca esos ingresos. Aquel duelo entre amas de casa revivió añejos rencores. Celia argumentó que el difunto sólo entregaba una parte de esos alquileres (diez centenes) cada mes a su madre, cantidad que tras la escritura de partición de bienes, antes de que su suegra se separara de lo convenido y empezara a actuar por su cuenta, se convino en aumentar a doce. Para pagarle a su suegra esa cantidad mensual, Celia también exigió declarar nula una escritura del 24 de agosto de 1885, en la que se sostenían los derechos inalienables de la anciana sobre la renta de las propiedades, a lo cual Padilla se negó.

La disyuntiva legal era la siguiente: o bien se reconocía que Mercedes tenía el usufructo vitalicio de las dos casas por decisión de don Andrés, o bien se ignoraba ese derecho de usufructo para convertirlo, a la muerte de Andrés, en una simple pensión de alimentos, derivada de una parte de los alquileres.

La primera sentencia del caso fue favorable a Padilla, y a esta le siguió la apelación de Celia en Segunda Instancia, ante el Tribunal Provincial. Hubo declaraciones de testigos afirmando que la madre en realidad había vivido casi todo el tiempo con su hijo, que cubría todos sus gastos, y que eran este o sus apoderados quienes se encargaban de gestionar las propiedades y sus alquileres. Más allá de la buena voluntad de Andrés Lima, no existía vínculo legal entre Mercedes y esas rentas. En resumen, los sucesores no debían heredar las obligaciones de este para con su madre, sólo garantizarle una pensión. Pero los jueces no lo entendieron así. Le dieron una vez más la razón a Padilla y ratificaron la sentencia previa: su derecho de usufructo vitalicio sobre las propiedades no había prescrito y era ella, no los herederos de Andrés, quien único podía alquilarlas. Los abogados de Celia decidieron entonces presentar un recurso extraordinario de casación ante el Tribunal Supremo por infracción de la ley y la doctrina. El fallo favoreció por tercera vez a Mercedes, que quedó finalmente a cargo de las propiedades en litigio. Celia y sus hijos perdieron las casas de Consulado y San

Nicolás, y tuvieron que pagar, además, todos los costes de los tortuosos procesos judiciales.[50]

Aquella guerra intestina fue imposible de ocultar y los amigos de la familia tuvieron que tomar partido. La trifulca alcanzó incluso a los nietos de Celia, quienes se alinearon con su abuela materna, aunque siguieron en contacto con Mercedes y su indomable capacidad para la intriga. En *Paradiso*, la vieja Mela llega a los 94 años confundiendo pasado y presente, vivos y muertos. De niño, Cemí va a visitarla con sus hermanas «para aprovecharnos de esa sombra temporal donde sus recuerdos monstruosos por causa de su enfermedad de la memoria, lograban hacer retroceder el tiempo y desenfundar intacto un cuerpo mutilado». A esta guardiana de la memoria se la compara, primero, con una gorgona, y luego con una gárgola, «que al hablar regalaba los dones de la inmortalidad, pero que con la boca cerrada parecía petrificar los hechos, congelar las fuentes». Al parecer, los conflictos sólo cesaron cuando la anciana se hundió en una locura senil.

Para entender los problemas monetarios que acosaron a las familias Lima y Rosado a principios de la República es importante precisar que en el momento de su muerte Andrés Lima, como tantos otros comerciantes cubanos emigrados temporalmente a Estados Unidos a finales de siglo, ya no era rico. Sólo conservaba las dos propiedades habaneras de los litigios, más la casa de Prado 9 y una concesión de tranvía en Cienfuegos, ciudad que no conocerá ese medio de transporte sino hasta 1913. La refinería de Cárdenas se había malvendido, y en Jacksonville el patriarca donó una gran parte de su fortuna a la causa cubana.[51] Algo similar ocurrió con otros importantes empresarios del exilio, como Huau. Para muchos de aquellos patriotas la senda de la independencia fue también la de la ruina: tras sufrir quiebras y embargos, la mayoría de los patricios cubanos que se levantaron en armas contra la metrópoli acabaron en la miseria.

Décadas después, cuando en los años 40 la generación de *Orígenes* regrese románticamente al siglo XIX, evocará entre los signos distintivos de la isla la «grandeza perdida» o la «pobreza irradiante» de sus ancestros, que habrían cometido un suicidio económico en nombre de la ansiada libertad. Para Lezama, sin embargo, el asunto de la bancarrota familiar no se reduce a lo económico; es la prueba que consagra el destino cubano, lo que afina el temple de su grandeza y estilo. De ahí las palabras que pondrá en boca de Eugenio Foción, personaje de *Paradiso*: «La ruina, entre nosotros, engendra la mejor metamorfosis, una clase que puede competir en fineza con las mejores del mundo. En presencia de ellos, de su nobleza, de su presencia de los mejores, uno siente una confianza clásica, nos sentimos más fuertes en nuestra miseria».

NOTAS

[1] Carpentier no lo menciona, pero esta idea del XIX como «siglo largo» vs. el XX, «siglo corto», pertenece al historiador inglés Eric Hobsbawm, que la desarrolló en sus libros *La era de la revolución: Europa, 1789-1848, La era del capital, 1848-1875* y *La era del imperio, 1875-1914*.

[2] Hugh Thomas, *Cuba or the Pursuit of Freedom*, Harper & Row, NY-London, 1971.

[3] Enrico Mario Santí: «La invención de una nación», en *Pensar a José Martí. Notas para un centenario*. Society of Spanish and Spanish-American Studies, Boulder, Colorado, 1996, pág. 122.

[4] Se ha hecho notar que el lenguaje popular cubano nunca acuñó un término despectivo para referirse al español de la Península, como sucedió en Perú o en México. «Quizás –sugiere el historiador Manuel Moreno Fraginals– porque lo español estaba demasiado cerca en la sangre o porque el prejuicio diferenciador se volcase contra el negro y no sobre el blanco. Quizás también, y en alto grado, porque hubo liberales y conservadores, esclavistas y antiesclavistas, independentistas y enemigos de la independencia, tanto entre los peninsulares como entre cubanos y, por tanto, el lugar de nacimiento no definía necesariamente una ideología o una posición política». Véase *Cuba/España, España/Cuba. Historia común*, Crítica, Barcelona, 2002, pág. 168.

[5] El *oidor* o funcionario colonial, Juan de Mata Aybar y Aybar (1798-c.1876), se casó en 1833 con la cubana María de los Dolores Gimbernat Arán (Santiago de Cuba, 1811-1876) y tuvieron cinco hijos. María del Carmen fue la mayor de ellos.

[6] Fernán Sánchez: «Vejez», en *Poesías*, de don Federico Rosado y Brincau, Imprenta La Australia, La Habana, 1897, pág. XX.

[7] *Poesías*, de don Federico Rosado y Brincau, edic. cit., pág. 269. La palabra *bambolla*, por cierto, será usada por Lezama en *Paradiso*.

[8] Un documento posterior, la lista de pasajeros de un viaje que hizo en el vapor Panamá desde La Habana a Nueva York, le atribuye 19 años en 1887, por lo que varias fuentes genealógicas aseguran que Celia habría nacido en 1868. Debe tratarse de un error, por descuido de la tripulación (hasta 1891 era el capitán del barco quien se encargaba de elaborar estos registros), pues la fe de bautismo es incontrovertible.

[9] *PA(EC)*, capítulo IV, pág. 115. El caso de la abuela Mela no era excepcional. Moreno Fraginals recuerda que «la mujer criolla fue un elemento clave no sólo en el proceso de formación de la conciencia cubana, sino como conspiradora activa. Los documentos de la época recogen su actividad en el trasiego de armas, como correos, vistiendo los colores rojo, azul y blanco de la bandera cubana, cortándose el pelo en protesta simbólica contra las acciones de los voluntarios (las llamaron «las pelonas»), fundando sociedades conspiradoras femeninas, recolectando fondos, desafiando a las autoridades, y ya en plena insurrección yendo con sus maridos o amantes a la guerra, formando la retaguardia de alimentación y hospitales, etc.» Véase *Cuba/España. España/Cuba. Historia común*, edic. cit., pp. 238-239.

[10] Moreno Fraginals ha insistido en este aspecto, resultado de una realidad demográfica: «Hacia 1860 el censo de población y otros estimados estadísticos revelan que en Cuba vivían unos 82.000 peninsulares y canarios. Especialmente los peninsulares eran hombres en más del 90 por ciento de los casos: el número de mujeres españolas era mínimo. Esto significa que muchos de los inmigrantes o tenían su esposa en España, o habíanse casado o amancebado con criolla blanca, negra o mulata. Así, el conflicto nacional cubano/peninsular, que era una cuestión de identidad, se revertía en problema afectivo dentro del hogar, especialmente en el caso de los hijos criollos [...] Pero en muchos casos el orgullo criollo de los hijos envolvía una cierta ofensa al padre. En estos casos la madre, generalmente criolla también, era mediadora, aunque impulsora clandestina del sentido cubano de la descendencia. Estos casos están abundantemente expuestos en la novelística cubana, incluyendo a *Cecilia Valdés*. La historia tradicional, al omitir el papel de las madres criollas en la formación de la nacionalidad, ha dejado fuera uno de los elementos sociológicos fundamentales para entender la saga cubana». (Véase *Cuba/España, España/Cuba. Historia común*, edic. cit., pág. 225). Este asunto concierne también a Lezama, puesto

que en *Paradiso* su madre, arquetipo de criolla, es nombrada «Rialta», nombre que evoca la condición de puente conciliador entre linajes antes descrita.

[11] Alejo Carpentier, «Sobre La Habana (1912-1930)», conferencia documental filmada por el ICAIC en 1974; recogida en *El amor a la ciudad*, Alfaguara, Madrid, 1996, pág. 151.

[12] Stephen Crane: War Dispatches No. 57: «How They Court in Cuba», en *The University of Virginia Edition of The Works of Stephen Crane*, vol. IX, Virginia, pp. 203-205. (La traducción es mía).

[13] Ciertos rasgos físicos han propiciado la discusión sobre una supuesta «mulatez» de Lezama Lima, un tema que Lorenzo García Vega y Carlos M. Luis mencionan en varias ocasiones como parte del *tapujo* o autorrepresión origenista. Hubo, en efecto, un mestizaje oculto o disimulado en la familia por vía de esta abuela materna.

[14] Véase *Diario de la Marina*, La Habana, 12 de febrero de 1885.

[15] Los Michelena no son personajes del todo ficticios. En el acta de matrimonio de Andrés Lima aparecen como sus padrinos «los ilustrísimos señores Don Juan Ángel Michelena y Dña. Paula Santa María de Michelena».

[16] José Juan Arrom ha descifrado, además, las alusiones sexuales de este pasaje de *Paradiso*: Michelena tiene varias *queridas* (sugeridas con la imagen de los manatíes-sirenas, que Lezama extrae de las crónicas de Indias), y el criado chino está al tanto de sus frecuentes infidelidades. Véase el ensayo de Arrom «Lo tradicional cubano en el mundo novelístico de José Lezama Lima», *Revista Iberoamericana*, año XLI, n. 92-93, Pittsburgh, Pennsylvania, jul.-dic. 1975, pp. 472-475.

[17] Véase *La Correspondencia de España: diario universal de noticias*, año XXXIII, n. 8770, Madrid, 27 de marzo de 1882.

[18] *The Weekly Floridian*, Tallahassee, 15 de septiembre de 1887.

[19] Domingo Tomás Fernández de Cubas (La Gomera, 1833-La Habana, 1906) cursó sus primeros estudios en su natal Tenerife. Trasladado a Cuba, obtuvo los títulos de bachiller (1862), licenciado (1863) y doctor en Medicina y Cirugía (1872) por la Universidad de La Habana. Realizó un viaje de estudios a Nueva York (1893-1894), y luego tuvo una larga carrera docente. Ocupó numerosos e importantes cargos: médico del Hospital Militar San Ambrosio de La Habana; médico del 2.º Batallón de Voluntarios de Artillería; director del Hospital San Felipe y Santiago y de varias casas de salud; vocal de la Junta de Sanidad (1867) y de la Comisión Central de Estadísticas (1878). Fue también miembro de la

Real Academia de Ciencias Médicas, Físicas y Naturales de La Habana y de la Real Sociedad Económica de Amigos del País, y fundador de la Sociedad Antropológica de la Isla de Cuba (1877) y de la Sociedad de Estudios Clínicos de La Habana (1879). Mereció distinciones y condecoraciones militares, pero su valiente defensa de los estudiantes de Medicina, fusilados en La Habana el 27 de noviembre de 1871, provocó su detención por las autoridades coloniales.

Fernando Heydrick Klein (Barmen, Alemania, 1827-Matanzas, 1903) fue un escultor, acuarelista, emprendedor e ingeniero alemán que emigró de joven a Cuba, donde realizó importantes obras de ingeniería e intervino en política. En 1870, Heydrich Klein y su socio G. Faura y Cabanillas recibieron la concesión y el usufructo hasta 1912 del Acueducto de Matanzas a través de la compañía «Heydrich & Cia». Declarada monumento nacional, la obra abastece de agua a Matanzas hasta hoy. Heydrich fue también uno de los primeros productores de henequén en la isla. Durante la Guerra de los Diez Años, convenció nada menos que a Bismark de la neutralidad de una misión de voluntarios y su beneficio para la población alemana en Cuba. La integrarían él mismo y los comerciantes más influentes de Matanzas. (Aunque se decían neutrales, su posición era favorable a España: trataban de proteger sus numerosas propiedades). Murió en 1903 y está enterrado en la Necrópolis de San Carlos Borromeo, en Matanzas.

[20] *La Discusión* gozó de gran popularidad e hizo un periodismo astuto a favor de la insurrección, sobre todo tras la muerte de Santos Villa en 1894, cuando pasó a dirigirlo Manuel Coronado Alvarado. Por esa razón, las autoridades españolas lo prohibieron en octubre de 1896. Reapareció con el advenimiento de la República.

[21] En septiembre, la misma junta se reúne para prorrogar a sus directivos por doce años más, pero Lima y otros dos accionistas no están de acuerdo y así lo hacen constar ante notario.

[22] Véanse dos interesantes ensayos: César A. Salgado: «Finezas de Sor Juana y Lezama Lima», Universidad de Los Andes, Mérida, Venezuela, *Actual*, n. 37, 1997, pp. 75-102; y Maximino Cacheiro Varela, «EE.UU. en Paradiso», en *Cinguidos por unha arela común: homenaxe ó profesor Xesús Alonso Montero*, Volumen 2, Universidade de Santiago de Compostela, 1999, pp. 271-283.

[23] *PA(EC)*, pág. 54. La edición crítica precisa que en el manuscrito la primera versión de la frase fue: «Pero el separatismo incontrastable de la Vieja Padilla, el recuerdo de la pobreza de la adolescencia, el maltrato recibido, lo llevaban a la emigración en Jacksonville». También en el manuscrito Lezama escribe

«Don Benjamín» (el posible nombre del personaje real en la versión que le contaron) por «Don Belarmino».

[24] «Yo oía a mi abuela y a mi madre hablar incesantemente en el recuerdo familiar. Hablaban junto con los demás familiares, de los años de destierro en Jacksonville, evocaban las tómbolas para recolectar fondos para la Independencia, las noches buenas sombrías, alejados de su tierra, las visitas de Martí que era amigo de mi abuelo Andrés Lima, colaborador de *Patria*, el periódico fundado por nuestra gran figura» (*VM*, pág. 20). En entrevista con Ciro Bianchi, Lezama también se refiere a su madre Rosa como «una criolla que se había hecho en la emigración revolucionaria» y cuyo padre, colaborador de *Patria*, «promovía que en su casa se hablara constantemente de lo cubano, de sus poetas, de la nostalgia, de aquellas sombrías Nochebuenas en Jacksonville». «Interrogando a Lezama Lima». *VM*, pág. 13.

[25] Joaquín Llaverías: *Los periódicos de Martí*, Imprenta Pérez Sierra y Comp., La Habana, 1929. La referencia a Andrés Lima aparece en la página 112, dentro del índice de colaboradores. El único artículo de Andrés Lima en *Patria*, sobre el que volveremos, apareció el 24 de agosto de 1898.

Otro ejemplo del fervor patriótico de Andrés Lima es un soneto que dedicó a Antonio Maceo, tras su muerte en el campo de batalla, en diciembre de 1896. Lezama recibió el manuscrito del poema a través de una prima de su madre, Ofelia Consuegra, y lo conservó con orgullo, a pesar de considerarlo «obra de un aficionado». En marzo de 1966 le envió una copia a su hermana Eloísa, ya exiliada: «Enséñenselo a sus hijos y nietos pues la familia se apoya y se engrandece con esas notas que demuestran que el pasado fue cumplido con honor» (*CE*, pág. 114). El poema, sin embargo, no ha sido encontrado.

[26] «Yo no llamo hermano a todos los hombres; déjeme llamarle hermano.» En: José Martí, *Obras completas*, Editorial de Ciencias Sociales, La Habana, 1991, t. 3, pág. 345. En una misiva anterior, el Apóstol le dice a Hidalgo-Gato que si no lo ayuda, él, Martí, tendrá que ir por las calles lamiendo el suelo como un perro... Tal exceso metafórico parece un intento de manipulación, e Hidalgo-Gato le responde –en términos amables pero claros– que no le falte el respeto de esa manera, objeción comprensible si se examina su biografía de *self-made man*.

[27] Véase el ensayo de Gustavo J. Godoy «José Alejandro Huau: A Cuban Patriot in Jacksonville Politics», *Florida Historical Quarterly*, vol. 54, n. 2, Tampa, Fl., octubre de 1975. Uno de los más interesantes testimonios sobre esa época y ese

ambiente lo debemos al escritor afroamericano James Weldon Johnson, que en su *Autobiography of an Ex-Colored Man* detalla el ambiente de agitación política en Jacksonville *circa* 1897. Johnson estuvo empleado en una de las fábricas de Huau, donde los cubanos lo acogieron como a uno de los suyos, y le enseñaron español y el oficio de destripador de tabaco. Con ellos, Weldon iba al balneario de Pablo Beach y a pabellones de baile en los que había «mucha bebida y, en general, una o dos peleas para aumentar la emoción». En esos bailes, organizados muchas veces por los meseros de los grandes hoteles, los cubanos se mezclaban con los locales, negros y blancos, y hacían gala de su facilidad para el baile. Véase James Weldon Johnson: *Autobiography of an Ex-Colored Man*, capítulo v. Edición *online*: https://www.gutenberg.org/ebooks/11012.

[28] Paul Auster: *La llama inmortal de Stephen Crane*, Seix Barral, Barcelona, 2021, pág. 593. El cálculo de Auster es conservador; según la historiadora Consuelo Stebbins, en ese mismo periodo consiguieron llegar a la isla unas 48 expediciones. (Véase: Consuelo Stebbins ed.: *City of Intrigue, Nest of Revolution: A Documentary History of Key West in the Nineteenth Century*, The Florida History and Culture Series, University Press of Florida, 2007).

[29] La anécdota se la contó Lezama al por entonces joven trovador Silvio Rodríguez, durante una visita de este, junto con los escritores Antonio Conte y Manuel Pereira, a Trocadero 162, *circa* 1970. El cantante da los detalles del relato en una entrevista publicada el 28 de enero de 1999 en el periódico cubano *Juventud Rebelde*. Eloísa Lezama Lima también me aseguró que existía un retrato de su abuelo con Martí, que no he podido encontrar.

[30] Sigo aquí las pistas indicadas por el propio Lezama: «Mi tío abuelo había sido muy amigo de Malpica [sic] y Rosell, aquel gran amigo y devoto de Julián del Casal. En el *Diario* de este último aparecen varias referencias a él». «Interrogando a Lezama Lima»; *VM*, pág. 13.

[31] *Diario del Teniente Coronel Eduardo Rosell y Malpica (1895-1897)*, Academia de Ciencias de Cuba, La Habana, 1949, pág. 29. Rosell y Malpica, que había pasado una larga temporada en Europa, tenía la costumbre de anotar expresiones curiosas del habla cubana, escuchadas a sus compañeros de travesía; por ejemplo, «ya cantó el *guariao*», para referirse a las «detonaciones en una escaramuza o combate», o el sentido de la palabra «encasquillado», con la que se aludía a «quien se acobarda o más bien desiste de ir a la guerra».

[32] *Diario del Teniente Coronel Eduardo Rosell y Malpica (1895-1897)*, edic. cit., pág. 33.

[33] *Diario del Teniente Coronel Eduardo Rosell y Malpica (1895-1897)*, edic. cit., pág. 58.

[34] *Diario del Teniente Coronel Eduardo Rosell y Malpica (1895-1897)*, edic. cit., pág. 150. No sabemos si la muerte de ese otro hijo de Mercedes Padilla, hermano de Andrés Lima, fue real o un simple pretexto para sacar al joven Carlos de su peligrosa aventura patriótica.

[35] *PA(EC)*, pág. 60.

[36] «Andrew Lima injured by fall into shaft», *Florida Times Union*, Jacksonville, 12 de abril de 1898, pág. 5.

[37] «Death and Burials», *Florida Times Union*, Jacksonville, 19 de abril de 1898, pág. 5.

[38] JLL a Armando J. Piedra, *CE*, pág. 420. Las dos cartas de Piedra (1944-2006), que preparaba una disertación sobre *Orígenes*, están recogidas en *EEGA*, pp. 181-185. Piedra luego defendió más tarde su tesis doctoral: «La revista cubana *Orígenes* (1944-1956), portavoz generacional», University of Florida, Gainesville, 1977.

[39] Andrés Lima, «La Deuda de Cuba», en *Patria*, n. 485, Nueva York, 24 de agosto de 1898, pág. 3.

[40] «La hija del oidor se extinguía, entre una rara mudez y la aparición insinuante de dones de profecía y burlas». *PA(EC)*, pág. 40.

[41] «Andrés Lima, un hombre excelente, un amigo ejemplar, bondadoso como pocos, modesto hasta la exageración. Era en su carácter lo que en sus afectos: invariable. Yo le quería entrañablemente, desde los primeros tiempos de *La Discusión*, y alguna vez, cuando le hallaba al paso, en la calle, nunca en teatros ni fiestas ni casinos, pues el pobre Andrés Lima vivió siempre consagrado, en plácido alejamiento, al amor de su familia, entonces, en esas cortas y afables pláticas, teníamos siempre un recuerdo para aquellos días, para mí inolvidables, como que van unidos á la memoria de mis albores periodísticos». Enrique Fontanills, *Diario de la Marina*, La Habana, 17 de febrero de 1903, pág. 4.

[42] Eloísa Lezama Lima, *UFH*, pág. 23.

[43] Véase el capítulo III de *Paradiso*. Los soldados llegaron rápido porque ya buscaban a Zunhill por haber matado a su ordenanza poco antes y sin razón aparente.

[44] Eloísa resume la tragedia en unas líneas: «Al poco tiempo de muerto el abuelo muere Carmita, de 18 años. También devorada por el fuego, pero llena

de ilusión esperando a su novio y planchando una cinta para embellecerse». *UFH*, pág. 24.

[45] «Habaneras», *Diario de la Marina*, La Habana, 4 de abril de 1924, pág. 2.

[46] Véase Duanel Díaz, *Los límites del origenismo*, Colibrí, Madrid, 2005, pp. 355-356.

[47] «Así podremos hacer con ese siglo XIX, *calembours, boutades, roulants*, descoyuntarlo, tomarlo en serio o reducirlo a irónica estampa, variarlo, ordenarlo, exigirle; ésa es una posición que no nos podemos dejar arrancar, un nuevo siglo XIX nuestro, creado por nosotros y por los demás, pero que de ninguna manera podemos dejar abandonado a nuestros ponzoñosos profesores ni a los pasivos archiveros». En el mismo ensayo, Lezama confiesa su placer al revisar la papelería casaliana: «Yo he sentido una extraña fruición cuando he visto un documento de Casal, no estudiado aún por ningún crítico. Es un libro de balance de grandes dimensiones. El padre de Casal lo usaba para apuntar la lista de sus esclavos. Casal va colocando sobre las páginas ya ocupadas, recortes de periódicos, cosas de su gusto. En 1886, todavía Rimbaud necesita de Verlaine. Pero ya por aquellos años entre nosotros, Casal se interesa por él, coloca en el librote, poemas y referencias de Rimbaud. Claro está que en el librote aparecen también recortes de la peor pacotilla hispanoamericana. Pero queda una gracia que sopla, una intuición que se tornea, hay un fragmento de Rimbaud». JLL: «Julián del Casal» (publicado por primera vez en el suplemento literario del periódico *El Mundo*, el 15 de junio de 1941, este ensayo fue incluido luego en *AR*, pp. 62-97).

[48] Esta superstición parece ser la variante cubana de una europea cuyo origen es literario: los ópalos cayeron en desgracia en 1829 a causa de la novela de Sir Walter Scott *Anne of Geierstein*, que cuenta las desventuras de la heroína Lady Hermione por causa de un ópalo embrujado. El libro fue un *best seller* y el ópalo pasó a ser una «piedra maldita», portadora de mala suerte, hasta tal punto que su precio cayó abruptamente un 70% en el mercado de las gemas. Véase George F. Kunz: *The curious lore of precious stones*, J. B. Lippincott, Philadelphia, 1913, pp. 143-144. La superstición de Celia también tenía que ver con el hecho de que su hermana Carmita llevaba un brazalete con ópalos el día de su muerte.

[49] Roland Barthes, *La cámara lúcida. Nota sobre la fotografía*, Paidós, Barcelona, 1990.

[50] Toda la información aquí citada sobre los juicios y recursos legales procede de las actas de la sentencia número 74, del 19 de septiembre de 1905,

recogidas en *República de Cuba. Jurisprudencia del Tribunal Supremo en materia civil.* Volumen vigesimoséptimo, de 1 de julio a 30 de septiembre de 1905, Imprenta y Papelería de Rambla, Bouza y Ca., La Habana, 1913, pp. 775-800.

[51] Según Eloísa Lezama Lima, su abuelo materno no se incorporó a la lucha insurrecta por razones de salud (padecía de cálculos renales), pero ayudó con dinero, como hicieron muchos otros cubanos. «Era un hombre muy dedicado a esa causa. Entregó al Comité de Independencia lo que tenía, 100.000 dólares de su época, que hoy sería un millón de dólares». (Entrevista de ELL con el autor).

2.
LA CUERDA DEL PADRE (1905-1919)

Todo hilo del papalote fantasmal
quiere ascender hasta el padre,
saltando en la cuerda entre los dos oídos.
El zumbido tensa la cuerda del padre.

JLL, «Nacimiento del día», en *Fragmentos a su imán*.

El abuelo por parte de padre, José María Lezama Tapia, bilbaíno nacido en 1845 y portador de «uno de los apellidos más antiguos de las Vascongadas», emigró a Cuba con 20 años.[1] Él y su primo Juan Felipe viajaron atraídos por la promesa de un tío sin descendencia: si trabajaban en el central azucarero que este tenía en Las Villas, lo heredarían. Hacia 1880, los jóvenes vascos se casaron con dos hermanas cubanas. Pero la esposa de José María, una hermosa pinareña de veintipocos años, Eloísa Rodda y Méndez,[2] murió de tifus en 1889, y el viudo comenzó a consumirse. «Dios no me debía de haber hecho esto», repetía y, según contará su nieto mucho después, esa «rebeldía frente a la condenación celeste que le había suprimido a su esposa», lo llevó al ayuno y luego a la muerte antes de cumplir los 50. Dejaba cuatro huérfanos, entre ellos a José María Ramón Lezama y Rodda, nacido en La Habana en 1885.

Al nieto escritor le gustaba evocar esta «rebeldía prometeica» en formato doméstico. Investigó sobre su abuelo y, por «una especie de erudición voluptuosa», supo que el nombre del central que este poseía, Resolución, estaba inspirado en uno de los navíos de la escuadra del almirante español Casto Méndez Núñez, famoso por la frase «más vale honra sin barcos que barcos sin honra».[3] Ese fervor integrista encontrará su equilibrio novelesco con la otra rama familiar, la materna y separatista de los Lima/Olaya, que completa el contrapunto biográfico desplegado en *Paradiso*.

Los Lima y los Lezama comparten, sin embargo, un sino de trágica frustración. También a los antepasados paternos de Lezama Lima muertes y orfandades los van arrinconando, condenando a menos, dispersando, al tiempo que mengua la fortuna familiar y se impone la obligación de trenzarse con otras familias, de «ampliar el tronco con nuevas alianzas».

El escritor se refiere varias veces con orgullo a la raíz hispánica, antigua y noble, que late en su primer apellido: «eran junto con los Leguizamón de los apellidos más ilustres ya desde la Edad Media de los vascos». En efecto, varios Lezama fueron caballeros de las órdenes de Calatrava y de Santiago, y en los diccionarios de la nobleza española se detallan sus escudos de armas y otras pruebas de hidalguía. Los Lezama proceden de un pueblo en Vizcaya y su nombre significa *sima, gruta* o *cueva*. Aún hoy, sobreviven en la zona una sólida y esbelta torre Lezama, de planta cuadrada, mezcla de casa y fortaleza militar, y también una iglesia de Santa María de Lezama, que se remonta al siglo XVI.

Con esos signos de abolengo el poeta fabricará la «gravedad bilbaína» elogiada en alguna carta, «que coloca vértebras de gran armario en toda nobleza del aventurarse más allá del hollín de lo intermedio y aflojado». Sin embargo, tanto en la vida real como en la trama novelesca, la estirpe vasca acabará disuelta en otra realidad mayor. Los detalles de esta historia familiar, recreados en un lenguaje que recuerda al de las teogonías míticas, están en *Paradiso*.[4] Pero antes de llegar allí es preciso juntar más datos sobre el padre huérfano, ese José María cuya muerte, también temprana, marcará la vida del futuro escritor.

El niño Lezama Lima, nacido a las 10 y 30 de la noche del 19 de diciembre de 1910, fue inscrito el 20 de enero de 1911 en la notaría de Marianao, con los nombres de José María (como el padre y el abuelo paterno) Andrés (nombre del abuelo materno) y Fernando (por su padrino, Fernando Aguado y Moreira). La notaría era la correspondiente al campamento militar de Columbia donde, tras su paso por la fortaleza de San Carlos de La Cabaña, estaba destacado el entonces teniente de artillería e ingeniero civil Lezama Rodda. Unos meses después, el 8 de octubre, el recién nacido fue bautizado en la parroquia de Nuestra Señora del Carmen, en Casablanca.

La infancia de Lezama gira alrededor de Columbia (el nombre es el que le dieron los soldados estadounidenses que acamparon allí durante la intervención, para recordar su campamento en Carolina del Sur) y los recuerdos mencionados en su ensayo «Confluencias». Varios de ellos (las sobrecamas que se sacaban en invierno para ser golpeadas con varas, las recuas de mulos que transportaban víveres para los soldados, los *quienvive* de las garitas...) poblarán más tarde su poesía. Hay en esas imágenes un agudo sentido de lo prodigioso, una lógica del misterio que toma distancia del mundo cotidiano para convertir la infancia en «la novela de todos».

Aquel campamento en que el niño Lezama veía caer la noche con «innegable terror» estaba junto al monte Barreto, en la barriada de Marianao, al oeste de La Habana. Allí, dentro de la «ciudad militar» establecida por el ejército de ocupación estadounidense en 1899, se alojaba la familia:

> La casa ofrecía no tan sólo esa esperada metamorfosis, sino una continuada maravilla oculta. El cuarto de estudio del coronel. Mesas con planos y diseños, panoplias, títulos, condecoraciones, esferas armilares, proyecciones de Mercator. Estaba más allá del cuarto dormitorio de mis padres, que nosotros nunca traspasábamos. Ese más allá era el cuarto de estudio, donde el coronel pasaba gran parte de la tarde y de la noche. Si alguna vez penetrábamos en esa pieza, por alguna puerta furtivamente abierta, retrocedíamos corriendo, asustados, como quien penetra en una atmósfera que lo refracta.

El estudio paterno era el lugar de los objetos, un *Wunderkammer* o gabinete de curiosidades que sólo podía ser visitado cuando, con el cambio de estación, la casa se abría de par en par y los niños circulaban sin restricciones, descubriendo «un pedazo de mármol negro y verde, dibujos comparativos de dagas florentinas y berlinesas, un juego de ajedrez de obsidiana, con las piezas del tamaño de una mano. Se abría para airearse sencillamente, pero para nosotros era una forma de conjuro, un reto, algo que convidaba a un acto de excepción y a un retroceso de disimulo».

La casa tenía su propia servidumbre: el ordenanza gallego Suárez, y su esposa Trinidad,[5] que vivían en una residencia adyacente. El nacimiento del varón obligó a traer desde España una nodriza veinteañera, que hacía también de cocinera y sirvienta: Baldomera Mazo Antón, rebautizada en *Paradiso* como Baldovina. De fealdad notable («su reducida cara de tití peruano», se burla Lezama[6]), había nacido en 1884 en Cerezal de Aliste, una aldea de la provincia de Zamora, donde era famosa por tocar los tambores durante las romerías. Otras de sus costumbres pueblerinas eran la diversión de los soldados del cuartel: se alejaba a pie de la casa y abría un hueco en la tierra, por ejemplo, para hacer sus necesidades puesto que se negaba a usar los servicios sanitarios. Poco a poco se fue «civilizando», según cuentan, aunque le quedó cierta dureza intrínseca, una tosquedad que el escritor gustaba de relacionar con la reciedumbre castellana («el mastín de Castilla» era otro de sus motes), y que cobró víctimas entre la porcelana familiar que la criada limpiaba cada día con un aparatoso plumero.[7] Baldomera no temía a nada: la llamaban cuando había que combatir una plaga o matar una rata, por ejemplo. Lezama solía decirle a su hermana menor que su nodriza se acercaba más al reino mineral que al vegetal. (Quizás por eso sobrevivió a toda la familia, incluido el escritor, y murió, cumplidos los 95 años, el 17 de diciembre de 1979, en el asilo católico Santovenia).

Baldomera era también quien vigilaba el sueño del niño y lo ayudaba a sobrellevar el asma con remedios que tenían algo de medicina medieval. Según el propio Lezama,

> fue una preconciencia parlante, consejera, que sólo veía peligros inmediatos o peligro en salmuera. Su principal preocupación era mi pecho. Su dedo tocando mi costillar fue una primera forma de identidad. Si tengo pecho luego tengo costillas y cosquillas, luego soy un vertebrado risueño. Y junto con los miedos, ella me lanzaba dentro, con voz algo estrujada y parpadeos herrumbrosos, un concepto desmesurado y amenazante del mundo. Aunque en ese mundo suyo, los peligros al fin eran superados, conjurados, malogrados y se imponía un colofón alcanforado, una poltrona ennubecida. Sus palabras de consolación eran equivalentes a los ungüentos y bálsamos que untaba a mi pecho.[8]

El asma, que académicos y críticos suelen vincular con el estilo del escritor, fue una dolencia heredada de la bisabuela materna, Mercedes Padilla. Su hermana Rosa también la padecía. Al niño le comenzó en el campamento militar de La Cabaña, a los cinco meses de nacido, con una bronquitis invernal descuidada. En esa época no había muchos medicamentos para los asmáticos, si bien desde muy pequeño Lezama usó numerosos remedios para aliviarse: inhaladores de resina de pino, inyecciones de epinefrina, infusiones de hojas de cuajaní, caldos y potingues varios, algunos con nombres tan originales como «Renovador cubano» o «Sanahogo». El escritor también recuerda haber pasado buena parte de su infancia tomando jarabe de tolúa y brea, hasta probar más tarde unos polvos medicinales, Abisinia Exibar, que se quemaban para ser inhalados y hacían la enfermedad más llevadera, envolviéndolo en una «atmósfera oriental, que me recordaba un poco a *Las mil y una noches*»: «Me veía rodeado de un polvo de lentos chisporroteos de donde podían surgir extrañas divinidades. En medio de eso, me quedaba dormido».[9]

LAS inhalaciones con Abisinia Exibar causaban una suerte de narcosis con sueños vívidos y visiones de vigilia que sin duda influyeron en la poética de Lezama. No olvidemos que en *Paradiso* los padecimientos del asma se mezclan con alusiones a la respiración, las dificultades respiratorias y la poesía como «pneuma universal».

> Cuando tenía asma nada le hacía tanto bien como entregarse al sueño, aunque éste fuera producido por las nubes de los polvos fumigatorios que comenzaban a dilatar el ramaje de su árbol bronquial, hasta lograr la equivalencia armónica entre el espacio interior y el espacio externo [...] Ese humo lento, y yo diría como lentificado, se iba expandiendo por los poros, ocupando todo el organismo, como una divinidad que fuera expandiendo una alfombra para hacer de cada pisada humana una maravillosa escala de ritmos, de algodón y de silencios multiplicados por ecos infinitos en las grutas donde se entreabren catedrales o elefantes transparentes, formados por inmóviles oleadas de estalactitas, que parecen colgados de un techo oscilante por la entrecruzada lluvia de los reflejos.[10]

Detrás del asma infantil, que acabará propiciando poéticas alucinaciones, subyace también un conflicto psicológico, enraizado tempranamente en la esfera familiar. Se manifiesta como una lucha entre dos concepciones de la enfermedad: la paterna y la materna, un contrapunto que se traslada a *Paradiso*, donde el asma será un enemigo y, al mismo tiempo, un aliado durante toda la vida de Cemí. El padecimiento le otorga una particular visión de la realidad, ya que la dificultad para respirar lo obliga a experimentar casi a diario el miedo a la muerte. Como se ha hecho notar, Cemí no es sólo alguien que sufre de asma; *encarna* el asma. Su enfermedad y su identidad están entrelazadas, pues a través de la primera desarrolla poco a poco la capacidad para la metáfora en una serie de conexiones impensadas que lo llevan a percibir el mundo de manera poética. El asma se convierte tanto en una dolencia física que requiere tratamiento como en un raro don, que otorga a quien lo padece una experiencia singular del mundo circundante. La debilidad física se compensa con un exceso de sensibilidad, una capacidad para transmutar experiencias y sentimientos en imágenes de innegable poder inspirador.

En varias entrevistas, Lezama repite que el asma y el insomnio fueron desde siempre sus fieles acompañantes: toda su vida se sintió obligado a leer y escribir para superar la vigilia inducida por las complicaciones respiratorias. Luego de sus «fumigaciones» entraba, como Cemí, en un estado de alucinación, una «segunda noche» poblada por las criaturas y descripciones de los libros. Usó con frecuencia ese término, «alucinación», para referirse a experiencias perceptuales o imaginativas muy diversas, algunas de las cuales podrían tener su origen en un involuntario «paraíso artificial». Autor y personaje rondaban el mundo hipnagógico de la duermevela, donde la habitación se agitaba con seres fantásticos y las cosas adquirían un significado nuevo y extraño. Que ese estado alterado de conciencia, por llamarlo de algún modo, estuviera relacionado con su medicación es una hipótesis bastante plausible, aunque no baste para explicar la imaginación del escritor.

En «Confluencias» aparece bien descrita una de sus angustias nocturnas, presentada como ejercicio de introspección. Es la imagen de una mano que se asimila a la noche y lo requiere con rara urgencia: «Vacilante por el temor, pues con una decisión inexplicable, iba lentamente adelantando mi mano, como un ansioso recorrido por un desierto, hasta encontrarme la otra mano, lo otro. Yo me decía, no es una pesadilla, más lentamente, pues puede ser que esté alucinado, pero al final mi mano comprobaba la otra mano».

La descripción de sus miedos («un miedo escondido dentro de otro. Miedo porque está la mano y posible miedo por su ausencia») tiene todas las características de una experiencia alucinógena, aunque el poeta nunca menciona esa posibilidad. Más bien, le parece una constante psicológica. «Después supe que en los *Cuadernos* [de Malte Laurids Brigge] de Rilke estaba también la mano, y después supe que estaba en casi todos los niños, en casi todos los manuales de psicología infantil». Más tarde rememora aquella misma experiencia «decisiva y terrible»: «Cuando tenía seis o siete años, a las agitaciones convulsivas del asma se unía un miedo enorme. Creo que todos los niños han sentido ese miedo, pero de todas formas no deja de ser interesante como recuerdo porque si bien es cierto que lo han sentido todos los niños, no es menos cierto que deja en todos una gran huella».[11]

Sin embargo, Lezama se las arregla para transmutar sus terrores infantiles en vocación decisiva: el asma y su angustia propician el acceso a lo invisible, son una puerta a lo imaginario. El encuentro de las dos manos, la del futuro escritor y la de su fantasma, transfigura la vulgar realidad envuelta por «la piel de la noche». Encontrar esa mano en la oscuridad significa también incorporar el misterio de la palabra poética, dominar la pesadilla, combinar inspiración y espiración en un pneuma universal. «Respirar –le dijo a un entrevistador en 1975– es también una forma de escribir, una manera en que se comunica el espacio visible con el invisible, porque el hombre aspira lo visible y devuelve las ubres de sus entrañas».[12]

Esa penetración nocturna en el mundo de la ensoñación, la imaginación y los libros, directa o indirectamente propiciada por el asma, no sólo implicaba la carga del sufrimiento físico, sino también una sensación de vergüenza y fragilidad. El propio escritor describe cómo desde pequeño aprendió a ocultar los síntomas de la enfermedad a su familia y sus compañeros de juego, y revela que el coronel, para quien el hijo varón era una prenda más de su carrera de triunfador, sentía cierta vergüenza por aquella dolencia percibida como debilidad.[13] En *Paradiso* insiste sobre el tema, y explica que el jadeo del «árbol bronquial» de

Cemí «molestaba a su padre, que quería mostrar a los demás oficiales sus hijos fuertes, decididos, alegres».[14]

El padre militar, preocupado por la salud del niño, se esforzaba por vincularlo a las prácticas de la vida castrense: juegos en la explanada donde las tropas realizaban sus maniobras; pequeños uniformes (existe una foto de Lezama con cinco años vestido de militar, jugando con un antiguo teodolito) y competencias de esgrima, deporte de moda en aquella Habana,[15] más las preceptivas clases de natación, a veces con métodos poco ortodoxos.

Por esa época, la *vulgata* médica hablaba de un «tipo de personalidad asmática». A los ojos del militar, la fragilidad física de su hijo, inseparable del miedo y la ansiedad, requería de enérgicas curas e inmersiones: la sal y el agua fría se encargarían de secar sus bronquiolos. Por eso acudía a las que en Cuba se llaman «curas de caballo». En *Paradiso*, el Coronel le asegura a Rialta que la solución para el asma de Cemí es sumergirlo en agua helada. Casi mata al niño de frío, y luego es incapaz de encontrar la mirada de su esposa mientras ella se apresura a socorrer al pequeño, jadeante y aterido tras el baño forzado.

La novela, recordemos, se abre con una reacción alérgica y un ataque de asma (tras ser picado Cemí por «una hormiga león mientras saltaba por el jardín»). Los padres no están, lo que hace recaer sobre Baldomera/Baldovina la responsabilidad del bebé y propicia una curiosa ceremonia entre los sirvientes. Luego de ser frotado con alcohol, quemado con la esperma caliente de unos candelabros y sometido por Zoar y Truni a una improvisada ceremonia de hechicería, el niño acaba curado casi por azar. Al ser informados del ritual curativo que termina en una «copiosa orinada», los padres comentarán que el bebé sigue vivo «por puro y sencillo milagro».

Es posible que la escena esté inspirada en una anécdota real. En la época en que residieron en el campamento de Columbia, los padres de Lezama mantenían una animada vida social –banquetes oficiales, viajes, teatros– y a veces salían de noche.[16] Según Eloísa, el niño los esperaba despierto con los deditos pegados a la boca indicando que tenía hambre y quería ser amamantado. «Mamá contaba con un regodeo especial estas escenas: mi padre sentado en una banquetica viendo el exceso de leche que le brotaba de los senos. Papá le decía que era una lástima desperdiciar esa leche destetando al niño. Jocelyn mamó hasta los cuatro años, que empezó a ir a la escuela. Según él, este dato daba la clave del vínculo que los unió hasta la muerte».[17]

Eloísa también confirma que los remedios contra el asma y los miedos de Cemí detallados en *Paradiso*, incluido el horror a los baños en las piscinas militares, fueron los mismos del Lezama niño. En sus primeros años de escuela, cuando asistía al Colegio del Apostolado de Marianao acompañado de su hermana mayor, «Rosita contaba que a la salida de la escuela él la esperaba como el que temía perderse, lleno de ansiedad».

Tanto el padre como la madre de Cemí reconocen que el carácter medroso y fantasioso de su hijo tiene algo que ver con su enfermedad. Sin embargo, difieren en la forma de tratarla. José Eugenio cree que el asma mina la vitalidad y virilidad de su hijo, convirtiéndolo en una persona débil y aprensiva. Reconoce que el niño es víctima de terroríficas visiones nocturnas, aunque su prosaica conclusión es que debe aprender a desterrar estas fantasías, reconocerlas como meras ilusiones. Lo insta a ser fuerte: el hijo de un soldado no puede tenerle miedo a la oscuridad. Si se fortalece y supera sus temores, podrá conjurar el asma, vista como una fuerza demoníaca. Por eso prueba con él esa especie de exorcismo, el baño con agua helada, descrito en *Paradiso* como un ritual que «tenía algo de los antiguos sacrificios».

Por el otro lado, Rialta es capaz de percibir la enfermedad de su hijo de manera más amplia y comprensiva, como un aprendizaje contra la angustia. En uno de sus alegatos sugiere que el asma es un don divino, que los terrores nocturnos del niño incitan su imaginación, su capacidad visionaria y su sensibilidad, facilitándole un conocimiento privilegiado del mundo de los muertos. Además, a través del asma Cemí queda a resguardo de otras dolencias: «Todos dicen que el que tiene esa enfermedad está protegido como el jiquí contra el rayo. Que es una enfermedad protectora como una divinidad». Al final, la madre concluye que su hijo sólo se curará si aprende a comprometerse con un reino imaginario y lidia con las visiones monstruosas en sus propios términos, una suerte de sanación por la imagen.

En la familia de Cemí son las mujeres quienes entienden la capacidad curativa de los sueños, las visiones y la imaginación. Uno se ahoga, dice Rialta, por esos sueños que no puede contar: «ahí está ya el asma».

Los polvos incinerados son eficaces porque provocan somnolencia, permitiendo la relajación del niño agitado y traumatizado y dándole acceso al reino visionario del cual obtendría su fuerza definitiva.[18]

¿CÓMO llegó el padre de Lezama a convertirse en alto oficial de la importante guarnición de Columbia? En una entrevista, el escritor cuenta:

> Mi padre forma parte de la clase militar cuando la Universidad se incorpora al Ejército. Era un hombre de carrera: un ingeniero, un arquitecto, un hombre que sabía idiomas. Cuando se constituyó el Ejército, allá por el año siete u ocho, él se incorpora a las fuerzas armadas. Pero en realidad forma parte del aluvión universitario que engrosó el Ejército en aquellos años, que fueron los mejores del Ejército en Cuba, desde el punto de vista de la disciplina y del prestigio que llegó a adquirir.[19]

Un compañero de armas describe a Lezama Rodda como «hombre de una voluntad de acero» y «un enamorado de la gloria que ambicionaba honores, no por los bienes materiales en que suelen convertirse en estos tiempos, sino por el honor en sí, por el prestigio y el buen nombre que pueden lograrse con el patriotismo, el estudio, el valor y el esfuerzo personal». Si bien aquel joven impetuoso había sido un estudiante «rebelde y díscolo», en el Ejército será «el prototipo del Oficial disciplinado y respetuoso, que cumplía fielmente sus deberes y los hacía cumplir a sus subalternos». Para ilustrar los valores morales del oficial Lezama Rodda («se cuidaba de su nombre con más esmero que una mujer de su belleza»), el mismo militar cita una anécdota reveladora:

> En la liquidación de su herencia paterna había alcanzado una cantidad importante, ascendente a algunos miles de pesos que le fueron entregados en efectivo. Con ese dinero formó una sociedad con otros jóvenes, ingenieros como él, para dedicarse al negocio de construcción de casas. La sociedad prosperó rápidamente, porque todos los socios le dieron gran impulso con su actividad e inteligencia, pero el vértigo de los negocios mercantiles e industriales los llevó a acometer empresas superiores a sus fuerzas económicas y ante la posibilidad de que llegase un día en

> que no pudiesen cumplir sus compromisos, decidió Lezama separarse de la sociedad, cediendo a sus socios el capital que había aportado y los beneficios obtenidos.
>
> Mis socios –me dijo un día– que son muy inteligentes y honrados, tienen la seguridad de que podremos terminar la última gran obra que hemos contratado y cumplir todas nuestras obligaciones con el capital social y la utilidad que nos produzca... Pero a mí eso me hace el efecto de una jugada de bolsa... Si sale bien obtendremos un gran beneficio, y si sale mal vendrá la quiebra y mi nombre, que para mí vale más que las riquezas y el bienestar que proporcionan, se verá envuelto en un escándalo... Prefiero perderlo todo y limitar mis aspiraciones a mi modesto sueldo de Oficial del Ejército.[20]

Una integrante de la familia precisa que el dinero por la venta del central Resolución se dividió entre los hijos, y que José María entregó su parte «a unos amigos que eran ingenieros para que le hicieran en el Vedado un edificio de apartamentos, pero lo perdió. Y yo me acuerdo que le decía a tía, "bueno, perdimos el dinero, pero yo no quiero que se hable más de eso"».[21] A juzgar por este episodio, parece evidente que el joven Lezama Rodda no tenía mentalidad mercantil. Su brillante carrera militar, en cambio, resume de manera ejemplar la historia de los comienzos del ejército en Cuba.

Tras las complicadas negociaciones que siguieron a la entrada de las tropas estadounidenses en la Guerra de Independencia que los cubanos libraron contra España se produjo oficialmente el desarme del Ejército Libertador. Los americanos quedaron a cargo de mantener el orden en la isla con la ayuda de una Guardia Rural (policía militar para las zonas no urbanas) que se caracterizó por su absoluta lealtad a las autoridades interinas de ocupación. Muchos militares cubanos obtuvieron puestos políticos; otros tramaron fracasadas rencillas, o quedaron relegados sin control real. A la sombra del poder norteamericano, Tomás Estrada Palma, el primer presidente cubano, se dedicó a gestionar una República que necesitaba «más maestros que soldados».

Los prejuicios antimilitaristas de Estrada Palma y su austera política económica convirtieron a Cuba en un país sin ejército permanente. En su primer mensaje al Congreso, el 26 de mayo de 1902, el presidente había afirmado: «La tranquilidad pública y el orden descansan en la disciplina del país mismo». De ahí que su única medida en el sector militar fuera reforzar la Guardia Rural, que duplicó su presupuesto y efectivos hasta alcanzar unos 3 000 oficiales y soldados. El aumento de presupuesto permitió, además, que el Cuerpo de Artillería, una unidad más bien ceremonial, incorporada a la Guardia en 1901 para ocuparse de las fortificaciones costeras, se reforzara y llegase a los 700 hombres. En un primer momento, el Cuerpo «constaba de 150 cubanos de raza blanca reclutados siguiendo los mismos requisitos en cuanto a calificaciones que en Estados Unidos». En 1904, Estrada Palma le añadió más soldados y los distribuyó en seis compañías bajo sus órdenes directas. Uno de los propósitos de esa reestructuración era deshacerse de las ocho baterías de artillería norteamericana que permanecieron en Cuba después de la ocupación. Algunos historiadores creen que el presidente cubano también estaba formando un cuerpo de confianza que pudiera servirle de guardia palaciega.[22]

Bajo el gobierno interventor de Leonard Wood se sentaron las bases de un nuevo ejército, con un entramado de motivaciones y lealtades que nada tenía que ver con las del antiguo Ejército Libertador. Seleccionados entre una amplia cantera de reclutas blancos, la mayoría veía con buenos ojos la ocupación y no tenía el menor escrúpulo en prestar el requerido juramento de fidelidad a Estados Unidos. Se crearon también escuelas militares y programas de enseñanza para oficiales, con el objetivo de convertir el nuevo ejército en una fuerza apolítica, en la que resultara inaceptable el partidismo y primara la vocación de servicio.

A mediados de 1906, los liberales casi habían conseguido derrocar a Estrada Palma, cuya reelección fue calificada de fraudulenta. El 13 de septiembre, el presidente pidió la intervención de Estados Unidos y anunció su decisión irrevocable de renunciar y entregar el mando de Cuba al representante designado por Washington. Para mantener el orden y la estabilidad de cualquier gobierno se hacía indispensable un cuerpo armado. De lo contrario, Estados Unidos no podría retirarse nunca de la isla, aun cuando Roosevelt contemplara la ocupación como algo temporal. William H. Taft y, más tarde, Charles Edward Magoon buscaron concretar el proyecto de un ejército libre de interferencias políticas, tarea casi imposible en un país como Cuba.

El alzamiento provocado por la reelección de Estrada Palma en el verano de 1906 demostró que en la isla aún mandaban los norteamericanos y que, en caso de inestabilidad política, Estados Unidos debería asumir, una vez más, la responsabilidad de gobernarla. Fue durante la llamada «Segunda Intervención» (1906-1908) que el nuevo Ejército cubano tomó forma definitiva, bajo la supervisión del mayor Herbert J. Scolum y con el coronel Edmund Wittenmeyer como agregado militar de la Legación estadounidense.

Por esa época, en mayo de 1907, Lezama Rodda se incorporó como segundo teniente al selecto Cuerpo de Artillería de Costa. En diciembre de ese mismo año fue ascendido a primer teniente. El cuerpo recibía una intensa instrucción técnica por parte de oficiales estadounidenses. Una de las compañías fue equipada con obuses y otra con diez ametralladoras Colt, que aparecen en la insignia del cuello de su uniforme en una de las fotos más conocidas del padre del escritor.

En los primeros meses de 1908 fue discutida y aprobada la ley que constituía el nuevo instituto armado en tres cuerpos independientes: Milicia, Guardia Rural y el llamado Ejército Permanente. La decisión fue muy polémica, pues las dos fuerzas políticas cubanas de la época, liberales y conservadores, hacían todo lo posible por controlar la nueva institución, pero la ocupación llegaba a su fin y los norteamericanos estaban obligados a tomar una decisión rápida.

El esfuerzo norteamericano por despolitizar la naciente institución militar no había cuajado: cada bando político reclamaba alguna de las partes de la nueva fuerza. Así, los conservadores tenían más arraigo entre la Guardia Rural, mientras que los liberales esperaban controlar al nuevo Ejército Permanente. Se trataba de un sistema militar desequilibrado y frágil que, como advirtió el *attaché* Wittenmeyer, comportaba el enfrentamiento de varias instituciones armadas y bien podría sucumbir a las rivalidades políticas locales tras la retirada norteamericana.

La designación de Faustino (Pino) Guerra como comandante supremo del Ejército al menos garantizaba a los americanos que se emplearía mano dura contra cualquier intento de revuelta. «Nadie querrá verse perseguido por Pino –escribía Magoon a Taft el 9 de abril de 1908– porque saben que no hará prisioneros. Sirvió demasiado tiempo a las órdenes de Maceo como para hacerlo». Magoon, sin embargo, pasó por alto que Guerra militaba en una de las facciones liberales: era «zayista» (partidario de Alfredo Zayas) y detestaba a los «miguelistas» (partidarios de José Miguel Gómez).

Una de las primeras funciones del entonces teniente Lezama Rodda fue como ayudante de campo de Pino Guerra, que tenía su comandancia en La Cabaña. El cargo le duró unos pocos meses. Las luchas intestinas de los liberales llevaron a que el 22 de octubre Guerra sufriera un atentado bajo los portales del entonces Palacio Presidencial (hoy Palacio de los Capitanes Generales). No murió, pero quedó cojo, y más adelante renunció, lo cual allanó el camino para que la Guardia Rural y el Ejército Permanente se mezclaran bajo el mando del general José de Jesús Monteagudo.

En noviembre de 1908, Cuba celebró elecciones bajo la tutela estadounidense y los liberales obtuvieron una contundente victoria. El 28 de enero de 1909 los norteamericanos transfirieron el poder a un sonriente José Miguel Gómez. La purga política en el Ejército no se hizo esperar. Al mando de la Guardia Rural quedó Monteagudo, amigo íntimo del presidente electo, que pronto sería nombrado jefe del Estado Mayor.

La carrera militar de Lezama Rodda no fue ajena a estos vaivenes políticos. Una parte la hizo en el periodo de Gómez, aunque sus simpatías siempre estuvieron con el Partido Conservador. Por encima de todo, aquel joven oficial creía en la obediencia al superior y defendía la idea del ejército como un cuerpo profesional y apolítico.

MIENTRAS el Ejército cubano se convertía en escenario de los conflictos políticos de la naciente República, el militar Lezama Rodda fundaba una familia. Había conocido a su vecina, Rosa Lima y Rosado, a través de un hermano de esta, y tras varios encuentros más o menos furtivos consiguieron verse en una fiesta en casa de la mejor amiga de Rosa, Panchita Suárez Murias, hija de ricos tabaqueros. Al fastuoso baile, celebrado en 1905 en la mansión situada en el cruce de las calles San Nicolás y Laguna, acudió el entonces presidente Tomás Estrada Palma.

La fecha del noviazgo es corroborada por una foto del padre, fechada en enero de 1906, que lleva al pie unos versos apasionados: «Rosa: Es mi deseo más vehemente, / Es mi única felicidad, / que por toda una eternidad / Floresca [sic] mi amor en tu mente. / J. M. Lezama».[23]

El baile está recreado en *Paradiso* con un deje irónico que no excluye la emoción.[24] Paran los valses de Strauss, y el presidente atraviesa ceremonioso el salón «con la lentitud de una reverencia gentil en el ornamento de una caja de tabaco». Para todos los presentes es como un *pater familias,* un fundador. Sale Rialta a su encuentro («¿No se acuerda de mí, Don Tomás?»). Y resulta que el interpelado se acuerda muy bien de la hija de don Andrés Lima, y de las patrióticas Navidades de Jacksonville, y de la desdichada tómbola donde murió Andresito, pecios de una mitología familiar inseparable de la historia del país, memoria de un exilio rebelde que se trocará muy pronto en tristeza ante el pedido de Estrada Palma: «No se olviden de traer sus restos, pues hay que mezclarlos con la tierra nuestra».

La novela continúa regodeándose en los pormenores del cortejo:

> José Eugenio observó dos detalles que le parecieron deliciosos en Rialta. Cuando se presentaba saludaba con una desenvoltura, que a José Eugenio criado en un ambiente provinciano y español, le parecía la quintaesencia de lo criollo, graciosa, leve, muy gentil. En seguida fingía con suma destreza dos detalles de encantadora cortesanía: un pequeño asombro, acompañado de un ¡Oh!, de ligero subrayado, como si despertase o le fuera conocido por alguna referencia familiar desde hacía tiempo, de tal manera que la presentación sólo había precisado un recuerdo. Luego, se sonreía. Esa sonrisa era la culminación de la ancestral plenitud de su cortesanía.[25]

En realidad, desde niña Rosa Lima se había fijado en su apuesto vecino. Lo sabemos porque hay una carta en la que su esposo le recuerda cuando era «aquella chiquilla de 10 años q. soñaba con su José María». El hermano de Rosa, Alberto Lima, uno de los pocos que aparece en *Paradiso* con su nombre real, había sido condiscípulo de Lezama Rodda en el Colegio Mimó, donde se hicieron amigos –en 1904 llegaron a viajar juntos a Nueva Orleans– y así fue como las dos familias entraron en contacto. Los jóvenes hacían buena pareja: él, un viril oficial; ella, una criolla fina, con la educación típica de su época para ser buena esposa: «piano, canto, idiomas, economía doméstica y formas sociales».[26]

La boda entre Rosa Lima Rosado, de 19 años, y José María Lezama Rodda, de 22, tuvo lugar, finalmente, la noche del 17 de febrero de 1908.[27] La prensa calificó la ceremonia de «distinguida y simpática»:

> Ella es como su nombre, es decir, un pleonasmo viviente; él, joven, gallardo, oficial del cuerpo de Artillería. Muy bella, resplandeciente, lucía esa noche la iglesia del Monserrate. Apadrinaron a los enamorados jóvenes la distinguida señora Celia Rosado viuda de Lima y el señor coronel Carlos de Rojas, caballeroso jefe del Cuerpo de Artillería; el doctor Julio Vidal, señor Antonio Bosch, concejal del Ayuntamiento y el doctor José Varela Zequeira, catedrático de la Universidad Nacional. Cuatro lindas señoritas formaban la escolta de honor de la novia: María Teresa Lefevre, Panchita Suárez Murias, Conchita Méndez y Enriqueta Lezama. A estas acompañaban los jóvenes siguientes: teniente Julio Sanguily Echarte, Alberto Lima, Héctor de Quesada y Ernesto N. Tabío.[28]

De esta lista se desprende que Alberto Lima, hermano de la desposada, estaba noviando con Suárez Murias, heredera de una de las grandes fortunas tabacaleras de la isla, rebautizada en *Paradiso* como Paulita Nibú. Y que Julio Sanguily Echarte, hijo del célebre mayor general del Ejército Libertador Julio Sanguily Garritte y sobrino del no menos famoso coronel Manuel Sanguily Garritte, era uno de los mejores amigos del novio.

Muchos años después, en una entrevista, Lezama incluye al jefe mambí entre sus recuerdos de infancia:

> Mi padre estaba en cama por haberse caído de un caballo, y don Manuel, quien por aquellos días era director de todas las academias militares de la República, fue a visitarlo. Recuerdo los preparativos de mi casa para recibirlo y a mi madre diciéndonos: «Hoy va a venir un hombre muy importante». Al fin llegó don Manuel, cuya figura no podía dejar de impresionarme. Era un hombre bajito, nervioso, de ojos verdes alucinados. Mientras conversaba con mi padre, yo pasaba de soslayo por el cuarto para verlo. Acompañaba la palabra con la mano y mostraba una gran locuacidad. Cuando decidió marcharse, mi padre hizo un esfuerzo para levantarse y guiarlo hasta la puerta, pero fue disculpado por don Manuel.[29]

Por aquella época, Manuel Sanguily era el secretario de Gobernación de Menocal. Y su sobrino, presente en la boda del padre de Lezama, era el ayudante de campo del presidente de la República.

Al año siguiente, en marzo de 1909, nace Rosa Eloísa Celia Regla Lezama Lima, la primera hija del matrimonio. El padre compagina las tareas militares con su tesis de grado como Ingeniero Civil, titulada «Proyecto de Triangulación de la Provincia de Matanzas».[30] En febrero de 1910 se gradúa y es ascendido a capitán del Estado Mayor.

En diciembre de 1910 nace su hijo varón, y en marzo de 1911 el nuevo mando lo designa para llevar a cabo obras de ingeniería militar en la escuela de cadetes del Morro. Sabemos por la prensa que esas obras incluyeron paredes y tabiques, escaleras, tragaluces y nuevas instalaciones de plomería y electricidad; también se mejoró la cocina y se hizo una pequeña piscina en la que el niño Lezama tomará sus primeras clases de natación. Su padre estuvo a cargo de la Academia Militar varios años, y dio clases de Topografía y Dibujo a los cadetes. Poco después, se le encargó la organización de un batallón de infantería, que será decisivo cuando en mayo de 1912 estalle una sublevación racial en el oriente de la isla.

La llamada «Guerrita del 12» fue un levantamiento militar en toda regla, que las autoridades liberales y buena parte de la prensa trataron como un episodio de «bandolerismo» racista. Su sangrienta represión por el Ejército Nacional al mando de Monteagudo ha pasado a la historia cubana como la «Masacre de los Independientes de Color».

La acción armada estalló el 20 de mayo de 1912 con la intención de obligar a que el Partido Independiente de Color (PIC), ilegalizado por una enmienda de la Ley Electoral, fuese certificado de nuevo. Hubo varios focos, sobre todo en las provincias de Oriente y Las Villas, y rápidos abortos de rebelión en La Habana, Pinar del Río y Matanzas.

En poco más de dos meses, después de una intensa campaña de demonización llevada a cabo por los periódicos, el Ejército cubano aniquiló a numerosos negros y mestizos (las cifras de víctimas, tema polémico, oscilan entre los 300 y los 12 000), incluidos los líderes del PIC, Evaristo Estenoz y Pedro Ivonet, mientras eran prisioneros. El alto mando de la contienda incluyó, además de Monteagudo, a otros militares cercanos a Lezama Rodda: el coronel José Martí Zayas Bazán, como jefe de Estado Mayor; el brigadier Pablo Mendieta Montefur, jefe de la Brigada de Infantería, y el comandante Alejandro Torriente Peraza como ayudante general (jefe de despacho).

La noche del 27 de julio de 1912, poco después de su aplastante victoria, el gobierno y las grandes empresas ofrecieron un banquete de celebración en el Parque Martí (hoy Parque Central) de La Habana. En aquel acto, presidido por el hijo del Apóstol y con discurso de Monteagudo, se encontraban muchos de los soldados y mandos involucrados en la matanza. Hubo un gran brindis («porque jamás en Cuba se derrame sangre cubana») en el centenar de mesas. Se tocaron habaneras, danzones, operetas y, por supuesto, el himno nacional. El menú incluyó jamón, queso de puerco, arroz con pollo y lechón asado. La prensa elogió la excelente organización y el orden que reinó en el banquete: «ni una miga de pan, ni una botella rota, ni un plato arrojado». En la lista de oficiales que asistieron consta el nombre de «José M. Lazama y Rodas [sic]».[31]

Durante la «Guerrita del 12» hubo también un desembarco de tropas estadounidenses que, aunque no significó una nueva intervención a gran escala, mostró la disposición norteamericana de proteger los intereses de sus inversionistas. A sus políticos y periodistas también les preocupaba que la insurrección racial en Cuba se convirtiera en un «mal ejemplo» para la población negra del sur de Estados Unidos.

En noviembre de 1912 hubo nuevas elecciones en la isla. El candidato oficialista Alfredo Zayas fue derrotado y, en mayo de 1913, el general Mario García Menocal, candidato del Partido Conservador, llegó a la presidencia. Lo acompañaba, como vicepresidente, el destacado filósofo y sociólogo Enrique José Varona y Pera.

La era dorada de los liberales parecía haber llegado a su fin. Las bases del «partido del gallo y el arado», los símbolos que lucía su estandarte, estaban sobre todo en el campo. Al principio, contaron con la simpatía de los campesinos y los negros, y explotaron a conveniencia el sentimiento antinorteamericano. Acaudillados por José Miguel Gómez, que había alcanzado los grados de Mayor General del ejército mambí, y por el candidato Zayas, abogado y hermano de un general insurrecto caído en combate, los liberales fundaron el populismo a la cubana. Gómez, hijo sin estudios de unos hacendados de Las Villas, tenía un carácter campechano y dicharachero, y se vendía como hombre llano y «macho a todas». La corrupción gubernamental era rampante. A los liberales se les acusaba, además, de haber instaurado la Lotería Nacional y autorizado el juego y las peleas de gallos, fuentes de sobornos y prebendas. En la calle, Gómez era llamado «Tiburón» por su voracidad y sus mordidas al erario público. La picaresca popular, sin embargo, reconocía que «Tiburón se baña pero salpica»; es decir, el presidente robaba, pero dejaba que otros cargos públicos también lo hicieran.

Menocal, su contendiente, que también había tenido una participación destacada en la Guerra de Independencia, era un ingeniero educado en Estados Unidos, de carácter frío y calculador. Poseía el central Chaparra, en el norte de Oriente, uno de los mayores ingenios azucareros de Cuba. Aunque no lo caracterizaba la simpatía expansiva de Gómez, sí era bastante popular entre las mujeres (en 1918 legalizó el divorcio en la isla, con la custodia de los hijos para las madres) y tenía reputación de buen administrador y de hombre recto y enérgico.

Las elecciones del 12 transcurrieron sin grandes sobresaltos. En 1913 también comenzó su mandato en Estados Unidos un nuevo presidente, Woodrow Wilson, y las relaciones entre los dos gobiernos se hicieron más estrechas. Vendrá luego una fase de prosperidad debido a la espectacular subida del precio del azúcar tras el estallido de la Primera Guerra Mundial, que posibilitó una entrada masiva de divisas en la isla. Los negocios norteamericanos en Cuba florecieron e impulsaron el comercio entre ambas naciones. Hay bastante consenso en que los tres primeros años del gobierno de Menocal fueron, para decirlo con las palabras del comandante y cronista Horacio Ferrer, «un periodo brillante en nuestra historia en el que progresaron de manera notable las industrias, el comercio, las ciencias y las artes».[32]

Aun así, las rivalidades entre liberales y conservadores se dejaban sentir en la calle. El 8 de julio de 1913, en pleno Paseo del Prado, ocurrió una riña tumultuaria entre el jefe de la Policía de La Habana, el general del Ejército Libertador Armando de la Riva Hernández, el gobernador civil provincial, general Ernesto Asbert, amigo cercano de Menocal, y el senador Eugenio Arias. La causa de la pelea fue la persecución desplegada por el jefe de la Policía contra el juego, entronizado en círculos asbertistas. En el tiroteo resultó muerto De la Riva. El niño Lezama estaba en el Prado con su hermana (la gresca fue a la altura del número 84) y mucho después mencionará el episodio entre sus primeros recuerdos.[33]

Salvo por estas escaramuzas callejeras en un país de políticos con revólver, la vida del capitán Lezama Rodda y su familia transcurrió de manera apacible durante aquellos años republicanos, dividida entre la casa de Habana 9 y la Academia del Morro, donde los cadetes se levantaban a las cinco de la mañana para estudiar Administración Militar, Artillería, Legislación Militar, Tiro, Topografía y Dibujo, Fortificaciones de Campaña e Inglés, además de fumar en pipa (los cigarrillos no estaban permitidos) y hacer esgrima o gimnasia sueca. El reglamento interior, redactado por el comandante y su segundo al mando, era severo. Con cierta guasa, la prensa da noticia de que los 54 cadetes se han visto reducidos a 50 porque 4 «arrepentidos» no han resistido las condiciones de la vida militar, y uno se ha quejado de vértigo al saltar. «Como ciertamente no reunían aptitudes, el Director no les puso ningún obstáculo para que se eliminaran discretamente».[34]

Sus conocimientos de geografía militar también llevaron al oficial Lezama Rodda a proponer, en enero de 1914, una corrección del *Reconnaissance Map of Cuba 1906-1908* elaborado por el ejército estadounidense.[35] Desfasado y con problemas de lexicografía, el mapa no podía utilizarse para reconstruir teatros de operaciones y combates, ni efectuar estudios de táctica y estrategia en la escuela de cadetes. La actualización, aprobada por sus superiores, duró todo un año, y la llevaron a cabo jóvenes oficiales del cuerpo de Artillería y cadetes de la Academia. En junio de 1914, el padre de Lezama recibe un importante nombramiento: comandante del Estado Mayor.[36] Poco después, entre agosto y noviembre de ese año, viaja al campamento de Fort Leavenworth, en Kansas, donde irán a visitarlo su esposa e hijos.[37]

El 23 de febrero de 1915, el *Diario de la Marina* da noticia de una «visita de inspección» de Menocal y su secretario de Gobernación, el coronel Aurelio Hevia y Alcalde (tío, por cierto, del futuro esposo de Matilde Lima, la hermana de Rosa y tía del escritor), a las obras de la Academia Militar de La Cabaña, donde fueron recibidos por su director, el «comandante José María Lezama». Tras recorrer las estrechas dependencias en las que estudiaban unos 110 cadetes, el presidente «dijo que era urgente, preciso y necesario el hacer un gran edificio propio para que sea una Academia amplia, confortable y moderna», si bien reconoció y felicitó «los servicios eficientes y el celo e inteligencia del comandante Lezama y dignos profesores a sus órdenes».[38]

La capital cubana también ha empezado a convertirse en una ciudad moderna y confortable. Mejoran los servicios públicos –desde 1910 La Habana ya tenía servicio telefónico automático–, se crea una moneda nacional, se invierte en Sanidad y Educación. A veces el joven matrimonio Lezama va con sus hijos a la casa de los Lima en Prado 9, para ver desde el portal el desfile de los carnavales. Menos animados, desde que en 1912 una reyerta entre dos comparsas («El Gavilán» y «El Alacrán», correspondientes a dos «potencias» del culto abakuá) provocase la suspensión temporal de las congas callejeras. Ahora se trata de rituales blanqueados, carnestolendas con automóviles ornamentados, carrozas, bandas militares y la presentación del Rey y la Reina de la fiesta. Como el oficial ha comentado su preocupación por una incipiente calvicie, los amigos del padre que participan en el tradicional desfile le gritan: «¡Lezama, quítate la gorra!». Su esposa, sonriente, lo justifica ante los niños: «El reglamento del Ejército permite al militar permanecer con la gorra puesta».

DESTERRADA temporalmente de las calles habaneras, la conga carnavalesca terminó, sin embargo, por conquistar la política cubana. Esta singular versión cubana del «retorno de lo reprimido» podría titularse como uno de los primeros sones de María Teresa Vera y Rafael Zequeira: «El triunfo de la chancleta».

Derrotados en 1912, los liberales no perdían la esperanza de regresar al poder. Al principio, pensaban que se enfrentarían al general Emilio Núñez, pero luego los conservadores impulsaron la candidatura de Menocal para un segundo periodo presidencial. La reelección estaba permitida por la Constitución, y la brillante ejecutoria de Menocal parecía ser lo único capaz de contrarrestar la pujanza de los liberales. Sin embargo, muchos cubanos recelaban del proceso porque estaban aún recientes las dolorosas consecuencias de la reelección de Estrada Palma. Desoyéndolos, la asamblea conservadora se declaró reeleccionista por exigua mayoría y al día siguiente fue aclamada la candidatura Menocal-Núñez. El presidente desoyó a quienes le recordaron que en 1912 él mismo había dicho enfáticamente que «el principio de la no reelección es el más firme sostén de la paz».

Los liberales, revueltos y preocupados, tuvieron que posponer sus rencillas internas y en marzo de 1916 eligieron a sus propios candidatos: el doctor Zayas, para la presidencia, y el coronel Carlos Mendieta como vicepresidente. El partido montó una amplia campaña cuya «arma secreta» fue nada menos que una conga: *La Chambelona*, cuyo origen era una tonadilla española, conocida al menos desde finales del XIX. Otros cronistas afirman que desde 1908 por la zona central de la isla ya se cantaba una canción que mencionaba a una bella mulata *de rumbo* llamada *La Chamberona* o *La Tamberona*, cuya popularidad sirvió de inspiración a los políticos locales.

Existen distintas versiones sobre la autoría, pero todo indica que fue un liberal entusiasta, el músico Rigoberto Leyva Matarana (1886-1979), oriundo del poblado de Camajuaní, quien en 1916 transformó en rumba callejera una melodía anónima y le incorporó unos versos burlones contra el presidente conservador:

> ¡Aé, aé, aé La Chambelona!
> Menocal para Chaparra,
> Marianita pa' la Zona.
> ¡Aé, aé, aé La Chambelona![39]

«La Zona» era la llamada «zona de tolerancia» establecida para las prostitutas en la capital, y «Marianita» era la esposa de Menocal, doña Mariana Seva. Otras variaciones no menos mordaces de la conga añadían esta estrofa:

> La mujer de Menocal
> dicen que está barrigona
> y le achacan la barriga
> a Enrique José Varona.

Yo no tengo la culpita
ni tampoco la culpona.

Gómez solía visitar Camajuaní, donde vivía su yerno, el coronel y senador José María Espinosa. Durante una de las visitas, Leyva y otros músicos interpretaron *La Chambelona* en su presencia y el ex presidente se entusiasmó. La conga se convirtió de inmediato en el himno de guerra liberal y la banda sonora de todos los actos de campaña. Poco después, llegó a La Habana. Una tropilla de liberales, procedentes del centro de la isla, se bajó del tren en la Estación Central cantándola y bailándola de camino a la residencia de Zayas. La Policía intentó detener a aquel piquete que coreaba en la calle sus insultos al presidente y a la primera dama, pero fue en vano. En un país proclive a la rumba y al choteo, *La Chambelona* conoció un éxito inmediato. Como diríamos hoy, «se viralizó».

El Partido Conservador, en cuyas campañas previas también habían sonado canciones populares, decidió que si no podía vencer a su enemigo lo mejor era usar sus mismas armas. Así, en la capital y otras provincias se cantaron versiones menocalistas de *La Chambelona*. Contra los *chambeloneros*, los conservadores también tocaban una rumbita del teatro bufo creada por Jorge Ánckermann, que terminaba con este estribillo:

Tumba la caña, anda ligero,
mira que viene el Mayoral
sonando el cuero.

Menocal era conocido como «el Mayoral de Chaparra» y esta estrofa advertía de su mano dura contra los adversarios políticos.

El 1 de noviembre de 1916 se celebraron elecciones generales. Al día siguiente, muchos de los partes electorales emitidos por los colegios y llegados a la Secretaría de Gobernación daban por segura la victoria de Zayas. Incluso el coronel Hevia, secretario de Gobernación de Menocal, afirmó: «Los liberales no han ganado más provincias porque no las hay». Las malas nuevas irritaron al gobierno: en los numerosos incidentes reportados, los muertos y lesionados eran sobre todo conservadores. Violando la disciplina, muchos militares se situaron abiertamente en el bando liberal: no dejaron entrar a los conservadores en varios colegios electorales o expulsaron a sus miembros. En consecuencia, las cifras de los liberales terminaron hinchadas.

Sin embargo, Menocal no estaba dispuesto a aceptar la derrota y esa misma noche, mientras las urnas eran trasladadas de los colegios a la Junta Central para certificar los resultados, sus partidarios cambiaron las boletas, intimidaron a funcionarios electorales e hicieron desaparecer los partes originales que daban el triunfo a Zayas.

Cuando se notificó oficialmente la victoria de Menocal, el escándalo fue enorme. Los liberales impugnaron de inmediato los resultados y el Tribunal Supremo, al comprobar el fraude en la mayoría de los colegios de Las Villas y Oriente (territorios «miguelistas»), anuló parte de los comicios y ordenó celebrar nuevas elecciones para esas provincias en la segunda quincena de febrero.

En ese ambiente polarizado recomenzó la campaña electoral. Como era costumbre, los liberales llevaban a sus músicos para animar los mítines al compás de *La Chambelona*. Tras los discursos, los cantantes improvisaban versos para ensalzar a sus candidatos y atacar a los del bando contrario; cuando algún grupo rival los oía se producían riñas brutales. Menocal prohibió tocar *La Chambelona* en toda Cuba, pero en los predios «miguelistas» no había autoridad que se atreviera a cumplir su orden.[40]

La lucha por el poder hizo que Gómez, quien durante su gobierno se había esforzado por evitar una intervención norteamericana, ahora tratase de propiciarla. En octubre de 1916, él y Zayas sugirieron al embajador de Estados Unidos, William Elliott Gonzales, la conveniencia de intervenir para evitar el fraude menocalista. En respuesta, los americanos anunciaron que sólo darían su apoyo a gobiernos constitucionales. En otra nota posterior y más explícita condenaron la llamada «revolución liberal», confirmaron su respaldo a Menocal y declararon a los sublevados responsables de cualquier daño que sufrieran las propiedades estadounidenses en la isla.

La campaña prosiguió con mucha tensión. En enero de 1917 llegó a oídos de Gómez que los menocalistas estaban armando a sus partidarios y comprando votos para las elecciones complementarias. Indignado, comenzó a planear una rebelión y poco después, el 11 de febrero de

1917, tres días antes de la fecha prevista para la repetición de los comicios, decidió alzarse en armas contra el gobierno. El candidato Zayas no quiso participar en el levantamiento y se quedó en su finca de Palatino.

El estado mayor de José Miguel había concebido un plan para secuestrar a Menocal y tomar los campamentos militares de Columbia y La Cabaña, mientras que fuerzas del Ejército leales a Gómez ocuparían los cuarteles provinciales de Santa Clara, Camagüey y Oriente. Pero el secuestro no funcionó (el presidente recibió un aviso), y la sedición de Columbia se frustró cuando un soldado comunicó que algo raro sucedía y varios oficiales redujeron a la obediencia a los batallones de infantería allí acantonados. Algo similar sucedió en La Cabaña y en la estación de Policía de La Habana. En Pinar del Río también fueron abortados los planes de los insurrectos. Para el 11 de febrero, la revuelta sólo había prendido en Santa Clara, Camagüey y Oriente, donde los rebeldes consiguieron controlar las capitales de provincia. No era poca cosa: al menos la cuarta parte del Ejército estaba a favor del alzamiento. Todo había sido demasiado fácil y la alegría de los liberales reinaba en el oriente del país. *La Chambelona* se cantaba y bailoteaba en los campamentos y las calles; algunos gacetilleros vieron al mismísimo Gómez «arrollando» en el parque central de Majagua, el pueblo en el que concentraba sus fuerzas para avanzar hacia La Habana.

Sin embargo, el exceso de confianza en la victoria le impidió a Gómez aquilatar sus posibilidades reales. La considerable fuerza militar que Menocal tenía en la capital, equipada con modernas armas (ametralladoras Browning, fusiles Springfield, etc.), se desplazó rápido a las zonas en conflicto. Estados Unidos, que necesitaba más que nunca el azúcar cubano, tampoco quería nuevas revueltas en la isla, así que brindó su ayuda militar al presidente a pesar del insistente *lobby* de los liberales cubanos en Washington.

Los dos focos principales de la insurrección estaban localizados en el Oriente de la isla, bajo el mando del comandante Rigoberto Fernández, y en Camagüey, cuyo jefe militar, el coronel Enrique Quiñones, se unió a la sublevación. Allí los amotinados tomaron presos al gobernador de la provincia, Bernabé Sánchez Batista –tío, por cierto, de la escritora Anaïs Nin– y al alcalde de la ciudad de Camagüey, Francisco Sariol. Otro de los principales líderes liberales, el exgobernador, senador y comandante Gustavo Caballero, también era camagüeyano. Menocal primero envió al coronel Eliseo Figueroa, con numerosas tropas para que sofocara el alzamiento, pero apenas llegó a su destino, este se sumó a los rebeldes.

Previsor, ya Menocal se había ocupado de reorganizar el Ejército y colocarlo bajo el mando de la recién creada Secretaría de Guerra y Marina. Para sofocar el levantamiento, además de las tropas regulares, usó una milicia de voluntarios dirigida por oficiales de confianza, seleccionados entre antiguos miembros conservadores del Ejército Libertador, y también con jóvenes leales, como el padre de Lezama, que pronto fue enviado a Camagüey, junto a una tropa al mando del coronel Eduardo Pujol y Comas.

El 17 de febrero, la caballería que comandaba Lezama Rodda y que los soldados habían bautizado como «escuadrón Verdún», tuvo su primer enfrentamiento con fuerzas de Figueroa. También batió a Rogerio Zayas Bazán en Juan Criollo y Arroyo Blanco. El 21 estaban en Majagua, el 22 en Ciego de Ávila. Durante la noche de ese día tuvieron combates en Céspedes y Florida.

El 27 de febrero, el coronel Pujol ordenó a un grupo de 200 infantes, al mando de Lezama Rodda, más 80 jinetes a las órdenes del comandante González Herrada, que rescataran a los funcionarios secuestrados por Caballero. Guiados por un norteamericano de apellido Hall, asaltaron por sorpresa y en pleno día la finca La Matilde, donde estaban retenidos Sánchez Batista y Sariol, poniendo en fuga a los alzados.[41] La tropa rescató también a otros prisioneros, junto con un abundante botín y un cañón de la Guerra de Independencia. Por su desempeño en aquellas primeras acciones de la guerra, el comandante Lezama será ascendido a teniente coronel con sólo 31 años.

Semanas después, el 18 de marzo, la misma tropa volvió a combatir contra Caballero en Arroyo Hondo. Ese día murió el exsenador liberal Nicolás Guillén Urra, padre del célebre poeta cubano. Existen varias versiones de su muerte: primero la prensa aseguró que había sido en combate, pero luego los soldados culparon a un teniente, un tal Gandarilla, que habría asesinado al político en una casa, tras encontrarlo desarmado y enfermo.[42]

En abril, el ya teniente coronel Lezama Rodda sigue en campaña, esta vez como parte de las tropas que intentan rodear a los dos cabecillas más importantes de la revolución en el centro de la isla: Figueroa y Caballero. Una columna de caballería con 500 hombres bajo su mando sale de Piedrecitas para situarse sobre el río Jigüey y consigue cerrar el paso al enemigo. Figueroa, tras reunirse con Caballero en San Rafael de Guzmán, busca evitar el cerco y ganar el río Caonao. «Para impedir el avance del teniente coronel Lezama –cuenta el coronel Pujol– [Figueroa] puso tres emboscadas en San Jacinto, con las cuales se batió el capitán Corbo el mismo día 16, haciéndole diez muertos, perdiendo nosotros tres caballos. Enterado el teniente coronel Lezama de estas escaramuzas, partió en seguida con los Escuadrones de los capitanes Sariol y Cadenas, en apoyo de Corbo».[43] Sigue el relato de una persecución trepidante, que termina con el combate de La Vega de Nigua y la derrota de Figueroa.

A finales de abril, fatigado y acorralado en Nuevitas, Caballero se rinde a las tropas menocalistas con la promesa de que le será perdonada la vida. Lo conducen, herido y prisionero, a Camagüey, pero en el trayecto ferroviario un sargento le descerraja un tiro. Se dice que no hacía más que cumplir con un telegrama cursado desde Palacio al coronel Pujol: «Traiga cadáver de Caballero a Camagüey». Contra los militares alzados, el «mayoral de Chaparra» mostraba su mano dura.

La campaña camagüeyana propició una nutrida correspondencia entre Lezama Rodda y su esposa, que lo esperaba angustiada en La Habana. De esos meses, se conservan diez cartas suyas a Rosa Lima Rosado.[44] La primera, del 28 de febrero y la última del 12 de abril de 1917, en las que el militar menciona las operaciones militares en Camagüey, le pide ropas y fotos, y se disculpaba por no escribirle más. En otra, del 9 de abril, se preocupa por la salud y las calificaciones escolares de sus hijos («Nunca me dices nada de las notas de Rosita y Bolín en el colegio, escríbemelas para saber sus adelantos»[45]), y al día siguiente se refiere a su suerte como oficial y pide a su esposa que no lo atormente con su tristeza. También la pone al tanto del combate en La Matilde («Quizá sepas que ayer tuve un gran combate en la finca "La Matilde", como a 13 leguas de aquí, rescaté al alcalde de Camagüey, Pancho Sariol, le hice al enemigo más de treinta muertos, ocupé un gran botín de guerra y regresé á ésta, donde me hicieron un delirante recibimiento»), y le cuenta que está alojado en casa de su cuñada Alicia Lima Rosado, que por esos días celebraba su 24 cumpleaños junto a su esposo, el doctor Alberto Santos, y su pequeño hijo.[46] De regalo, el militar le lleva a su cuñada un faisán vivo.

El 17 de abril, Lezama Rodda trata nuevamente de serenar a su esposa, y le explica que ya tiene suficiente carga con lo que le ha tocado en el campo de batalla: «yo resulto ser la llave de paso para todo el mundo, tanto civiles como militares, todo el mundo acude a mí, y todos me asedian, me piden, me suplican, me ruegan y me vuelven la cabeza loca». Envía, también, una breve nota para su hijo: «Querido Pepito: Vamos á esperar para lo de la ropa á que yo vaya á esa. Sigue estudiando mucho y portándote bien para que seas un hombre de provecho. Acompaña todo lo que puedas á Rosita y obedécela como si fuera tu madre».[47]

De aquella campaña de su padre contra los liberales le quedaron a Lezama algunas anécdotas. Una de ellas se la contará, en los años 60, a Lorenzo García Vega: tras darse a la fuga, los alzados dejaron en el campamento un arroz con pollo que la desconfiada tropa creyó envenenado, pero que el padre del escritor no dudó en probar. Al día siguiente, una singular declaración suya salió en la prensa: «Los liberales son grandes cocineros». Un suceso que también aparecerá, convenientemente barroquizado, en *Paradiso*:

> Se dirigió el Coronel al caldero central y lo destapó. Los legionarios retrocedieron, como en los tiempos bíblicos, ante el sofrito que retumbaba en la espesura del caldo arrocero, como un monstruo que agoniza al llegar la marea baja. Levantó un ala, que por la blandura del perfumado vapor asimilado, se extendía por las opulencias de la pechuga, y comenzó a desgarrarla. Hacía bien visible el alón, para que la tropa abandonara el miedo al veneno, como si fuera un racimo báquico. La alegría fuerte, que marcaba las líneas de la cara con decisión dominante, hizo que el resto de la soldadesca comenzara a acercarse a los calderos, sirviéndose raciones hechas para lestrigones. Bajo la tonancia gastronómica la tropa se alzó en aleluyas corales, con entonaciones como de carga inmóvil, y en medio el Coronel cantando hurras, voces de mando, con la soberanía de un gigantoma muslo de pollo, que trazaba una rúbrica para

> columpiar sus canciones, terminando en el punto cerrado de la boca, brillosa por la grasa y las escamas de la cebolla.[48]

El toque de humor vernáculo disimula los rigores de aquella operación militar. Se enfrentaban a una peligrosa revuelta y las bajas no fueron pocas. Sólo la habilidad táctica de oficiales como Consuegra, Pujol y el propio Lezama Rodda impidió que los sublevados juntaran fuerzas en el centro de la isla y pudieran seguir hacia La Habana. Tampoco fue sencillo pacificar Oriente, aunque el coronel Miguel Varona siguió una hábil política de facilitar la salida del país a todos los jefes liberales que optaron por esa solución y permitir a los rendidos conservar sus armas y volver en paz a sus hogares. Ante una prueba de fuego –nunca mejor dicho–, el Ejército Nacional había probado su valía y su fidelidad al Gobierno y a la Constitución. Al final de su informe de guerra, Pujol elogiaba sin reparos «a todos los jefes y oficiales y soldados que han tomado parte en estas operaciones, no obstante la inclemencia del tiempo que hizo sufrir a la tropa aguaceros sin cesar día y noche a pesar de las fatigas de una persecución sin tregua y en ocasiones de la falta de alimentos».

En la prensa conservadora se hizo abundante leña del árbol liberal caído. Abundaron palabras como *cumbancha, bachata* y *rebambaramba*. El choteo criollo no era patrimonio de un solo partido y ello se nota al hojear las páginas de un número de *La Política Cómica* de 1917, repleto de sátiras menocalistas contra «el timbeque sedicioso». En una de ellas, titulada «Carnaval ponchado», el chistoso gacetillero lamenta que por culpa del alzamiento liberal haya tenido que suspenderse el carnaval de febrero. Otro proclama en verso que «Muy pronto vendrá la calma / a esta mansión tropical / porque Mario Menocal / no es Tomás Estrada Palma». Y varias páginas después, una simpática parodia de esquela mortuoria anuncia: «E. P. D. / La Sra. Chambelona Liberal / ha fallecido/ o mejor dicho, ha fracasado / después de recibir los santos desengaños del sufragio electoral y la bendición apostólica del reverendo míster Wilson».

La guerra de La Chambelona coincidió con la entrada de Estados Unidos en la Primera Guerra Mundial.[49] En abril de 1917, días después de que el presidente Wilson leyera su famoso mensaje de guerra y el

Capitolio aprobase su decisión, Menocal anunciaba que la isla se sumaría a los Aliados. «Cuba no puede permanecer neutral en este supremo conflicto porque... ello sería contrario a la esencia de los pactos y obligaciones... que nos ligan a los Estados Unidos», declaró el presidente cubano ante el Congreso. Ese mismo mes, el padre de Lezama viaja a Washington como parte de una Comisión encargada de precisar los detalles de esa colaboración militar.

La Comisión, designada por un decreto del 25 abril y embarcada en el S. S. Olivette el 28, estaba compuesta por el general José Martí Zayas Bazán, el teniente coronel Alberto Carricarte, el teniente coronel José María Lezama Rodda, el capitán Ernesto Tabío Espinosa, el teniente José Van der Gucht, el *ataché* americano, teniente coronel Wittenmeyer y el comandante Carleton Romig Kear, instructor de la marina cubana.

La selección de los cubanos no fue arbitraria: eran todos militares que gozaban de un trato preferente con los americanos. Durante la segunda intervención, Estados Unidos había designado a Martí Zayas Bazán como edecán de William H. Taft, secretario de Guerra y enviado especial de Teddy Roosevelt para poner orden en el revuelto avispero cubano, y ahora era el secretario de Guerra y Marina de Menocal. Carricarte Velázquez (1882-1936), un capitán de fragata que fungía como ayudante del presidente y capitán del puerto de La Habana, sería luego el director de la Academia Naval. Tabío era un brillante militar graduado en West Point. Van Der Gucht, capitán de la marina cubana y ajedrecista notable, terminará recibiendo la Medalla del Servicio Distinguido de la Armada «por su servicio excepcionalmente meritorio y distinguido en una posición de gran responsabilidad para el Gobierno de los Estados Unidos, como miembro de una fuerza aliada durante la Primera Guerra Mundial». Wittenmeyer y Kear eran, respectivamente, los representantes del Ejército y la Marina norteamericana en la isla.

Los cubanos estuvieron en Washington del 29 abril al 10 de mayo y se alojaron en el Hotel Willard, en cuyo vestíbulo, frecuentado por el presidente Ulysses S. Grant, se dice que nació el concepto de *lobbying*. Se conservan numerosas fotos de ese viaje y un espléndido retrato de Lezama Rodda en uniforme, hecho por el famoso estudio fotográfico Harris & Ewing.[50]

De ese viaje quedan también cinco cartas enviadas por el militar a su esposa,[51] y varias postales a su hijo, entre ellas una que muestra la sala de lectura de la Biblioteca del Congreso junto con «un abrazo de tu papá».[52]

El 6 de mayo, en un arrebato epistolar, el coronel le pide a Rosa: «No dejes, mi idolatrada reina, de escribirme, pues no sabes la tristeza q. estoy [sic] por la falta de tus cartas, aunque sean dos líneas, es todo lo q. quiero. Pienso, loco de desesperación, q. no me quieres, que ya tu amor se ha extinguido y un terrorífico delirio se apodera de mí».

Al enterarse de que su esposo desea irse a combatir a Europa, Rosa Lima ha quedado trastornada, hundida en la melancolía. Deja de comer, de pasear e, incluso, de atender a los niños. El coronel trata, por todos los medios, de que su esposa reaccione: «Piensa en tus dos hijitos –le escribe– cuya vida y felicidad sólo dependen de tu existencia, piensa en lo desgraciados que son los niños que no tienen el auxilio y amparo de una madre, piensa en nuestra Rosita sin tu ejemplo, y quizá puede llegar hasta á ser una desgraciada el día de mañana».[53]

La Comisión cubana asistió a un Consejo de Guerra en Washington y fue agasajada casi cada día por diplomáticos y anfitriones, pero su misión no tuvo demasiado éxito. Sabemos por la prensa que los cubanos ofrecieron fortificar los puertos de la isla y ejercer «una estricta censura y una vigilancia especial sobre aquellos individuos que puedan tener relaciones con los complotistas alemanes».[54] Tras el regreso a la isla de sus emisarios, Menocal estableció el Servicio Militar Obligatorio, aprobó el envío a Europa de un pequeño contingente militar que nunca llegó a viajar y recibió un préstamo de 30 millones de dólares para los gastos de guerra.

Ese mismo año, el U. S. National Defense Board había mandado a Henry Morgan a la isla para estudiar la situación económica y la posibilidad de un esfuerzo militar cubano que apoyara a las tropas norteamericanas en el frente francés. El informe de Morgan fue negativo: el envío de tropas cubanas a Europa afectaría la producción de azúcar, que era lo importante.[55] Sin embargo, al año siguiente, ya aplacada la revuelta de La Chambelona, se aprobó que un pequeño grupo de oficiales hicieran un entrenamiento para su eventual participación en la guerra. «Los cubanos, listos para tomar parte activa en la guerra contra el Káiser», anunciaron los periódicos norteamericanos al reseñar unas declaraciones de Martí Zayas Bazán. «Cuba está en cuerpo y alma en la guerra, y todo lo que tenemos, todo lo que podamos producir lo daremos con alegría para ayudar a ganarla». Tras detallar que «nuestra marina trabaja mano a mano con la norteamericana patrullando nuestras aguas», reconocer que «la mayor contribución que puede hacer Cuba a los aliados es el azúcar» y agradecer «a los 6 500 guardias rurales que han protegido los campos de caña de los espías alemanes», el general Martí aseguraba que «Cuba está lista para aportar no sólo material sino también hombres».[56]

En enero de 1918 Lezama Rodda asume la jefatura interina del Sexto Distrito Militar, en el campamento de Columbia, cargo que desempeña hasta el mes de julio. El 19 de ese mes la Secretaría de Guerra y Marina pide a una comisión militar, al frente de la cual se encontraba el teniente coronel, que se traslade al campamento militar de Fort Barrancas, en Pensacola, Florida.[57]

El nuevo viaje y la perspectiva de una guerra cruenta en Europa atormentaron una vez más a la madre de Lezama, afectando su salud. Tratando de calmarla, su esposo vuelve a escribirle con frecuencia.

Se conservan 44 cartas de Lezama Rodda a Rosa Lima escritas entre el 22 de julio y el 14 de octubre de 1918. La primera es del mismo día de su llegada a Pensacola: en tres páginas le describe el viaje y el recibimiento a su llegada. En las siguientes, le cuenta sobre su estancia en el campamento norteamericano, se interesa por sus hijos, le declara su cariño y manifiesta su intranquilidad por no recibir cartas. También menciona el envío de postales, paquetes y fotos a La Habana.

Hay más cartas, del 10 y el 22 de agosto de 1918, en las que explica a su esposa la imposibilidad de que viaje con los hijos, y otra que hace referencia a un posible viaje de ellos a Pensacola. En la del 29 de agosto menciona que no ha recibido la licencia que debe firmar para que Rosa viaje, y en otra, del 31 del mismo mes, trata de convencerla para que no incluya a los niños en ese primer viaje. El tono general es de angustia por la separación, aunque con la expectativa de reencontrarse cuanto antes. El 18 de septiembre, tras enterarse de que Rosa está en cama, le escribe: «Acabo de recibir tu carta, donde me dices que no vienes, y que estás en cama, esto me tiene muy alarmado. ¿Qué tienes? No dejes de tenerme al corriente y sobre todo cuídate mucho, y no hagas disparates». Al final de su carta, añade una nota optimista: «La orden que tenemos nosotros es para regresar a fines de octubre, es decir que sólo nos queda un poco más, no creo que haya que prolongar nuestra estancia aquí pues el curso y las prácticas de tiro los tenemos arreglados para terminar en esa fecha; además los instructores están esperando el terminar con nosotros para irse para Europa».[58]

El 7 de octubre se interesa de nuevo por la salud de su esposa, y el 14, en una tarjeta postal, le insiste en que se cuide. Para entonces, Rosa Lima experimentaba los síntomas del nuevo embarazo, gestado justo antes de la partida de su esposo. Es comprensible su perpetua zozobra, detallada en 26 documentos (cartas, postales y telegramas) enviados desde Columbia, en los que alude a los niños y asuntos personales, pero sobre todo manifiesta su deseo de viajar a verlo cuanto antes. Entre estas cartas destacan la del 4 de septiembre de 1918, acusándole recibo de la licencia para viajar y comentándole sobre su estado de salud; la del 9 del mismo mes, en la que le dice que ya no viajará, pues espera el pronto regreso de Lezama Rodda a Cuba; y la del 24, donde se alegra de esta posibilidad.

Sin embargo, el 11 de octubre, al saber que su esposo tardará más de lo previsto en regresar, Rosa le comunica la fecha y detalles de su próximo arribo.[59] Desembarca por fin en Cayo Hueso con sus dos hijos y Baldomera, el 22 de octubre de 1918.[60]

El Fuerte de San Carlos de Barrancas, que todavía está en pie, data de finales del siglo XVIII, la época de la Florida española, aunque fue reconstruido entre 1839 y 1844. Enclavado en la cima de un cerro, domina toda la bahía de Pensacola y se comunica a través de un túnel con una batería naval. Fue construido para defenderse tanto de los barcos que amenazaban el puerto como de los ataques por tierra, y se usó brevemente durante la Guerra Civil norteamericana y luego en la guerra hispano-estadounidense. También sirvió como prisión para el famoso jefe apache Gerónimo, una de cuyas viudas fue enterrada en el recinto. En 1918, era sede de un regimiento de artillería costera, sitio de entrenamiento y comunicaciones bastante inhóspito, con lúgubres túneles y húmedos barracones de mampostería. Allí se realizaron las prácticas militares de los cubanos bajo el mando del coronel John L. Hughes.

Aquel entrenamiento conjunto en la Florida pronto quedó obsoleto porque ese mismo verano, en el frente europeo, los Aliados emprendieron exitosas ofensivas e hicieron retroceder a los alemanes. El 3 de noviembre de 1918, el Imperio astrohúngaro firmó un armisticio, y el 11 de noviembre Alemania se rindió, poniendo fin a la guerra.

Sin embargo, a Cuba las noticias llegaban con retraso. El 5 de noviembre de 1918 la Secretaría de la Guerra y Marina de La Habana, en otra Orden Especial, la No. 197, nombraba una nueva dotación militar para que se trasladase a Fort Barrancas. Los soldados llegaron el día 10. Lo que iba a ser una sustitución de personal se convirtió en acogida y entrenamiento. Como el teniente coronel Lezama Rodda había sido designado instructor, guía e intérprete de los oficiales cubanos, debía permanecer en el fuerte unos meses más. Obligado a cumplir órdenes, el oficial inició entonces los preparativos para llevar a los suyos a la Florida. Abrió una cuenta en el American National Bank de Pensacola y trató de alquilar una casa con las condiciones necesarias para establecerse allí con su familia.

ENTRE septiembre y noviembre de 1918, mientras la Primera Guerra Mundial llegaba a su fin, otra guerra silenciosa asolaba el planeta: el virus de una gripe que mató entre 20 y 40 millones de personas. En apenas unos meses murieron más estadounidenses por la llamada «gripe española»[61] que la suma de todos los fallecidos en las dos guerras mundiales, junto con las de Corea y Vietnam.

La enfermedad, que había comenzado en marzo en un campamento militar de Kansas, se extendió muy pronto por los cinco continentes, cobrando tantas víctimas que algunas ciudades tuvieron que convertir los tranvías en coches fúnebres y otras se vieron obligadas a recurrir a las fosas comunes porque se quedaron sin ataúdes.[62]

A través de los soldados norteamericanos que cruzaban el Atlántico, la primera ola de la epidemia llegó a Europa en la primavera de 1918 como una dolencia respiratoria leve. Otra ola, en otoño, fue mucho más mortífera: el virus había mutado y se extendía muy rápido. No respondía a la tipología habitual de la gripe, que tradicionalmente infectaba el revestimiento interno de las vía respiratorias, dañando los alveolos de pulmones y bronquios y provocando, a veces, neumonía, pero remitiendo con el tiempo la mayoría de las veces. La nueva sintomatología era mucho peor: donde antes los pulmones parecían una esponja seca y con aire, ahora los encargados de las autopsias se encontraban órganos rojos, firmes y densos, como esponjas llenas de agua. Los alveolos estaban tan anegados que hacían imposible la respiración, y los pacientes simplemente se ahogaban. Tenían tanto líquido en los pulmones que un fluido sanguinolento les solía brotar por la nariz. Al morir, dejaban empapadas las sábanas del hospital.

Sin oxígeno suficiente, los enfermos también sufrían de cianosis, una coloración azulosa o negruzca de la piel. «Dos horas después de la admisión, tienen manchas color caoba sobre los pómulos», escribe un médico de la época, encargado de atender la epidemia en Camp Devens, Massachusetts. «Y en unas pocas horas puedes empezar a ver cómo la cianosis se extiende desde las orejas por toda la cara, hasta que es difícil distinguir a los blancos de los hombres de color». Las enfermeras solían clasificar a los pacientes que ingresaban por el color de sus pies; mientras más oscuros, más cerca de la muerte.

La epidemia de 1918 también tuvo otra peculiaridad, y fue la edad de las víctimas. Antes la gripe se cebaba en los muy jóvenes o los muy ancianos, cuyos sistemas inmunes eran menos robustos, pero esta vez el patrón de mortalidad se invirtió. En Estados Unidos el número de víctimas entre los hombres de 25 a 30 años triplicó el de las que tenían entre 70 y 75. La muerte, además, era más rápida: al segundo o tercer día de aparecer los síntomas.[63]

Uno de esos jóvenes enfermos de «gripe española» fue José Lezama Rodda. Por culpa de la pandemia, su esposa e hijos sólo estuvieron a su lado menos de tres meses. El 20 de enero de 1919, el militar falleció junto a otros siete oficiales en un abarrotado hospital de Pensacola.

La muerte del padre de Lezama es descrita en el capítulo VI de *Paradiso* con detalles que parecen bastante fieles a los hechos.[64] Véase, por ejemplo, la aclaración de que el rostro del muerto no tenía el color de la cera, pues debía estar un poco cianótico:

> Llegaron al hospital. Cemí notó el silencio que rodeaba la habitación donde supuso estaría su padre. El ordenanza empujó, con respeto ciertamente temeroso, la puerta que cedió como soplada. Se dirigió a la

> cama, donde sospechaba alguien tapado. El ordenanza descorrió la sábana. Vio, de pronto, a su padre muerto, ya con su uniforme de gala, los dos brazos cruzados sobre el pecho. La piel no se parecía a la cera que veía en sus pesadillas en el rostro de Santa Flora, que le traía su primer recuerdo de la muerte. Esperó un momento, su padre permanecía inmóvil.

La prensa de la época informó enseguida del fallecimiento del militar y la repatriación de tres cadáveres. A causa de esas muertes y del fin de la guerra en Europa, todos los oficiales y soldados que quedaban en Pensacola regresaron a la isla el 30 de enero en el crucero Cuba y el buque-escuela Patria, convertido en barco-hospital. En Pensacola los despidieron con honores militares y una banda de música.

En uno de los barcos viajaba el cadáver; en el otro, la familia. Durante la travesía, las naves se distanciaron, y el niño Lezama insistió en mantenerse sobre la cubierta para ver si podía divisar el féretro de su padre, que estaba en el otro barco.[65]

Los dos buques llegaron a La Habana de madrugada. En el Cuba, donde viajaba la familia Lezama, iban también, según nota aparecida en el *Diario de la Marina*, un coronel del ejército norteamericano (mencionado como «Doldemar» y «Goldomar», tal vez Philip S. Golderman, un oficial norteamericano que había servido en la guerra hispano-estadounidense y en la Academia del Morro), su familia y «el capitán de la Policía del Puerto señor Pereaman, hermano político del teniente coronel Lezama».[66] Ya atracado en el Muelle de Caballería, donde se había congregado «numeroso público», un doctor visitó el barco, dio un rápido visto bueno y los pasajeros comenzaron a desembarcar. La primera en bajar fue Rosa, «un tanto indispuesta puesto que por efecto del duro trance moral que ha experimentado con la pérdida de su esposo, y su estado fisiológico, se enfermó temiendo que pudiera dar a luz a bordo». Hay otra posible razón para que una ambulancia del ejército condujera a la viuda desde el muelle hasta su domicilio. Una nota del diario hispano *La Prensa*, de San Antonio, nos informa en primera plana que «se ha sabido que la esposa del teniente coronel Lezama, que acaba de fallecer en ese puerto americano [Pensacola] se encuentra atacada también de Influenza».

Ese mismo 30 de enero la prensa local avisa del «sepelio del teniente coronel José Ma. Lezama y Rodda y el capitán Francisco Chomat y de la Cantera en capilla ardiente en la Iglesia de Belén». Chomat y de la Cantera pertenecía al segundo grupo que llegó a Fort Barrancas y al morir llevaba poco más de dos meses en la Florida.[67] El tercer cadáver, del teniente Virgilio Grau, fue llevado directamente a Güines.

Las esquelas mortuorias detallaban los nombres de los deudos:

> E.P.D. José María Lezama y Rodda. Teniente coronel del Ejército fallecido en Pensacola, U.S.A., el día 20 del corriente mes. Y dispuesto su entierro para las cuatro de la tarde de hoy, su esposa, hijos, hermanos, madre política, hermanos políticos, tíos, tíos políticos y demás familiares y amigos, que suscriben, ruegan a sus amistades que concurran a la Iglesia de Belén, para conducir el cadáver al Cementerio de Colón, por lo que les quedarán reconocidos. Habana, Enero 30 de 1919. Rosa Lima Rosado viuda de Lezama, Rosa y José Lezama Lima, Enriqueta Rodda; Eloísa, María Teresa y Enriqueta Lezama y Rodda; Celia Rosado viuda de Lima; José Mooqui; doctor José López; Juan Perearnau; Alberto Rodda; Gervasio Cueto; doctor José Rosado Aybar; Augusto y Ángel Lezama; Aurelio Hevia y Prieto; doctor Alberto Santos; doctor José Rosado Llambí; Fernando y Ventura Méndez; doctor Francisco Portela; Patricio Sánchez; comandante José María Bonich; teniente coronel José Manuel Guerrero.[68]

Al compás de otra banda musical, dos coches fúnebres condujeron los restos de los militares hasta la iglesia, donde fueron velados. Al día siguiente, la crónica social habanera dio todos los pormenores de la ceremonia luctuosa:

> La sociedad cubana, ha recibido ayer sentida demostración de duelo, en los funerales del teniente coronel José M. Lezama y del capitán Francisco Chomat. Los cadáveres fueron tendidos en capilla ardiente montándose guardias de honor las que se sucedieron durante todo el día. La primera guardia, junto al cadáver del capitán Chomat, la montaron los capitanes Silveira y del Monte, comandantes Capmany y Ortega y el señor José R. Franca. Cada cinco minutos eran relevadas las guardias. Los cadáveres se

> hallaban vistiendo uniforme, teniendo las manos cruzadas sobre el pecho. La Iglesia de Belén, que era el lugar donde se tendieron los cadáveres se hallaba iluminada y el público estuvo durante todo el día desfilando por delante de los cadáveres. Las ofrendas de flores y coronas llegaron en números considerables desde los primeros momentos. Al acercarse la hora señalada para el entierro, la concurrencia se hizo mucho más numerosa aún. Momentos antes de salir el cortejo, el Padre Cándido Arbeloa cantó un solemne responso en sufragio de las almas de los pundonorosos militares... Una vez que se dio la señal de partida fueron colocados los cadáveres sobre armones de artillería, cubriéndose los sarcófagos con la bandera nacional. El orden del entierro fue en la forma siguiente: Abría la marcha un piquete de policía montada, al mando del sargento señor Marrero. Marchaban después una gran multitud de personas del pueblo: la Banda del Cuartel General dirigida por el teniente Luis Casas, ejecutando la marcha fúnebre *La última lágrima*. Al mando de todas las fuerzas iba después el comandante señor Gustavo Rodríguez con su escolta. Seguía a éste el armón con los restos del Teniente Coronel Lezama. Detrás iba, conducido por un asistente, el caballo que usaba el finado. La silla aparecía enlutada.[69]

El cortejo fúnebre partió de la Iglesia de Belén por la calle Compostela, y luego tomó por Muralla hasta la Plaza de las Ursulinas, donde se encontró con los coches de los acompañantes. Después prosiguió por las calles Dragones, Amistad, Reina y Zapata hasta el cementerio de Colón. Al llegar, los ataúdes fueron conducidos a la capilla central, y se les cantó otro solemne responso antes de proceder a darles sepultura. Cuando los restos del teniente coronel Lezama fueron depositados en la bóveda número S del panteón de Andrés Lima, un batallón de infantería hizo tres descargas de fusilería y un corneta dio un toque de silencio.[70]

La familia estaba comprensiblemente devastada: aquella muerte los había tomado por sorpresa. La madre, embarazada y todavía convaleciente, apenas podía tenerse en pie; ni siquiera asistió al entierro. Rosa, la hija mayor, trataba de ayudarla y de ocuparse de su hermano, hundido en un raro mutismo. No sólo sus allegados sino también los funcionarios que se ocupaban de tramitar la pensión del ejército dudaban de que aquel bebé sobreviviera y pidieron que un médico militar vigilara el alumbramiento para fijar el monto definitivo de la ayuda económica a la familia. El 19 de marzo de 1919 se emitió un decreto firmado por el presidente Menocal, que establecía la pensión anual del teniente coronel, «fallecido en campaña»: 2409 pesos y 72 centavos de acuerdo con lo dispuesto en los artículos 14 y 15 inciso C de la «Ley Orgánica del Retiro para las Fuerzas Cubanas de Mar y Tierra». Aquella suma constituía «el 50 % de los haberes y asignaciones que disfrutaba el causante en la fecha de su muerte».[71]

El 8 de abril de 1919, Rosa dio a luz a Eloísa Carmen Lezama y Lima, la hija que nunca llegó a conocer a su padre. La vida seguía su curso.

TANTO en su obra literaria como en entrevistas y cartas, Lezama vuelve de manera recurrente sobre la temprana muerte de su padre. En una entrevista muy citada achaca el fallecimiento a una «tonta pulmonía». No se entiende por qué el escritor resta importancia a una de las mayores pandemias que ha conocido la humanidad, pero el ejemplo ilustra bien el solipsismo que caracteriza su reconstrucción del mito familiar. Algo tenía de irónico, sin duda, el hecho de que un militar que había combatido en varias guerras acabase muriendo en la cama de un cuartel de la Florida.

La muerte del teniente coronel Lezama Rodda significó un cambio radical en la vida de su familia, incluida la del único hijo varón, a quien el padre dedicaba atenciones especiales. Provocó, también, un proceso de mitificación por el que algunos hechos de la historia familiar quedaron al margen o fueron reacomodados en una versión para ser contada que pasa, casi intacta, a la obra crítica sobre Lezama. Su célebre frase en otra entrevista («La muerte de mi padre me alucinó desde niño, esa *ausencia* me hizo hipersensible a la *presencia* de la imagen») es la coartada que permite a los comentaristas dar forma al material biográfico sobre los orígenes de una vocación literaria.

A partir de 1919, las vidas del niño Lezama y de sus dos hermanas comenzaron a orbitar alrededor de la madre y la familia materna. Pero todos, madre e hijos, permanecieron imantados por la ausencia del padre, el hecho trágico que los obligaba a vivir un poco como zombis, a profesar el culto a un vacío. Aquella muerte repentina sería contada una y otra vez; las anécdotas paternas se convirtieron, recuerda Eloísa, en diálogos recurrentes de «la Terrestre Obispa», como llamaban a su madre. Tampoco cuesta imaginar otros diálogos, mudos, con las fotos del militar muerto, imágenes detenidas en el tiempo pero omnipresentes, como evidencias de una vigilancia perpetua.

En *Paradiso*, la foto del padre en uniforme crece y se despoja de cualquier mácula. José Eugenio Cemí es presentado como un hombre sin tacha, amante de la disciplina, inteligente y de mente matemática, que habría heredado la «delicadeza de su madre criolla» y la «energía acumulada» de su padre vasco. Su imponente físico, su elegancia y sus buenos sentimientos lo convierten en «un punto de rara confluencia universitaria [...] igualmente querido y buscado por los estudiantes que por los remeros, por los profesores maduros y por los novatos de ojos avizores».[72]

A pesar de la estricta disciplina familiar de la época, el coronel siempre será recordado en sus momentos más distendidos. En él lo castrense se compensa con «la alegría, la fuerza expansiva, la salud de la familia». «El sitio que mi padre ocupaba en la mesa –recuerda Lezama– quedó vacío, pero como en los mitos pitagóricos, acudía siempre a conversar con nosotros a la hora de la comida». En esas conversaciones familiares a la mesa, donde se incluía a los niños, se hablaba con un lenguaje muy particular, que era como un sello de abolengo:

> Mi padre, a pesar de ser un militar, no era un ser bélico prendido a los galones ni a las jergas caudillistas o de infantería o al verbo ceñudo y encabritado. Podía ser que en los cuarteles su voz de mando se endureciera y pronunciara el sonido hosco y apremiante de las órdenes, pero en el hogar y con los familiares y amigos su ruido se distendía afable, risueño, humorístico, y no dejaba latitudes innombradas, de manera que recuerdo haber oído de su boca las palabras adelfa, torbellino, veleidad, sacrosanto, azor, inmaculado, cornucopia, migajuela, vivaqueo, desnudez, estatuaria, baobab.[73]

El lugar del padre fue también, para el niño Lezama, el de cierta cultura libresca, según un juego de roles tradicionales: «El padre es el que posee la cultura, aunque esta sea limitada a "la Enciclopedia Británica, las obras de Felipe Trigo, novelas de espionaje de la Primera Guerra Mundial", con lo que demuestra que tiene una obra de consulta de importante rango, y dos tipos de novelas de entretenimiento, eróticas y policíacas, normalmente propias de los varones, ya que tanto unas como otras no solían ser aconsejables a las mujeres».[74] A esta somera bibliografía masculina habría que agregar ejemplos de una tradición pragmatista de corte anglosajón. Uno, ignorado por los comentaristas de Lezama, es el autor que leía el teniente coronel en el momento de su muerte: el escocés Samuel Smiles.

Smiles fue nada más y nada menos que el fundador del género de autoayuda, un devoto del positivismo individualista de corte victoriano, asociado al «evangelio del trabajo», del deber y el sacrificio. Además de *Character* (1871), considerada su obra más influyente,[75] escribió una serie de biografías, *Lives of the Engineers*, que fueron lectura habitual en inglés y español desde finales del siglo XIX. El padre de Lezama, ingeniero y militar, se formó con estos libros e intentó transmitir esos valores a su hijo varón. Smiles, por cierto, también sedujo a José Martí quien, en un artículo de *La Edad de Oro*, «Músicos, poetas y pintores», glosa varios de sus perfiles biográficos.

La imagen de *Paradiso* que mejor resume la mitologización del padre es el relato de la aparición póstuma de su rostro en el caprichoso trazado de unos yaquis que el niño Lezama arroja al suelo mientras juega con sus hermanas, y la subsecuente conclusión materna: ¿Ves, Joseíto?, tu padre ausente está ordenando que cuentes la historia de la familia. *Tú tienes que..., tú vas a..., tú debes...*

La escena se encuentra en el capítulo VII de la novela, y puede interpretarse como un remedo de ouija, el símbolo de la unidad de la familia con el coronel vigilante desde el más allá.[76] El juego pareciera también una iniciación mágica: el centro ausente de la familia es la imagen inesperada de un fantasma entrañable. El padre muerto es nada menos que el genitor de lo poético porque su «ausencia presente» corresponderá, en la estética lezamiana, al lugar de la imagen, de la poesía.[77] De manera similar, el poeta será un demiurgo que llena con la *imago* ciertos vacíos, e incluso el más esencial, «el ser que crea la nueva causalidad de la resurrección». Bien visto, no hay otra estética más *medularmente biográfica* que esta: un escritor cuya misión literaria le será revelada por el vacío que provoca la muerte de su padre. «Por eso –dice Lezama– la poesía ha sido en mí siempre vivencial, alrededor de una pausa, de un murmullo se iba formando la novela imagen, yo iba reconstruyendo por la imagen los restos de planetas perdidos, de zumbidos indescifrables».[78]

En la novela, la construcción del personaje José Eugenio Cemí se ajusta a la tarea encomendada al escritor por su madre: dar forma a una mitología familiar donde la figura paterna encarna el principio de autoridad. Ese reclamo también disuelve cualquier pretensión de distinguir realidad de ficción. Dando por bueno el relato novelesco de un destino que «merecía ser relatado» y en el que lo factual se mezcla sin cortapisas con lo imaginario, los estudiosos de Lezama han descuidado la verdadera biografía de aquel «militar muy especial». Apenas se menciona, por ejemplo, el peso que tuvo en él la formación y la cultura norteamericanas, ni se ha analizado su relación con los distintos gobiernos republicanos. Referencias útiles, si queremos entender que ese militar de escuela perteneció a la clase de oficiales que, por ejemplo, Fulgencio Batista va a derrocar en la revolución de los sargentos del 4 de septiembre de 1933. Así como Lezama y su familia vivieron en la añoranza de una grandeza perdida, buena parte de los críticos de la obra lezamiana también han preferido refugiarse en esos mismos valores.

Al narrar cómo un descendiente directo de españoles termina juntándose con la familia Lima, de antecedentes independentistas y parte de la emigración revolucionaria, Lezama construye una genealogía ideal para José Cemí. La formación de una identidad basada en el contrapunteo étnico y político de lo cubano recreado en *Paradiso* permite al escritor igualar el linaje familiar con la epopeya de la identidad nacional, contada desde unos valores que ya no eran los que regían cuando la novela empezó a ser escrita.[79]

No faltan, por supuesto, matices en esa imagen. Cuando la revista española *Índice* le pidió fragmentos de *Paradiso*, su autor incluyó una escena del capítulo VI en la que el trasunto del padre recibe su primera invitación a cenar en casa de los Olaya/Lima. Sentado a la mesa con la familia de su futura esposa, José Eugenio Cemí tendrá que lidiar con la Mela, la abuela beligerante que desconfía de sus orígenes peninsulares y se empeña en cantar una tonadilla independentista con alusiones burlonas a los españoles.

El militar sonríe, le recuerda a la matrona que él también tiene antecedentes patrióticos por el lado materno: el coronel Méndez Miranda, primo hermano de su madre y padrino de su boda, que solía visitar el central Resolución y había conocido a los Lima en la emigración. Con singular tacto, reprocha en la cita pendenciera el equívoco de confundir independencia con odio:

> Por la línea de mi madre, reconozco esos cantos guerreros, recitados como gracioso aperitivo, pero la otra mitad es la que ahora tengo que buscar, pues estoy en una edad en la que siento que me es imprescindible incorporar algo que me aclare y me decida, que me haga momentáneamente completo. Necesito incorporar un misterio para devolver un secreto, o sea, una claridad que pueda compartir.[80]

Según este significativo pasaje, el padre de Lezama representaría el comienzo de cierta cubanidad esencial, que trasciende el patriotismo beligerante y no se avergüenza de sus orígenes. También, al ser él mismo un huérfano, se convierte en modelo de la futura orfandad de su hijo; ambos tendrán que incorporar el misterio de una ausencia para devolver un secreto: la imagen. En una lezamiana «idea del mundo» esa imagen de una ausencia será la causa oculta, poética, de todas las ficciones posibles.

Es como si el proceso histórico-biográfico sólo pudiera explicarse a través de una serie de imágenes primordiales, como las que aparecen en uno de los últimos poemas de Lezama, «Nacimiento del día». Allí se habla de un sol que es también un padre, y de una casa cerrada donde «reconstruyen el sol por un hilo» para poder saltar luego por él, como un Ícaro en busca de una ausencia mayor que lo redima. Alguien empina un papalote grande, que los cubanos llaman «coronel». «Toda comunicación con el padre / se hace más allá del tejado, / asciende y desciende como el mercurio». Ese diálogo mercurial con una ausencia omnipresente marcó toda la vida de Lezama. En un cuaderno de juventud donde recogió varios aforismos o pensamientos que después le servirán para algunos parlamentos de su novela *Oppiano Licario*, puede leerse este resumen de sus más íntimos duelos: «La vida del padre se llora aunque esté muerto, cuando llegamos a la madurez; la muerte de la madre se llora aunque esté viva, en nuestra niñez».[81]

NOTAS:

[1] La estirpe vasca de los Lezama, hasta donde hemos podido rastrearla, es la siguiente: su tatarabuelo, Manuel de Lezama y de la Torre (nacido en Baracaldo, provincia de Vizcaya, 1765) se casó en 1803 en su ciudad natal con María Juliana de Arana y Chavarría (nacida también en Baracaldo, en 1786) y concibieron al bisabuelo de Lezama, José María Lezama y Arana (n. 1810) que se unió en matrimonio con Severina de Tapia y Urcullu (n. 1813). Uno de sus hijos, José María de Lezama y Tapia (Baracaldo, 1845 - Quemado de Güines, 1892), se instaló en Cuba en 1865, y hacia 1880 se casaría con la cubana Eloísa Rodda y Méndez (1860-1890). Otro hermano se casó con la hermana de Eloísa, Enriqueta. Una rama de los Lezama y Arana, tíos abuelos de Lezama Lima, se estableció en el Río de la Plata, y una de sus casas, la «mansión Lezama», es hoy la sede del Museo Histórico Nacional de Argentina, en Buenos Aires.

[2] Aunque hay pocas dudas sobre el origen pinareño de esta familia (de Mantua, para ser más exactos), Eloísa Rodda aparece en el acta de nacimiento de Lezama Lima como «natural de San Francisco de Paula, en la Provincia de La Habana». Era una práctica común de la época que las familias pudientes llevaran a las embarazadas a la capital en el momento del parto e inscribieran allí a su descendencia. Su fallecimiento tuvo lugar en el ingenio Resolución aproximadamente el 11 de noviembre de 1899 (según el *Diario de la Marina* del 12 de noviembre de 1889, pág. 2).

[3] El central azucarero Resolución, localizado en el municipio Quemado de Güines, actual provincia de Villa Clara, pasó en 1935 a ser parte de una de las grandes fortunas de Cuba, la de José Gómez-Mena Vila, cuya familia poseía la popular Manzana de Gómez en La Habana y otras muchas propiedades. En 1951, el central provocó una *vendetta* por negocios: el magnate sobrevivió a los tres disparos de un socio traicionado, el administrador del central, Ángel Machado Palomino, en los portales de la célebre manzana que aún lleva su nombre. En octubre de 1960, el central fue nacionalizado por el gobierno revolucionario cubano y desde esa fecha se llamó «José René Riquelme». Hoy está en ruinas, como la mayor parte de la industria azucarera en la isla.

[4] Véase, sobre todo, el capítulo IV de la novela, cuando la abuela Munda le cuenta a José Eugenio Cemí la historia de sus padres como la fusión de dos mundos condenados a atraerse: «La atracción de los vascos por los ingleses parecía continuar su tradición en esa pareja, pues tu madre era hija de descendientes de

ingleses entroncados con cultivadores de la hoja del tabaco. El valle donde estaba el Resolución era muy bajo, su ausencia de litorales y playas hacía un aire muy espeso, adensado, que la sutil respiración de tu madre sentía como si la obligasen a alentar por debajo del mar».

[5] Ambos aparecen luego en *Paradiso*, rebautizados como Zoar y Truni.

[6] Pese a burlas y chanzas (solía hacerle bromas sobre su vida sexual en España y su proverbial tacañería), Lezama sintió un profundo apego hacia su nodriza-sirvienta, que lo acompañará casi toda su vida. Datos biográficos de Baldomera aparecen en el libro de Yamilé Limonta Jústiz *Las mujeres en Lezama* (Ediciones Extramuros, La Habana, 2009).

[7] «Nunca utilizó el plumero con delicadeza, aunque fuera de plumas de ganso; lo empuñaba con tal fuerza que siempre atinaba a que el mango de madera le diera a la porcelana. Saltaban fragmentos de una patita de carnerito o de la nariz de la pastora; al día siguiente amanecían pegados con jabón amarillo. Nunca Baldomera aceptaba que había sido ella y lo negaba impávida. Mi Madre le reprochaba la mentira y ella se defendía diciendo que el cura de su aldea le había dicho que esos no eran pecados». (Eloísa Lezama Lima; *UFH*, pág. 9).

[8] *PLDS*, pp. 130-131.

[9] Exibar era el apellido del químico francés que desarrolló estos polvos combustibles a finales del siglo XIX, François Amédée Exibard. No es descartable un posible efecto alucinógeno o narcotizante de estos «polvos abisinios», «gránulos antiasmáticos que, al ser quemados dentro de la habitación cerrada, producían un humo espeso cuya aspiración aliviaba o disipaba totalmente las crisis de asma», según precisa Cintio Vitier. Al parecer, la fórmula del Abisinia Exibard incluía al inicio opio o morfina, pero a partir de los años 20 se insiste mucho en que no los contiene. Por increíble que nos parezca hoy, la Abisinia Exibar se comercializaba también en «cigarrillos medicinales». Proust usó varios de esos cigarrillos y «fumigaciones»: quemaba e inhalaba polvos de Espic, Legras o Escouflaire, todos los cuales contenían estramonio, derivado de la planta *Datura stramonium* de la familia de las solanáceas (que incluyen el beleño, la belladona y la mandrágora), conocida por sus propiedades antiespasmódicas y usada para «adormecer la sensibilidad», es decir para tratar todo aquello que «irritara» los nervios. Los efectos alucinógenos del estramonio, que en Cuba se usó siempre como antiespasmódico para el asma antes de que llegaran los productos franceses, le granjearon sobrenombres como «mata del infierno», «hierbas de las brujas» o «berenjena del diablo». La planta contiene

alcaloides ricos en atropina, escopolamina e hiosciamina, sustancias que estimulan la corteza cerebral. Según Mark Jackson («"Divine Stramonium": The Rise and Fall of Smoking for Asthma», *Medical History*, 2010, 54:2, pp. 171-194), es muy posible que la Abisinia Exibar contuviera estramonio y, por lo tanto, también es probable que Lezama/Cemí sufriera alucinaciones debido a su consumo del remedio. Estos datos aparecen en un ensayo de William Rowlandson: «Asthma and its symbolism: the respiratory aesthetics of José Lezama Lima», en *Latin American and Iberian Perspectives on Literature and Medicine* (Patricia Novillo-Corvalán Ed.), Routledge, Nueva York, 2015. Véase también Mark Jackson: *Asthma: the Biography* (Oxford University Press, 2009). Lezama usó distintas marcas de estos polvos al menos hasta finales de los 60, alternándolos con nebulizadores.

[10] *PA(EC)*, pág. 232.

[11] Ciro Bianchi Ross, «Asedio a Lezama Lima»; *AH*, pág. 74.

[12] «La imagen para mí es la vida», entrevista con Gabriel Jiménez Emán; *AH*, pág. 233.

[13] «Tenía el orgullo de sus dos pequeños hijos y a todas las visitas nos mostraba, pero me había dado cuenta de que le molestaba que se percataran de que yo era asmático, por eso yo procuraba ocultar mis crisis delante de los demás». Ciro Bianchi Ross, «Asedio a Lezama Lima»; *AH*, pág. 74.

[14] *PA(EC)*, capítulo VI, pág. 129.

[15] «Ese espectáculo me fascinaba. Me encantaban aquellas máscaras, aquellos caballeros vestidos de blanco, aquellos pasos que sonaban en el tablado y aquellos gritos de *touché, touché* del final». Pero incluso a aquellas experiencias deportivas de la mano del padre, Lezama les agrega un aire alucinatorio, como de historia japonesa, cuando añade: «Pero todo eso, en el fondo, me causaba una impresión de pesadilla, pues aquellos hombres no dejaban de ser enmascarados que parecían agitarse en una noche de luna muy clara, en una de esas noches que siendo simpáticas no dejan de ser terribles y en las que vemos el patio de la casa con una blancura que de pronto nos sorprende. Alzamos el rostro y vemos la sonrisa lunar recorriéndolo todo y alguna areca entremezclando sus anchas cintas verdes». (Ciro Bianchi, «Asedio...», *AH*, pág. 76). En el fondo Lezama Lima de la Biblioteca Nacional de La Habana se conserva una foto del padre de Lezama con atuendo deportivo y florete junto al famoso esgrimista cubano Ramón Fonst (1883-1959), medallista olímpico en París 1900 y Saint Louis 1904.

[16] «Recuerdo cuando mis padres iban a la ópera. Mi hermana y yo nos quedábamos en la casa con la sirvienta y yo sentía un gran miedo hasta que ellos regresaban». (Ciro Bianchi, «Asedio a Lezama Lima»; *AH*, pág. 73).

[17] Eloísa Lezama Lima; *UFH*, pág. 27. De adolescente, Eloísa empezó a llamar a su hermano «Jocelyn», por el personaje de Lamartine que renuncia a la herencia paterna a favor de su hermana y decide seguir su vocación de cura. La idea parece haber sido de Lezama, pues en alguna carta le corrige a Eloísa la ortografía del nombre. Por lo visto, le complacía ser llamado con el nombre de uno de los prototipos del Romanticismo en vez de con el hipocorístico habitual. Pero salvo Eloísa, todos sus familiares lo llamaban «Joseíto».

[18] Con el tiempo, cuando su asma era ya crónica, Lezama la incorporó a su mitología personal. «No es una enfermedad sino una manera de ser», dice en su entrevista con Martínez Laínez (*AH*, pág. 221), citando a un doctor amigo. En otro lugar asegura que mientras que para muchas personas respirar es una actividad inconsciente e inadvertida, para él es un acto de voluntad siempre presente, que le otorga un estado particularmente intenso de percepción del mundo que le rodea: «Mi cuerpo ha asimilado un asma crónica, es decir, el ritmo normal de mi respiración es para mí alarmado, subdividido, irregular. Esto significa que cada instante para mí es vívido. Duermo muy poco. El éxtasis, la sorpresa, recorren y se apoderan de mi cuerpo [...] Cuando siento esa deliciosa sensación de la respiración larga y lenta, todo se congela con la contracción y dilatación del ritmo universal» [*PA(EC)*, pág. 728]. Esta idea proustiana de la enfermedad como una especie de musa propició declaraciones un tanto delirantes como esta:

> El médico me ha dicho que [el asma] se debe a un *hongus focus*, un hongo que vive en el aire. Yo, en cambio, vivo como los suicidas, me sumerjo en la muerte y al despertar me entrego a los placeres de la resurrección. Mi asma llega hasta mí en dos ondas: primero, desaparece por debajo del mar, y luego arriba al gran acuario donde todos los peces saborean el mundo. Yo también soy como un peje: a falta de bronquios, respiro con mis branquias. Me consuela pensar en la infinita cofradía de grandes asmáticos que me ha precedido. Séneca fue el primero. Proust, que es de los últimos, moría tres veces cada noche para entregarse en las mañanas al disfrute de la vida. Yo mismo soy el asma, porque a la disnea de la enfermedad he sumado también la disnea de la inmovilidad. («El peregrino inmóvil», Entrevista con Tomas Eloy Martínez; *AH*, pág. 48).

Preguntado en los últimos años de su vida sobre si el asma había sido «verdugo o compañía», responde: «El asma que no deja dormir conduce al libro: en los libros vive un ácaro que provoca asmas. Círculo cerrado: del asma al libro y del libro al asma, como del codo al caño y del caño al codo. Y soy ese Lezama porque de otra manera yo sería mi sucedáneo, con menos asmas quizás, pero tal vez con menos lecturas en los cimientos». (*PLDS*, pág. 96).

[19] Entrevista con Joaquín G. Santana: «La novela de una vida», en *Índice*, n. 278-279, Madrid, nov. 1970, pág. 44.

[20] Este testimonio, titulado «José María Lezama» y firmado por el Coronel Auditor José M. Guerrero, se publicó originalmente en la sección «Nuestros muertos» de la revista *El Látigo*, Anuario Militar, Escuela de Aplicación, Campamento de Columbia, en 1925. Allí lo encontró Gastón Baquero, y se lo envió a la revista *escandalar*, financiada por Víctor Batista Falla y dirigida por Octavio Armand, que lo republicó (como facsímil) en el n. 1 (vol. 3) de 1980, pp. 80-81.

[21] Testimonio de Mercedes Rosado recogido en: Víctor Fowler y Fabiola Mora: «Palabras cruzadas en torno a Lezama Lima», *Letras Cubanas*, n. 16 (oct.-nov.-dic. 1990), pág. 285.

[22] La importancia cobrada por el destacamento de Artillería provocó el resentimiento del general Alejandro Rodríguez Velasco, jefe de la Guardia Rural, que llegó incluso a quejarse al ministro estadounidense Herbert G. Squiers. Este pidió la disolución del cuerpo, pero Estrada Palma no se doblegó y, paciente, le explicó al ministro: «Yo quiero tener alrededor mío un grupo de hombres en quien pueda descansar absolutamente en tiempo de peligro». Estos y muchos otros interesantes detalles aparecen en el libro de José M. Hernández, *Política y militarismo en la independencia de Cuba 1868-1933* (Editorial Colibrí, Madrid, 2000), un volumen indispensable para cualquier historia del ejército en Cuba. Otro libro fundamental, del cual hemos extraído datos sobre este periodo, es *Historia de Cuba en sus relaciones con los Estados Unidos y España*, de Herminio Portell Vilá (Jesús Montero, La Habana, 1938-1941, 4 vols.)

[23] La foto ilustra un artículo de Carlos M. Valenciaga Díaz, «Del latido de la ausencia. La huella paterna de José Lezama Rodda en el Fondo Personal José Lezama Lima de la Biblioteca Nacional de Cuba José Martí», publicado en *Revista de la BNJM*, año 111, n. 2, 2020, pp. 37-74. Quizás valga la pena mencionar que Valenciaga Díaz, antiguo secretario personal de Fidel Castro y miembro del Consejo de Estado y de Ministros, fue destituido en el 2006 junto con otros

funcionarios cubanos acusados de haberse hecho «adictos a las mieles del poder». Más tarde se convirtió en especialista del Área de Manuscritos de la Biblioteca Nacional.

[24] Sobre esta ironía ambivalente, véase el comentario de Lorenzo García Vega en el capítulo «Los padres de Orígenes», *LAO*, pp. 129-163.

[25] *PA(EC)*, capítulo V, pág. 98.

[26] Eloísa Lezama Lima, «Introducción» a *Paradiso*, Cátedra, Madrid, 1980, pág. 18.

[27] A causa de una confusión de Eloísa Lezama Lima, la boda de los padres de Lezama ha sido mal fechada en todos y cada uno de los ensayos y estudios académicos sobre el escritor cubano: tuvo lugar en 1908, no en 1907.

[28] *El Fígaro*, La Habana, 24 de febrero de 1908, pág. 93.

[29] Ciro Bianchi Ross, «Asedio a Lezama Lima»; *AH*, pp. 73-74.

[30] De este proyecto sobre el mapa geodésico de esa provincia cubana, que en *Paradiso* aparece como *Triangulación de Matanzas*, se conservan hoy 123 hojas, mapas y planos en el Fondo Lezama Lima de la Biblioteca Nacional de Cuba.

[31] Los detalles del banquete y la lista de asistentes pueden encontrarse en *Guerra de razas. Negros contra blancos en Cuba*, de Rafael Conte Mayolino y José M. Capmany (Linkgua, Barcelona, 2018). Para el estudio de este triste episodio de la historia cubana es indispensable el libro de Rafael Fermoselle *Política y color en Cuba. La guerrita de 1912* (Colibrí, Madrid, 1998).

[32] Horacio Ferrer, *Con el rifle al hombro*, Imprenta «El Siglo XX», La Habana, 1950, pág. 215. En el libro de Ferrer hay una detallada descripción de las acciones de Lezama Rodda durante la Revolución Liberal de 1917. Los exégetas de Menocal destacaban, sobre todo, su capacidad para remontar el desastre liberal. «Cuando subió al Poder encontró exhaustas las arcas del Tesoro nacional; la fabulosa Compañía del Dragado de los Puertos de Cuba, la desorganización del Ejército, el abandono de la enseñanza pública, el obrero en completo desamparo, sin moneda de cuño cubano, sin ley de Retiro; sin ley de Divorcio; en fin, sin muchas más, que ya anotaremos más adelante, y con una deuda exterior, de cerca de 70 millones de dólares». Basilio Valle, *El General Mario G. Menocal y su gobierno*. Habana [s. n.], 1921.

[33] «En una ocasión me encontraba en el Prado con mi hermana y sentimos unos disparos y vimos gente que corría. Decían que habían matado al jefe de la Policía. Después supe que, en efecto, se trataba de Armando de la Riva». (Ciro Bianchi, «Asedio a Lezama Lima»; *AH*, pág. 74).

[34] «Una visita a la Academia Militar», *Diario de la Marina*, La Habana, 13 de octubre de 1913, pág. 1. Tras destacar la disciplina, organización e higiene de la Academia, el periodista lamenta: «¡Lástima que no se instruyan de igual modo de los cadetes aquellos que no están destinados a matar a sus semejantes sino a luchar por el engrandecimiento de las artes, las letras y las ciencias!».

[35] «Según iba transcurriendo el tiempo iban notándose mayores defectos en dicho mapa, ya que a los errores inherentes a él se unían los cambios originados en carreteras, puentes, etc. Además, su lexicografía era bastante defectuosa, como resultado de que se hubieran escrito estos nombres por personas que no conocían el idioma castellano ni los giros peculiares del lenguaje en nuestro país. Nuestro Ejército poseía una colección de ferro-prusiatos del citado mapa y el Cuerpo de la Guardia Rural tenía otra, habiendo algunos oficiales que poseían ejemplares más o menos completos; pero todas estas colecciones no eran suficientes para atender la demanda que siempre existía, y de aquí que resultara perjuicio en el servicio». Alfonso González del Real, «El mapa militar de Cuba», en *Cuba en Europa*, año VII, n. 156, Barcelona, 15 de diciembre de 1916, pág. 6.

[36] «Que teniendo en cuenta el patriotismo, valor, lealtad y actitudes que concurren en J.M.L.R. vengo en nombrarle Comandante de Estado Mayor del Ejército Permanente con antigüedad el 29 de septiembre de 1910. Por lo tanto desempeñará fielmente los deberes de su empleo y ejecutará con exactitud todo lo que se relacione con el mismo; debiendo observar y cumplir cuantas órdenes e instrucciones reciba del Jefe del Estado, del Jefe del Ejército y u otros superiores jerárquicos, de acuerdo con las Ordenanzas, Reglamento y Leyes del país y así mismo ordeno y mando a todos los individuos que se hallaren a sus órdenes de cualquier grado que fuesen que obedezcan las que diere como tal Comandante de Estado Mayor. Dado en el Palacio de la Presidencia, Habana, en este día 14 de junio del año de mil novecientos catorce. Secretario de Gobernación Aurelio Hevia y el Presidente de la República Mario García Menocal». Carpeta 94. Fondo Lezama Lima. Área de Manuscritos. Colección Cubana, BNJM.

[37] Según los recuerdos posteriores del escritor, el frío de Kansas agravó su dolencia asmática, y por las noches sufría incesantes disneas que obligaron a la familia a regresar a La Habana. También detalla que en aquel lugar no bastaban calentadores ni mantas y el té se helaba en las tazas justo después de servirse.

[38] «El Presidente en la Academia Militar», en *Diario de la Marina*, La Habana, 23 de febrero de 1915, pág. 5.

[39] Cuenta el poeta mexicano José Juan Tablada que detrás del «aé, aé» de *La Chambelona* su compatriota Miguel Lerdo de Tejada creyó escuchar un eco del «evohé» de las bacantes dionisíacas. «Su espíritu democrático y conciliador tuvo siempre la propensión de hacer fraternizar los temas clásicos con los más populares... Recuerdo su entusiasmo al oír por primera vez *La Chambelona*, himno de no remota revolución cubana, de esas amables revoluciones que antes que nada decretan la amnistía general. Miguel era todo oídos: *¡Ahé, ahé, ahé La Chambelona!* Resonaban güiros y bongoes, el bombardín pícaro y las botellas, las campanas y las vejigas de la rumba delirante, y al morir el último compás, Miguel, que había escuchado como en éxtasis, prorrumpió: *¡Pero si esto es grandioso! ¡Pero si esto es divino! ¡Pero si esto es griego!*» Citado en: Orlando González Esteva: «La Chambelona»: caramelos y congas», 29/10/2012. Leído en: https://www.radiotelevisionmarti.com/a/16077.html

[40] Estos detalles aparecen en Ciro Bianchi Ross: *Contar Cuba: una historia diferente*, Editorial Capitán San Luis, La Habana, 2013; y Joel James Figarola: *Cuba, 1900-1928: la República dividida contra sí misma*, Instituto Cubano del Libro, Editorial Arte y Literatura, La Habana, 1976.

[41] «El 26 por la mañana salieron los últimos alzados, llevándose consigo al gobernador Sánchez, alcalde Sariol y otros que tenían prisioneros desde el día 11 [...] A mediodía entró Pujol, reconoció como gobernador interino al consejero más antiguo, Adolfo Silva, y como alcalde al Presidente del Ayuntamiento Ricardo Varona Roura [...] La misma noche envió una columna de unos 200 hombres al mando de los comandantes Lezama y González Herrada, los cuales guiados por el americano Frank Hall, en la mañana del 27 sorprendieron el campamento de Caballero en la finca La Matilde, de Pedro Marín, a unos 80 km al Este de Camagüey. Los alzados fueron dispersados, muerto el titulado comandante Ángel Vega y rescatado el alcalde Sariol». León Primelles: *Crónica cubana (1915-1918)*, Editorial Lex, La Habana, 1955.

[42] La historia de cómo tropas al mando del padre del poeta Lezama Lima ultimaron al padre del poeta Nicolás Guillén ha sido contada, con bastante detalle, por el periodista y escritor cubano Ciro Bianchi Ross. Guillén Urra había sido tipógrafo, periodista y líder sindical en Camagüey. Tras combatir en el Ejército Libertador, entró en la política y llegó a senador (1909-1913) por el Partido Liberal. Cuando nació su hijo, el 10 de julio de 1902, era director del

diario *Las Dos Repúblicas*. Amigo de Martín Morúa Delgado, apoyó la famosa enmienda de este, que despojó de derechos políticos al PIC y propició la «Guerrita del 12». Bianchi asegura que sufrió, como otros congresistas negros y mulatos, el dolor y el horror por la masacre. «No obstante, entendía que salvaguardar el principio de la unidad nacional resultaba positivo». Aunque esta posición ante una matanza de negros no parece muy ejemplar, su hijo será, por azar o por culpa, uno de los primeros cultivadores de la llamada «poesía negrista» en la isla y figura icónica del afrocubanismo.

En 1974, Guillén, convertido en presidente vitalicio de la Unión de Escritores y Artistas de Cuba (UNEAC), contó su versión de aquel viejo asunto:

> Mi padre, según los informes que nosotros tenemos, fue asaltado por el ejército de Menocal, al mando (en la provincia de Camagüey) del coronel Pujol y del teniente coronel Lezama. Mi padre, enfermo, se hallaba en una finca llamada San Ramón del Múcaro, al sur de la provincia, donde fue vilmente asesinado por un teniente de apellido Gandarilla. (Nancy Morejón ed., *Recopilación de textos sobre Nicolás Guillén*, Serie Valoración múltiple, Casa de las Américas, 1974, pág. 75).

Bianchi Ross, de nuevo («Ciro, un cazador cazado». Entrevista realizada por Susadny González Rodríguez, en *La Gaceta de Cuba*, n. 1, 2007, pp. 16-20), abunda sobre aquella revelación:

> Luego de entregarme sus respuestas mecanografiadas, con decenas de correcciones e interpolaciones hechas por su propia mano, siguió dándole vueltas al texto y me llamó por teléfono un par de veces para que retocara un pasaje o hiciera un añadido. Gracias a su gestión, la entrevista apareció primero en *Crisis*, la revista que Eduardo Galeano dirigía en Buenos Aires, y luego en la recopilación de textos sobre Nicolás Guillén que hizo Nancy Morejón. En una de esas precisiones que introdujo después, y que no estaban en el texto original, Nicolás reveló que su padre, sorprendido enfermo, había sido asesinado por un grupo de soldados de la tropa del teniente coronel Lezama Rodda.
>
> Esa revelación afectó mucho a Lezama. Nunca se había hablado de eso y Nicolás no lo había dicho antes. Lezama reconocía que su padre, muy querido y respetado en el Ejército, fue un militar de mano dura, pero vio aquello como un golpe bajo que recibía, en un momento en que no podía defenderse ni reivindicar la memoria de su progenitor por el ostracismo en que estaba.

Guillén le confesó a Bianchi que había destapado el asunto porque aquella era «una entrevista para la historia». Pero su animosidad contra la estética lezamiana ya se había manifestado antes, al menos desde los años 40, cuando el futuro Poeta Nacional declara su fe en la función social de la poesía. «En la entrevista –continúa Bianchi– le pedí que, a la vuelta de los años, comentara una frase aparecida en el número inicial de la *Gaceta del Caribe* y que iba dirigida directamente al pulmón de Lezama Lima: "Nadie necesita de plateadas espuelas para hacer andar a Pegaso". En su primer manuscrito respondió que "eso estaba ya muy lejos". En una versión posterior, y también "para la historia" escribió: "Nunca colaboré en *Espuela de Plata,* pues mantuve un criterio francamente opuesto al de sus redactores. Yo pertenecía al grupo de los escritores revolucionarios y nuestro papel estaba junto a las masas trabajadoras…". Cuando Lezama leyó eso, me dijo: "Respuesta inexacta. Es verdad que jamás colaboró en *Espuela de Plata,* pero lo que debió haber dicho es que nunca nadie lo invitó a que lo hiciera"».

Hay también unos versos de un famoso poema de Guillén, «La muralla», en *La paloma de vuelo popular* (1958), que parecen aludir a su rencor contra el teniente coronel Lezama: «–¡Tun, tun! / –¿Quién es? / –Una rosa y un clavel… / –¡Abre la muralla! /– ¡Tun, tun! / –¿Quién es? / –El sable del coronel… / –¡Cierra la muralla!».

Aquella revelación sobre el coronel Lezama Rodda no fue la única pulla de Guillén a Lezama durante el llamado «quinquenio gris» de la cultura cubana. Basta leer esta otra cita de la entrevista en *Crisis*: «Creemos que hay que expresar lo nuestro, y que no podemos inventar tipos ni conflictos que no pertenecen a nuestra idiosincrasia, a nuestro carácter, a nuestro genio. No hay un Proust cubano, ni un Joyce cubano, ni un Gide cubano. En cambio, está presente por todas partes ese personaje nuestro tan múltiple y grandioso que es la Revolución».

Si bien antes de la Revolución Lezama había criticado la estética afrocubana y el mestizaje en la poesía de Guillén, después del 59 mantuvieron una relación cordial, que incluyó elogios para su obra, encuentros en la UNEAC, comidas y versos de ocasión en los ejemplares de sus libros, que se enviaban puntualmente.

[43] Citado por Horacio Ferrer, *op. cit.*, pág. 242.

[44] Ms. 94-1, n. 1185 al 1194. Fondo Lezama Lima, BNJM.

[45] Ms. 94-1, n. 1191.

[46] Alicia Lima Rosado se casó el 7 de febrero de 1912 con el doctor Alberto Santos Álvarez. José María Lezama Rodda fue uno de los padrinos de la novia, según se lee en la crónica social del *Diario de La Marina*, del 8 de febrero de 1912, donde se precisa que la boda tuvo lugar en la residencia familiar de «la distinguida familia de la novia», ante «un altar que aparecía decorado alegóricamente con flores, cintas y luces».

[47] Carta enviada desde Camagüey, el 8 de abril de 1917. Ms 94-1 núm. 1190, Fondo Lezama Lima, BNJM.

[48] *PA(EC)*, capítulo VI, pp. 137-138. «Se trata de la desproporción –afirma García Vega– entre la calidad del sucedido –el viejo relajo cubano de las elecciones fraudulentas–, y la delirante manera con que Lezama transformó la anécdota… Nosotros sabemos lo que eran los soldados-legionarios cubanos». Años después, Víctor Batista le reprochará a García Vega que cargue la «mentira poética» de Lezama con demasiadas implicaciones morales. «La anécdota original sería la versión de un espectador imparcial, o la del coronel Lezama; la versión de *Paradiso* es, por supuesto, la del autor, pero podría ser también –excluyendo la ironía– la de la tropa. La profunda relación de Lezama con su pueblo no le viene sólo de una pobreza compartida, sino también de una compartida riqueza imaginativa, o al menos fantasiosa. No es que Lorenzo pretenda convertir a Lezama en un escritor realista, sino algo más absurdo: pretende convertir al pueblo en realista. El pueblo cubano no ha sido, anímicamente, ni pobre ni destartalado. Es precisamente en los excesos donde Lezama se acerca más a su pueblo». Véase Víctor Batista Falla: «El maestro y su contradiscípulo. Sobre *Los años de Orígenes* de Lorenzo García Vega», en la revista electrónica *Otro lunes*, n. 3, dic. 2007, http://otrolunes.com/archivos/03/html/este-lunes/este-lunes-n03-a03-p01-2007.html (consultado en 2008). La visión de García Vega es a veces un poco injusta con Lezama. El esfuerzo por tomar distancia de su amigo y maestro lo lleva incluso a la pifia, como en una entrevista con Enrico Mario Santí donde Lorenzo asegura que el ascenso a teniente coronel del padre de Lezama fue hecho *post mortem* para que la viuda pudiera cobrar la pensión: «Tomaba tan en serio ese grado para la jubilación, que él mismo se creyó que su padre siempre había sido coronel» dice. ¿Por qué esa certeza suya de que Lezama Rodda sólo había llegado a comandante (o mayor, justo el grado previo a teniente coronel) dentro de la jerarquía militar cubana, si hay documentos que prueban su rango? No fue una exageración ni un invento del escritor Lezama el hecho de que su padre llegara a ser uno los tenientes

coroneles más jóvenes de Cuba, apreciado en la Academia y respetado en Estados Unidos.

[49] Esa coincidencia hizo que los liberales fueran acusados de «germanófilos» luego de que el senador Claude A. Swanson asegurase, en mayo de 1917, que Alemania sostenía el movimiento sedicioso en Cuba. La pasmosa declaración causó estupor en la isla y dio origen a una frase que luego se volvería popular: «Se la comieron».

[50] Los historiadores de la fotografía coinciden en que el estudio Harris & Ewing es una pieza clave en la memoria visual de Estados Unidos. Sus fundadores, George W. Harris y la californiana Martha Ewing, se establecieron en Washington y acapararon la mayor parte de las fotografías políticas estadounidenses desde 1905. En 1915, Harris compró a Ewing su parte del floreciente negocio y contrató a fotógrafos anónimos para cubrir la mayoría de los eventos, reservando para sí los más sobresalientes. Su estudio tomó más de cinco millones de fotos y se ocupó de los retratos presidenciales de la administración norteamericana, desde Teddy Roosevelt hasta Eisenhower. La firma llegó estar tan identificada con la iconografía del poder político que –según cuenta un cronista– los actores de teatro y las estrellas de cine mudo de gira en Washington solían visitar el estudio para añadir algo de *gravitas* a sus apariencias festivas.

[51] Ms. 94-1, n. 1195 al 2002. Fondo Lezama Lima, BNJM.

[52] Ms. 94-1, n. 1196. Fondo Lezama Lima, BNJM.

[53] Ms. 94-1 n. 1197, Fondo Lezama Lima, BNJM. Citado por Gema Areta Marigó en: «José M. Lezama Jr.: fatum y simpathos familiar», *Gravitaciones en torno a la obra poética de José Lezama Lima (La Habana, 1910-1976)* (Laurence Breysse-Chanet e Ina Salazar eds.), Editions Le Manuscrit, París, 2010, pp. 53-54.

[54] «La Comisión de Cuba en los Estados Unidos», publicado en *Hispano América*, San Francisco, California, 20 de mayo de 1917, pág. 8.

[55] Morgan volvió a Cuba en 1918, ahora como comisario del War Trade Board para investigar varios casos de fraude en la aduana cubana. Su informe hizo notar que, a pesar del generalizado sentimiento de simpatía por la causa aliada que se respiraba en la isla, las autoridades cubanas habían importado de Estados Unidos productos estratégicos como alimentos, y luego, vía España, los revendieron a Alemania y a otros países con enormes beneficios.

[56] «Cubans Ready to Take Active Part in War on Kaiser», *Pensacola Journal*, Pensacola, 25 de julio de 1918.

[57] Teniente Coronel José M. Lezama y Rodda; Capitanes Ricardo Antón y García, César Celorio y Cobo, Guillermo Santa María y Vilá, Jorge L. Silveira y Gálvez, Alfredo Roig y Alcid, Bolívar Vila y Blanco, Francisco Espinosa y Acanda; Primeros Tenientes Alfredo Suárez y Estrada, Arturo Laméréns y Laméréns, Pedro L. Díaz y Rivero, Horacio Márquez y Domínguez, Ramón Valls y Fundora, Felipe Munilla y Durán; Segundos Tenientes Mario Montoro y Saladrigas, Reinaldo Grau y Cabrera, Francisco Tabernilla y Dolz, Ricardo Adán y Silva, José M Ferro y Padrón, Luis López y Góbel, Leopoldo Cadenas y Aguilera, Pedro F. García y Fernández, José M. Heredia y Núñez, Joaquín Demestre y Xuriguer, José Acosta y Jiménez; 25 sargentos y además 1 Sargento y 1 Cabo, 2 cocineros y 11 soldados ordenanza, todos del 7mo Distrito Militar, con excepción del 1 Sargento y 1 Cabo y 3 soldados que pertenecen al 6to: se nombran en comisión del servicio para que se trasladen a Fort Barrancas, Pensacola, Fla., Estados Unidos de América, en cuyo lugar el Teniente Coronel Lezama se presentará para el servicio con todo el personal al Jefe de aquella guarnición, debiendo regresar a sus puestos tan pronto terminen esta comisión. Por orden del Secretario de la Guerra y Marina (f.) Eduardo Puyol, Jefe de Estado Mayor General. P.A. [sic]». Fondo Lezama Lima. Carpeta 98. Área de Manuscritos. BNJM. Citado por Valenciaga Díaz, *op. cit.*, pág. 44.

[58] Ms. 94-1, n. 2074, Fondo Lezama Lima, BNJM. Esta carta y las previas son citadas en Valenciaga Díaz, *op. cit.*

[59] Ms. 94-1, n. 2082. En el Fondo Lezama Lima de la Biblioteca Nacional hay también algunas postales (de 1917 y 18) con breves textos anversos en las que el padre intenta compartir con «Joseíto», también llamado Bolo o Bolín por el padre («un diminutivo de bola, porque era muy gordito y de aspecto rozagante, a pesar de sus ataques de asma», recuerda la hermana), o Cuco o Cangrejito (por la madre) varias imágenes (una vaca, unas naranjas, escenas del campamento) y orientar su formación: lo insta a portarse bien, lo felicita por ser un buen jinete; le manda muestras de la esgrima con bayoneta, o le insiste en la necesidad de que aprenda a escribir bien y rápido. En octubre se queja de que no ha recibido «ni una letra» de su hijo y lo insta a que aprenda a escribir «para que me mandes carticas». Poco después, desde el hotel San Carlos, en Pensacola, le insiste: «Quiero que sepas leer cuando yo regrese a Cuba». Y el 13 de octubre de 1918: «Estudia mucho para yo examinarte cuando llegue a esa». En 1918 el niño le responde al padre con una notita: «papaito [sic] / tengo mucha gana de verte pues me parese [sic] que ase [sic] un año que no te veo te echa la vendisión [sic] José Lezama».

[60] Ancestry.com: «Florida, Passenger lists: 1898-1963», en: www.ancestry.com (*database online*). Consultado en mayo de 2009.

[61] En esa época, los países implicados en la Gran Guerra no informaban sobre la epidemia para no desmoralizar a las tropas, de modo que las únicas noticias sobre el tema aparecían en la prensa española. La *gripe española* debe su nombre, por tanto, a la censura de tiempos de guerra, y no a su origen, ya que el primer caso se registró el 4 de marzo de 1918 en Camp Funston, un campo de entrenamiento del Ejército de Estados Unidos ubicado en Fort Riley, al suroeste de Kansas. En abril ya se había propagado por ese país, y saltado a Europa con las tropas norteamericanas.

[62] La enfermedad llegó a Cuba ese mismo otoño. Se dice que por culpa del vapor español Alfonso XII, que trasladaba a varios contagiados y atracó en La Habana el 6 de octubre de 1918. Un mes después, el virus se había propagado por toda la isla. Véase: Leidelén Esquivel Sosa y Lumey Ávalos Quintero, «La gripe española en Cuba», en *Acta Médica del Centro*, vol. 16, n. 3, julio-septiembre, 2022. http://www.revactamedicacentro.sld.cu/index.php/amc/article/view/1743/1551 (consultado en 2023).

[63] Los detalles sobre la pandemia pueden encontrarse en el libro de Alfred W. Crosby, *America's Forgotten Pandemic. The Influenza of 1918*, Cambridge University Press, 2003.

[64] Esta escena tiene una estrecha relación con otra que aparece en la novela de Carlos Loveira *Generales y doctores* (1920), como ha hecho notar el escritor Octavio Armand: un padre de origen español que muere, también de pulmonía, en Estados Unidos; un cubano que, como el Oppiano Licario de *Paradiso*, lo ayuda a escribir sus últimas voluntades; otra viuda desolada... Véase *Escribir es cubrir (Pulpo de ensayos)*, El Estilete, Caracas, 2017, pp. 248-248.

[65] «Mi hermano me hacía una anécdota que a mí me conmovía mucho: era que mi padre vino en un barco, y la familia venía en otro barco. Y desde el barco que estábamos a veces no se veía el otro, así que mi hermano se ponía en la cubierta para ver si podía divisar el féretro de mi padre que venía en la cubierta del otro barco. Que el barco nuestro fue dando la vuelta, y que él iba dando la vuelta, y él intentaba ver el féretro pero nunca lo pudo ver completo». (Entrevista de ELL con el autor).

[66] «El "Cuba" y el "Patria" llegaron hoy de Pensacola», en *Diario de la Marina*, La Habana, 30 de enero de 1919, pág. 1.

[67] «Cuban Artillery», en *The Cuba Review*, XVII (5), Nueva York, abril, 1919. «The Cuban Government had in course of training at Fort Barrancas near

Pensacola, Fla., a number of artillery officers. The epidemic of influenza there caused the death of several of these officers and sickness of others, with the result that it was deemed expedient to bring the entire number back to Cuba and for this purpose the cruisers "Cuba" and "Patria" were sent the latter part of January to Pensacola and returned with the bodies of the deceased officers and the balance of the men». Citado en Valenciaga Díaz, *op. cit.*

[68] Los recortes de prensa se conservan en Fondo Lezama Lima. Área de Manuscritos. Carpeta 94. Colección Cubana, BNJM.

[69] Citado en Valenciaga Díaz, *op. cit.*

[70] Por lo menos hasta 1926, se le realizó cada año un homenaje militar en el Cementerio de Colón con la familia y todo el cuerpo del Ejército y la Academia Militar. Véase *Diario de la Marina*, La Habana, 21 de enero de 1926.

[71] «Decreto 356. Emitido en la Gaceta Oficial de la República de Cuba el Año 18, N. 67 del viernes 21 de marzo de 1919 con El ajuste de pensión. Causante T. C del Ejército JMLR. Fallecimiento en campaña», a nombre de Rosa Eloísa Celia consignando una pensión anual de 2409 pesos y 72 centavos de acuerdo con lo dispuesto en los artículos 14 y 15 inciso C de la «Ley Orgánica del Retiro para las Fuerzas Cubanas de Mar y Tierra» a su nombre y el de sus hijos que constituía «el 50% de los haberes y asignaciones que disfrutaba el causante en la fecha de su muerte y la que será abonada a partir del día 21 de enero del año actual día siguiente al de su fallecimiento. Segundo que la parte de la pensión correspondiente a los menores Rosa María y Rosa María Andrés queda sujeta a modificación si al dar a luz Rosa María Lima y Rosado viuda de Lezama el vástago adquiere personalidad conforme a lo prevenido en los artículos 29 y 30 del Código Civil (si al dar a luz el vástago naciere y viviere 24 horas desprendido por completo del claustro materno). Tercero que la pensión correspondiente al menor José María Andrés quede extinguida el 19 de diciembre de 1932 fecha en que cumple la mayoría de edad si por otras circunstancias no queda extinguido por anterioridad». A todos estos eventos legales que tuvo que enfrentar Rosa Lima Rosado se suman las dolorosas comunicaciones también del Jefe del Estado Mayor General y Jefe del Departamento de Dirección dirigidas a la calle 29, entre A y B, Vedado, donde vivía, el 20 de marzo de 1919, señalando que en función de tal pensión debía informar al Estado Mayor General la fecha aproximada en que debía dar a luz «para que se designe un médico del Ejército que vigile el alumbramiento al objeto de modificar la pensión de retiro». Fondo Lezama Lima. Carpeta 94. Área de Manuscritos, BNJM. Citado por Valenciaga Díaz, *op. cit.*

[72] *PA(EC)*, capítulo VI, pág. 116.

[73] *PLDS*, pág. 130.

[74] Carmen Ruiz Barrionuevo, «El umbral de *Paradiso*: el capítulo primero y la poética de la narración en José Lezama Lima», *Casa de las Américas*, n. 261, oct.-dic. 2010, pág. 20.

[75] La tesis de *Character* se resume en un rigorismo voluntarista. Los hombres de excelencia genuina, en cada estación de la vida, hombres de industria, de integridad, de alto principio, de honrada honestidad de propósito, comandan el homenaje espontáneo de la humanidad. Es natural creer en tales hombres, tener confianza en ellos e imitarlos. Todo lo que es bueno en el mundo es confirmado por ellos, y sin su presencia en él, no valdría la pena vivir en el mundo. Aunque el genio siempre exige admiración, el carácter asegura el respeto. El primero es más producto del poder del cerebro, el último del poder del corazón; y a la larga es el corazón el que gobierna en la vida. Los hombres de genio se colocan ante la sociedad en la relación de su intelecto, como hombres de carácter de su conciencia; mientras los primeros son admirados, los segundos son seguidos.

[76] La idea del padre como presencia fantasmal recurrente puede ser relacionada con una frase de Lezama: «Mi padre murió fuera de Cuba. San Agustín dice que quien muere fuera de la ciudad no alcanza la resurrección». Ver Ciro Bianchi, «Recuerdos con Lezama», *Casa de las Américas*, n. 261, oct.-dic., 2010, pág. 114.

[77] Esta es una de las tesis del libro de Arnaldo Cruz-Malavé *El primitivo implorante. El «sistema poético del mundo» de José Lezama Lima*, Ámsterdam/Atlanta/Rodopi, 1994. Para Cruz-Malavé, toda la obra de Lezama gira en torno al «vacío ontológico» que constituye la muerte del padre y el subsiguiente intento por llenar o restaurar con la imagen el *logos* paterno.

[78] Ciro Bianchi, «Interrogando a Lezama Lima», *VM*, pág. 11.

[79] En su ensayo «Lo cubano en *Paradiso*» (*Coloquio internacional sobre la obra de José Lezama Lima*, vol. 2, 1984 (Prosa), pp. 31-52), Roberto González Echevarría se coloca a la sombra de Fernando Ortiz para analizar el contrapunteo lezamiano entre el azúcar del central Resolución y la familia de pinareños descendientes de ingleses, que cultivaban tabaco.

[80] *PA(EC)*, capítulo VI, pág. 111.

[81] *FM*, pág. 218.

3.
EL MUNDO PLACENTARIO (1919-1929)

La temprana muerte del teniente coronel Lezama Rodda dejó a su viuda e hijos en una lamentable zozobra económica. Luego del nacimiento de Eloísa, tuvieron que abandonar el campamento militar de Columbia e irse con todos sus bienes a la casona de Celia Rosado, en Prado 9.

La única entrada económica de Rosa Lima era la pensión del difunto, drásticamente reducida a la mitad de su sueldo en vida. En 1919, aquellos 2409 pesos anuales no bastaban para hacer una vida familiar independiente. Tampoco estaba bien visto que Rosa viviera sola: «siguiendo las tradiciones de la época, una viuda de treinta y un años, con tres hijos muy pequeños, debía regresar al que había sido su hogar antes del matrimonio».[1]

Mudarse a la mansión materna con tres niños y la fiel Baldomera fue un trago amargo para la doliente Rosa: al regresar al clan de los Lima aceptaba una posición subordinada. No sólo iba a compartir la casa con sus dos hermanos solteros, Horacio y Alberto, más libres por ser hombres, sino que también quedaba por debajo de Alicia y Matilde, sus hermanas casadas, que aunque ya no vivían allí solían visitar Prado 9 con cierto aire de superioridad.

El recurso de la viuda fue armar con sus hijos una especie de subfamilia dentro de aquel pintoresco «familión» y resignarse a ser vista con lástima, como una carga inevitable para el resto de la parentela. Los Lima, además, arrastraban desde mucho antes pleitos relacionados con herencias y traiciones: casi todo en aquella casa giraba alrededor de Don Dinero, poderoso caballero invisible, y muchas de las conversaciones estaban dominadas por intrigas pecuniarias: «Discutían con tal ardor que recobraban novedad inusitada una y otra vez las casas perdidas o mal vendidas, las acciones devaluadas, las hipotecas. En el fragor de las discusiones se oían intercaladas palabras crueles que, sin aludir directamente, todos los niños sabíamos a quiénes se referían: "ladrón con levita", "azuquita", "el jorobado", "la tuberculosa"...».[2] Aquella retórica leguleya y un poco burlona que recontaba propiedades y dineros idos envolvió a Lezama desde pequeño.

Todavía en 1919 Cuba disfrutaba de la bonanza económica asociada a la Primera Guerra Mundial y los altos precios del azúcar. La llamada «Danza de los Millones» benefició sobre todo a la burguesía azucarera, los comerciantes y los grandes colonos, pero la derrama económica fue general. «El azúcar era un nuevo diamante –resume Robert Desnos en una crónica habanera–, y todos, desde el colono y el dueño de *ingenio*, hasta el humilde cortador de caña, conocieron la ilusión de la riqueza. Me contaron que ciertos estibadores de la Habana descargaban, por aquellos tiempos, fardos de camisas de seda y sacos de joyas».[3]

Con casi 364 000 habitantes, La Habana empezaba a convertirse en una de las grandes ciudades modernas del continente, llena de tranvías, automóviles, teléfonos y cines.[4] Atraídos por el bienestar o huyendo de la Ley Seca, a la isla llegaban cada vez más emigrantes y turistas. En los numerosos locales, el *foxtrot* y el *one step* convivían con sones y bailes criollos.

La geografía de la capital también se fue modificando. En enero de 1920 Menocal inauguró el nuevo Palacio Presidencial, de estilo ecléctico, situado frente al mar. Su construcción había durado casi una década: cuando al fin fue estrenado, la Habana Vieja comenzaba a ceder su alcurnia decimonónica a otros barrios más exclusivos. El Vedado, juzgado «vacío y advenedizo» por los más tradicionalistas, se llenaba de palacetes y residencias para la mediana burguesía, así que la elite comenzó a desplazarse hacia Miramar o, como se le llamaba entonces, la «playa de Marianao». La arquitectura abandonaba el estilo colonial para incorporar otras formas y espacios acordes con los nuevos modos de vida: viviendas alejadas de la calle con jardines enrejados y sin patio central, con un *hall* que enlazaba las distintas piezas. Se incorporaban zonas para los nuevos modos de ostentación, incluidos salones decorados al estilo Luis XV o Luis XVI, así como piscinas y áreas para deportes. La alta burguesía vivía cómodamente, a la americana, pero en sus gustos y gastos presumía de europea.

El fin de la guerra creó una gran ola especulativa que en mayo de 1920 elevó el precio del azúcar por encima de los 22 centavos la libra. Esta súbita prosperidad, bautizada como «las Vacas Gordas», modificó muchos aspectos de la vida del país y amplió el disfrute de ciertos lujos, en una contagiosa euforia que favorecía el dispendio. Resultado de esa «fiebre del oro» fue la pasión de los cubanos por la ópera, convertida en el espectáculo favorito de las capas adineradas, y la subsiguiente abundancia de contratos con grandes figuras del *bel canto*, sobre todo europeos que buscaban alejarse de los escenarios bélicos.

Entre quienes llegaron a la escena cubana se cuenta el célebre tenor Enrico Caruso, que en mayo de 1920 actuó con María Barrientos en el Teatro Nacional (hoy Alicia Alonso), cobrando a 35 pesos la luneta, 50 en las actuaciones del interior de la isla y 60 en algunas reventas. Los periódicos comentaban que el tenor italiano recibía diez mil pesos por cada una de sus actuaciones, una cifra fabulosa para la época: el triple de lo que recibía por cantar en el Metropolitan Opera House de Nueva York.

Ir a esas funciones se convirtió en signo de estatus o, como escribe Alejo Carpentier, en «pretexto para toda una exhibición de vanidades, de modas, de cosas. Con un calor infernal y sin aire acondicionado, la gente venía de frac y chistera y las mujeres traían pieles de cibelina y casi largaban el pellejo». Los más famosos cantantes del mundo pasaban por La Habana y competían entre sí como caballos de carrera en un hipódromo. El público lanzaba al escenario flores, palomas, joyas y monedas de oro. En los salones se discutía si la escuela italiana era mejor que la española; si el tenor Hipólito Lázaro, casado con la hermosa cubana Juanita Almeida, superaría a Caruso, o si ese papel le correspondería al joven Miguel Fleta. Varias décadas después, una de las primeras crónicas de Lezama en el *Diario de la Marina* estará dedicada al regreso de Hipólito Lázaro a La Habana, tras un concierto en el Auditorium donde, según el cronista, «su voz se bate con los años como Hércules con la Hidra».

El empresario Adolfo Bracale fue el encargado de poner en los escenarios cubanos «lo mejor que hubiese en el mundo», incluyendo a Lázaro, que cantó en 1919 en el Gran Teatro Santos y Artigas de Sagua, y a Caruso, que con 47 años ya empezaba a perder sus extraordinarias cualidades vocales. Aun así, el tenor jamás facturaría tanto en toda su carrera: sus cien mil pesos cubanos por diez funciones establecieron un récord hasta la década del setenta.

Aquellas funciones resultaron memorables. Caruso cantó en La Habana, Cienfuegos y Santa Clara. Fue recibido por el presidente Menocal y su familia, que lo invitaron a un almuerzo en la finca El Chico.

Empresarios y políticos se disputaban al tenor para agasajarlo. Mientras estaba en la isla, unos ladrones robaron las joyas de su esposa en Nueva York, y las noticias del robo, incluyendo los precios de las joyas sustraídas (que por suerte estaban aseguradas) inundaron la prensa cubana. Pero lo más recordado de su visita fue el incidente de la bomba que explotó durante una de las funciones de *Aída*, programada por la Asociación de Turismo, la tarde del 13 de junio de 1920.

Así lo cuenta el propio Caruso a su atribulada esposa, en una carta: «Me hallaba en el camarín colocándome el manto cuando me sentí arrojado al suelo por la fuerza del estampido. Vi luego a la gente correr por el corredor de los camerinos, con una expresión de terror en los rostros. Alguien me dijo: "Váyase cuanto antes, porque habrá más explosiones". Pero yo me mantuve calmoso y corrí en dirección del escenario, lleno de escombros provenientes de los decorados».

El suceso dejó seis heridos de gravedad, cientos de lesionados y daños en el teatro. También dio origen a pintorescas anécdotas sobre la manera en que el cantante había abandonado el lugar, con menos calma de la que le presumía a su esposa. Se rumoraba que aquel obeso Radamés había salido corriendo en medio de la desbandada, envuelto en su vistosa túnica color libélula; que lo había recogido enseguida el coche de una amiga, o que fue Bracale, preocupado por la integridad de su invitado, quien consiguió rescatarlo. Otros aseguraron que un policía, desconocedor de los atavíos de la ópera, al ver a Caruso «disfrazado de mujer» fuera de la temporada de carnavales, lo detuvo por presunta alteración del orden público.

Nunca quedó claro si el petardo fue una venganza por los altos precios de las funciones, o si los anarquistas locales, que anunciaban huelgas y protestas en esos días, decidieron aprovechar la fama del tenor para sus reivindicaciones. Años después se supo que el artefacto lo había colocado un joven vendedor de periódicos pagado por unos desconocidos. Se llamaba Luis Pérez Espinós, y sería ministro de Educación durante el gobierno de Grau, e incluso aspiraría a la presidencia del país en 1948.

En su novela *El recurso del método*, Carpentier recrea la explosión y describe el ambiente de aquellos años 20 en términos operáticos, como «una enorme feria de birlibirloque, donde todo era trastrueque de valores, inversión de nociones, mutación de apariencias, desvío de caminos, disfraz y metamorfosis –espejismo perpetuo, transformaciones sorpresivas, cosas puestas patas arriba, por vertiginosa operación de un Dinero que cambiaba de cara, peso y valor, de la noche a la mañana, sin salir del bolsillo –valga decir: de la caja de caudales– de su dueño».

Poco después de las famosas funciones de Caruso, que murió al año siguiente de una pleuresía, la economía cubana cayó en picado, como si aquel petardo del Teatro Nacional hubiera destruido también las ilusiones asociadas a un modo de vida.

Al cesar la guerra, el transporte se normalizó y la producción mundial de azúcar, incentivada por los altos precios, creció tan vertiginosamente que los mercados se saturaron y el precio bajó de manera brusca. En septiembre estaba a nueve centavos, en octubre a seis y en diciembre llegó a tres. La crisis económica era una realidad; las «Vacas Gordas» cedieron paso a las «Vacas Flacas».

El descenso del precio del azúcar provocó una reacción en cadena en todos los sectores de la economía, sobre todo en la actividad bancaria: los ahorradores acudían a retirar sus depósitos, los bancos exigían el pago de los préstamos y los deudores no podían liquidar sus pasivos. El 6 de octubre de 1920 se produjo un pánico generalizado en el sector y el 10 de ese mismo mes el gobierno, para evitar el caos, decretó una moratoria bancaria, prorrogada hasta el 31 de enero de 1921.

Las autoridades cubanas acudieron, una vez más, a los estadounidenses: el 6 de enero llegó a la isla como enviado especial el general Enoch Crowder, acompañado de Albert Rathbone, exsubsecretario del Tesoro, que asumió funciones de secretario de Hacienda por dos semanas, al cabo de las cuales aprobó un crédito de 50 millones, redactó un memorándum con sus recomendaciones y partió de regreso a Nueva York. Crowder, famoso por su insaciable consumo de martinis secos, acabó siendo el embajador en La Habana entre 1923 y 1927.

El resultado de esta auditoría fueron las llamadas «leyes Torriente», o sea, la Ley de Liquidación de la Moratoria del 27 de enero de 1921, y la creación, días después, de la Comisión de Legislación Bancaria y la Comisión Temporal de Liquidación Bancaria. Tras esas medidas vino la quiebra en cadena del mes de marzo y, poco después, el cierre de la mayoría de los bancos cubano-españoles.

En mayo de 1921, el liberal Alfredo Zayas y Alfonso se convirtió en presidente de un país convulso. Donde antes la gente se jugaba fortunas en un día, ahora se multiplicaban los insolventes. La frustración general se expresó en el aumento del índice de suicidios, que en 1922 llegó a ser el más alto del mundo, con 400 por millón de habitantes, así como en el incremento progresivo de la delincuencia, con una tasa de homicidios de 32,6 por cien mil habitantes en 1920.

La crisis de 1920-21 marcó profundamente a toda la sociedad cubana, incluida la familia de Lezama Lima. El recuerdo de la antigua grandeza se convirtió en lamento por todo lo perdido. Después de la muerte de Andrés Lima, en febrero de 1903, y de los prolongados litigios que la siguieron, la viuda Celia Rosado había tenido que entregar las dos residencias habaneras de Andrés a su suegra, Mercedes Padilla. Con la crisis de 1921, la vieja Padilla se vio obligada a vender la propiedad de la calle Consulado.[5] A su vez, la casona de Prado quedó gravada con una considerable hipoteca, pero Celia se negó a hacer visible su situación de viuda venida a menos. Formaba parte de las buenas costumbres disimular el declive económico ante los extraños, aunque ello significara entrar en la espiral que acabó por arruinarla.

Las discusiones por dinero se volvieron cada vez más frecuentes entre los miembros de la familia. Aunque la pensión de Rosa cubría los gastos básicos de la casa, muchas veces tenía que pedir prestado a sus hermanas. En el capítulo VII de *Paradiso*, Lezama describe los entresijos de la vida en Prado 9 durante esos años, incluidos los problemas económicos. Ahí aparece el niño Cemí, disfrazado de Buffalo Bill, con su canana y una pequeña carabina que, según cuenta Eloísa, el niño Lezama usaba para asustar a sus parientes. Vemos también a una llorosa Rialta que toma sedantes para aliviar su tristeza, y al doctor Demetrio –trasunto del odontólogo Augusto Rosado Aybar, tío abuelo del escritor–, anunciando el inminente arribo de Leticia Olaya y el doctor Santurce. La tía y su insoportable esposo, inspirado en el doctor Alberto Santos Álvarez, esposo de Alicia Lima,[6] llegan a la casona de Prado con sus hijos, un chofer y numerosos baúles que incluyen una gran colección de sombreros femeninos. Ostentan las maneras típicas de los nuevos ricos: la vida debe girar a su alrededor, y todo les parecerá un poco insuficiente. El resto de la familia, sin embargo, los tolera y encubre sus tics pretenciosos.

Viene entonces el episodio de la humillación de Rialta por Leticia, que delante de su criada española le reprocha una deuda de cuatro meses («pues no recibió su pensión y tuve que mandarle una cantidad crecida para que pudiera mantener la casa»). Sabemos, gracias a los recuerdos de Eloísa Lezama, que hubo reproches similares a Rosa Lima por parte de sus parientes. A menudo, las tiranteces se convertían en discusiones donde irrumpía el niño Lezama con la tercerola que le había regalado su padre: «O se callan, o disparo». La pequeña Eloísa también se escondía en los rincones de la casa y escuchaba sin querer conversaciones de adultos. «Muchas veces –cuenta– me pareció oír que nosotros no pagábamos alquiler, pero nunca se lo dije ni a Mamá ni a mis hermanos para que no se preocuparan».[7]

La autoridad suprema de Prado 9 era la matriarca Celia, encargada de arbitrar aquellas pugnas. En la novela es también doña Augusta quien le reprocha a Leticia la vergüenza que ha hecho pasar a su hermana: «Ya sé que traes la guerra a esta casa, el año que te sumerges en la provincia tenemos que pagarlo todos juntos soportando tus histerismos. Tú sabes que Rialta ha sufrido mucho por la muerte de su esposo, y no debes hacerle esa grosería para lucirte delante de esa gallega [la criada Concha]».

En la no menos convulsa trama de la vida real, Eloísa describe las llegadas de su tía Alicia para pasar los veranos en La Habana como un momento de trastorno familiar –viajaba con sus criados y había que dedicarles el piso superior de la casa– pero también como ocasión para ciertos lujos: era la tía rica que alquilaba un automóvil con chofer para pasear después de comer o llevarlos a la playa de Marianao:

> Mi madre y ella se querían mucho, a pesar de las incomodidades que conllevaba su estancia en la casa. Según Mamá, era gente con muchas necesidades en la cotidianidad. Traían una criada y unas altas bacinillas para los niños a las que llamaban *donpedros*. Los niños eran estreñidos y en algunas ocasiones, mientras los adultos comían, los niños permanecían en el comedor, sentados en sus *donpedros*. Jocelyn se irritaba con el

espectáculo y a mí me daba risa. La criada decía que los niños disfrutaban «buscando ganas».

Otra razón por la que Eloísa añoraba las visitas de su tía Alicia era que con ella llegaba su primo Andresito, dos o tres años mayor, que fue su primer amor y compañero de juegos.[8] «Nos unimos porque cuando empezaban las discusiones familiares, poníamos una vieja vitrola a todo volumen para que los vecinos no se enteraran de los enredos domésticos».

Como vemos, aquel mundo placentario de Lezama no era demasiado plácido. Matilde Lima, la otra hermana de Rosa, se había casado el 24 de agosto de 1916 con el teniente del Ejército Aurelio Hevia Prieto, sobrino del entonces secretario de Gobernación y miembro de una familia de abolengo. Luego de la boda, que fue noticia en la crónica social de la época,[9] la pareja se mudó a la vecina villa de Guanabacoa. «El teniente –cuenta Eloísa– tenía muy buenas relaciones con las industrias aledañas a Guanabacoa y eso le producía algunos negocitos. Vivían muy bien, y mis primas tenían más juguetes que nosotros, que éramos los huérfanos de la familia. Abuela (Augusta en *Paradiso*) adoraba pasarse días en Guanabacoa, y algunas veces yo me iba con ella».

Aunque la casa de Matilde Lima en Guanabacoa (calle Martí 38) acogía algunas cenas de Nochebuena y otras reuniones familiares, allí Rosa y sus hijos nunca dejaron de sentirse un poco incómodos, como si fueran visitantes de otra clase. «Me gustaba ir a Guanabacoa porque rompía la monotonía de una niña cuando no existía la televisión; pero percibía que no éramos allí los predilectos y que se hacían comentarios negativos acerca de eso. Nunca se lo dije a Mamá, pero sí a Jocelyn que, desde entonces, cesó nuestras frecuentes visitas».

Incómodo entre aquellos bretes e intrigas familiares, desde niño Lezama prefería encerrarse en su cuarto a leer en vez de atender visitas o participar del revuelo femenino. Atrancaba su puerta y se ponía a memorizar largos discursos y textos de José Martí ante un espejo, aunque a veces, según su hermana, cambiaba alguna palabra o enmendaba las frases. Tenía varias manías, como ponerse un chaleco de su padre para estudiar porque creía que le daba suerte.[10] Aquellos juegos con el lenguaje y la memoria formaban parte de un ritual familiar, desplegado en largas comidas donde los niños podían escuchar las conversaciones de los adultos, salpicadas con los curiosos refranes de la abuela Celia («la mierda del huérfano huele más» era uno de ellos). Por eso Eloísa describe las largas sobremesas de Prado 9 como un tejido de complicidades y sobreentendidos que los envolvió desde muy pequeños:

> Las mujeres de aquella familia invertían gran parte del tiempo en incesantes diálogos que se interrumpían para proseguir la cotidianidad y se volvían a hilar con una técnica perfeccionada. Esos diálogos dieron a los niños de la familia una cultura insuperable. Contrariamente al estilo que después se implantó, los niños comían con los adultos. Aquellas sobremesas eran esperadas como un gran espectáculo. Allí se hablaba de herencias, de poemas, de histerias, de sexo, de sueños, de comidas, de política y se resolvían las anécdotas familiares de antaño. Y aquellas conversaciones volvían a repetirse cada cierto tiempo con frescura e interés inusitados. Y los niños oíamos con asombro aquellos embrollos que, en silencio, manejábamos casi igual que los adultos. Cuando se iba a tocar algún tema que hiriera nuestra inocencia se hacían señas tan poco discretas que sólo servían para alertarnos. Y era casi siempre la Leticia de *Paradiso* la que, una vez convencida de que habíamos entendido, subrayaba «que era mejor que supiéramos de todo». Y el doctor Santurce insistía en que «los niños tendrán derecho a hablar el día que las gallinas puedan orinar».[11]

El niño Lezama había pasado de la disciplina del campamento militar a un «hogar surrealista y barroco» donde las piezas del ajedrez familiar solían enzarzarse en ruidosas batallas o discusiones retóricas. Ese era el mundo puertas adentro, y es reveladora la manera en que el Lezama novelista se regodea en la descripción de las puertas de Prado 9: dobles, enrejadas, traseras... Orbe de secretos e interioridades, no accesible a los extraños: cualquier altercado se detenía con el simple anuncio de un visitante. «Los Lima –recuerda Eloísa– siempre "guardaban las formas". Era impresionante ver cómo en medio de aquellas bataholas si llegaba una visita, el clima se tornaba sereno, armónico, plácido. Era como si pudieran cambiar de un idiolecto a otro insensiblemente».[12]

Sólo uno de los habitantes de aquella casa no parecía demasiado interesado en guardar las formas e iba siempre a su aire, creando un ambiente de festiva disidencia. Flautista de Hamelín para los niños, el tío Alberto Lima se convertirá en una de las influencias decisivas en la vida de Lezama. A su gracia criolla se le rinde homenaje en *Paradiso*, y todavía después de publicada la novela, el escritor celebra «haber podido conocer a ese simpático personaje que vive su niñez en la emigración revolucionaria y que después, bajo su capa de tío endemoniado, es el miembro más díscolo de nuestra familia».[13]

NECESITADO de un referente paterno, que la depresiva melancolía de su tío Horacio no era capaz de proporcionar, el niño Lezama convirtió a su otro tío en un peculiar modelo durante buena parte de su infancia y adolescencia. Así lo describe en una entrevista:

> En la familia cubana es muy frecuente la presencia de un tío un poco bala perdida, el tío terrible, el tío solterón que se emborracha, que en las familias más graves es como una excepción, un tarambana. Creo que, entre nosotros, donde hay una especie de mundo hispánico, existe más la tiranía de los tíos. Esos tíos eran, en el fondo, muy queridos. Porque eran más queridos por las madres, por las hermanas y, a pesar de su demonismo, se iban convirtiendo en seres que, a través del recuerdo, eran protectores.[14]

«Estoy en la casa de mi abuela, tengo alrededor de quince años, y aparece en mi vida, en una dimensión profunda, mi tío Alberto», cuenta en otra charla. «Yo creo que de lo que menos sabía –o no sabía nada– era de literatura, pero lo recuerdo como la primera persona cuya conversación pudo impresionarme. Atesoraba un estilo de conversación que siempre he procurado esté en la raíz de mis relatos».

Sin detallar su comportamiento errático, que arrastraba desde su juventud y fue motivo de numerosos reproches familiares, en *Paradiso* Lezama eleva al tío materno a la estatura de un augur: será el encargado de comunicar al niño Cemí los recursos de la maravilla verbal, «el idioma hecho naturaleza». Sin embargo, como asegura el escritor, el verdadero Alberto Lima no se interesaba por la literatura ni tenía muchas lecturas. Sus dones eran la memoria y la gracia del conversador criollo, una retórica y un estilo de la imaginación. Tenía también algo de personaje de ópera, de «tremendazo», el seductor de apuesta figura que vive siempre como en un escenario:

> Las visitas del tío Alberto eran para mí como una fiesta. Recuerdo que mandaba a buscar con la sirvienta seis o siete cajetillas de cigarros... era muy nervioso, ardillesco de gestos y un fumador incesante. Yo pensaba que los fósforos debían durarle mucho tiempo pues empatando uno con otro se fumaba diez o doce cigarros seguidos. Era fascinante su simpatía criolla y su gracia estaba en el conocimiento que tenía de la emigración revolucionaria. Era desde luego alto, esbelto, una magnífica figura varonil. Llegaba un día, por ejemplo, espiritado con la música operática –podía ser Verdi o Puccini– y se ponía a cantar una ópera manejando todos los registros, todas las voces en comiquísima parodia. Uno no sabía si oírlo en serio o disimular la sonrisa, pero creo que como era socarrón, le gustaba despertar el bozo de sonrisas incipientes. Si le daba por hablar de ropa y se refería en particular a los botones recordaba con precisión cuáles eran las mejores marcas, su fabricación, su procedencia. Era muy apegado a la elegancia sartorial. (*AH*, pág. 79)

Otros datos disponibles sobre ese personaje excepcional al que Cemí convierte, gracias a una carta y una partida de ajedrez, en «el inicio de la poesía» apuntan a la cercanía entre el modelo y su sosias literario:

> Vemos cómo Cemí siente el inicio de la poesía en su tío Alberto Olalla, que vive en extremo peligro, y al cual ve morir en un accidente en los comienzos de su adolescencia. Lo ve jugar al ajedrez. Cada vez que realiza una jugada valiosa, alza la pieza del tablero, la desenrosca y lee en ese papelillo, sentencias del refranero, de indudable belleza. Cuando la partida termina, Cemí va ansiosamente a recoger los papelillos donde estaban escritas esas sentencias, encuentra el papel sin escritura, había sido una invención de su tío. Siente por primera vez en la carta que su tío Alberto le escribe a su tío abuelo Demetrio, la alegría verbal, la palabra viva, un acento muy cubano de burla tierna. Firma como los antiguos romanos bautizaron al poeta, *rex puer*, rey niño.[15]

Si ese juego aparece primero descrito como escena novelesca, en una entrevista posterior Lezama lo narra como anécdota biográfica:

> Yo he señalado como una de las primeras visiones de imagen de poesía que tuve cuando vi jugar a mi tío Alberto al ajedrez. Entonces, iba abriendo las piezas y encontraba adentro unos papelitos y leía en ellos aforismos, sentencias, frases de la Edad Media. En cuanto terminó la partida y mi tío se fue, yo fui afanosamente a buscar los papeles para ver lo que tenían escrito dentro. Pero estaban vacíos, no tenían nada en su interior.[16]

Tanto en la novela como en la vida real, el tío Alberto es alguien que prefiere «vivir peligrosamente». Ya en el capítulo III de *Paradiso* aparece dedicado a curiosear con unos anteojos las experiencias eróticas de la vecindad. Descubierto, su padre lo expulsa de Jacksonville a La Habana. Después lo vemos amigado con José Eugenio Cemí –en efecto, fue muy cercano al padre de Lezama, un asunto que Eloísa explica como atracción entre dos polos antitéticos, aunque complementarios– y castigado en el Colegio Mimó con un encierro en las duchas. Se escapa y acude a un tiovivo, un cine y un bar. Oppiano Licario, que aparece por primera vez en la novela sin identificarse, intenta disuadirlo para que abandone el tugurio donde cuatro pervertidos le han preparado una celada. Alberto obedece, regresa al tiovivo y conoce a una chica con la que se acuesta. Es la primera noche que pasa fuera de casa y su iniciación sexual, desviada del «peligro» homosexual hacia los placeres «normales», ha sido propiciada por Licario.

También es Alberto el favorecedor de coincidencias definitivas, el lazo entre ambas familias: será él quien invite a José Eugenio al baile donde este conocerá a Rialta, su futura esposa. Quizás por eso, y por su indudable poder de seducción, se le disculpan todos sus vicios. De una u otra manera, tanto doña Augusta como sus hermanas, cautivadas por su atractivo, lo justifican siempre:

> Alberto Olaya respondía a los imanes del demonismo familiar más cubano. Lo rodeaba el acatamiento por anticipado, el asentimiento regalado. Toda la familia se colgaba a veces de un solo punto: intuir lo

> agradable para Alberto. Para la dinastía familiar era más que suficiente. Se pensaría que la familia vigilaba y cuidaba a esa pequeña gata del diablo, como contrapeso a un desarrollarse clásico, robusto, de sonriente buen sentido, como aliada del río de lo temporal en el que flotaba esa arca, con sus alianzas enlazadas por las raíces. Si no fuese por muy breves excepciones, el tío Alberto formaría parte inasible e invisible de ese familiar tejido pulimentado, como para recibir la caricia de las sucesiones.

Pero el lado díscolo y demoníaco del consentido personaje siempre reaparece. En la novela, un Alberto de casi 40 años tiene la costumbre de pasar por la casa de Prado a buscar dinero para sus juergas. Llega bebido, forma alboroto en la calle, conquista a los vecinos con su charla. La propia doña Augusta acude a enfrentarlo: «Te pasas meses sin venir a ver a tu familia, y cuando reapareces es para pedir dinero, te lo gastas en el *Jai-alai*, y cuando el granero está vacío, vuelves para llenarlo de nuevo, estás otra vez cuatro o cinco meses sin venir por aquí, y a pedir otra vez. Nunca has traído un centavo a la casa y ahora que Rialta vuelve a vivir con nosotros, después de la muerte del Coronel, ayudándonos a levantar la casa, que tú nada más que hiciste dañar y empobrecer, vienes a mortificarnos». Sin embargo, tras los reproches le entrega a Alberto los billetes que ha venido a buscar. Le teme, pues Lezama también lo muestra como alguien propenso a violentos arrebatos, capaz de romper objetos de valor –una polvera de Sèvres o un cenicero de cristal francés– si su madre se niega a darle el dinero que tiene colocado en acciones de la Western Union.[17]

El verdadero tío Alberto no parece haber sido muy diferente de esa especie de *trickster* que describe la novela: burlón, derrochador, colérico, mimado y seductor. «Atormentó a su madre con sus francachelas», escribe Eloísa. «Desquiciado», lo define su sobrino bisnieto, Ernesto Bustillo. Y una de las primas de Lezama recuerda: «El hermano de Rosa tomaba mucho. Había veces que acababa en el precinto, tal es que una herencia que tenía Alicia la cogió y, sin consultarle nada a tía Rosa, se la dio toda al hermano, ese tarambana. Bueno, tía Rosa se puso muy grave y decía "debían haberme consultado, porque ellas tienen a sus esposos pero yo soy viuda"».

Se puede seguir, también, la pista de sus escándalos en la crónica de sucesos: en marzo de 1908 Alberto Lima denuncia a la policía un robo en Prado 9 donde habrían desaparecido pertenencias de su hermana Rosa: una maleta de viaje de 20 a 25 centenes, una cadena de oro que valora en 40 centenes, y un reloj de pared valorado en 10 pesos plata. En agosto de 1909 declara que, mientras jugaba al billar en el café El Pasaje de la Avenida del Golfo, le habían robado un par de yugos de oro. En 1911 es absuelto de una causa por estafa. En agosto de 1926, lo multan por faltas a la policía y escándalo por embriaguez mientras discutía con otra persona en la esquina de Neptuno y Consulado.[18]

Bebedor, jugador, rompecorazones (Eloísa menciona sus numerosas *queridas*, y en la novela se cuenta que una de las hermanas del Coronel fue víctima de su indiferencia), presencia habitual en bares, billares y casinos, este demonio familiar adopta una apariencia de fantasma nocturno, rastreable por la perpetua brasa de su cigarrillo. Es el trasnochador malicioso de una Habana que empezaba a dividirse entre el mundo diurno y los placeres de la noche. Octavio Armand explica bien esa cartografía habanera de comienzos de la República, donde se superponen los dos mapas, el solar y el noctámbulo, descritos por novelistas como Carrión, Castellanos y Loveira: «Zona de confusa convergencia, un provinciano imponía a medias –hasta las 12 de la noche– el ensueño de la *polis* griega, y otro provinciano, con la comezón de lo circunferente, retozaba en el bullicio, las luces, el desparpajo que nacía a medianoche, esa cubanísima ciudad que, como postalita de neón o copia borrosa, se parecía, se quería parecer, a Las Vegas o Nueva York. La Habana A.M. y La Habana estrictamente P.M.».[19]

En *Paradiso*, el tío Alberto es el encargado de mostrar la ambivalencia de la ciudad moderna: participa de los rituales matutinos de una familia clásica, conservadora, que se trancaba a las once en la vieja casona de Prado, pero también de las tentaciones y peligros nocturnos que acabarán costándole la vida.

Por pudor o conveniencia narrativa, la novela cambiará las circunstancias del triste final de Alberto Lima a mediados de los años 30. Luego de un escándalo que derivó en reyerta de bar, el tío fue llevado una noche a prisión. Una vez allí «no fue absuelto, sino encarcelado y a la mañana siguiente amaneció ahorcado en el calabozo; se dieron dos versiones: una, que se había ahorcado por vergüenza; otra, que lo habían matado por difamar al gobierno».[20]

La mayoría de los recuerdos que Lezama conserva de su tío son, por supuesto, del mundo diurno: juegos, conversaciones, tardes en el portal. «Cuando tenía examen señalado resultaba para mí un doble castigo saber que el tío Alberto se encontraba conversando con mi abuela y mi madre en el portal de nuestra casa de Prado, y yo, metido en mi cuarto estudiando la epopeya, la química inorgánica o la clasificación de Linneo, no podía participar de su pequeña fiesta, de su hablar incesante, del chisporroteo de su cigarro». Pero el escritor también usa la novela para revelar el otro lado del personaje: ese caprichoso rey niño que le descubre las virtudes de la imaginación guarda una faz diabólica, muy alejada del equilibrado mundo de su padre, para el que no podrá ser sustituto. En aquel orbe familiar, Alberto quedará como una especie de satélite; su vida despreocupada y disoluta lo acerca a los adolescentes y lo aleja de los códigos adultos. Abrupto, imprevisible, reidor, representa el exceso y los placeres, no sólo de la imaginación. En *Paradiso* se le define como «la oveja descarriada del rebaño a la que, sin embargo, se la protege y se la cuida intuyendo tal vez la infinita debilidad que la constituye».[21]

Rodeado por la aureola de sus intempestivas idas y venidas, el tío Alberto le transmite a Cemí-Lezama las virtudes de la risa y lo festivo, como si arrojara un cabo salvador al varón de la casa para rescatarlo de la pesadumbre causada por la ausencia del padre. Ese demonio o tarambana familiar tiene un cometido importante en la educación de nuestro Wilhelm Meister habanero, cuya constitución psicológica parece dictada «por la constante oscilación entre esas dos figuras polares: la sensatez y la risa, la responsabilidad y la fiesta. Entre las dos, la presencia de Rialta, la madre, será la esencial pues no permitirá que la imagen del padre se desvanezca nunca en la incipiente memoria del chico, que termine devorado por el torbellino de júbilos y placeres que ese travieso demonio familiar escenifica día a día, como un anhelo impostergable, en torno a él».[22]

«Hombre a quien la broma cubana acompañó siempre, tenía que morir en broma», dice Eloísa al evocar el final de Alberto en *Paradiso*, víctima de un accidente automovilístico tras salir del café Vista Alegre, mientras va con un guitarrero camino de las Fritas de Marianao, que ya a mediados de los 20 eran la sede de los noctámbulos habaneros, el lugar aún abierto cuando todo lo demás había cerrado.[23] Mientras el auto en que viaja Alberto choca con un tren, en la casa Rialta, ajena a lo sucedido, recibe con alegría el silbato matinal del cartero que trae el cheque de su pensión.

DESPUÉS de la mudanza a Prado 9, la familia decidió que el niño Joseíto, que hasta entonces sólo había pasado breves temporadas en colegios estadounidenses y cuyo nivel escolar era bastante bajo,[24] se matriculase en la misma escuela privada a la que habían asistido su padre y sus tíos maternos: el Colegio San Francisco de Paula, más conocido como Colegio Mimó por el nombre de su fundador, el catalán Claudio Mimó y Caba (1843-1929).

En el Mimó, situado en Concordia 18 y dirigido entonces por Pablo, hijo de don Claudio, Lezama comienza su primaria elemental en octubre de 1920. Por la vocación y el talento matemático de su fundador, se trataba de un colegio con alto nivel en Ciencias. La otra gran pasión de Claudio Mimó era la independencia de su Cataluña natal: fue uno de los fundadores del Centro Catalán de La Habana, luego su presidente y, ya muy enfermo, compartió en 1928 con Francesc Macià la presidencia de la Asamblea Constituyente del Separatismo Catalán en La Habana. Como otros catalanes asentados en Cuba, Mimó simpatizaba con las ideas separatistas que habían alentado la independencia: Cataluña, pensaba, debía tomar el mismo camino rebelde que la isla. Su hijo, Pablo Mimó y Jacas, siguió sus pasos y presidió varias veces el centro catalán más antiguo del que tengamos noticia en el Nuevo Mundo: la Sociedad de Beneficencia de los Naturales de Cataluña.[25]

En los capítulos IV y V de *Paradiso*, Lezama junta sus propios recuerdos y diversos testimonios familiares para armar la historia escolar del coronel José Eugenio Cemí, que había coincidido en el Mimó con su tío materno. Así, don Claudio se transforma en el severo Jordi Cuevarolliot, que lanza trozos de pan a los alumnos entretenidos y encierra a Alberto Olaya en los baños del colegio por cantar en clase unos versos de Browning. Muchos de los sucesos y personajes que aparecen en la novela son las experiencias escolares del propio novelista, como han advertido otros condiscípulos. En ese colegio masculino y laico los alumnos llevaban una especie de vida de cuartel, donde las desnudeces musculosas alternaban con los típicos simulacros jocundamente obscenos de los hombres privados de mujeres.

Tras asistir, décadas después, a una reunión de exalumnos del Mimó, Lezama apunta en sus diarios que los dos castigos mayores del colegio eran «quedarse hasta las 8 y media y ser encerrado en un baño». También comenta sus recuerdos del «paideuma de la niñez» en los siguientes términos: «Fui un estudiante temporalmente clásico, estuve en el Colegio 8 años. Pensemos en aquellos que han estado en varios colegios, su anarquía mental y su anarquía en la reminiscencia».

Esa continuidad, el haber pasado por el mismo colegio de su padre y cumplir allí todo un ciclo de vida, le daría cierta ventaja a la hora de novelar, de ordenar «los recuerdos que se presentan por su cuenta en forma de rumor en el subconsciente». Es como si el padre siguiera engendrando por la memoria después de muerto, un tópico lezamiano. Se nota también en esos apuntes la satisfacción del alumno de colegio ilustre, que celebra «la instrucción liberal, con un respaldo de catolicismo», y se enorgullece de pertenecer a una antigua cofradía de su ciudad: «Habanero de muchas generaciones me gustaba visitar con frecuencia el sitio donde había estudiado, ya no está allí. Pero reaparece en el Vedado, y los hijos de los hijos del viejo catalán Dn. Claudio [continúan] su labor».

En efecto, en los años 40 don Pablo trasladó el Mimó de su emplazamiento original en La Habana Vieja a la calle I número 301, en el Vedado. Pero los recuerdos de Lezama son del edificio decimonónico, que ocupaba toda una manzana entre las calles Galiano y Águila, el de «los dos grandes patios iluminados, con un recreo lleno de voces y con un crepúsculo suave y profundo. Y el refectorio, agrandado aún más por la presencia de Don Pablo, presidiendo el almuerzo o dictando traviesos ejercicios de ortografía, entre burlas y donosuras. Y el día de la muerte de Dn. Claudio, donde cuatro generaciones de cubanos se entrelazaron alrededor de aquel que había sabido unir a Cataluña libre con Cuba libre».

¿Quiénes fueron los condiscípulos y profesores de Lezama en el Colegio Mimó?

El periodista y cronista Eduardo Robreño, que coincidió con él a partir de segundo grado, recuerda entre los primeros a José Sergio

Velázquez, que seguirá con ambos hasta la Facultad de Derecho de la Universidad.

> En la primaria, José Sergio Velázquez, él y yo ocupábamos indistintamente los primeros puestos. No fue Lezama joven de perder asignaturas ni portarse mal en el aula. Desde aquella etapa se le vio la inclinación a las letras, y en Literatura Preceptiva e Historia de la Literatura Española era, sin duda alguna, el mejor de todos. No se contentaba con escuchar con atención las clases de Fernando Sirgo, el profesor de esas asignaturas, sino que se afanaba por buscar y leer las obras de Lope de Vega, Calderón, Garcilaso, Tirso de Molina, Quevedo y, sobre todo, Góngora, que tanta huella dejó en él.[26]

Otro de los compañeros de Lezama en aquella escuela de bombachos y medias oscuras fue Aurelio Hernández Carnostich, que se convertirá en su primer doctor de cabecera y acabará casado con Rafaela Rodríguez, hermana del pintor Mariano.

Entre los profesores, Robreño menciona a José Antonio Rodríguez García, de Gramática; el escritor y periodista Juan José Remos y Rubio, de Literatura, y «un hombre culto, aunque no de carácter afable», Francisco Laguado Jayme, periodista venezolano que había huido de la dictadura de su primo Juan Vicente Gómez y tenía relación con Mariátegui, Mella y otros universitarios comunistas. Por él sabrá el adolescente Lezama del movimiento de reforma universitaria que se extendía por América Latina.[27] Antes de eso, lo que llamaba su atención era el fuerte acento de Laguado, nacido en San Antonio del Táchira, en la región andina de Venezuela. El maestro hablaba del descubrimiento de América, de Colón y sus tres carabelas, de los primeros pobladores indígenas con los que se encontró. El niño, que lo seguía con atención, quedó hechizado por el *cantao* gocho y sus modismos. Cuando dio clases a Lezama en segundo grado, Laguado llevaba apenas unos meses en la isla, aunque enseguida empezó a publicar incendiarios artículos de prensa que alcanzarían difusión continental. Por ellos, acabaría asesinado poco después.

Al terminar la primaria, el director del Mimó regalaba a los alumnos con buenas calificaciones algún libro especial, que era también un guiño a las capacidades demostradas en el colegio. A Lezama le regaló una *Historia de España*. Años antes, a Alejo Carpentier, también alumno del centro, le había tocado un volumen de la colección Biblioteca Ilustrada de Editorial Calleja: *Historia de las sociedades humanas*.

La escuela primaria fue también el periodo de las primeras lecturas, compartidas con ratos de patinaje en el Prado o eventuales juegos de pelota, el deporte nacional. En uno de esos juegos de barrio, cuenta Eloísa, hubo una riña, y su hermano acabó con una cuchillada en el brazo: «Le quedó una fea cicatriz que no nos dejaba olvidar la escena de su entrada en el zaguán de la casa, con el brazo y la ropa embarrados de sangre».

Los frecuentes ataques de asma derrotan al deportista, que con el tiempo preferirá quedarse en casa a leer o dedicarse al ajedrez, por entonces de moda gracias a José Raúl Capablanca, gloria nacional y campeón del mundo entre 1921 y 1927. Lezama mantuvo la costumbre de jugar al ajedrez, muchas veces con sus amigos de Orígenes, y escribió ocasionalmente sobre el tema.

Existen algunos datos sobre las lecturas iniciales del futuro escritor, su placenta literaria. Con apenas nueve años, su madre le regala el *Quijote*, en la edición ilustrada de Ramón Sopena, de 1916. El libro, que se conserva en la Biblioteca Nacional de La Habana, lleva en las primeras páginas una dedicatoria: «José Lezama, 25-8-1920, regalo de su madre a la edad de 9 años, recuerdo de mi tío Alberto Lima». Es posible que el ejemplar haya sido antes del tío materno, o un regalo conjunto, pues también él estampó su firma en el libro.

De casi no saber leer en 1918 a leer el *Quijote* en 1920: parece un paso de gigante –o un mito familiar–. Sobre el regalo, el propio Lezama apuntará más tarde: «Yo lo leía con dificultad. Mi juventud parece estar representada por ese libro prodigioso porque forma parte de lo que me ha hecho insistir, de lo que me ha hecho volver, de lo que he sintetizado en aquella sentencia: "Sólo lo difícil es estimulante"».[28]

La edición de Sopena, ilustrada con 50 grabados, debió ayudar al niño a familiarizarse con la obra, espigada en esa primera infancia. Sin duda, el estilo cervantino fue una experiencia fundamental para su futura visión poética. En otra entrevista, ante una pregunta por sus autores y lecturas predilectos, el escritor asegura: «Lo que más admiro es lo que he llamado *la cantidad hechizada* en la que se logra la sobrenaturaleza, por ejemplo, la visita de Don Quijote a la casa de los Duques».[29] Es una lectura eminentemente poética, pues en ese pasaje el Caballero empieza a «habitar su imagen». El *Quijote* se incluye también en la prolija respuesta a una pregunta de Salvador Bueno sobre «¿qué libros influyeron más en usted?». En su biblioteca personal, Lezama llegó a tener dieciocho ediciones de la novela de Cervantes o libros relacionados con esta.[30] También en el capítulo IX de *Paradiso* José Cemí y su amigo Fronesis se rebelan contra un modelo vulgar de enseñanza que hacía del libro de Cervantes poco menos que una caricatura. Más que el reconocido embajador universal de la literatura española, el *Quijote* representaba para ellos un ejemplo de fe en la autonomía de lo literario y la capacidad para lo maravilloso.

Basándose en su propia experiencia de temprano lector, Lezama se negó siempre a hacer una separación definitiva entre la literatura infantil y las lecturas adultas. En una entrevista defiende la conveniencia de una visión abierta, basada en el privilegio de la imaginación:

> El niño no anda con rodeos: solo escoge clásicos. O convierte en clásicos lo que escoge. Si no ¿quién iba a justipreciar sin astucias relamidas el encanto metafórico o expeditivo de un palacio navegando con todo y su cimiento por las encrespaduras del aire? El vuelo rasante del asombro exige la recién cabeza y algún dedo sabio trasteando en la nariz. [...] Más que la historia de los escritores que escribieron para niños, advierto la epopeya en que los niños escogieron entre muchos fuegos y decidieron en cuáles incendios querían arder. Ese ciclo no se cierra, porque los incendios procrean incendios. Y si algún caballo de palo es reducido a cenizas, al rato yo me invento a martillazos otro caballito de palo.[31]

Otras primeras lecturas mencionadas por el escritor son dos clásicos infantiles: Emilio Salgari y, sobre todo, Alexandre Dumas, que le abrió las puertas de una visión novelesca de la historia. Pero el parteaguas entre los libros de infancia y la primera adolescencia lo traza Lezama con una anécdota de sus 15 años. «Un día los amigos del barrio vinieron a buscarme para jugar pelota, y yo les dije: "No, hoy no salgo, me voy a quedar leyendo". Había comenzado a leer *El banquete* de Platón y desde ese día la lectura fue mi ejercicio, mi fanatismo más importante».[32]

Su hermana Eloísa confirma ese cambio cuando asegura que «a los quince años ya Lezama Lima se muestra como un adolescente de excepción: se aleja del mundo de los deportes para leer a Platón, y la mayoría de las noches las pasaba en la casa meditando sobre los conceptos del conocimiento... Buscaba "como un ciervo herido" libros de uso y descubría con alegría textos de gran rigor: Goethe, Chesterton, Maritain, Proust; los clásicos españoles precedían o se mezclaban con Rimbaud, Valéry, Mallarmé».[33]

No son lecturas demasiado elevadas o improbables para la época. Al revisar, por ejemplo, los índices de las revistas *Social* y de *Avance* se encuentran textos de Juan Ramón Jiménez, Valle-Inclán, Supervielle y Rimbaud (en traducción de Mauricio Bacarisse), junto a simpáticos artículos sobre el dandismo nacional o las diferencias entre la *flapper* y la *garçonne*, arquetipos femeninos. La poesía era parte de cierta ostentación lujosa, aunque más allá de las elites una cultura filosófica y literaria era vista como pedantería inútil, y cebo para el omnipresente choteo criollo. «En Cuba –había dictaminado Varona a propósito de Julián del Casal–, se puede ser poeta, pero no vivir como poeta».

Lezama mostró desde su adolescencia una marcada inclinación al clasicismo, los ensayistas del catolicismo conservador y la poesía de los simbolistas, si bien el tono dominante de la cultura cubana de esos años iba en otra dirección. Los intelectuales agrupados alrededor del llamado Grupo Minorista –surgido, por cierto, de un almuerzo de Jorge Mañach y sus amigos con el barítono Titta Ruffo– propugnaba una renovación paralela de lo artístico y lo cívico al tiempo que trataba de procesar las contradicciones impuestas por la modernidad. Décadas después, en una célebre polémica con Mañach, Lezama precisará las limitaciones de esa vanguardia nacionalista y dejará claro que su camino dentro de la cultura cubana era diferente al de sus predecesores.

El nacimiento de Eloísa compensó el ambiente luctuoso que Rosa había trasladado a Prado 9. Fue, como le dijo Lezama alguna vez a su hermana, una epifanía, y la casa recobró por un tiempo la animación y el bullicio de un hogar con niños pequeños.

Mucho después, el escritor resume cariñosamente los recuerdos de aquellos años para su hermana menor, que le ha mandado unos frascos de Himrod, los mismos polvos de asmático que usaba de niño:

> Pienso que sus evaporaciones nos vuelven a reunir en nuestra casa de Prado 9. Rodeado por el humo las veo surgir a ustedes. A Rosita llegando del Sagrado Corazón, muy fragante y cuidada, sacando su banqueta para el portal hasta la hora de la comida. Tú, Eloísa, eres entonces muy pequeña, tienes cinco o seis años, miras con tus ojos chiquitos donde el asombro se hace más grande y sigues a Mamá por todas partes. Por la noche, Abuela en su silla grande, perfumándose las manos, mientras van llegando Augusto, Alberto. Y a las once todos nos recogemos, cada uno ocupando su pieza para el sueño.[34]

Rosa Lima Rosado pasó diez años vestida de luto y nunca volvió a casarse. Se dedicó por entero a la crianza de sus hijos, sobre todo del varón, que era su principal preocupación y la imagen viva del esposo perdido. Lo envolvió, también, en sus miedos, intentando alejarlo de taras y peligros. Sus nervios, sin embargo, quedaron afectados: siguió presa del pasado, traumatizada por historias que se remontaban a su propia infancia. «Aquellas mujeres siempre fueron madres muy dramáticas y traumáticas con los asuntos de sus hijos y de su cuidado –dice su bisnieto–. Casi todo les afectaba personal o físicamente. Su viudez quedó conectada a los actos de trauma y exageración que Rosa tuvo a lo largo de su vida».

El hijo veía en ese duelo y la dedicación una especie de homenaje; ya mayor, le confesó a su hermana que nunca le agradecería lo suficiente a su madre por no imponerle un padrastro y un nuevo hogar. Por supuesto, en aquel mundo de viudas dramáticas las obligaciones domésticas recayeron principalmente sobre las hijas.

La prerrogativa edípica de Lezama no lo llevó a mostrar de niño un apego especial hacia su madre. «Sólo se desesperaba cuando la veía enferma», según Eloísa. Hacia 1928, su cuñado, el doctor Santos, le diagnosticó a Rosa un fibroma –algo que también aparece en *Paradiso*– y aconsejó una operación inmediata. «Jocelyn cayó en una gran inquietud que me transmitió a mí. Por aquellos años, esa operación tenía riesgos y él me explicaba en la orfandad integral en que quedaríamos. Mamá hizo testamento y lo nombró mi tutor, lo cual molestó a la familia porque era muy joven».

Esa anécdota ilustra el estado de cosas en Prado 9, sus complicadas mamparas internas. Pero también explica la relación especial que Lezama estableció con su hermana menor, de la que fue primero cómplice de juegos y, más tarde, preceptor.

«Ya tenía ocho años –cuenta Eloísa– y estaba avergonzada de no haber ido a la escuela. Le había dicho a mis amigos del parque que iba a María Teresa Comellas. Le rogué a mi madre que me pusiera en ese colegio para que no se descubriese mi mentira. Era un excelente colegio y mi madre no puso objeción». Es probable que la demora de Eloísa en comenzar la escuela obedeciera a razones económicas. El colegio de la educadora María Teresa Comellas, en Consulado 94, era una de las escuelas privadas más conocidas de La Habana. Tenía una orientación laica, aunque la severa pedagoga que la dirigía no ocultaba su catolicismo. Ataviadas con unas largas batas blancas con vuelos y lazos oscuros en la cintura, las pupilas, como muñecas gigantes, cursaban allí las materias elementales de primero y segundo grado, pero también recibían clases de piano, inglés, francés, calistenia y corte y costura. Dormían la siesta en un cuarto con pequeñas camas, todas juntas; en el centro de aquella habitación, desde una cama un poco más grande y presidida por un crucifijo, la estricta solterona se ocupaba de velar en persona el sueño de las niñas.

«A pesar de desearlo tanto –dice Eloísa–, mi ingreso a la escuela fue una gran desilusión. El colegio me pareció un lugar hostil y la maestra y las compañeras, mis enemigas. El curso ya había comenzado y mi llegada era intempestiva. Jocelyn me dio unos cuantos consejos de cómo debía ajustarme al nuevo ambiente». La niña extrañaba la libertad de la casa familiar, los juegos que ella misma inventaba y los discursos memorizados por su hermano, que fue también su primer maestro, el que la enseñó a leer con unos trozos de madera que tenían dibujadas las letras del alfabeto:

> Los tirábamos y formábamos palabras. Era divertido y nada formal. Aquel primer día que fui a la escuela, la maestra me preguntó si yo sabía leer. Fue una pregunta difícil; yo no sabía si sabía leer. Mi respuesta no le fue simpática y me puso delante, muy airada, un libro de lectura de segundo grado. Cuál no sería mi sorpresa al comprobar lo fácil que me era descifrar palabras de un libro nuevo para mí. Fue una alegría inolvidable que se enturbió porque la maestra creyó que había pretendido burlarme de ella. Llegué a la casa muy desilusionada por tanta incomprensión. Mi hermano montó en cólera y citó los versos de Juana de Ibarbourou: «Ay, pobre la gente que nunca comprende / que no nacen rosas más que en los rosales / y que no hay más trigo que el de los trigales». Yo me quedé muy satisfecha con aquella explicación y lo quise un poco más.

Entre los recuerdos que marcaron a Eloísa está también el suicidio de su otro tío, Horacio Lima. La mañana del 7 de noviembre de 1927 acudió a recogerla un asistente del teniente Hevia, esposo de su tía Matilde, para llevarla a la casa de Guanabacoa, donde acababa de suceder una tragedia. Juntando fragmentos de las conversaciones entre los adultos, la niña Eloísa entendió que su tío estaba en el hospital porque el día anterior se había prendido fuego. El propio Hevia tuvo que correr con una frazada para apagar el cuerpo en llamas. Camino al hospital, el suicida le confesó al militar que además de empaparse en alcohol y prenderse fuego también había tomado un veneno para no arriesgarse a fallar. Tenía apenas 38 años.

Neurótico insufrible, obsesionado con la higiene (sus sobrinos se burlaban de sus continuos lavados de manos y otras extravagancias), Horacio Lima llevaba una vida monótona y rutinaria, aunque también protagonizó varios altercados callejeros.[35] Debido a sus problemas psicológicos, nunca había trabajado y recibía de la matriarca Celia una cantidad mensual para sus gastos. No parecía tener responsabilidades ni agobios que explicasen aquella decisión de quitarse la vida. Todos los días a las tres de la tarde «salía muy aseado y regresaba a la hora de comer». Hablaba poco y apreciaba la conducta intachable de su hermana Rosa, a la que aleccionaba con continuas advertencias sobre la maledicencia ajena: «Una viuda joven debe tener mucho cuidado», le repetía.

Sin embargo, aquel vigilante moral de la familia, tan formal, no se aplicaba el mismo celo que tanto recomendaba a las mujeres. «Aquellas misteriosas salidas por las tardes –escribe Eloísa– obedecían a un romance con una mujer casada que tenía una hijita que le hizo creer que era de él. También le montó el teatro de que el esposo no sabía nada y que lo de ellos eran amores escondidos y llenos de poesía. Mi madre observaba que jugaba todo lo que tenía y que le comentaba que acertaba los números con frecuencia. Nunca se vio el dinero. Después se supo que le daba a su amante cuanto podía y que había vendido todas las prendas que le había dejado su padre. Un día el tío llegó muy triste; no comió y se sentó en el portal de la casa. Cuando Mamá salió, le contó que cuando había llegado a la casa de su amante, el marido, que obviamente conocía la situación, se había escapado por la puerta de servicio para no estorbar el repugnante romance. Al día siguiente el tío Horacio se suicidó».

La trama de este episodio, un pastiche de *Werther* y Petronio, para usar una expresión del propio Lezama en sus *Diarios*, reinscribe la historia del clan Lima en un ambiente de fatalidad sentimental. De los nueve hijos que tuvo Celia,[36] sólo la sobrevivieron tres mujeres.

El presidente Gerardo Machado, compañero y sucesor de Zayas en el Partido Liberal, asumió sus funciones en mayo de 1925. Su primera gestión se caracterizó por un nacionalismo pragmático: defendió nuevos mercados para la industria azucarera, reclamó la abrogación de la Enmienda Platt y patrocinó una ley de reforma arancelaria que brindaba protección a ciertas empresas cubanas. También incrementó la recaudación fiscal y diversificó la industria. Aunque llegó al poder en un momento en que caían los precios mundiales del azúcar, consiguió que la presencia estadounidense en la economía local se expandiera y creara una nueva bonanza. Un ambicioso programa de inversiones y obras públicas puso a la opinión pública de su parte.

Entre las obras realizadas durante la administración de Machado, cuyo lema fue «Agua, caminos y escuelas», está la Carretera Central, que hasta hoy recorre casi toda la isla: más de mil kilómetros de asfalto. Además, en este periodo se realizó la ampliación de la Universidad de La

Habana y la expansión de sus principales instalaciones de salud, con hospitales que estaban a la par de los mejores del mundo en su época. Otros edificios importantes construidos en el machadato fueron el Hotel Nacional, el Centro Asturiano, el Edificio Bacardí y el Hotel Presidente.

El nuevo presidente también encargó la edificación del Capitolio, sede del Congreso cubano. El emblemático parlamento fue diseñado por los arquitectos Raúl Otero y Eugenio Rayneri Piedra, y su construcción duró desde 1926 hasta 1929. Tenía un diseño neoclásico que tomaba prestados elementos del Capitolio de Washington y del Panteón de París, y su propósito era retratar el optimismo, la confianza y la elegancia de aquella nueva democracia. Años después, sin embargo, será su Salón de los Pasos Perdidos el que sirva a Jorge Mañach como metáfora de la vacuidad formal de la joven república, definida como un «conato de Estado en una patria sin nación».

Aunque durante su campaña de 1924 Machado declaró varias veces que no buscaría ser reelegido, luego cambió de opinión e impulsó una serie de enmiendas constitucionales destinadas a garantizarle un nuevo mandato, que obtuvo en las elecciones de 1928. Antes había iniciado una batida contra la creciente oposición, sobre todo por parte del movimiento obrero y los comunistas. Se veía a sí mismo como un Mussolini tropical, y muchos cubanos de la época apoyaban la idea de un hombre fuerte en el poder, capaz de defender los intereses del país. Luego del *crack* del 29, cuando el descontento popular aumentó y la oposición encabezada por los estudiantes provocó una severa inestabilidad política y social, Machado reforzó la veta despótica que le había ganado el sobrenombre de «asno con garras».

En 1926, Lezama hizo su examen de ingreso a la segunda enseñanza. Obtuvo una calificación de «Aprovechado» (al parecer, los profesores eran más estrictos con los alumnos que venían de los colegios privados) y empezó a cursar el bachillerato de Ciencias en el Instituto de La Habana. Desde 1924 y tras un accidentado proceso de licitación que duró casi dos décadas, el Instituto había pasado a ocupar un gran edificio neoclásico en la manzana formada por las calles Monserrate (Avenida de Bélgica), Zulueta, Obrapía y Teniente Rey. El ejemplo paterno, y la educación del Mimó, lo convencieron de inclinarse por el álgebra y la geometría, a pesar de su mayor facilidad para las humanidades y su evidente inclinación por las letras.

«Había entrado en la segunda enseñanza –cuenta Eloísa– con un permiso especial, pues no tenía la edad requerida. En los tiempos a que hago referencia, los Institutos de Segunda Enseñanza estaban dirigidos por militares y los estudiantes iban uniformados. Jocelyn iba a pie hasta el Instituto. Era un gran caminador; caminar –decía– lo relajaba y le daba tiempo para ir pensando. Iba muy avergonzado; casi corría, y si veía a alguien conocido se escondía detrás de una columna. En verdad era una conducta contradictoria con su infancia. Mamá contaba que recién muerto nuestro padre, su juego predilecto era vestirse de soldadito».

Al Lezama adolescente en esos años de represión machadista contra los estudiantes, ya no le hace ilusión vestir de militar. Una foto suya de esa época, con el uniforme del Cuerpo de Artillería, tiene al reverso una estrofilla burlona: «Con esa cara de pato / y con ese cuello emergido [?] / va mi corazón metido / adentro de ese retrato» (José A. Lezama, 24-sept de 1929). El joven guasón ha empezado también a hacer vida de cofradía estudiantil. Entre sus amigos más cercanos de esa época está Juan Manuel Pereira, presidente de la recién constituida asociación de estudiantes, mientras que el propio Lezama ostenta el cargo de vicepresidente.[37] Otra foto, fechada en noviembre de 1926, lo muestra con varios compañeros del Instituto. Van todos de traje y corbata; Lezama, el más alto y corpulento del grupo, posa junto a una columna con su *flus* blanco. En segundo plano, por la amplia contraventana que cubre la fachada del fondo, se cuela la sonrisa burlona de un negrito con *canotier* de pajilla, que contrasta con la seriedad de los estudiantes.

El Instituto de Segunda Enseñanza de La Habana fue, desde su refundación en Zulueta, un foco de revueltas. Por allí pasaron todos los que luego integrarán las principales organizaciones antimachadistas. Huelgas y protestas estudiantiles se sucedían y los cursos académicos sufrían perturbaciones que se volvieron cada vez más frecuentes hasta que en febrero de 1931 el gobierno decretó la suspensión de los cursos oficiales y la clausura de todos los institutos, culpándolos de llevar el desorden a las calles. Machado, que a partir de 1928 llegó a modificar la Constitución con tal de prorrogar sus poderes, creyó que podría controlar a aquellos jóvenes revoltosos, alentados por el Partido Comunista y la Confederación Obrera de Cuba. Fue un error que le costó la presidencia. No obstante, todavía entre 1926 y 1928, años en que Lezama cursó el bachillerato, el Ejército mantenía el control de esas escuelas. El joven, además, venía de un colegio de pago vinculado al Instituto y no podía darse el lujo de suspender o no asistir.

Una constancia de sus notas expedida en septiembre del 29 por el Doctor Rafael Rodríguez Viada, catedrático y secretario del Instituto, y certificada por Serafín Espinosa, coronel auditor del Ejército y director del centro, resume su rendimiento escolar en los siguientes términos: «Inglés, primero y segundo cursos, Gramática Castellana, Álgebra, Historia Natural y Física primero y segundo cursos, con la calificación de "Aprobado" [el mínimo]; Aritmética, Literatura Preceptiva, y Lógica con la de "Aprovechado"; Geografía a Historia Universales, Literatura Castellana, Cívica y Geometría y Trigonometría con la de "Sobresaliente"».

La mañana del 20 de octubre de 1926, La Habana sufrió el embate de un huracán que penetró desde el sur y dejó la capital prácticamente incomunicada. Sobre la ciudad cayeron más de veinte pulgadas de agua, y el oleaje desbordó el incipiente Malecón para lamer las fachadas de los edificios cercanos. En el puerto, algunos barcos se hundieron, y el crucero Patria, el mismo que había transportado desde la Florida los restos del coronel Lezama Rodda en 1919, sufrió numerosas averías en el casco al chocar con otras embarcaciones ancladas.

La ciudad fue arrasada durante siete horas por vientos de hasta 240 kilómetros por hora, que se llevaron casi todos los árboles. El paseo del Prado, que termina en el mar, fue una de las zonas más perjudicadas: Lezama y su familia tuvieron que evacuar la casa de Prado 9 por riesgo de derrumbe. «Nos llevaron al juzgado cercano –cuenta Eloísa–. Me visualizo a horcajadas de un policía. Y a mi hermano lo recuerdo indignado por tener que abandonar la casa. Al cruzar la calle perdió sus zapatos y, como se sentía tan abochornado, no quiso entrar en el edificio. No hablaba con nadie. Y me dijo que le preocupaba que se le fueran a mojar sus libros».[38]

Durante varios días, La Habana estuvo sin electricidad y sin teléfono. Las cifras oficiales elevaban a 650 las muertes por el desastre. La sede del *Diario de la Marina*, el Parque Central, el Campo de Marte y las obras del Capitolio sufrieron severos daños. El ciclón, que dejó imágenes icónicas y generó incluso un álbum de fotos con sus estragos, se convirtió en marcador generacional: desde entonces para los cubanos hubo un antes y un después del huracán del 26.

La experiencia también marcó a Lezama. Hubo otros grandes ciclones en Cuba, pero hasta 1944 La Habana no vivió ninguno de aquella intensidad. La metáfora del ciclón, «ojo con alas» que asola la ciudad, aparecerá luego en su poesía y tendrá su apoteosis en *Oppiano Licario*, donde un huracán, en complicidad con un perro, destruye el libro que Licario ha dejado para Cemí, la *Súmula, nunca infusa, de excepciones morfológicas*. En esa novela, Cemí no participa del ambiente «verbenero» con que los habaneros reciben la tempestad. Al contrario, hace de su lucha contra los elementos y de la protección del libro una misión vital.[39]

También en su primer cuento, «Fugados», publicado en la revista *Grafos* en noviembre de 1936, Lezama recrea el paisaje de la lluvia y el mal tiempo sobre el Malecón, que por esa época no era tan largo como el actual. Ese muro recortado, a la altura de la Habana Vieja, entre el Recodo y la Chorrera, es uno de los sitios recurrentes en su geografía púber, un contrapunto a la atmósfera cerrada del colegio. «Le encantaba aspirar el aire de mar porque sentía que le limpiaba los pulmones», recuerda Eloísa.[40] En el cuento, el clima de tormenta envuelve un bautismo, un aprendizaje a través de la decepción, el golpe de «lo engañosamente prometedor de ese afuera –como le escribe Fina García Marruz en una carta– que luego le da a uno un poco en la nariz».

La trama del relato es simple: dos escolares se saltan las clases para ir a ver las olas romper contra el Malecón. La idea la sugiere el chico mayor, Armando Sotomayor. El protagonista más joven, Luis Keeler, lo secunda: está orgulloso de emprender la aventura con ese amigo al que admira. Por el camino, algo se tuerce: los dos intercambian unas pocas palabras; se van como replegando, ignorándose. Ya frente a las olas, llega otro joven, también mayor, e invita a Armando a ir al cine. Este abandona sin dudar a su amigo más joven. La traición, que angustia a Keeler, se transmite al paisaje circundante, convirtiéndolo en un turbulento espectáculo expresionista. Mientras la narración alcanza su clímax sensorial, el abatimiento del protagonista también llega a su punto máximo. Cuando está a punto de lanzar un grito de desesperación, la cercana «jaula de los cines» se abre para liberar a los espectadores, incluidos sus dos compañeros mayores. Aunque Keeler ha reprimido su grito, lleva dentro la experiencia del dolor y el desencanto. Piensa entonces que quizás la angustia sufrida puede haber sido más satisfactoria y transformadora que el paseo acompañado por el falso amigo.

Cuatro décadas después de publicado ese cuento, Cintio Vitier y Fina García Marruz le escriben a Lezama para comentarle cuántas «cosas olvidadas» les ha despertado su lectura. Fina llega incluso a decirle que ese relato recorre el camino inverso al del resto de la obra lezamiana: «aquí me pareció que más que la imagen que posibilita el hecho, de que tanto ya se ha escrito, siguiendo sus textos, está el hecho que posibilita la imagen y la devuelve como en una cámara agrandada. [...] "Hubiera sido decoroso dar un grito": esto me parece que está detrás de todo, de esa huida de la huida también. No la fuga trivial, el vamos al cine del tercero entrometido, sino la otra misteriosa, de los cuerpos que no se enlazan: sangre en el granate, secreto de la joya».[41]

Es un comentario muy perspicaz, no sólo porque distingue en el estilo lezamiano el poco frecuente camino del hecho a la imagen (algo que, desde una perspectiva biográfica, permite suponer un suceso real que antecede a la escritura), sino porque refiere directamente el verdadero tema del cuento: la atracción de uno de los muchachos por el otro, y la frustración final, esos «cuerpos que no se enlazan» y ese enamorado que conserva su virtud a través de la contención. «Las huidas del colegio son el grito interior de una crisis, de algo que abandonamos, de una piel que ya no nos disculpa», leemos en «Fugados».

Más que una simple equivalencia biográfica entre el Luis Keeler del relato y el joven Lezama, lo que vale la pena considerar aquí es el tema del amor homosexual como parte de la pubertad, asunto que reaparecerá luego en *Paradiso.*

OTRO de los cuentos que Lezama escribió *circa* 1936-37, y cuyo argumento y primer borrador se conservan en un cuaderno de esa época,[42] también parece construido con un recuerdo de adolescencia. Su protagonista, el joven de 17 años Emmanuel Fray, tiene un altercado callejero con un negro que lo acusa de pintarrajear las paredes de su barrio. Así resume el escritor en su cuaderno la trama del relato:

> Va trazando signos en la pared. Había salido de su casa, después del trabajo. De pronto un hombre frente a él que lo increpa: Usted es el que todos los días pone signos ofensivos para nuestra raza, nuestra pobreza. El muchacho se queda perplejo, entonces el hombre lo coge por la mano y lo lleva al centro del solar, una casa antigua preparada para alquilar habitaciones. Todos los que allí estaban se vuelven hacia el muchacho. El hombre que lo llevaba exclama: ya lo tenemos aquí, por fin ya sabemos quién es el que todos los días escribe aquí. Algunos de los que allí viven le quieren pegar, pero empieza el hombre a defenderlo, y rebajando su indignación le da un empujón al muchacho, que sale corriendo. Al paso del tiempo son amigos, ya han olvidado todo aquello. Y el más joven, a pesar del acercamiento amistoso, nota siempre un fondo de reservas, hasta que un día le cuenta al de más edad lo que le ocurrió un día, sin saber que el [que] estaba en frente era el otro actor. El mayor siente entonces como aquel rencor se va borrando, y quedan limpios los dos. (Argumento para un cuento.)

El cuento, que no llegó a ser publicado, sigue de manera bastante fiel este argumento. Fray, que con aire despreocupado hace todos los días el largo y aburrido trayecto hacia su casa, se distrae marcando rayas con un lápiz en un paredón que le sale al paso, pero es descubierto por un hombre que dice vivir del otro lado de la pared, en una cuartería de gente pobre. Después de reprocharle el grafiti y unos insultos que el joven en realidad no ha escrito, el vecino lo agarra de las muñecas y lo lleva al centro del solar para enfrentarlo a los demás residentes, «hombres negros con unas tenazas enrojecidas, enormes bocas, carcajadas de bronce». Al final, ante las amenazas y el clamor de los vecinos, lo suelta y deja que se vaya.

Años después, ambos personajes, el joven blanco y el hombre negro, entablan amistad sin reconocerse, y un día el primero le cuenta al mayor la anécdota, confesándole, de paso, el impacto que le había causado.

Entonces el hombre, reconociendo a aquel niño en los ojos de su amigo, abandona su antiguo rencor, aquel «impedimento que ni él ni el hombre podían tocar, pero que le llegaba en forma de una crueldad opresora, última defensa», mientras que el joven, aliviado por la confesión, se siente purificado.

El cuento, detrás del cual se advierte la lectura y el influjo de autores como Gide o Hesse, permite atisbar las ideas de Lezama sobre los problemas raciales de aquella República. La realidad de la discriminación y las diferencias sociales aparece de soslayo en la descripción de esas personas pobres, cansadas de leer referencias despectivas a su miseria y a su raza, separadas del mundo por un muro y encerrados también en sus propias creencias y complejos:

> Usted es el que todos los días hace alusiones a algunos de los que vivimos en esas piedras apelotonadas que no podemos llamar paredes, pero que no le da derecho a usted a burlarse de nosotros, y sobre todo, a meternos todas esas cosas, escritas día a día, por los ojos. Que seamos unos miserables, que se nos caigan encima las piedras está bien, pero quién es usted para subrayarlas; y las ganas que tenía yo de atraparlo, de saber bien de cerca quién era usted. Ya una vez borramos lo que había escrito, inútil remedio. Después, lo dejamos, usted mismo se encargó de aglomerar sus insultos, y ya entonces nadie los quiso borrar.

La importancia de este episodio se hará evidente cuando después sea incluido, con algunas variaciones importantes, en el capítulo II de *Paradiso*. Ahora el protagonista es el niño Cemí, que con diez años marca con una tiza una larga línea blanca en el paredón del solar, y será Mamita, protegida y protectora del Coronel, la que consigue rescatarlo de la amenazante vecinería que le reprocha haber escrito «cosas en el muro que trastornan a los viejos en sus relaciones con los jóvenes». (La misma acusación, por cierto, que sufrirá el subversivo Sócrates antes de ser condenado a beber la cicuta).

No sabemos cuál de estas versiones corresponde al suceso original, ni siquiera si se trata de algo que realmente le ocurrió al futuro escritor. Pero sí podemos entresacar del relato una sensación de vergüenza juvenil en la que ya no importa si el protagonista es culpable o inocente de los agravios que se le atribuyen. A la manera de un apólogo moral, la posterior reconstrucción del suceso, que borra el rencor y deja limpios de sus respectivas fobias a ambos personajes, anuncia un proceso similar de «superación» en la actitud de Lezama sobre el tema racial. El escritor que en su juventud se negará a aceptar las teorías de la expresión mestiza no lo hará guiado por prejuicios o limitaciones morales, como tantos cubanos de aquel entonces. Para él, la identidad cultural del cubano debe equivaler a una redención parecida al diálogo del final de su cuento: olvidados los antiguos rencores, el joven blanco y el adulto negro se reencuentran en una solución de humanidad esencial. La vieja pugna debe ser abordada cristianamente: «todos los problemas hay que retrotraerlos al principio del hombre... cuando el hombre encarnó a Dios», lejos de «los odios despertados por una sinrazón orgullosa».

«Hombre es más que blanco, más que mulato, más que negro», había escrito José Martí en un artículo célebre, poco antes de su muerte. Y, de alguna manera, la idea de que los negros y mulatos cubanos eran ante todo cubanos terminó siendo parte de la voluntad reivindicativa de la nueva nación. Recordemos, por ejemplo, que el *Diario de la Marina* publicó, a partir de marzo de 1928, una página dominical titulada «Ideales de una raza», dedicada a abordar los problemas raciales sin eufemismos y reclamando el reconocimiento efectivo de derechos civiles y sociales de negros y mulatos. En aquellos artículos, el negro era visto ante todo como cubano, no como africano. Sólo a través del patriotismo parecía posible llegar a una «paridad» efectiva que redimiera los viejos odios raciales.

EN junio de 1927, Rosa Lima consigue casar a su hija Rosita. El pretendiente, Antonio Severo Bustillo Ventura (1906-1994), era el vástago más joven de una gran familia de la *high life* habanera, con padre español (de Santander) y madre cubana. «Los Bustillo eran los dueños de los seguros El Iris, junto con otros familiares españoles, y con el dinero que se hicieron de esos seguros compraron la manzana del Ten Cents (Woolworth), y de ahí fue de donde sí vino la riqueza de verdad», cuenta el nieto de Rosita, Ernesto Bustillo.

Lezama, aún adolescente, había servido de intermediario en aquella unión, pues alguno de sus amigos conocía al novio, uno de cuyos hermanos incluso estudiará con él más tarde en la Facultad de Derecho.

> Joseíto conocía la historia de esta familia y estaba al tanto de que los padres de Antonio querían asegurarle pareja a ver si el amor lo controlaba (ya que sabían que era un poco alocado). Rosita estaba recién graduada del Sagrado Corazón, no tenía planes de seguir estudiando, ni a Rosa le gustaba mucho que una hija suya siguiera soltera y estudiando. Siempre la preparó para ser ama de casa. Quería que todo lo que ella y Baldomera le habían enseñado –coser, cocinar, limpiar– se convirtieran en deberes de su casa, para su marido y sus hijos, nunca para los demás. No le gustaba ni siquiera que cosiera para la calle. Era muy precisa la enseñanza: cásate y sé devota, usa todo lo que has aprendido. Entonces Joseíto aprovecha el momento para presentarle a su hermana a Antonio.[43]

Aquella boda temprana era la oportunidad de Rosita Lezama Lima para salir de la casa de Prado y comenzar una vida matrimonial no exenta de *glamour*, como la que tenían sus tías, junto a alguien de buen nombre. Su nieto, que ha recopilado muchos de los recuerdos familiares, opina que las circunstancias de ambas parentelas también influyeron para que la unión se llevara a cabo tras un noviazgo más breve de lo habitual en esa época. «No sabemos –me dice Bustillo– cómo fue el encuentro ni cómo se enamoraron, o si en realidad Rosita estaba enamorada de él. La realidad probablemente haya sido otra. Rosita era muy humilde, y al encontrarse en una situación precaria (la pobreza que vino después de la muerte del coronel, las incertidumbres familiares y la inestabilidad) puede haber decidido obedecer a su madre y casarse con un hombre que tenía buen dinero y venía de clase alta».

Sin embargo, aquel matrimonio, celebrado el 13 de junio de 1927 en la Iglesia del Santo Ángel Custodio (Compostela 2), fue el comienzo de un largo calvario para la hermana mayor de Lezama. Los primeros tiempos anduvo todo bien: once meses después del matrimonio nació el primer hijo, que trajo gran alegría a las dos familias. Pero pronto Rosa descubrió que aquel buen mozo con el que se había casado era también un gran mujeriego y un incorregible adicto al juego, que terminará dilapidando su fortuna y haciendo la vida imposible a su esposa, hermana e hijos. Por su culpa, Rosita perdió varios embarazos intermedios antes de que naciera su segunda hija. Versión agudizada del tarambana que había encarnado el tío Alberto, Antonio Bustillo desaparecía de la casa largas temporadas, en las que se dedicaba a todo tipo de juegos de azar. Hasta que, en 1947, «lo apostó todo a la pata de un caballo y tuvo que entregar hasta las camas de sus hijos». Rosita decidió irse de su casa con los dos hijos y el perro. La familia de Lezama, que siempre había preferido dejar que la pareja se arreglara sin intervenciones externas, tuvo que reconocer que aquel matrimonio era un desastre.

«Fueron unos veinte años de turbulencias –resume el nieto– en las casas que siempre les proveyó mi bisabuelo (el padre de Antonio, suegro de Rosita). Después de eso, cuando mi abuelo pierde todo debido al juego, Rosa se fue a vivir a Trocadero la mitad del tiempo, y mi padre y mi tía se van a vivir con sus primos Bustillo la otra mitad del tiempo». A pesar de los dos hijos, aquel enlace concertado con las mejores intenciones nunca conseguirá recomponerse.

Con el tiempo, el tono trágico y operático de la gran familia de Prado 9 se fue rebajando a pequeñas operetas y dramas jocosos. Se habían ido acostumbrando a lo terrible. La familia usaba una frase, *trágico si sostenuto*, para hacer burla de quienes prolongaban el agudo más allá del buen gusto. Y así como la fatalidad familiar se domesticó en hábito o en una serie de pequeñas supersticiones (no usar ópalos, nunca llevar brazaletes con serpientes...), cada pieza de aquella complicada familia trató de encontrar su propio camino hacia el final de la década.

Celia envejecía, y empezó a dejar los asuntos prácticos en manos de sus hijas. Cada vez pasaba temporadas más largas en Camagüey. La familia había acordado usar parte de sus ahorros para que los hijos de Rosa Lima asistieran a buenos colegios y su vida fuese lo más normal posible. En aquel mundo, sin embargo, la idea de una carrera literaria seguía siendo una excentricidad, una tara similar a las actitudes irresponsables de los hombres de la familia que sólo sabían derrochar.

Mientras tanto, el joven Lezama, encerrado en su cuarto, lee como un convaleciente. Devora libros y más libros por puro placer, refina «el orgullo consistente en seguir el misterio de una vocación, la humildad dichosa de seguir en un laberinto como si oyéramos una cantata de gracia, no la voluntad haciendo un ejercicio de soga». En un pasaje del *Wilhelm Meister* descubre que esa vocación puede ser también un exorcismo contra la terrible tara del malditismo familiar: «A qué pocos varones les ha sido otorgado el poder de presentarse siempre de modo regulado, lo mismo que los astros, y gobernar tanto el día como la noche, formar sus utensilios domésticos; sembrar y recolectar, conservar y gastar, y recorrer siempre el mismo círculo con calma, amor y acomodación al objeto».[44] Sin saber bien por qué, subraya esas palabras.

A finales de los años 20, tras la reforma del arquitecto francés Nicolás Forestier que le otorgó su aspecto actual, con los bancos de piedra, las farolas y los célebres leones de bronce, el Paseo del Prado (o Paseo Martí) empezó a perder una parte de su exclusividad o prestigio dentro del orbe inmobiliario habanero.

El expresidente José Miguel Gómez había hecho construir en Prado 72, esquina a Trocadero, una de las mansiones más lujosas de la época. Lo que antes fuera una propiedad de la familia Abreu acabó en manos del «Tiburón» Gómez, que convirtió su residencia privada de dos plantas con mirador en epítome del nuevo lujo: un *piano nobile* y hermosas pérgolas sobre las arcadas del portal, a unas cuadras del mar. Si antes las casas coloniales limitaban la decoración de los espacios interiores a una elocuente austeridad de columnas y mediopuntos, Gómez y su arquitecto, Hilario del Castillo, le añadieron ornamentaciones clásicas, con mármoles y terracotas que anunciaban la ostentación de una joven república donde a menudo se superponían lo privado y lo público.

Hacia 1929, la mansión pasó a una sociedad cuyos principales accionistas eran la viuda y el hijo del presidente, Miguel Mariano, convertido en alcalde de La Habana. Más tarde será arrendada para albergar la Embajada de los Estados Unidos. Las familias pudientes preferían vivir en zonas más tranquilas de la capital, y Prado, que aún conservaba cierta categoría, se fue convirtiendo en zona comercial. Muchas casonas de prosapia, como las llama un joven Mañach, que antaño habían sido «una noble casa de fachada monda, e historiado alero, de ancha y guarnecida portalada», terminaron convertidas en almacenes o pequeños negocios. Esa «caída en desgracia» que llenó la antigua avenida de cines, modistas y juzgados, era vista como una consecuencia del «avance predatorio e implacable del utilitarismo, que arrasa con todas las elegancias de la ciudad, igual que con la íntima elegancia espiritual de sus habitantes».[45]

En 1928, el escritor y periodista español Alberto Insúa visitó La Habana en que había nacido y quedó impresionado por su pujante combinación de lo moderno y lo clásico. Así describe, por ejemplo, la calle en que Lezama vivía con su familia desde 1919:

> Las modistas y sombrereras de lujo se establecen en el Prado. En él están los grandes «cines» y el Palacio del Casino Español, donde pronto habré de dar una conferencia. La gracia del Prado, ¿lo recuerdas?, reside, para mi gusto, en los soportales, no seguidos y uniformes, como los de la calle de Rivoli, por ejemplo, y en la misma Habana los de algunas calzadas, sino desiguales, en fracciones anejas a los edificios, formando lo que son realmente, el *atrium* de las casas etruscas y romanas adaptado a un clima tropical. Unos «portales» –como aquí les dicen– son públicos, otros pertenecen a un círculo y los restantes de propiedad privada. Esto prueba que el cubano no ha dejado de ser individualista, como su abuelo el español.
>
> Si quieres seguir el Prado en línea recta has de marchar por el andén central. Si no, irás alternando la acera con los soportales. Cada portal es un escenario: a veces vacío, a veces con varios señores que hacen tertulia –Casino Español, Círculo de Abogados–, cuando no con la figura de una mujer joven que se apoya en la balaustrada, mira hacia el exterior y no se sabe si espera al novio o al marido, o si se aburre dentro de la casa.[46]

«Cuando se inició el éxodo de familias de clase alta –recuerda Eloísa– se apoderaron de aquellas hermosas casas coloniales *boutiques*, florerías, exhibiciones de carros y la casa contigua a la nuestra fue ocupada por el Jardín Milagros. Cada dos o tres días nos regalaban un *bouquet* de flores, lo que le daba gran prestancia a la sala de nuestra casa». Pero las flores frescas no podían ocultar la progresiva decadencia de aquella mansión. Era como un gran cascarón vacío, que cada vez demandaba mayores esfuerzos y se tragaba casi todo el dinero de sus habitantes. De la misma manera que la lámpara de cuentas de vidrio (la «cocuyera», como la llamaba Rosa)[47] había ido perdiendo muchas de sus «lágrimas» originales y ya no conseguía los resplandores de antaño, la fortuna de los Lima agonizaba entre deudas y sucesivas hipotecas. La pensión del coronel también disminuyó con el matrimonio de Rosita, y volvería a reducirse en 1931, con la mayoría de edad del hijo varón. En esos años, la madre de Lezama se vio obligada a vender algunas de las joyas que le había regalado su difunto esposo para pagar los gastos más acuciantes.

«La casa [de Prado 9] tenía una hipoteca –cuenta Eloísa– y mi abuela no pagaba los intereses cuando hipotecaba una casa. Disfrutaba el dinero como si se lo hubieran regalado. Su ingenuidad hizo que le diera un poder tan amplio al abogado que ella desconocía el proceso de sus bienes. Un buen día supimos que había perdido la propiedad por una exigua hipoteca y que teníamos que mudarnos. Era un golpe bajo para los Lima, incluyendo a mi madre». Hay otros indicios de que Celia era dada al despilfarro: solía comprar billetes de lotería, y una vez incluso la ganó (según cuenta Lezama en un esbozo inicial de *Paradiso*). Ahí también leemos que el modelo para «doña Augusta» había llenado la casa de cacharrería lujosa, «en tal forma que después de muerta, al hacerse el reparto de sus objetos, dos de las casas de sus hijas quedaron sobrecargadas».

Según Mercedes Rosado, la muerte de Celia obligó a Rosa Lima y a sus hijos a renunciar a una casa que estaba en disputa: «la tenía la abuela en usufructo y cuando la abuelita murió, ella tenía otros familiares que reclamaron la herencia y entonces fue que ellos tuvieron que irse a Trocadero». Esta versión, sin embargo, no se sostiene porque Celia Rosado vivió hasta enero de 1935. Tras perder Prado 9, se mudó a Camagüey y desde allí siguió cobrando el alquiler de la propiedad que conservaba en el cruce de las calles San Nicolás y Lagunas.

Aunque Eloísa y otros comentaristas sitúan la mudanza a Trocadero en 1928, Rosa y sus hijos estuvieron en Prado 9 hasta finales de 1929. Lo sabemos por una carta en que su abogado –Fernando Zayas, del bufete Zayas y Miró– le informa el 15 de noviembre de 1929 que «el Sr. Eusebio Conde, propietario de la casa Prado # 9 en ésta ciudad me encarga le haga saber que desea Vd. le entregue los bajos de dicha casa que le tiene arrendados» y le pide una cita para tratar el asunto.

Por lo visto, Eusebio Conde y de la Sierra (así aparece el nombre del otro abogado en un directorio comercial de 1931), que si creemos la versión de Eloísa había representado los intereses de Celia Rosado antes de quedarse con sus bienes, le permitió a Rosa seguir viviendo un tiempo en la casa con sus hijos a condición de mudarse definitivamente poco después, cosa que debe haber sucedido en diciembre de 1929.

La mudanza a la planta baja de un edificio de tres niveles recién construido en Trocadero 22 (luego 162), propiedad de la célebre Blanca Maruri de Hornedo,[48] significaba un evidente descenso de posición social. «Era bajar de categoría porque la calle Trocadero no tenía alcurnia como el Paseo del Prado. Además, en la otra cuadra había una célebre casa de prostitución, que dañaba el nombre de la calle».[49]

Sin embargo, para la niña Eloísa, ignorante de esas cuestiones de jerarquía social, el cambio de barrio fue una novedad positiva: «Yo tuve la sensación de que la calle era más vital, había carnicerías, mercados, y los vecinos estábamos más arracimados». La nueva casa también quedaba más cerca del colegio Comellas, al que Baldomera la acompañaba a pie.

Para Lezama, que ya tenía 19 años, la mudanza significó una liberación: dejaba atrás un legado de intrigas y discusiones familiares que no excluían el menosprecio. Las dificultades económicas, sin embargo, se hacían más presentes, así que la entrada en Trocadero fue también un baño de realidad: terminado el bachillerato, pronto tendría que contribuir al mermado presupuesto familiar.

Según Armando Álvarez Bravo, el cambio de casa, que coincide con un cambio en la vida nacional, fue un «rompimiento» que obligó a Lezama a abandonar unas cosas y enfrentar otras nuevas, un proceso similar al que vivía Cuba en ese momento: «El país abandona la ingenuidad, la esperanza de sus primeros años y se sumerge en una adultez turbulenta. Así también las familias. El viejo orden, al que pertenecen los abuelos y los padres del poeta, desaparece como tal».

La mudanza también sirvió para redibujar las relaciones familiares: el poeta inicia con su madre otro tipo de relación, más exclusiva, que se irá profundizando con el tiempo. Lo placentario, que es la llamada de lo materno, se centra en Rosa Lima, epítome de lo familiar. «No es aventurado proponer –escribe Álvarez Bravo en 1966– que el Lezama que se encuentra entre nosotros nace en este momento. Y nace, porque medita mucho; entendiendo que la muerte de su padre determinó su entrada al mundo de la imagen, que no es un mundo de superficiales contactos, sino de profundas entregas».[50]

La nueva residencia familiar, húmeda y oscura, no era nada lujosa. Tenía una planta rectangular, de unos veinte metros de largo por unos cuatro de ancho, con un pequeño patio interior. A la sala de estar le seguían el saloncito que hacía las veces de recibidor y los dos dormitorios, que corrían junto al patio interior. Al fondo, el comedor, la cocina, el cuarto de servicio con baño y otra pieza donde el escritor instaló su estudio, en el que compartía a veces con sus amigos.

Según recuerda Fina García Marruz, los pesados muebles de Trocadero, de estilo colonial y demasiado grandes para lo reducido de la sala, eran indicios de un bienestar perdido. Junto con otros adornos y objetos que a Fina le recuerdan una de esas tiendas de antigüedades «que unen la penuria a la joya» –un pequeño *biscuit* de Baudry, compra de Celia; la limosnera argelina en mayólica, el vaso danés de cristal tallado con el paisaje de una ciudad; el cofre alemán, la fusta y las espuelas del padre...– daban idea de haber pertenecido a una casa mayor y desarbolada, como los restos de un naufragio. Entre esos viejos muebles y recuerdos de su infancia, vivirá Lezama casi cinco décadas, hasta su muerte.

NOTAS:

[1] Eloísa Lezama Lima: «Introducción» a *Paradiso*, Cátedra, Madrid, 1980, pág. 20.

[2] Eloísa Lezama Lima: *UFH*, pp. 14-15.

[3] Robert Desnos: «Una encrucijada del mundo», en *Cuba en 1928. Reminiscencias, Documentos, Informaciones, Gráficos, Artículos y Opiniones del VII Congreso de la Prensa Latina*, París, 1928, pp. 78-79.

[4] En 1919 había en La Habana 42 cines que exhibían películas europeas, estadounidenses y cubanas. Entre estas últimas, *Los matrimonios salvavidas*, que

recreaba la ola de casamientos desatada para evadir el servicio militar obligatorio, y *La brujería en acción*, de Enrique Díaz Quesada, estrenada en enero de 1920, que trataba las prácticas religiosas a la que se habían aficionado cubanos de todas las clases y razas. Ese mismo mes, los teléfonos, instalados por una compañía estadounidense, llegaron a ser 29 840, una cantidad que, en proporción al número de habitantes, superaba la de ciudades como Londres, París o Viena. En cuanto a los automóviles, en enero de 1919 había en La Habana 7 200 y en julio 10 000, además de 400 tranvías. En esos años comenzaban también los vuelos sobre la isla, aunque aún eran vistos como una gran hazaña, mientras se trabajaba para establecer comunicación telefónica entre Cuba y Estados Unidos, lo que se logró en 1921. En 1920, el escritor estadounidense Joseph Hergesheimer llegó a escribir: «Havana was for the moment, in a very strong sense, the capital of the world, and the visible mark of that was the stream of automobiles on the Prado and Malecón». (*San Cristóbal de La Habana*, Alfred A. Knopf, New York, 1920).

[5] La otra propiedad, en San Nicolás 20, esquina a Lagunas, fue vendida formalmente a Rosa Lima (por 15 000 pesos) en agosto de 1930, y se siguió alquilando al menos hasta 1932. Luego de la muerte de Celia Rosado, el 13 de enero de 1935, fue recomprada por su hija Alicia.

[6] Alicia Lima Rosado se había ido a vivir a Camagüey tras casarse, en febrero de 1912, con Alberto Santos, que llevaba, como el Santurce de *Paradiso*, dos negocios paralelos: su consulta médica y una plantación de azúcar.

[7] Eloísa Lezama Lima: *UFH*, pág. 15.

[8] Mucho después, en 1975, Lezama y Eloísa conversan sobre su primo en una carta. Lezama lo describe como «insignificante y enigmático». «La frase que te dijo puede ser verdad, pues yo recuerdo que cuando Uds. eran niños mostraba siempre una extraña simpatía por ti, pero su timidez patológica le impedía manifestarse. Imagínate lo que hubiera sido semejante pequeñez casado contigo». Carta de JLL a Eloísa, 5 de octubre de 1975, en *CE*, pág. 201.

[9] Véase «Ante el altar», en *Diario de la Marina*, La Habana, 25 de agosto de 1916, pág. 5. El ramo de la novia, «modelo Matilde», cuya descripción ocupa un párrafo de la crónica, aparece también en un anuncio a toda página de la florería El Fénix en la revista *Social*, La Habana, agosto de 1916, pág. 49.

[10] «Cuando estaban en Prado, Joseíto tenía una manía rara... Para estudiar agarraba un chaleco que había sido de tío José María y se lo ponía encima, se ponía a estudiar por la habitación con el chaleco puesto, decía que le daba suerte. De vez en cuando nos miraba por el cristal de la habitación y nosotras

[se refiere a las primas que iban de visita], en la sala». Testimonio de la prima de Lezama, Mercedes Rosado, en «Palabras cruzadas en torno a Lezama Lima», entrevista de Víctor Fowler y Fabiola Mora, en *Letras Cubanas*, n. 16 (oct.-nov.-dic. 1990), pág. 286.

[11] Eloísa Lezama Lima: «Mi hermano», en *CE*, pág. 214.

[12] Eloísa Lezama Lima: *UFH*, pág. 15.

[13] Ciro Bianchi Ross: «Asedio a Lezama Lima», en *AH*, pág. 80.

[14] *VM*, pág. 22.

[15] Frase de Lezama citada en el *Dossier* de *PA(EC)*, pág. 714.

[16] *VM*, pág. 22.

[17] Uno de esos berrinches, sin embargo, es el que durante el velorio de la abuela Cambita (al final del capítulo III), le permite poner en su lugar al tío, «bambollero abogadillo de provincia», arrojándole la sortija que este había prestado a la difunta y temía haber perdido, mientras le dice: «Coge, puerquito». Aquí Lezama ajusta cuentas con un hermano de Celia, el abogado José Rosado Aybar, que jugó un importante papel en la política cubana bajo el gobierno de Machado (fue subsecretario de Gobernación y promulgó la legislación para regular la prensa cuando la oposición al machadato iba en aumento). Esa alusión despectiva al tío abuelo es la única que aparece en todo *Paradiso*; el personaje queda fijado a esa maravillosa palabra, «bambollero», alguien que gasta mucha bambolla, es decir, boato, pero también una cosa fofa, abultada y de poco valor, como una burbuja de *socialité*. José Rosado Aybar fue arrestado en mayo de 1935, tras regresar de un viaje a Miami, por supuestos actos de corrupción.

[18] Véase «Hurto de dinero», *Diario de la Marina*, La Habana, 27 de marzo 1908, pág. 6. / «Hurto», *Diario de la Marina*, 5 de agosto de 1909, pág. 5. / «Más sentencias», *Diario de la Marina*, 28 de marzo de 1911, pág. 7. / «Delitos», *Diario de la Marina*, La Habana, 28 de agosto de 1928, pág. 2. (Agradezco a Pedro Marqués de Armas, que incluye a Alberto Lima entre los perfiles de su libro inédito *Suicidas de Cuba. Semblanzas y crónicas*, por facilitarme estas referencias). En agosto de 1909 Alberto Lima declara a la policía estar viviendo en Avenida del Golfo 12, antiguo nombre del Malecón habanero.

[19] Octavio Armand: «El caso de la estatua y el fantasma (ensayo gótico)», en *Escribir es cubrir. Pulpo de ensayos*, El Estilete, Caracas, 2016, pág. 249.

[20] Nota al pie de Eloísa Lezama Lima en *Paradiso*, Cátedra, Madrid, 1980, pág. 80.

[21] Armando Pereira: «José Lezama Lima: el encuentro con la imagen», en *Revista de la Universidad de México*, n. 498, julio de 1992, pág. 52.

[22] Armando Pereira: ídem.

[23] Puede ser interesante comparar el camino hacia la muerte del tío Alberto en *Paradiso*, con una crónica de Jorge Mañach, «Fritas de media noche», incluida en su libro *Estampas de San Cristóbal* (La Habana, Editorial Minerva, 1926, pp. 200-203). «Allí donde afluye la curiosidad popular, en la playa franca a la orilla de la calzada que estremecerá el disparo de los autos de carrera –o junto a los parajes donde el humor adinerado se refocila por las noches de jácara y "parranda", los puestos de "fritas" enardecen el ambiente con su picante hedor de aceite abrasado. // Luján y yo los hemos visto anoche, camino de la Playa por antonomasia. Habíamos escapado de la ciudad, zonza del rigor canicular, y cuyas luces, a lo lejos, parpadeaban en la perspectiva abierta de la noche, llenando el cielo de un rubio resplandor. Las tinieblas de la carretera estaban traspasadas del perfume de los algarrobos. Bajando la nuca sobre la capota plegada del auto, veíamos arriba el azul solemne y rielado de estrellas de la noche tropical, y el aire húmedo se nos entraba más afilado y frío, con una sensación de daga. Alguna vez, el haz de luz invisible de nuestros faroles dibujaba la fusta lívida de una palmera en medio mismo del camino, peligrosamente conservada en su delta de hierba monda que el asfalto abrazaba al bifurcarse. Otras máquinas pasaban a intervalos en sentido contrario, y su mirada luminosa se clavaba súbitamente en nuestras pupilas borrachas de la noche, deslumbrándolas con un amago de desastre. Pero nuestro auto seguía ileso, rumoroso en el silencio rehecho, violando las sombras». El accidente automovilístico de Alberto, que aparece en la novela, sí tuvo lugar, aunque no fue fatal. Como tantas otras veces, Lezama usa una experiencia real y la modifica a conveniencia.

[24] En octubre de 1918, en una postal enviada desde Pensacola, el padre le dice que espera que a su regreso ya sepa leer. Es decir, que con ocho años aún Lezama no leía bien. Tampoco redactaba correctamente, a juzgar por los breves mensajes al padre que se conservan, algunos con errores muy básicos de ortografía (véase nota 59 del capítulo 2).

[25] El también llamado Casal Catalán o Beneficencia Catalana se fundó en La Habana en 1840, para ayudar a los emigrados de esa provincia española. Véase el ensayo de Gema Areta Marigó: «José M. Lezama Jr.: fatum y simpathos familiar», en *Gravitaciones en torno a la obra poética de José Lezama Lima (La Habana,*

1910-1976), Laurence Breysse-Chanet e Ina Salazar eds., Editions Le Manuscrit, París, 2010, pp. 63-64.

[26] Eduardo Robreño: «Un cubano que honró a su patria», en *CLL*, pp. 23-24. Robreño se refiere a Fernando Sirgo Traumont, que llegó a ser secretario de Instrucción Pública de Cuba entre 1936 y 1938, y que será el tutor de Lezama en la Universidad. Véase la nota 5.

[27] «Yo era entonces un muchacho, creo que tendría 14 años, pero ya estaba interesado en este tipo de movimiento. Leía revistas donde hablaban de reformas universitarias, de las preocupaciones de los estudiantes de las Universidades de Argentina y México». Rosa Ileana Boudet: «Lanzar la flecha bien lejos (entrevista con José Lezama Lima)», en *CLL*, pág. 376.

[28] Ciro Bianchi: «Asedio a Lezama Lima»; *AH*, pp. 77-78.

[29] «Definir es cenizar», entrevista con Eugenia Neves (1969). En *Interrogando a Lezama Lima*, *VM*, pág. 33.

[30] Para una lista detallada de estos libros, véase el artículo de Carlos Manuel Valenciaga Díaz: «Lezama Lima con Cervantes en su Morada del Dragón», publicado en el portal de la Biblioteca Nacional José Martí, el 9 de agosto de 2020. https://fac.cu/noticias/1842/lezama-lima-con-cervantes-en-su-morada-del-dragon (consultado en 2023).

[31] *PLDS*, pp. 58-60.

[32] Ciro Bianchi: «Asedio a Lezama Lima»; *AH*, pág. 76.

[33] Eloísa Lezama Lima: «Introducción» a *Paradiso*, Cátedra, Madrid, 1980, pág. 21.

[34] Carta de JLL a RLL y ELL, 30 de mayo de 1965; *CE*, pp. 92-93.

[35] En diciembre de 1904, por ejemplo, fue detenido en Prado esquina a Genios luego de una pelea en la que recibe un bastonazo. En agosto de 1913 acusa a tres individuos de haberle agredido en el café Bonachea de Prado y Refugio, incidente del que sale bastante mal parado. Por último, en diciembre de 1914 es acusado de obstruir el paso a los concurrentes a una boda en San Lázaro 84. Véase: «En el paseo del Prado», *Diario de la Marina*, La Habana, 6 de diciembre de 1904, pág. 8. / «Le cayeron todos», *Diario de la Marina*, La Habana, 27 de agosto de 1913. / «El vigilante 1,060 es enemigo del matrimonio», *Diario de la Marina*, La Habana, 18 diciembre de 1914, pág. 11.

[36] La prole conocida de los Lima Rosado fueron Andresito, Carmen, Alberto, Rosa, Horacio, Alicia y Matilde. Otros dos hijos, Aida y Esteban, murieron poco después de nacer.

[37] Pereira estudió estomatología y falleció muy joven, pero conservó hasta su muerte un cuaderno con poemas suyos y de un jovencísimo Lezama. Más tarde su hermana, la doctora Mercedes Pereira, se lo entregó al escritor. «Había no sólo poemas de mi hermano y Lezama –recuerda–, sino de varios que son perfectamente desconocidos, pero de algunos Lezama se acordaba. Lo primero que recuerdo es que había un poema en prosa, después hay varios breves, dos de ellos de tema amoroso... lo que yo recuerdo. Yo le llevé la libreta y él delante de mí leyó algunas cosas, imagino que él las saborearía a solas. Cuando le hice la acotación del poco valor literario que tenían me dijo que «bueno, probablemente era un momento, además, muchas están hechas casi por broma». Me dijo que era el resultado de reuniones que se hacían para estudiar y en medio de eso alguien escribía; como tu hermano era tan organizado un día llevó la libreta, por fuera decía "Juan Manuel Pereira-Colegio Mimó". Yo sé que nunca la volví a traer. No estaba escrita entera, estaba un poco más de la mitad y había otras cosas que no eran poemas que yo recuerde, un resumen de historia. En cuanto a poemas de Lezama, había como diez». En «Palabras cruzadas en torno a Lezama Lima», *Letras Cubanas*, n. 16, edic. cit., pp. 288-289.

[38] Eloísa Lezama Lima: «Mi hermano»; *CE*, pág. 227. Un relato muy similar del incidente aparece en la entrevista con Nedda G. de Anhalt: «Eloísa Lezama Lima: una resistencia fogosa», en *Vuelta*, n. 124, México, octubre de 1988, pág. 31.

[39] «El viento lo impulsaba inflándole la ropa, como si lo soplaran por debajo del pantalón. Apegado a la sacralización del huracán, Cemí sintió la trágica responsabilidad de ser el custodio, el guardián de algo que tiene que llegar a su destino. Al llevarse la mano al bolsillo remedaba grotescamente al ángel que con su espada llameante establece un arco entre los dos extremos del tiempo, entre el cuerpo secreto que se guarda y el cumplimiento de su destino. Impulsado por el huracán, que lo volvía suscitante a las más temerarias intuiciones, Cemí sintió que guardar un cuerpo secreto dentro de su cuerpo, le comunicaba una secreta misión a su vida». *OL(EC)*, pág. 331.

[40] Nedda G. de Anhalt: «Eloísa Lezama Lima: una resistencia fogosa», *op. cit.*, pág. 31.

[41] Carta de Fina García Marruz a JLL, abril de 1976; *MI*, pp. 656-657.

[42] Véase «De su libreta de trabajo del año 1936» y «Cuento»; en *FM*, pág. 24 y pp. 25-33, respectivamente.

[43] Cito de mi correspondencia con Ernesto Bustillo Sotolongo, nieto de Rosa Lezama Lima y depositario de la memoria familiar.

[44] *PA(EC)*, capítulo IX, pág. 431.

[45] Jorge Mañach, «La Alameda de Paula», en *Estampas de San Cristóbal*, ed. cit., pp. 251-253.

[46] Alberto Insúa: *Amor, viajes y literatura. Memorias*, Editorial Tesoro, Madrid, 1959, pág. 519. A propósito, es imposible no recordar que en octubre de 1949, cuando Lezama tenga su célebre polémica con Mañach, en el balance que hará de la *Revista de Avance* incluirá una despectiva mención a Insúa: «Sus cualidades eran, como usted subraya, de polémica crítica, mas no de creación y comunicación de un júbilo en sus cuadros de escritores. En sus viñetistas y pintores se confundían Valls, Segura, Gattorno, y Víctor Manuel, propiciando una confusión de actitudes y de valoraciones. Ninguna traducción de Valéry, Claudel, Supervielle, Eliot, o los grandes poetas de aquellos momentos que serían después de todos los momentos. Hasta Alberto Insúa irrumpía en algunas de sus páginas».

[47] «En la sala de nuestra casa había una exquisita lámpara de canelones de cristal cortado, una cocuyera, decía Mamá. En días señalados se encendía la lámpara y la casa tomaba enseguida aires de fiesta. Previamente al 30 de agosto –santo de mamá y de Rosita, mi hermana– se limpiaba cada canelón y el relumbrón cegaba. Cuando fuimos creciendo la odiábamos porque los canelones se fueron rompiendo, al unísono con nuestra decadencia económica». Eloísa Lezama Lima: *UFH*, pp. 13-14.

[48] Blanca Maruri era la célebre esposa de Alfredo Hornedo, en aquel entonces senador de la República. La fama le venía por la historia de su idilio, que sabían todos los habaneros. Hornedo, un joven de origen humilde que trabajaba para la familia Maruri, se enamoró de la hermosa hija y heredera. No sin tropiezos, la pasión terminó en boda. Favorecido por la posición social de sus suegros, Hornedo hizo crecer la fortuna de los Maruri con su inteligencia y habilidad para los negocios. Llegó a ser uno de los hombres más ricos de la isla, e incursionó en política ocupando el cargo de senador por el Partido Liberal. Fundó, además, el periódico *El País*. En 1950, como un homenaje a su primera esposa, que falleció luego de una larga enfermedad, hizo construir el teatro Blanquita (hoy «Karl Marx»), considerado en el momento de su inauguración el más grande del mundo. Con 6600 lunetas, pista de patinaje y cafetería para doscientos clientes, el Blanquita superaba en 500 asientos al Radio City Hall, de Nueva York.

[49] Eloísa Lezama Lima: *UFH*, pág. 31.

[50] Armando Álvarez Bravo: «Órbita de Lezama Lima», *OR*, pág. 15.

Federico Rosado Brincau (1832-1894), bisabuelo de José Lezama Lima.

POESIAS

DE

DON FEDERICO ROSADO Y BRINCAU

PRECEDIDAS DE "DOS PALABRAS"

POR SU HIJO

José Rosado y Aybar,

y juicios críticos de A. de la Iglesia, F. Villoch, M. S. Pichardo, F. Rabell, A. E. Villaverde, Dr. J. I. Torralbas, M. del Palacio, C. L. de Vega, F. Sánchez de Fuentes y W. Oñate.

HABANA

"La Australia" Imprenta, Papelería, Encuadernación y Rayados, Obispo 31, entre Mercaderes y S. Ignacio.

1897

Recopilación de poemas de Federico Rosado Brincau, hecha por su hijo José Rosado Aybar en 1897.

Cortejo tras la reja en la Cuba de finales del siglo XIX (American Photo Company).

Cigarrería «La Favorita», propiedad de José Huau, en Jacksonville, Florida, *c.* 1895. (*Florida Historical Quarterly*).

El escritor y periodista norteamericano Stephen Crane en 1900 (Getty/Bettmann).

Los expedicionarios del Delaware, en Nassau. Carlos Lima es el que aparece a la izquierda, con sombrero y los brazos cruzados.

FELL DOWN AN ELEVATOR.

Accident to Andrew Lima at the Cuban Fair Last Evening.

While Andrew Lima, a young Cuban, was enjoying himself at the Cuban fair, in the John Clark Building, last evening, he suddenly fell down the elevator shaft, going a distance of one story and then into the basement. He had been sitting on a board across the shaft, the board breaking in two.

The young man was picked up in an unconscious condition. Dr. Montalvo was called in to attend him, and it was some time before he regained consciousness. The patrol wagon was finally sent for, and the young man was taken to his home. He was badly bruised about the head, and otherwise injured, but it is hoped the injuries will not prove fatal.

The affair quite naturally created a great deal of excitement among the large number of ladies at the fair.

DEATHS AND BURIALS.

The funeral of Andrew Lima, who died Monday afternoon from the effects of fracture of the skull, took place yesterday afternoon at 3 o'clock at the home of the deceased's family, on Main Street. The interment was made in the Old City Cemetery by Undertaker Chas. A. Clark. The Rev. V. W. Shields officiated at the ceremony. The pall-bearers were Captain R. P. Drysdale, Lieutenant W. A. Bours, Jr., Sergeant Barney Shields, Private Clarence Jeffreys, members of the Florida Light Infantry, and Fidal Fiantes. The F. L. I. attended the funeral in uniform, paying the deceased comrade fitting honors. Young Lima met with an accident a week ago at the Cuban fair by falling thirty-two feet down an elevator shaft.

• • •

Noticia del accidente y obituario de Andresito Lima en la prensa de Florida.

Los Lima en la casa de Prado 9, *c.* 1902. De izquierda a derecha: Celia Rosado Aybar, Alberto Lima Rosado, Andrés Lima Padilla (sosteniendo un periódico), Alicia, Matilde, Horacio, Carmita y Rosa Lima Rosado. (Archivo JLL BNJM).

Foto dedicada por José María Lezama Rodda a su novia Rosa Lima: «Rosa: Es mi deseo más vehemente, / Es mi única felicidad, / que por toda una eternidad / Florezca mi amor en tu mente. Enero 6/06». (Archivo JLL BNJM).

José María Lezama Rodda en 1905. (Archivo JLL BNJM).

Sección norte del Paseo Martí (o Avenida del Prado) *c.* 1910. Al fondo, el Castillo de los Tres Reyes del Morro.

Inundación provocada en la Avenida del Prado por un ciclón (octubre de 1910).

El padre de Lezama, con su uniforme de Teniente de Artillería (*c.* 1910). (Archivo de Eloísa Lezama Lima).

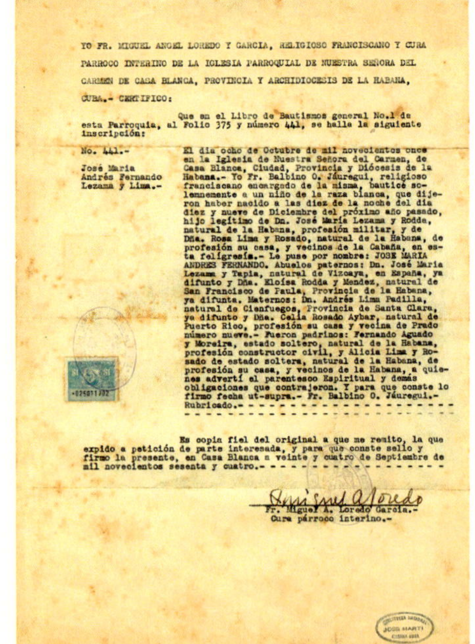

YO FR. MIGUEL ANGEL LOREDO Y GARCIA, RELIGIOSO FRANCISCANO Y CURA PARROCO INTERINO DE LA IGLESIA PARROQUIAL DE NUESTRA SEÑORA DEL CARMEN DE CASA BLANCA, PROVINCIA Y ARCHIDIOCESIS DE LA HABANA, CUBA.- CERTIFICO:

Que en el Libro de Bautismos general No.1 de esta Parroquia, al Folio 375 y número 441, se halla la siguiente inscripción:

No. 441.-

José María Andrés Fernando Lezama y Lima.-

El día ocho de Octubre de mil novecientos once en la Iglesia de Nuestra Señora del Carmen, de Casa Blanca, Ciudad, Provincia y Diócesis de la Habana.- Yo Fr. Balbino O. Jáuregui, religioso franciscano encargado de la misma, bauticé solemnemente a un niño de la raza blanca, que dijeron haber nacido a las diez de la noche del dia diez y nueve de Diciembre del próximo año pasado, hijo legítimo de Dn. José María Lezama y Rodda, natural de la Habana, profesión militar, y de Dña. Rosa Lima y Rosado, natural de la Habana, de profesión su casa, y vecinos de la Cabaña, en esta feligresía.- Le puse por nombre: JOSE MARIA ANDRES FERNANDO. Abuelos paternos: Dn. José María Lezama y Tapia, natural de Vizcaya, en España, ya difunto y Dña. Eloísa Rodda y Mendez, natural de San Francisco de Paula, Provincia de la Habana, ya difunta. Maternos: Dn. Andrés Lima Padilla, natural de Cienfuegos, Provincia de Santa Clara, ya difunto y Dña. Celia Rosado Aybar, natural de Puerto Rico, profesión su casa y vecina de Prado número nueve.- Fueron padrinos: Fernando Aguado y Moreira, estado soltero, natural de la Habana, profesión constructor civil, y Alicia Lima y Rosado de estado soltera, natural de la Habana, de profesión su casa, y vecinos de la Habana, a quienes advertí el parentesco Espiritual y demás obligaciones que contrajeron. Y para que conste lo firmo fecha ut-supra.- Fr. Balbino O. Jáuregui.- Rubricado.- -

Es copia fiel del original a que me remito, la que expido a petición de parte interesada, y para que conste sello y firmo la presente, en Casa Blanca a veinte y cuatro de Septiembre de mil novecientos sesenta y cuatro.- - - - - - - - - - - - - - - - - - -

Fr. Miguel A. Loredo García.-
Cura párroco interino.-

Certificado de bautismo (1911) del niño José Lezama Lima. (Archivo JLL BNJM).

Revista militar en el campamento de Columbia, en 1913.

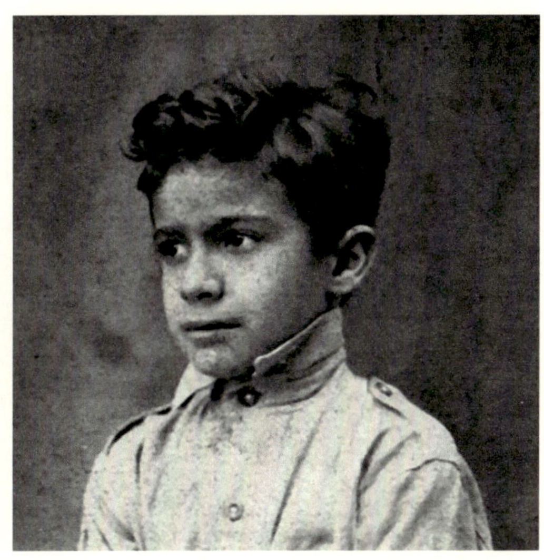

El niño Lezama, *c.* 1915. (Archivo JLL BNJM).

Lezama con menos de un año, en una foto del estudio Colominas y Cía. (Archivo JLL BNJM).

Lezama vestido de marinerito, con su hermana Rosa y su abuela materna Celia Rosado, *c.* 1915. (Archivo JLL BNJM).

¡MURIÓ!

Por correo, con selio de bicicleta, hemos recibido esta mañana la esquela mortuoria que publicamos, por si acaso alguno de nuestros lectores quiere asistir al entierro.

E. P. D.

La Sra. Chambelona Liberal

HA FALLECIDO

o mejor dicho, ha fracasado

después de recibir los santos desengaños del sufragio electoral y la bendición apostólica del reverendo mister Wilson.

Y dispuesto su entierro para la tarde de hoy, los que suscriben, Tiburón, el Chino, Ferrara (ausente), Matatías Mangle Rojo y la Mango Macho, ruegan a sus amigos alzados y agachados se sirvan concurrir al lugar mortuorio de "La Crisis", para acompañar el "cadavere" al cementerio de la laguna del Calabazar, pasando por Cambute.

EL DIRECTORIO, Tren funerario.

(Se suplica la conga.)

(El duelo se despide debajo de los pinos.)

Una esquela burlona de la insurrección liberal conocida como «La Chambelona», publicada en *La Política Cómica*, en 1917.

Anuncio de un hipotético remedio contra el asma, publicado en el *Diario de la Marina* por la época en que Lezama empezó a padecer esa enfermedad.

Lezama niño, vestido de uniforme, con un teodolito utilizado para las prácticas militares que dirigía su padre. (Archivo JLL BNJM).

Foto de la Comisión militar cubano-estadounidense, reunida en Washington en mayo de 1917. Destacan José María Lezama Rodda, con sombrero hongo; José Francisco Martí Zayas Bazán, con canotier, y Carlos Manuel de Céspedes y Quesada, con chistera. (Harris & Ewing, Library of Congress).

Integrantes de la Comisión. De pie, de izquierda a derecha: capitán Ernesto Tabío Espinosa, teniente coronel Alberto Carricarte, teniente coronel Lezama Rodda, teniente José Van der Gucht y el comandante Carleton Romig Kear, instructor de la Marina cubana; sentado, el general José Francisco Martí Zayas Bazán. (Harris & Ewing, Library of Congress).

Integrantes de la Comisión. De izquierda a derecha: Lezama Rodda, Carricarte, Martí Zayas Bazán, Kear y el teniente coronel Wittenmeyer, *attaché* militar norteamericano en Cuba. (Harris & Ewing, Library of Congress).

Retrato de José María Lezama Rodda en uniforme de gala, tomado durante su estancia en Washington. (Harris & Ewing, Library of Congress).

Clase de esgrima en la escuela de cadetes, en 1912. Al centro, el padre de Lezama y el campeón olímpico de esgrima Ramón Fonst. (Archivo JLL BNJM).

Foto de pasaporte de Rosa Lima Rosado, con sus hijos José y Rosa Lezama Lima (1918). (Archivo JLL BNJM).

La fortaleza de Fort Barrancas, en Pensacola, Florida, donde murió el padre de Lezama. (Library of Congress).

UN ALMUERZO EN "EL CHICO"

Entre los muchos homenajes de que ha sido objeto el ilustre cantante Enrico Caruso, se ha efectuado uno que será para él inolvidable, según nos ha asegurado. El día último del pasado mes fué obsequiado con un suculento almuerzo criollo, por el General Menocal en su espléndida posesión de "El Chico". Sentáronse a la mesa las señoras de Seva de Menocal, Herrera de Seva, Lasa de Pedro, Radelat de Fontanills y Soto-Navarro de Lasa, las señoritas Sedano y Menocal, y los señores Pedro, Lasa (José María y Juan Antonio), Fontanills, de Blanck, Comandante Ortega y Massaguer.

(Fotografías únicas de Villas, para Social.*)*

La señorita Sedano en *pose* ante el Comendador.

Un divo que sabe colocarse bien. (Y la Sra. Fontanills y la Srta. Sedano.)

Caruso despidiéndose de la señorita Menocal.

¡Addio Signorina!

47

La visita del tenor Enrico Caruso a La Habana tuvo gran cobertura en la prensa local. Este es un anuncio de su paso por la finca El Chico, donde compartió con el presidente Menocal y su familia (revista *Social*, junio de 1920).

Caruso caracterizado como Radamés en *Aida* de Verdi.

Lezama (primero por la derecha, con traje blanco) en 1926, junto con varios compañeros del Instituto de La Habana. (Archivo JLL BNJM).

Lezama vestido de uniforme militar, con su madre y su hermana Eloísa en uno de los portales de Prado (*c.* 1927). (Archivo de la Casa Museo José Lezama Lima).

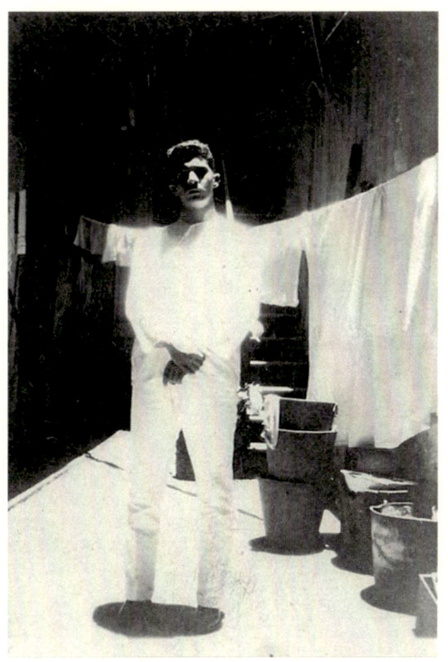

El joven Lezama en 1927. (Archivo JLL BNJM).

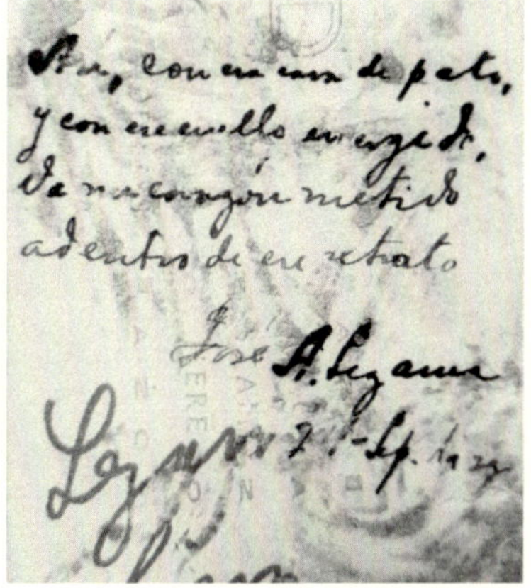

Retrato de Lezama con uniforme militar. Al reverso, una estrofilla burlona: «Con esa cara de pato / y con ese cuello emergido / va mi corazón metido / adentro de ese retrato. (José A. Lezama, 24-sept de 1929)».

Retrato de estudio de Lezama en 1929. (Archivo JLL BNJM).

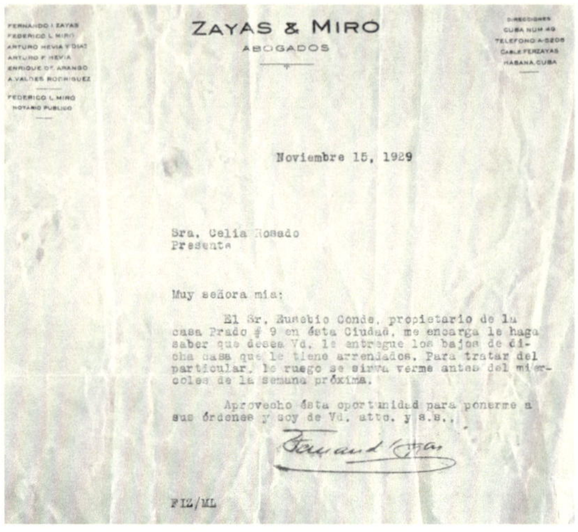

FERNANDO I ZAYAS
FEDERICO L MIRO
ARTURO HEVIA Y DIAZ
ARTURO F HEVIA
ENRIQUE DE ARANGO
A VALDES RODRIGUEZ

FEDERICO L MIRO
NOTARIO PUBLICO

ZAYAS & MIRO
ABOGADOS

DIRECCIONES
CUBA NUM 49
TELEFONO A-6208
CABLE FERZAYAS
HABANA CUBA

Noviembre 15, 1929

Sra. Celia Rosado
Presente

Muy señora mía:

El Sr. Eusebio Conde, propietario de la casa Prado # 9 en ésta Ciudad, me encarga le haga saber que desea Vd. le entregue los bajos de dicha casa que le tiene arrendados. Para tratar del particular, le ruego se sirva verme antes del miércoles de la semana próxima.

Aprovecho ésta oportunidad para ponerme a sus órdenes y soy de Vd. atto. y s.s.,

Fernando Zayas

FIZ/ML

Carta del abogado Fernando Zayas informando a Celia Rosado de que el nuevo propietario de Prado 9 le pide abandonar definitivamente el inmueble. (Archivo de la Casa Museo José Lezama Lima).

Fachada de la casa de Trocadero donde Lezama se mudó con su familia en 1929-30.

Jorge Arche: *Retrato de Arístides Fernández* (1934).

Jorge Arche: *Retrato de José Lezama Lima* (1936?).

Jorge Arche: *Retrato de René Villarnovo* (1940).

Jorge Arche: *Retrato de Emilio Rodríguez Correa* (1941).

Lezama y Salvador Gaztelu, *c.* 1936. Al fondo, la bahía de La Habana. (Archivo JLL BNJM).

Lezama y Salvador Gaztelu, *c.* 1936. (Archivo JLL BNJM).

Federico García Lorca con un amigo en La Habana (Cuban Heritage Collection, Biblioteca Otto G. Richter, University of Miami).

García Lorca y José María Chacón y Calvo en el Havana Yacht Club. (Cuban Heritage Collection, Biblioteca Otto G. Richter, University of Miami).

Retrato de García Lorca en La Habana, dedicado a su amigo José María Hinojosa.

Represión de la protesta estudiantil donde murió Rafael Trejo. La foto muestra al propio Trejo durante la manifestación del 30 de septiembre de 1930, peleando con el policía Félix Robaina, minutos antes de recibir el tiro que lo mató. Fue tomada por el fotorreportero de *El País* Fernando Lezcano Miranda, llamado «El Guapo» por su afición a cubrir la crónica roja de la época. La foto quedó en el archivo del *Diario de la Marina*, donde el fotógrafo norteamericano Walker Evans la descubrió y la incluyó como testimonio anónimo en *The Crime of Cuba* (1933).

Lezama en 1931. (Archivo JLL BNJM).

El joven Guy Pérez Cisneros Bonnel, en 1935. (Archivo Pablo Pérez-Cisneros).

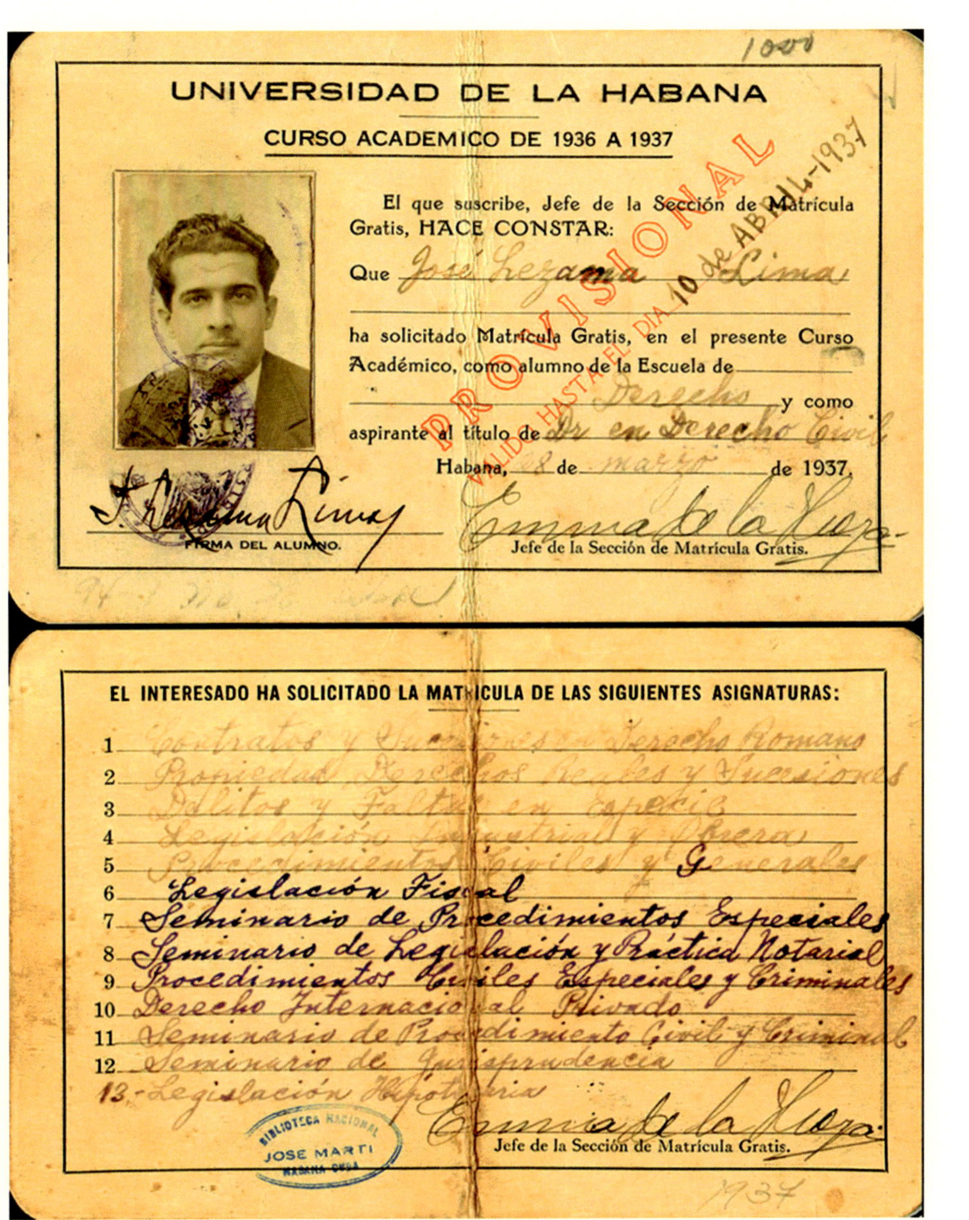

UNIVERSIDAD DE LA HABANA

CURSO ACADEMICO DE 1936 A 1937

PROVISIONAL
VALIDO HASTA EL DIA 10 de ABRIL 1937

El que suscribe, Jefe de la Sección de Matrícula Gratis, HACE CONSTAR:

Que José Lezama Lima

ha solicitado Matrícula Gratis, en el presente Curso Académico, como alumno de la Escuela de Derecho y como aspirante al título de Dr. en Derecho Civil

Habana, 28 de marzo de 1937.

FIRMA DEL ALUMNO.

Jefe de la Sección de Matrícula Gratis.

EL INTERESADO HA SOLICITADO LA MATRICULA DE LAS SIGUIENTES ASIGNATURAS:

1. Contratos y Sucesiones en Derecho Romano
2. Propiedad, Derechos Reales y Sucesiones
3. Delitos y Faltas en especie
4. Legislación Industrial y Obrera
5. Procedimientos Civiles y Generales
6. Legislación Fiscal
7. Seminario de Procedimientos Especiales
8. Seminario de Legislación y Práctica Notarial
9. Procedimientos Civiles Especiales y Criminales
10. Derecho Internacional Privado
11. Seminario de Procedimiento Civil y Criminal
12. Seminario de Jurisprudencia
13. Legislación Hipotecaria

Jefe de la Sección de Matrícula Gratis.

Carnet universitario de Lezama (1936). (Archivo JLL BNJM).

Lezama con Emilio Rodríguez Correa, Arturo Galletti Cabot y Orlando Castañeda y Escarrá en los jardines del Capitolio Nacional, *c.* 1936. (Archivo JLL BNJM).

JOSE LEZAMA LIMA

MUERTE
DE NARCISO

UCAR, GARCÍA Y CÍA.
La Habana
1937

Portada de la *plaquette Muerte de Narciso*, impresa por Úcar, García y Cía en 1937.

VERBVM

Organo Oficial de la Asociación Nacional de Estudiantes de Derecho

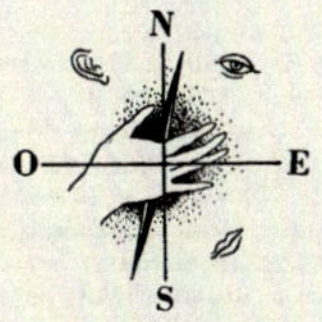

SUMARIO

JUAN RAMON JIMENEZ: BRAZO ESPAÑOL.
JOSE LEZAMA LIMA: EL SECRETO DE GARCILASO.
JULIEN BENDA: JUVENTUD DE UN INTELECTUAL PURO.
GUY PEREZ CISNEROS: PRESENCIA DE OCHO PINTORES.

Notas.—Guy Pérez Cisneros: David, Caricaturista.—José Lezama Lima: Fundación de un Estudio Libre de Pintura y Escultura

AÑO I. Junio de 1937 NUM. 1.

Portada del primer número de la revista *Verbum.*

Lezama recostado a una estatua de Apolo en los jardines del Anfiteatro de La Habana (1937). (Archivo JLL BNJM).

Retrato de Lezama en 1936. (Archivo de Eloísa Lezama Lima).

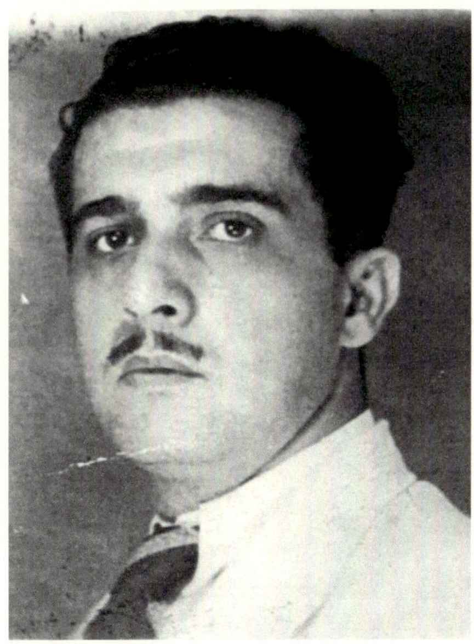

Lezama en 1938 (Archivo de Pablo Pérez-Cisneros).

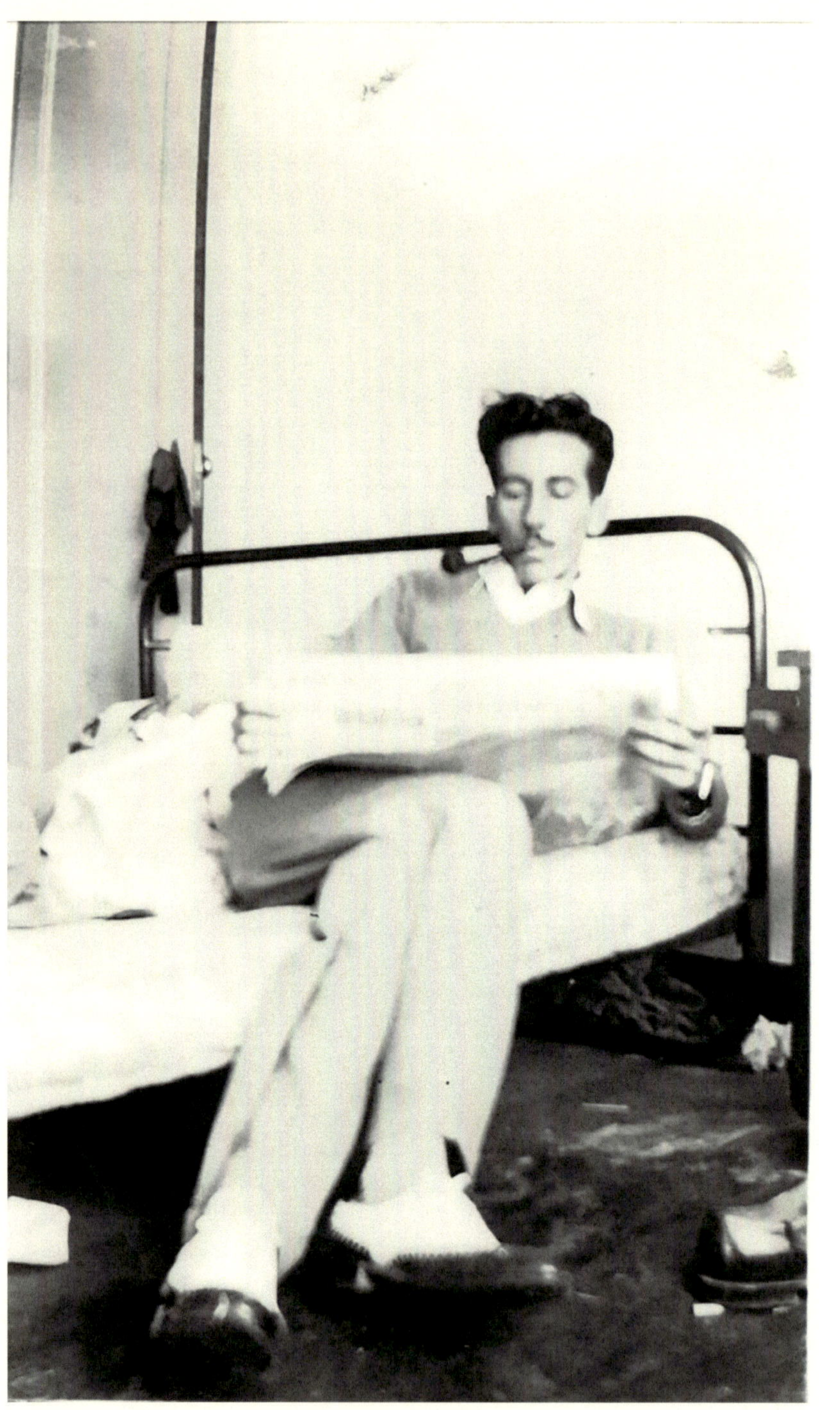

Retrato del pintor Mariano Rodríguez en su estudio, *c.* 1936.
(Fundación Mariano Rodríguez).

Foto tomada tras la consagración de Ángel Gaztelu como sacerdote. Lezama y Salvador Gaztelu, de pie, son los más altos de la segunda fila. (Archivo JLL BNJM).

Ángel Gaztelu en 1938.

Juan Ramón Jiménez en el recodo del Malecón de La Habana, junto a Ramón Menéndez Pidal.

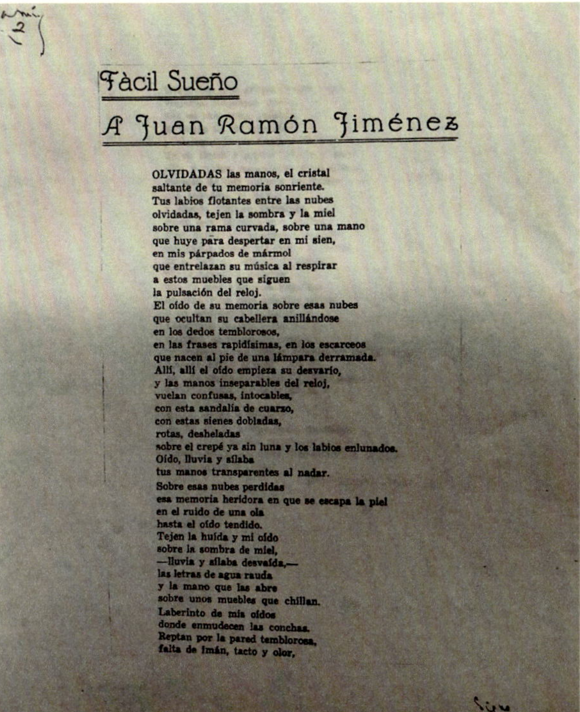

Fàcil Sueño

A Juan Ramón Jiménez

OLVIDADAS las manos, el cristal
saltante de tu memoria sonriente.
Tus labios flotantes entre las nubes
olvidadas, tejen la sombra y la miel
sobre una rama curvada, sobre una mano
que huye para despertar en mi sien,
en mis párpados de mármol
que entrelazan su música al respirar
a estos muebles que siguen
la pulsación del reloj.
El oído de su memoria sobre esas nubes
que ocultan su cabellera anillándose
en los dedos temblorosos,
en las frases rapidísimas, en los escarceos
que nacen al pie de una lámpara derramada.
Allí, allí el oído empieza su desvarío,
y las manos inseparables del reloj,
vuelan confusas, intocables,
con esta sandalia de cuarzo,
con estas sienes dobladas,
rotas, desheladas
sobre el crepé ya sin luna y los labios enlunados.
Oído, lluvia y sílaba
tus manos transparentes al nadar.
Sobre esas nubes perdidas
esa memoria heridora en que se escapa la piel
en el ruido de una ola
hasta el oído tendido.
Tejen la huída y mi oído
sobre la sombra de miel,
—lluvia y sílaba desvaída,—
las letras de agua rauda
y la mano que las abre
sobre unos muebles que chillan.
Laberinto de mis oídos
donde enmudecen las conchas.
Reptan por la pared temblorosa,
falta de imán, tacto y olor,

escapados ojos grises, largas rayas
viajeras, olvidados ruidos
que en mis oídos guiaban
la punta de los cabellos
y el soplo de los tritones.
Tejen lluvia y sílaba, niebla y miel,
oído y nubes, asustadas rayas grises,
mansas de mis oídos a los labios
que saborean la lluvia
y sílabas vuelcan variables
sobre esos muebles que chillan.
Miel huída, sin recuerdos detenida
por rayas grises, por dedos pintados
de la raíz al temblor de cristal;
por congelados collares
que en mis sienes se regolfan
oscuras, y en esos cabellos falsos
y en esos dedos pintados.
Laberinto de mis oídos,
collares, escaleras musicales,
pinos de mármol herido crecidos en los balcones.
Largas rayas grises
en mis sienes tropiezan tamborileantes.
Oído y nube, lluvia y sílaba,
miel y sombra,
giran, giran y giran
en las sienes de mis dedos olvidados
y las nubes en mis sienes ya borrosas.
Laberinto de mis oídos y escaleras enterradas
giran, giran y giran.

José Lezama Lima.

Un poema desconocido de Lezama dedicado a Juan Ramón (1939?). (Archivo de Juan Ramón Jiménez en la Universidad de Río Piedras, Puerto Rico. Cortesía de Alfonso Alegre Heitzmann).

LA HABANA, MIERCOLES, 2 DE DICIEMBRE DE 1936
PAGINA SEIS — AÑO 3.—NUMERO 271—

Proyecciones Españolas

JUAN RAMON EN LA HABANA

(Por Rafael Marquina)

Desde anoche se halla en esta ciudad—que a él le ha de parecer demasiado ruidosa, aunque bellísima—el gran poeta Juan Ramón Jiménez.

Hace unas semanas, en ocasión de creerse inminente su llegada, me plugo apostillar con unos férvidos comentarios la noticia de su arribo. Al darle hoy la bienvenida, no quiero más que cantar el júbilo de tenerle entre nosotros. Por lo demás, su alta categoría lírica no ha menester encomios de gacetillero.

Por buenos e inteligentes cuidados de la Institución Hispano-Cubana de Cultura, el gran poeta viene a dictar unas conferencias ante el público de la Habana. El domingo próximo explicará la primera. El tema delata una apetencia a la vez concreta e infinita.. «El trabajo gustoso». Lo que un poeta como Juan Ramón puede desentrañar de la feliz coyunda de esas dos palabras y de esos dos conceptos es para todos la promesa de un mundo de maravillas, todo un panorama de incitaciones. No olvidemos, además, que la poesía, cuando—como ocurre en el caso magnífico de Juan Ramón Jiménez—actúa en función estricta de estricta pureza, tiene por razón misma de su condición nominativa y bautista una eficacia rotunda. Oírle será, pues, como asistir al prodigio de una creación. Nacerán el trabajo gustoso y el gusto del trabajo.

Noche azul en mañana negra, la poesía ennoblece al tiempo y lo domina. Un poeta de España atiende en las horas turbias la voz de lo eterno y no se olvida de su misión creadora y normativa. Viene desde sus lejanías maravillosas, y a ellas ha de volverse para que no se quiebre la euritmia pura de su milagro interior.

Recogerá, sin duda, de los nuevos viñedos luz de agua y rumor de sol para los mostos futuros. No le salgamos al paso ni le interrumpamos con nuestros pequeños afanes. Antes de que lleguemos a él, ya él nos los habrá conocido. Admirémosle pálido, lejano, inasequible, viviendo en inminencia de profecía y en olor de santidad poética.

No es necesario encarecer la importancia de las conferencias de Juan Ramón. Por fortuna el prestigio de su obra es su mejor garantía. El público de la Habana que conoce la poesía de Juan Ramón está ansioso de oír su palabra y de comulgar en su sentido. En el vasto mundo de lengua española, la voz de este altísimo poeta ha levantado resonancias infinitas. Su verbo lírico ha removido innúmeros fervores. Sus conferencias ofrecen gustosa coyuntura para que todos aquellos que le admiran le ofrezcan personalmente, con atención devota, el homenaje que le es debido.

Un artículo de Rafael Marquina en el *Diario de la Marina*, anunciando la conferencia de Juan Ramón «El trabajo gustoso».

Publicidad del Hotel Vedado, donde se alojó Juan Ramón Jiménez durante su estancia habanera.

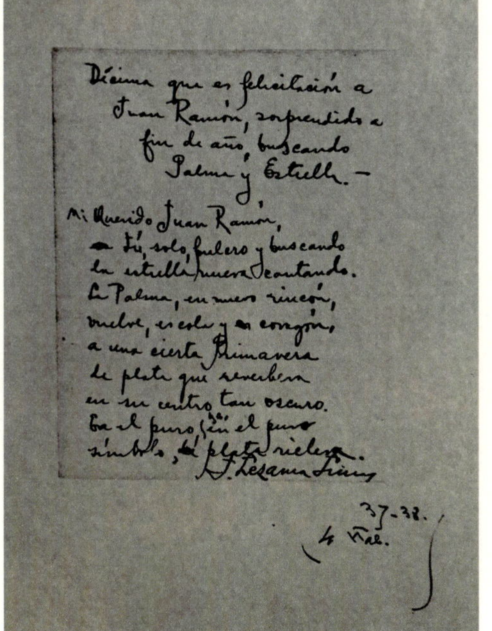

Décima que es felicitación a
Juan Ramón, sorprendido a
fin de año, buscando
Palma y Estrella. —

Mi querido Juan Ramón,
tú, solo, fullero y buscando
la estrella nueva decantando.
La Palma, en mío rincón,
vuelve, es cola y corazón,
a una cierta Primavera
de plata que reverbera
en su centro tan oscuro.
Era el puro sí en el puro
símbolo, de plata rielera.
J. Lezama Lima

37-38.
4 [illegible]

Décima de Lezama corregida por Juan Ramón. (Archivo de Juan Ramón Jiménez en la Universidad de Río Piedras, Puerto Rico. Cortesía de Alfonso Alegre Heitzmann).

Lezama con su madre, sus dos hermanas y sus sobrinos *c.* 1939. (Archivo JLL BNJM).

4.
NARCISO EN UPSALÓN (1929-1934)

En octubre de 1929, después de cumplir con el trámite de un curso preparatorio, José Lezama Lima comienza a estudiar Derecho en la Universidad de La Habana. La decisión de escoger esa carrera tuvo que ver, como casi todas las resoluciones importantes en su vida, con la arrolladora voluntad de su madre, empeñada en que su único hijo varón tuviese un título que no fuera meramente decorativo.

La abogacía, una de las carreras más comunes en el ambiente intelectual cubano de principios de siglo, había sufrido cierto descrédito pero aún contentaba a las familias conservadoras, que miraban con nostalgia el antiguo modelo del jurisconsulto erudito, típico de aquella República de «generales y doctores». Ya en 1925 Jorge Mañach se quejaba de que Derecho se había convertido en el destino inevitable de cualquier joven que quisiera hacer carrera intelectual. En un país donde la literatura y los periódicos no daban para vivir, la única posibilidad de empleo seguro que tenían estos graduados eran los puestos públicos, con su correspondiente escalera burocrática. De ahí que muchos origenistas (Cintio Vitier, Eliseo Diego, Agustín Pi, Lorenzo García Vega...) decidieran matricular Leyes, aunque la mayoría no terminaron la carrera o se desviaron por otros caminos profesionales.

La madre de Lezama, agobiada por su incierta situación económica, deseaba ver a su hijo en una profesión práctica, con más mérito social que intelectual. Y su hijo escogió complacerla. Al principio pensó cursar Derecho al mismo tiempo que Filosofía y Letras, con la que tenía asignaturas en común. Pero pronto se decepcionó: aquello no era el gran pórtico al saber que había imaginado. La mayoría de las clases eran tediosas y simplificadoras. La enseñanza universitaria le parecía fundada en una falsa concepción de la *auctoritas*, cuyo reverso caricaturesco era lo que más tarde bautizó como «el mercado cartaginés»: antes de entrar a clase, en las taquillas se vendían los dictados de los profesores o las notas taquigráficas de cursos anteriores.

Violencia, altanería y estupidez son palabras que recorren los recuerdos universitarios de Lezama. Un profesor que, en ausencia del bedel que debe abrirle una puerta, la rompe a patadas. Otro, recién llegado de París, le asegura que «allí nadie habla de ese Bergson que usted menciona tanto». Eran muchos los profesores de la época que mostraban una soberbia pareja a su ignorancia. En 1929 se estudiaba, cuenta Lezama, con una copia de Derecho Administrativo de doce o quince años atrás. Curso tras curso, el maestro repetía de memoria la misma lección, y los alumnos que se anticipaban al estudiar las conferencias podían adivinar las frases que pronunciaría. Gracias a esta ridícula ventriloquia, lo que se enseñaba en aquel recinto, definido en el capítulo IX de *Paradiso* como una suma de «mercado árabe, plaza tolosana y feria de Bagdad», parecía ajeno al paso del tiempo.

Otro de los futuros origenistas, Virgilio Piñera, que cursó Filosofía y Letras a finales de los 30, sacaba algún dinero de reproducir en un mimeógrafo sus apuntes de las conferencias de sus profesores Manuel Bisbé y Aurelio Boza Masvidal para venderlos a otros estudiantes. En sus memorias también deja claro el poco interés que le despertaba una Universidad centrada en exámenes rutinarios y no en conocimientos sólidos:

> De esa triste cosa que se llama mi carrera universitaria, cosa fofa, maloliente, sucio maridaje de alfabetismo y analfabetismo, sólo queda como único acto de sanidad mental el divertido fraude. Pero un fraude, debo aclarar, que no partía de una postura revolucionaria sino de la misma falsedad que a todos nos dominaba. Era siempre el mismo principio milenario: el fin justifica los medios... Sólo que en este caso particular uno de los medios mostraba su despejada faz frente al sucio desfile de los enmascarados fines.[1]

Para hacerse una idea de aquel ambiente basta leer la conversación entre Cemí y Fronesis sobre el «vulgacho profesoral» de Upsalón (así se refiere Lezama a la Universidad habanera en su novela, parodiando el nombre de su homóloga sueca, fundada en 1477) o la descripción que hace Cintio Vitier de las dos facultades por las que pasaron casi todos los intelectuales de esa época:

> Descreída y cínica la de Derecho, con sus clases espesas y aburridas, con sus eternos lectores de *El hombre mediocre* y *El Príncipe* y su gama de

> profesores que iba desde el oscuro semigángster, *zombi* del afeminado de brillantón en el meñique, hasta el pomposo parlamentario de pacotilla; desde el homúnculo aferrado a la teoría tripartita de León Duguit como a los brazos del sillón de falso académico que hacía caminar por el estrado con sus coléricas convulsiones «imbíbitas», hasta el sedoso epicúreo de escéptica sonrisa que, como inesperada consecuencia de su famosa formación en Alemania, decía preferir a todos los bailes el «íntimo» de la mujer...; más ingenua y «filomática» la de Filosofía y Letras, aunque de clases no menos aburridas: el minúsculo fragmento gigantoma de Historia de Cuba a las siete de la mañana; gota de agua insípida bajo un microscopio que sólo dejaba ver sucesos incoherentes; el engrudo sociológico de Masa Boba, accionando como un muñeco de ritmo pendular isócrono; el perpetuo mitin «antiyanqui», enfático, nudoso y hueco del americanizado catalán de Cárdenas, las desesperanzadas clases de literatura, las borrosas de psicología...[2]

Tras estos cáusticos retratos son reconocibles las figuras de Orestes Ferrara (que tuvo muchos años una cátedra auxiliar de Derecho en la que apenas enseñaba, pues era diplomático), Sánchez de Bustamante y Sirvén, Ramón Infiesta (especialista en Duguit; citado, por cierto, en *La historia me absolverá* de Fidel Castro), Ricardo Dolz, Guillermo Portela, Ernesto Dihigo, Pablo F. Lavín, Roberto Agramonte, Salvador Salazar y Félix Martínez Giralt, muchos de los cuales fueron también profesores de Lezama.

Años después, cuando Gastón Baquero proponga incluir en *Verbum*, revista presentada como «Órgano oficial de la Asociación Nacional de Estudiantes de Derecho», algún artículo de Agramonte, quien no sólo era el rector de una Facultad (Filosofía y Letras, no Derecho, como se ha dicho) y vicerrector de la Universidad sino también un sostén económico de la publicación, la respuesta de Lezama será: «Ese señor no colabora aquí porque no tiene nada que ver con nosotros».

Otro estudiante de Derecho en esa época, Víctor Amat Osorio, declara en esa misma revista:

> No es verdad nueva la de que entre nosotros el taquígrafo ha sustituido al Profesor. Cada año va siendo mayor el vacío en las aulas universitarias.

> El estudiante sólo acude a la Universidad a las dos únicas cosas útiles a que puede hacerlo; jugar al dominó en las Asociaciones estudiantiles o comprar Conferencias de clase. Hasta qué punto es irresponsable su actitud es problema que precisa dilucidar. Sobre todo si tenemos presente que ella nace de la irresponsabilidad catedraticia que se ha contentado con repetir cada año los mismos conceptos envejecidos de los cursos anteriores.[3]

El historiador Rafael Rojas asegura que el programa de estudios del cual se quejaban Lezama y sus condiscípulos no estaba tan mal y habría conseguido, al menos, familiarizarlo con una idea de la «romanidad», del Derecho romano como matriz civilizatoria, que fue central en las Humanidades de la época. Presentar la carrera de Derecho en la Universidad habanera de los años 30 como un mundo en decadencia sería una exageración.[4] Algo de razón tiene pero, con respecto a la formación de Lezama, Rojas omite lo esencial: detrás de esas quejas hay una cuestión de principios: los origenistas fueron la primera generación autodidacta de intelectuales cubanos. Citando con cierta guasa una estrofilla de San Juan de la Cruz («Religioso y estudiante, religioso por delante»), el escritor declara en una entrevista: «Ya yo en aquella época había preferido ser un estudioso y abandonarme, como todo poeta incipiente, a la voluptuosidad de la más variada lectura». De Upsalón iba a salir Narciso, no un académico.

Los disturbios de los años 30 provocaron varios cierres de la Universidad, y los estudios oficiales de Lezama se prolongaron, por tanto, hasta 1938 (en su expediente académico se informa de la entrega oficial del título en enero de 1939). Ello le permitió completar un camino de lecturas y autoformación que marca un cambio importante en la tradición intelectual cubana. Para las generaciones previas, incluso para los llamados *minoristas*, la cultura y su prestigio giraban alrededor de las instituciones y sobre todo de la Universidad, convertida en puente social hacia un buen empleo, la aceptación social o la política. Durante toda la República se crearon en Cuba numerosas academias, ateneos, Institutos de Altos Estudios, y hasta una llamada «Universidad del Aire», programa radial por el que pasaron todas las voces notables de la cultura cubana y varios intelectuales extranjeros de visita en la isla. En el centro de esos esfuerzos estaba el culto a la formación universitaria, piedra de toque de una supuesta reforma nacional. Pero la idea de una *Bildung* autodidacta, donde la literatura y, sobre todo, la poesía, ocupara un papel central y legitimador, era incompatible con la Universidad cubana de esa época. Eso fue lo que llevó a Lezama a emprender su propia *paideia* y perseverar en la «carrera de revistas» que conduce a *Orígenes*. En lo sucesivo, aprenderá sólo aquello que le interesa; su cultura será una extensión de su personalidad.

Como estudiante de Derecho tampoco fue muy brillante, y así lo prueba su expediente académico. Salvo en Derecho Romano, Antropología jurídica, Introducción al estudio del Derecho y Teoría General del Estado, en las que obtuvo el máximo, la mayoría de las materias cursadas recibieron la calificación Aprobado/Aprovechado. Por lo visto, no se tomaba los exámenes demasiado en serio. En el segundo capítulo de *Oppiano Licario*, Cemí espera que un bedel universitario le entregue la nota de «una concretera conocida con el nombre de Legislación Hipotecaria». Le acaban dando un Sobresaliente que lo alegra, pero también lo sorprende, como «el don de un dios desconocido».

A diferencia de Piñera, también entre los estudiantes de menos posibilidades económicas que conseguían matrícula gratis declarando su pobreza, y cuyos premios universitarios lo ayudaron a pagarse la carrera de Filosofía y Letras, Lezama cursó Derecho con más penas que glorias. La falta de recursos lo forzó a espaciar sus inscripciones y a asistir regularmente a la biblioteca, pues tampoco tenía el dinero suficiente para comprar todos los libros de texto. Varios documentos prueban que solicitó matrícula gratis en su facultad, donde por ese entonces no se pagaba mucho (23 pesos costó, por ejemplo, todo el curso académico 1929-30, incluyendo la práctica deportiva).

El expediente académico de Lezama incluye otras pruebas de su estrechez, como una carta de aval, firmada por el catedrático José R. Hernández Figueroa, que certifica que el joven «carece de recursos suficientes para pagar la matrícula universitaria», o una solicitud del propio alumno al decano de la Facultad para que lo nombre «consejero universitario» del profesor Fernando Sirgo.[5] Es un intento de ganar algún dinero extra, al igual que otra petición, esta vez para obtener un certificado que le permita trabajar en el Servicio Exterior, fechada el 17 de septiembre de 1929, antes del cierre de la Universidad.[6] También se ha hecho notar que en 1940, el poeta, empleado en un pequeño bufete, matricula siete asignaturas en la Facultad de Filosofía y Letras. La solicitud la firma (el 17 de septiembre de 1940) una joven Eloísa, que trabajaba entonces como secretaria en la Universidad y siempre quiso a su hermano graduado de una carrera más cercana a su verdadera vocación.

Fina García Marruz recordará que Lezama, como ciertas figuras cubanas de corte decimonónico, había conseguido desde muy joven una cultura humanística que mezclaba la erudición y el tono informal, esas volutas ceremoniosas de «lo literario entremezclado a la existencia». Lo que García Marruz llama «el aroma inconfundible» de la clase media criolla vendría a ser también una retórica: incluye «al político tunante que sabe ripostar con una buena frase» o «el gusto por la edificación senatorial pomposa o aireada, un estilo quizás grotesco, borroso o mal copiado, pero en el que a veces podían sentirse las ruinas casi romanas de algo grande». Aunque adopta el discurso informal de la grandeza perdida, el *ancien régime* origenista intentará construir su espacio al margen del Estado, fuera de la función pública, reivindicando «una pobreza digna y no exenta de exquisitez y caballerosidad». En esa «Habana de 1935, henchida de politiquería», de la que Lezama habla en el ensayo sobre Guy Pérez Cisneros, el verdadero reto era edificar una obra que «no gritase en las esquinas de la *polis*» ni tuviese que rendir tributo al «horrible rechinar de los tarjeteros del Bajo Imperio», erudita metáfora para aludir a la ingobernabilidad y la crisis definitiva de la Roma clásica.[7]

Aquella pobreza se transformó en una aristocracia del espíritu, cultivada con lecturas de Claudel y Mallarmé, de Julien Benda y Valéry, de Curtius y Maritain. No fue un proyecto deliberado; Lezama simplemente tenía claro lo que no quería y ya citaba una frase de Goethe: «el que sabe hacer una cosa, la hace; el que no sabe, la enseña». En *Paradiso*, compara la escalinata universitaria con «la entrada a un horno, a una transmutación» (retomará esta metáfora alquímica en su Curso Délfico, cuya segunda fase se llama, recordemos, «horno transmutativo»), y de alguna manera la Universidad fue para él justo eso, pero en un sentido vital. Y sexual. Aunque se habla poco del asunto, es por esos años que el escritor empieza a confrontar su condición homosexual en el territorio adolescente del escarceo, esa «indefinición voluptuosa». Narciso se reconoce, explora, se busca en el otro. Al entrar a la Universidad, leemos en *Paradiso,* «se conoce a su amigo, se hace el amor, adquiere su perfil el hastío, la vaciedad.»

ESTA Upsalón criolla, marcada por el ejemplo de reformas universitarias en Argentina y México, había empezado a incubar una generación inconforme, cada vez más politizada, que detestaba el autoritarismo cínico de Gerardo Machado y se mostraba dispuesta a usar cualquier método para derrocarlo.

La represión y la violencia imperantes en el país irrumpieron varias veces en la vida de Lezama. Su antiguo profesor del Colegio Mimó, el venezolano Francisco Laguado Jayme, fue detenido el 14 de marzo de 1929, conducido a la policía judicial, y luego a la secreta, antes de terminar asesinado de una manera atroz: atado de pies y manos, sus verdugos lo lanzaron a los tiburones en las cercanías del puerto. Las autoridades dieron diferentes versiones del hecho, pero la más sólida fue que se trató de un asesinato por encargo del entonces representante del dictador Juan Vicente Gómez en Cuba, Rafael Arraiz. El cadáver de Laguado, que tenía apenas 30 años, nunca apareció.

Las aulas universitarias eran un hervidero antimachadista. Un condiscípulo de Lezama, José Antonio Portuondo, recuerda una clase de Introducción al Estudio del Derecho en la que un profesor, el catedrático y parlamentario Gonzalo Freyre de Andrade, pidió a sus alumnos que redactaran ensayos sobre un tema libre para ser leídos luego en el aula. El propio Portuondo fue el autor de un trabajo que cerró la serie, pues sus numerosas alusiones políticas hicieron que el profesor decidiera cortar por lo sano aquellas disertaciones.[8] Lezama, que también había preparado su ensayo, se quedó sin poder exponerlo. Convocó entonces a un grupo de condiscípulos en el Patio de los Laureles y tras una entusiasta lectura en voz alta acabó rompiendo las hojas y lanzándolas al viento.

Con esos gestos histriónicos y una deslumbrante capacidad discursiva, pronto Lezama se convirtió en una figura singular dentro del ambiente universitario. Tenía, recuerda García Marruz, «esa condición de "centro" que tornaba efectivamente séquito todo lo que estaba en torno». Evitaba, sin embargo, los deportes (aunque eran obligatorios), pretextando su asma, «bandera bajo la cual me podía cobijar». Lo suyo era la retórica, el supremo deporte verbal. Algunos de sus condiscípulos recuerdan también su habilidad para la caracterización mordaz: una alumna poco agraciada era el «águila rusa colgada de un perchero» y un político elegante se podía convertir para siempre en «el cochero londinense». Ese espíritu burlón e irreverente acercaba a Lezama a los líderes estudiantiles de los años 30.

Por esa época está entre los alumnos más politizados, aunque no se suma a la facción comunista. Sus amigos José Sergio Velázquez, Luis M. Buch y Manuel Menéndez Massana eran agitadores natos, que habían protestado en 1928 cuando Sánchez de Bustamante Sirvén, presidente de la Asamblea Constituyente fabricada por Machado, dio el visto bueno para que este prorrogara su mandato.[9] Los estudiantes de Derecho no se lo perdonaron. Algunos del cuarto año lo esperaron una tarde, plantados a lo largo de la escalinata de la Facultad, «custodiando» su marcha hasta el aula donde iba a impartir su conferencia. El académico, confundido, saludó a los discípulos por el supuesto homenaje que le rendían, pero cuando llegó a su silla todos los estudiantes se marcharon, dejándolo solo. Después se produjo la correspondiente denuncia ante el decano y los organizadores de la protesta explicaron sus motivos. El doctor Guillermo Portela, catedrático de Derecho Penal, futuro miembro de la Pentarquía de 1933 y pariente, por cierto, de Lezama,[10] salió en defensa de su colega, lo que provocó la ira de los estudiantes. Desde el fondo del decanato, Luis Buch le gritó: «¡Usted es un descarado!». Estalló el desorden. El catedrático quiso replicar, pero sus palabras fueron ahogadas por la algarabía. La reunión terminó con los ánimos muy caldeados.

Poco después, Portela envió dos padrinos a su alumno, retándolo a un duelo a muerte por entender que su honor había sido ultrajado. Buch designó a Justo Carrillo y a Menéndez Massana como sus padrinos. Propuso que en lugar del combate a sable, a la antigua usanza, se batieran con pistolas y sin formalidades. Al final, intervinieron los amigos y consejeros, y el asunto no acabó en sangre. Años más tarde, Buch se presentó a examen de Derecho Penal ante Portela, y su nota fue reducida sin mayor explicación. En 1938, vencidas todas las asignaturas, se tituló en Derecho Civil.[11]

Según varios testimonios, Lezama también lideró el repudio a otro profesor, Gustavo Adolfo «Fifí» Bock, que daba una conferencia sobre profilaxis venérea en la Asociación de Estudiantes de Derecho: tras la presentación del rector, su nerviosa voz de barítono se alzó para reprocharle al conferencista que hubiera acogido un baile en su casa el día de la muerte del líder estudiantil Julio Antonio Mella (acusación que, por cierto, Raúl Roa desmentirá años después). Esa fue la señal para que los alumnos abandonasen el local y dejaran al conferencista con la palabra en la boca.

A pesar de no haberlo conocido nunca en persona, Lezama se había cruzado con Mella en varias ocasiones. La primera fue a los 14 años, cuando asistió, oculto entre las columnas de la cigarrería Bock, a una manifestación encabezada por el líder estudiantil. Los agitadores bajaron por la calle San Lázaro y se encaminaron al Palacio Presidencial para tumbar la estatua de bronce que se había hecho erigir el entonces presidente Alfredo Zayas, uno de los más pintorescos protagonistas de la corrupción republicana –«ganó» dos veces la Lotería Nacional–, en el terreno enmarcado por las calles Monserrate, Zulueta, Colón y Trocadero. (La estatua lo mostraba con una mano metida en el bolsillo y la otra señalando hacia el Palacio Presidencial, por lo cual los cubanos bromeaban diciendo que el político quería decir «lo que tengo aquí... me lo robé de allí»). Poco después, Lezama también escuchó en la Sociedad de Torcedores el último discurso que pronunciara Mella antes de exilarse en México. En aquella conferencia de 1925, que formaba parte de los cursos de la Universidad Popular «José Martí», el líder comunista pronunció una frase que al joven se le quedó grabada: «Machado no es otra cosa que el primer estúpido de Cuba, como el príncipe de Gales no tiene otro mérito que ser el primer elegante del mundo».

En el capítulo XI de *Paradiso*, Lezama superpone estas dos anécdotas, la manifestación del 24 contra Zayas y la del 30 contra Machado, para montar una secuencia casi cinematográfica en la que confluyen diversos aprendizajes: la política, la amistad, el sexo y el conocimiento. Aunque convertir esas páginas en testimonio de filiación política sería un tanto aventurado (en *Paradiso* la política es más bien parte del decorado), no hay duda de que ambas protestas fueron experiencias importantes para él.

El Mella de *Paradiso* es una especie de Apolo habanero, una figura ubicua, como los dioses que intervienen en las batallas míticas, capaz de inspirar pasiones colectivas y suscitar enfrentamientos que el novelista llega a calificar de «homéricos». Buena parte del carisma de Mella, *sex symbol* de la época, procedía de su «perfil voluptuoso» que Lezama no deja de admirar. Voluptuosidad fatal: una aventura con la fotógrafa Tina Modotti, la última en una larga lista de relaciones que escandalizaron a la «buena sociedad» habanera de la época, terminó por costarle la vida, pues años después un despechado amante de la italiana, agente al servicio del GPU soviético, le disparó por la espalda en un oscuro callejón de la ciudad de México. La versión oficial del asesinato, sin embargo, culpa hasta hoy a unos esbirros de Machado.

El 30 de septiembre de 1930 Lezama no llegó a almorzar a su casa y el fino olfato de su madre presintió el peligro. Apostada en la ventana junto a Eloísa, se dedicó a vigilar los tranvías que cubrían la ruta Vedado-Muelle de Luz mientras imaginaba lo peor. «Dos mujeres solas en la ventana –cuenta la hermana–, estampa viva de la orfandad, vigilaban pensando que así atraían al hijo perdido».

Un vecino les avisó que cerca de la Universidad había una algarada: los estudiantes se dirigían al Palacio Presidencial. La madre palideció; sus peores premoniciones parecían a punto de cumplirse: «Estoy segura de que él está allí. Irá a parar a la cárcel porque no tiene un padre que lo defienda». Para Eloísa, sin embargo, imaginar a su hermano metido en política era otra razón para admirarlo: «el asma y su devoción por las cuestiones estéticas, me lo remedaban débil, pusilánime», contará luego. (El episodio ilustra el tironeo de la adolescencia lezamiana, prisionero entre mujeres: la madre que lo sobreprotege y las hermanas que lo quieren a la altura de un héroe de novela romántica).

Al fin, Lezama llegó a casa, con el traje de hilo empapado en sudor, medio ahogado. Era tan obvia su participación en la refriega que esa noche la madre no pudo conciliar el sueño. A la mañana siguiente, lo reconoció en una foto panorámica de la protesta que salía en el periódico. La casa retumbó con las admoniciones maternas, centradas en el tema de la orfandad: «Si José María viviera todo sería distinto, pero en estas condiciones no nos podemos dar esos lujos».

Lezama se vistió en silencio y acudió al velatorio del estudiante Rafael Trejo mientras Rosa Lima era presa de una terrible desazón. La noche anterior, el joven había tenido un fuerte ataque de asma. Ese momento clave en que el adolescente entra en la madurez será recreado en *Paradiso*, cuando José Cemí, después de la manifestación universitaria, se duerme envuelto en los vapores benéficos de sus polvos de asmático. Como para Cemí, la presencia de Lezama en la manifestación del 30 y el velorio de Trejo marcan su primera incursión a un territorio fuera del ejemplo paterno y la asfixiante preocupación materna: la política. Sin embargo, a diferencia de lo que ocurre en la novela, donde Rialta apela a su sabiduría para conceder el paso a la adultez con una exhortación délfica («No rehúses la violencia, pero intenta siempre lo más difícil»), la madre de Lezama hará todo lo posible por recluir a su hijo en la fortaleza familiar y mantenerlo al margen de aquellas revueltas.

Las preocupaciones de Rosa Lima no eran infundadas. En septiembre de 1930 Lezama se codeaba en la Asociación de Estudiantes de Derecho con muchos integrantes de lo que más tarde se conocerá como «la Generación del 30». En el local de la Asociación, desgarrada por la lucha entre reformistas y comunistas, se celebraron reuniones conspiratorias a las que asistió el futuro escritor. Según varios testimonios, habría incluso visitado la finca de Polo Valdés Miranda, en las afueras de La Habana, para acordar los preparativos de la marcha. Los estudiantes lo planearon todo, incluida una «comisión de gritos», liderada por Armando Feito, quien se apareció en la manifestación con un claxon desvencijado que, según la barroca descripción de Lezama, «pronunciaba con gran escándalo sus interjecciones como la garganta estremecida de un maniático causando un noble efecto sobre aquella reyerta».

El motivo de la protesta fue una maniobra política del rector interino que, para evitar disturbios, pretendía suspender las clases universitarias hasta después de las elecciones de noviembre. El plan original del Directorio Estudiantil, en el que Lezama tenía buenos amigos, preveía convocar una asamblea en el Patio de los Laureles para rebelarse contra la suspensión y exigir allí mismo la renuncia de Machado. Luego se leería un manifiesto al pueblo de Cuba (redactado, entre otros, por el comunista Raúl Roa) y la manifestación se dirigiría a la casa de Enrique José Varona, repitiendo en el homenaje a la figura más prestigiosa de la oposición intelectual al machadato el trayecto de la marcha universitaria del 20 de marzo de 1927.

El día anterior a la manifestación, 29 de septiembre, uno de los estudiantes más respetados de la facción moderada o reformista, había tratado de acallar los desacuerdos de la caótica asamblea de la Asociación con una frase que luego se revelará premonitoria: «¡Aquí hace falta una víctima!», gritó Rafael Trejo.

Advertido de las maniobras estudiantiles, el rector avisó a la policía, que rodeó enseguida el Alma Mater. El 30 amaneció con una llovizna fina y las avenidas y accesos a la universidad tomados por soldados y policía montada. El Directorio, entonces, cambió de plan: en vez de reunirse en el Patio de los Laureles para marchar desde allí a la casa de Varona, los estudiantes debían concentrarse en un lugar cercano, el parque Eloy Alfaro, y dirigirse luego hasta el Palacio Presidencial. Sólo un centenar consiguió llegar al parque, donde improvisaron un mitin. Al grito de «¡Muera Machado! ¡Abajo la tiranía!», Feito desplegó una bandera cubana y los estudiantes intentaron avanzar. En ese momento la policía ordenó la carga, que fue enfrentada a pedradas, palos y botellazos. «Al llegar a la calle Gervasio –cuenta Lezama en su entrevista con Rosa Ileana Boudet–, donde había una estación de policía, los policías, la gendarmería sale ya disparando tiros al aire. Ahí fueron detenidos Masiques, Marinello, Saumell, toda esa gente que la policía llega y le echa mano. Y los demás, que éramos muchachos que teníamos 17, 18 años, pues nos vamos por ahí corriendo, dando gritos. Había un piquete de policías que ya era fuerte. Machado [...] como ustedes saben era un hombre terrible, no se andaba con chiquitas, es decir, las manifestaciones estudiantiles las acababa a balazos».

Entre porrazos, sablazos y disparos, cuando trataba de arrebatarle la pistola a un policía, cayó Trejo con un tiro en el vientre. Otros estudiantes fueron golpeados o detenidos. El resto se dispersó y un pequeño grupo logró llegar a la redacción del periódico *El País*, donde tuvieron que enfrentar las acusaciones de «revoltosos» y «rojos». Sin embargo, la muerte de aquel estudiante de Derecho, que no era comunista, se convirtió en el detonante de la protesta nacional que pondría fin al gobierno de Machado.

Lezama había conocido a Trejo en la Facultad, aunque no iban en el mismo año. Otro condiscípulo, Eduardo Robreño, recuerda que el mismo día que Lezama y él subieron por primera vez la escalinata universitaria se le acercaron cuatro curtidos estudiantes: Trejo, conocido por entonces como un excelente jugador de ping pong; José Miguel Lamy y Raúl Roa, fervientes agitadores, así como Carlos Prío Socarrás, que llegará nada menos que a presidente de la República. «Nos pidieron nuestro apoyo para su grupo, el más radical de la universidad entonces, que estaba abiertamente en contra del gobierno [...] Y fue así que nos iniciamos en tánganas, actos, manifestaciones políticas».[12]

El tono grave y responsable de Trejo impresionó más a Lezama que las proclamas y los encendidos discursos del comunista Roa, quien, mucho después, convertido en Ministro de Relaciones Exteriores del gobierno revolucionario, será quien desempolve las credenciales antimachadistas del poeta hermético. Con una mezcla de orgullo e ironía, el escritor gustaba de evocar ese antecedente como «hombre de acción», su escapada del recinto de la autoridad materna: en 1959, invitado a una lectura en la histórica escalinata universitaria, empezó por declarar: «Ningún honor yo prefiero al que me gané en la mañana del 30 de septiembre de 1930».

La revuelta del 30 tuvo como objetivo expresar la inconformidad de los estudiantes, no sólo ante el desastre universitario sino frente a la corrupción machadista aunque, como reconoce Lezama en 1970, aquel suceso no tuvo la repercusión popular que le atribuye la historia oficial: «Yo recuerdo que cuando nosotros desfilábamos le decíamos a la gente que estaba en los ómnibus y en los balcones que se sumaran y ninguno venía a acompañarnos». Después de esa precisión, el poeta, tal vez por prudencia, hace una rotunda apología del sacrificio revolucionario: «Con la muerte de Rafael Trejo se llegó a la profundidad histórica; por primera vez en la historia de la cultura cubana se intentaba lo imposible: a través del sacrificio, de la muerte, ir a una forma de poder».

El hecho de que Lezama utilice la palabra «cultura» en vez de «política», más apropiada para hablar del intento por derrocar a un tirano, resalta el tono simbólico de su tesis sobre la conjunción de historia, imagen y sacrificio, y convierte a la Generación del 30 en un antecedente directo de la Revolución de 1959.

La idea del sacrificio fundador está en todos los textos «políticos» de Lezama: como en el mito, hay siempre una víctima que permite saltar sobre el vacío o la indiferencia de las circunstancias. Sin sangre no hay «posibilidad infinita». De la misma manera que la muerte de Trejo da sentido a las protestas de su generación, el posterior asalto de Fidel Castro y sus seguidores a «la fortaleza maldita» (como llamará Lezama al cuartel Moncada) será la suma de «imagen y posibilidad» que anuncia la Revolución. En otra entrevista, Lezama también se refiere al 30 de septiembre como «el comienzo de la infinita posibilidad histórica de lo cubano».

La realidad es que, a pesar del sacrificio de Trejo y de otros revolucionarios, la farsa política que siguió a la caída de Machado impidió un cambio radical en la vida cubana. En 1934, al reiniciarse los cursos universitarios, Robreño fue a buscar a Lezama para que ingresara en el Partido Auténtico recién fundado por Ramón Grau San Martín, pero este rehusó y llegó incluso a calificar al antiguo condiscípulo de «politiquero». Eloísa cuenta que por esa época también oyó a su hermano quejarse de que algunos miembros del Comité Estudiantil comían en restaurantes de lujo con el dinero recaudado para sus acciones de protesta. En una entrevista posterior, el propio Lezama lamenta que la contraparte de los mártires de la revolución del 33 fuera el gobierno de los *auténticos*, «donde a hombres que inclusive tenían brillantes antecedentes revolucionarios, el poder los deslumbró de tal forma que fueron nada más que unos corrompidos administradores de la cosa pública y unos pillastres». Al final, Rialta tenía razón: la política había resultado ser un «peligro sin epifanía».[13]

Todo ello frustró profundamente a Lezama, que no quiso saber nada más de militancias hasta 1959 cuando, entusiasmado por la Revolución triunfante, «reactivó» su interpretación del sacrificio como motor de la historia cubana. Según Roberto Fernández Retamar, este le habría confesado otra razón para su distanciamiento. Al crearse la comisión de estudiantes que redactaría el manifiesto de la protesta del 30, el joven poeta dio por seguro que sería escogido para integrarla: aunque inédito, ya era conocido como escritor entre sus condiscípulos. Para su sorpresa no fue así, y los redactores terminaron siendo Rubén León, Prío Socarrás, José Sergio Velázquez, Virgilio Ferrer Gutiérrez y el propio Roa, algo que lo disgustó bastante. «Acaso en aquel momento –dice Retamar con poco disimulada sorna– empezó a evaporarse en Lezama el hombre de acción nutrido de cultura que pudo haber sido, a la manera de Roa, y el espacio vacío que dejó esa evaporación fue siendo colmado por el fastuoso imaginero que sin embargo conservó siempre de su otro posible el ansia revolucionaria de transformación, la fidelidad a lo mejor de su circunstancia, la austeridad, el valor que se sobrepone al miedo, la coralidad, la avidez de futuro».

Según esta interpretación filistea, que ve un resquemor literario en el origen de un distanciamiento político, el «otro posible» de Lezama, ese intelectual orgánico de la Revolución que Retamar sí encarnó, dejará paso a un filomático fundador de revistas minoritarias.

OFICIAL del ejército machadista, Aurelio Hevia y Prieto, esposo de su hermana Matilde, le había insistido a Rosa Lima sobre la gravedad de lo ocurrido en la Universidad, advirtiéndola de que el gobierno tomaría represalias contra los estudiantes.

Atormentada, Rosa decidió ir a ver a uno de los amigos de su difunto marido, el coronel Juan Cruz Bustillo, bien conectado con el gobierno como miembro del Estado Mayor. Eloísa recuerda detalles de aquella visita: «Llegamos a una casa muy lujosa en el Vedado. Nos recibió un criado, quien avisó a una señora grande y gorda a la que le decían "la Niñita". Me dio risa, pero mamá me dio un pellizco para recordarme que el momento era dramático. Luego mi madre me explicó que eran gente humilde que se había encumbrado. Nos trataron muy bien. Creo que la visita contribuyó a que no arrestaran a mi hermano».

Tras los sucesos del 30 de septiembre, la Universidad permaneció cerrada hasta el 18 de junio de 1933. Se paralizó el curso académico, comenzaron las huelgas obreras y la mayoría de los centros culturales fueron clausurados. En febrero de 1931 fracasa un atentado con bomba contra Machado en el Palacio Presidencial. Poco después, Menocal, Mendieta y Méndez Peñate se alzan en armas, pero casi de inmediato son apresados. A finales de 1931, se funda la organización clandestina ABC que, junto con el Directorio Estudiantil Universitario, empieza a usar métodos de la lucha armada y fomenta el terrorismo urbano. La policía de Machado y «la Porra», su grupo paramilitar, devuelven los golpes con la misma violencia. El clima político del país se vuelve irrespirable.

En enero de 1932, por ejemplo, el embajador de Estados Unidos en Cuba, Harry F. Guggenheim, le escribe al Secretario de Estado norteamericano:

> Hay dos consideraciones que me llevan a creer que es de especial importancia que ni Machado ni el pueblo cubano tengan ninguna duda de nuestra falta de simpatía con la dirección actual de las políticas de Machado, si queremos continuar evitando las desafortunadas consecuencias políticas de los disturbios cubanos: en primer lugar, debido a que no toman en cuenta nuestros consejos, la situación financiera, económica y política ha empeorado progresivamente; y, en segundo lugar, porque la fe del pueblo cubano en la capacidad y disposición del presidente para restaurar la paz moral se ha perdido por completo.[14]

Con el cambio del gobierno estadounidense, Guggenheim fue destituido y en 1933 el nuevo presidente, Franklin D. Roosevelt, envió a Cuba a su amigo Benjamin Summer Wells para mediar entre Machado y la oposición. De cualquier modo, Machado tenía que irse, así que el embajador maniobró para sustituirlo por Carlos Manuel de Céspedes, que de inmediato fue reconocido por Estados Unidos.

Sin embargo, el 4 de septiembre, oficiales y miembros del ejército, dirigidos por el sargento taquígrafo del Estado Mayor Fulgencio Batista, dieron un golpe de Estado y depusieron a Céspedes. Se estableció entonces una Junta de Gobierno, la llamada Pentarquía (porque constaba de cinco miembros, incluido otro futuro presidente: Ramón Grau). El sargento, recién ascendido a coronel, quedó como jefe del Ejército.

«Fue una época desorientada –resumirá Lezama en otra entrevista–, de la cual se podría decir lo que alguien dijo de un gran poeta español: "Potro gallardo, pero va sin freno". Rebajándole la frase en lo de "gallardía", el ir sin freno fue su principal característica. Se sucedían los tumultos universitarios, cundía la algazara sin que se borrara la confusión».[15]

La madre, siempre previsora, decidió que lo mejor para mantener a su hijo alejado de aquella agitación política era conseguirle un trabajo. Así ayudaría a sostener a su familia, que seguía en una situación de penuria económica. Para ello, como cualquier viuda necesitada, también acudió a los viejos amigos del padre de Lezama. «Le daré un puesto de soldado», propuso un oficial que había sido cercano al coronel, pero su esposa, presente en la entrevista, le recordó que se trataba de un joven bien preparado, sin intenciones de seguir la carrera militar. «Nuestra madre –cuenta Eloísa– se despidió abruptamente, airada, y cuando estábamos en el tranvía, entre lágrimas, me confesó su gran desilusión. "¿Cómo es posible que trate así al hijo de su íntimo amigo?"».

La anécdota prefigura las múltiples antesalas que, en la siguiente década, tendrá que hacer el propio Lezama en busca de algún trabajo digno; los favores que habrá de pedir a gente extraña o conocida, algunos entre sus condiscípulos universitarios, ahora funcionarios resentidos o triunfantes. Lorenzo García Vega llama la atención sobre estas humillaciones sufridas por Lezama, y opone el caminante incansable de La Habana al «mundo de los choferes», como lo bautizará el conde Keyserling: el mundo de la grosería moderna, cifrado en su fetiche mecánico. Choferes que luego, dice Keyserling, se convertirán en «modernos directores de pueblo».[16]

Al fin, en junio de 1932, Lezama consigue un trabajo de tiempo parcial, como auxiliar de Consultoría Legal, en la Secretaría de Sanidad y Beneficencia. Le pagan 44 pesos mensuales. De ese sueldo da una pequeña cantidad a la madre y dedica el resto a comprar libros y entradas para conciertos. No se esforzaba por administrarlo: el día de la cobranza invitaba a algún amigo a almorzar y pasaba por las librerías. Poco después, cuando ya no le quedaba nada del magro salario, se justificaba con su hermana menor: «lo gasto en unos pocos días para que luzca más».

También aprovecha esos meses para acudir casi a diario a la Biblioteca Nacional, que estaba entonces en el edificio de la antigua Maestranza de Artillería, en la esquina de las calles Cuba y Chacón. En la Sala de Lectura, de la que estaba a cargo María Villar Buceta, lo recuerda Vicentina Antuña: «un joven que nos llamaba la atención porque metía su cabeza en los libros y no la levantaba para nada, es decir que estaba siempre leyendo, leyendo y leyendo. Sudaba muchísimo, yo me acuerdo que en aquella época todo el mundo usaba traje, saco y corbata, y a él se le ponían unas manchas de sudor en la espalda. No sé si fue mi marido mismo [por entonces su novio, Francisco Carone Dede] o María Villar quien me dijo quién era el muchacho».[17] Estos trajes serán toda una angustia para la madre, y luego para la hermana, porque el joven crecía y engordaba muy rápido, así que solían quedársele chicos demasiado pronto. Sin embargo, y a pesar de que el dinero en casa no abundaba, el Lezama de esos años anda siempre muy bien vestido gracias a las habilidades de su hermana Rosa para la costura.[18]

En poco tiempo, de 1931 a 1934, Lezama ha pasado de los corros universitarios a convertirse en «un solitario que cultiva el diálogo con fanatismo». Comienza a crearse una leyenda, medio en burla y medio en serio, en torno a aquel joven culto y arrogante, de risa estrepitosa y frases irónicas, cargadas de una socarrona solemnidad. Algunos le dicen «el Maestro»; otros, «Estante con Patas».

Sus largos paseos vespertinos por la ciudad suelen terminar en las librerías de la calle Obispo, sobre todo en La Victoria, cuya trastienda acogerá, años después, algo parecido a una tertulia informal. Allí tuvo lugar la anécdota de su célebre encuentro con Mañach, quien le comentó con sorna: «Me han dicho que a usted lo llaman Maestro», y Lezama contestó: «Prefiero que me llamen Maestro en broma, a Profesor en serio». Toda una declaración de principios.

Tampoco hay que exagerar el respeto que se le profesaba al joven intelectual. Y por si acaso, siempre está García Vega, el aguafiestas de Orígenes, para contarnos que «en La Victoria, como en los periódicos, como en los grupos profesorales, como en todos los mundillos de la cultura oficial cubana, se despreciaba a los escritores y a los artistas», y darnos detalles del sofá o las sillas de la librería donde solía sentarse el escritor Luis Felipe Rodríguez, y de cómo el dueño de la librería, un exiliado español a quien Rodríguez le parecía un «viejo cargante», mandó a quitar sofá y sillas donde la gente se sentaba a leer sin comprar, «y sólo Lezama se indignó ante esa indecencia».

Las librerías de Obispo eran uno de los recodos habaneros del *flâneur* Lezama. Por esos años, sus intentos poéticos trazan también un mapa de la ciudad: «Catedral (Noche y gritería)», «Catedral (Paseo de domingo)»,

«Bahía de La Habana», «Playa de Marianao», «Nacimiento de La Habana», «Paseo del Prado (Sombrillas de medianoche)»... Entre 1931 y 1934 había trabajado en un cuaderno, *Inicio y escape*, precedido por un exergo de Juan Ramón Jiménez (el poema XXIV de *Estío*), y firmado sólo como «José Lezama» (sin el Lima materno: curioso gesto de autoafirmación). Ahí hay una pequeña constelación de poemas habaneros, entre ellos los incluidos por Juan Ramón en *La poesía cubana en 1936*.

Todo ese material parecería el preludio de una poética que irrumpe, rotunda y cerrada sobre sí misma, cuando en 1937 se publica «Muerte de Narciso». Pero este largo poema gongorino, dedicado «a mis amigos José Ardévol y René Villarnovo», también había sido escrito a principios de los 30. Lezama lo adelanta en el segundo número de la revista universitaria *Verbum* (julio-agosto de 1937) antes de hacerlo imprimir en Úcar, García y Cía, ese mismo año, como una *plaquette* de apenas diez páginas, por la que tuvo que pagar cuarenta pesos al impresor. Su primer verso, «Dánae teje el tiempo dorado por el Nilo», provocó, según Vitier, que «la poesía de Mariano Brull, Emilio Ballagas, Eugenio Florit, como brujas montadas en escobas, salieron disparadas por una ventana... La poesía cubana había cambiado en una sola noche».

EMILIO de Armas, que descubrió *Inicio y escape* entre la papelería inédita de Lezama, lo juzga un «testimonio inapreciable de la formación literaria del escritor».[19] Enrique Saínz asegura que el poemario nos descubre a un Lezama «influido por la poesía pura, Juan Ramón Jiménez, Lorca, si bien ya encaminándose por la senda que lo conduciría a *Muerte de Narciso*».[20] La realidad es que los últimos poemas de *Inicio y escape* y «Muerte de Narciso», se escribieron más o menos al mismo tiempo.

Estos textos, que aparecen en el archivo de Lezama junto a tres pequeñas notas fechadas en 1932 («Vida del anillo», «Discurso sobre la paradoja» y «El diálogo de la lengua», comentario sobre el libro homónimo de Juan de Valdés) son sus primeros intentos serios por escribir poesía.[21] Ese primer ciclo se cierra con una «Fábula de Apolo y Narciso» que permaneció inédita y que, según carta de Lezama a Mañach acompañando un número de *Verbum*, habría sido escrita después de «Muerte...», *circa* 1936.[22]

Para ese ciclo inicial puede usarse la definición de «Muerte de Narciso» que su autor desliza en una entrevista con Fernando Martínez Laínez: «es una despedida de la adolescencia en plena adolescencia». Sin embargo, hay diferencias de grado entre los poemas de los años 30 y el ambicioso «Muerte de Narciso», de apariencia más rotunda, surgido, dice un crítico, «como Atenea de la cabeza de Zeus». El mismo Lezama, convencido de que el poema «tiene en germen toda la posibilidad del desarrollo de mi obra futura», no puede evitar preguntarse qué habría pasado si Juan Ramón hubiera incluido «Muerte...» en su antología, en lugar de otros poemas que evidentemente prefirió. «Pero, desde luego, como en una maniobra naval en el Mediterráneo –se consuela–, los grandes acorazados marchan acompañados de pequeños buques que los protegen en sus fugas y sus adelantos. De tal manera que yo diría: ese poema estaba rodeado de otros poemas que sin tener esa importancia eran sus buques acompañantes».[23]

¿De qué habla «Muerte de Narciso»? Para la mayoría de sus exégetas, se trata de un poema sobre la poesía, o más bien, sobre la poética por la que Lezama parece haberse decantado desde el principio: la trascendencia. Jorge Luis Arcos apunta:

> El poema es la historia del proceso de despegue, de su agonía incluso (la del conocimiento), de su transfiguración (que no de su simple metamorfosis). Aquí es conveniente precisar que la estética lezamiana, de ascendencia católica, trata de ofrecer una nueva percepción de la realidad que va más allá de la poética aristotélica, tropología que funciona por sucesivas analogías horizontales, causales. En el mundo de la transfiguración su simbolismo implícito supone esta lectura pero, a la vez, otra, anagógica, vertical. El concepto mismo de trascendencia debe entenderse según la noción de la encarnación cristiana, para la cual toda apariencia es a la vez manifestación de otra realidad mayor. Es la dialéctica lezamiana entre lo telúrico y lo estelar, entre lo visible y lo invisible, entre lo conocido y lo desconocido.[24]

Aunque a primera vista no parezcan encajar en el proyecto de un poema metafísico, tampoco hay que excluir referencias autobiográficas detrás de este uso literario del mito clásico, glosado en las *Metamorfosis* de

Ovidio, sobre un joven que, incapaz del verdadero amor, se enamora de su propia imagen reflejada en una fuente. De alguna manera, este poema hermético mostraría el nudo de una decisión personal, esa «despedida de la adolescencia», concerniente tanto a la identidad sexual como a la estética.

A propósito del *Divino Narciso* de Sor Juana, Lezama se queja de las «referencias personales disimuladas», pero en su poema hay también marcas biográficas, descifradas por varios críticos. El escenario diurno del mito cambia, como en el *Narcisse* de Valéry, a espectáculo nocturno; las ninfas son sustituidas por «donceles», y el estanque se vuelve continuo acuático que primero es río y luego desemboca en mar. La oscura geografía del poema es tropical, como si Góngora se hubiera mudado al Nuevo Mundo.[25]

Recordemos la interpretación de Freud sobre el mito de Narciso: la muerte por culpa de un ideal inalcanzable, producto de la imagen proyectada y asfixiante de los padres (en el lago donde se ahoga confluyen los ríos materno y paterno). Para el pensamiento freudiano, el narcisismo sería una etapa intermedia, entre el autoerotismo y la elección del objeto (homo o hetero), pero donde la fijación en la propia imagen y la excesiva depuración predice ya la homosexualidad. Por otra parte, si el amor de Narciso al propio cuerpo es aquello que lo separa de la divinidad, cualquier elección trascendente implicará, por fuerza, una renuncia a la corporalidad. «Muerte de Narciso» es, en ese sentido, un poema sobre la sublimación elegida y, al mismo tiempo, la puesta en escena de esa sublimación. Así como la transmutación alquímica es el arte de transformar lo bajo en lo alto, la materia vulgar en otra superior o más refinada, una propuesta del poema también parece ser la transformación de las pulsiones básicas, sensoriales, en apetito gnóstico trascendental.

¿Por qué esa necesidad de sublimar, de ocultar algo, de transformar lo instintivo y evidente? Imaginemos el ambiente cubano de la época, en el que cualquier interés por un arte y una poesía no inmediatos resultaba «sospechoso», y donde, al mismo tiempo, un atisbo de homosexualidad o amaneramiento bastaba para volverse objeto de burla y escarnio público. Las dos condiciones suscitaban similar ojeriza. «Todo poeta era maricón en tanto no se demostrara lo contrario», resume Luis Ortega.[26]

La identificación entre poesía y homosexualismo, que persiguió también a los escritores mexicanos del grupo Contemporáneos (recordemos el artículo de Diego Rivera, en 1934: «Arte puro: puros maricones») o a la española Generación del 27, está en el substrato de «Muerte de Narciso». No hay que olvidar que las discusiones sobre el tema que aparecen en *Paradiso* y que tanto deben al *Corydon* de Gide y a su polémica con Maritain, datan de esos mismos años (así lo establece una referencia a la visita del poeta Porfirio Barba Jacob a La Habana «hace pocos meses»). Según García Vega, al «folletín de la década del 30», historias románticas de comunistas viriles y mujeres fatales, Lezama habría opuesto el comienzo de una sensibilidad nueva, «complicada con el homosexualismo», que al final olvida aquello contra lo que reaccionó y vuelve a recaer en sus vicios para producir «homosexuales acartonados».

Otra anécdota de García Vega, aunque posterior, de 1938: Lezama visita la Sala de Lectura de la Biblioteca Nacional, por entonces en el Castillo de la Fuerza, y pide un libro de Jorge Cuesta. Llega el director de la Biblioteca, el escritor José Antonio Ramos, y pregunta: «¿Quién quiere leer a este maricón?». «Yo», responde un altivo Lezama. Y Ramos, entonces, le entrega el libro con una mueca.

Con aquella radical «grosería» debían lidiar Lezama y sus amigos, escritores y artistas de una época de hipocresías sexuales. De ahí la tradición del «tapujo» a la que se refiere García Vega; el «lamentable ocultar cubano», el «constreñimiento» que tanto marcó a la generación de *Orígenes*. Fue la grosería, y no la política, le dice Lezama a su discípulo, lo que mató a García Lorca, comentándole el poema que Cernuda escribe tras la muerte del granadino: «Aquí, donde los hombres / En su miseria sólo saben / El insulto, la mofa, el recelo profundo / Ante aquel que ilumina las palabras opacas / Por el oculto fuego originario». A Cernuda dedicará Lezama, por cierto, su primer ensayo publicado en *Grafos*.

Hay una lectura que puede unificar los sentidos, no del todo incompatibles, de una poética trascendente y la reacción ante el descubrimiento contradictorio de la propia homosexualidad en un medio hostil. Es la interpretación *hermética*, en el sentido alquímico, al que Lezama remitió en varias ocasiones. Para la alquimia, la transmutación de la propia alma es condición necesaria de la transformación de los metales y la obtención de un «producto» trascendente. La búsqueda de una naturaleza arquetípica e inmortal requiere del Hermafrodita o Andrógino. Por eso Jung, por ejemplo, entendió la alquimia como una protopsicología occidental dedicada al logro de la individuación.[27]

Para Lourdes Rensoli, el poema despliega la concepción órfico-platónica de la sabiduría; narra una trascendencia alcanzada a través de la muerte, concebida como forma suprema de la metamorfosis. Muerte que sería también hierofanía, penetración en el misterio, solución a todos los conflictos de la corporalidad y lo sensorial. Según Rensoli, «Muerte de Narciso» es una especie de manifiesto filosófico, y en sus comentarios no deja de mencionar sus implicaciones gnósticas y alquímicas.[28]

Todos estos significados (estética trascendentalista, poema homoerótico de la culpa sexual, saga gnóstica y alquímica...) podrían ser complementarios. A fin de cuentas, el «orfismo homosexual» fue, por esos años, un tema de Jean Cocteau, y hay también rastros de ello en *El público*, la famosa obra de García Lorca escrita en La Habana.

Tampoco hay que descartar el humor lezamiano, capaz de transfigurar sus cotidianos periplos y conversaciones habaneras en crípticos versos fundadores, sublimando y, al mismo tiempo, riéndose de sus pretensiones. ¿Acaso «Dánae teje el tiempo dorado por el Nilo» no podría ser también la transmutación poética de alguien que espera en uno de los cafés de la calle Obispo llamado, precisamente, La Lluvia de Oro?

«TODA amistad –dice Lezama en su entrevista con Tomás Eloy Martínez– se me presentó como una forma de la devoración. Al salir hacia el mundo, yo comenzaba a verme, a verificarme en los demás». Y en *Paradiso*, al describir la gravitación de Cemí hacia Fronesis, precisa: «Sintió el nacimiento de la amistad. Aquella cita era la plenitud de su adolescencia. Se sintió llamado, buscado por alguien, más allá del dominio familiar». La naturaleza de la amistad es un tema recurrente en las divagaciones de la novela, buena parte de la cual gira en torno a las relaciones de un trío de amigos: Cemí, Foción y Fronesis. *Philía* que es también reto, acecho, deseo y sublimación de ese deseo.

El *Lysis* platónico, ya glosado crípticamente en el poema «Playa de Marianao», reaparecerá en *Paradiso*, y será citado por Lezama en varias entrevistas como ejemplo del «misterio de la amistad y lo que significa de reto peligroso». Para el poeta, la *philía* está basada en el reto de los placeres compartidos, pero también en la admiración mutua. Ya en esa época el joven busca en sus amigos las distintas variaciones de un Eckerman. Ese es uno de los sentidos de la «devoración» amistosa, que varios de ellos llegarán a sentir como una carga: «La amistad era para él la ingestión, en forma de banquete, de la otra persona».[29]

¿Quiénes eran las personas más cercanas a Lezama, su Banquete platónico durante los años en que se vio obligado a interrumpir su carrera universitaria? Estaba su excompañero de la Facultad de Derecho, René Villarnovo Etchegoyen, y tres pintores (Jorge Arche, Víctor Manuel y Arístides Fernández). También el músico catalán José Ardévol, que llega a Cuba en diciembre de 1930 y poco después ya estará dando conferencias y recitales de piano, antes de fundar, en 1934, la Orquesta de Cámara de La Habana.

El lugar donde todos ellos se cruzan es el Lyceum, inaugurado en febrero de 1929 por un grupo de mujeres de la «buena sociedad» habanera en una casona colonial del Vedado. Allí se reúne la que la *Revista de Avance* llama «joven fauna intelectual», aunque sus organizadoras parecen tomarse la cultura bastante en serio. Según Mañach, por ejemplo, el Lyceum de Calzada 81 estaba «contra uno de los vicios de la *vida cubana*: el "figurao"». La nómina de los conferencistas que por allí pasaron en su primera década incluye importantes figuras nacionales como el propio Mañach, Marinello, Lizaso, Ichaso, Florit, Lezama, Cintio Vitier y su padre Medardo, Alejo Carpentier... Entre los extranjeros: William Faulkner, Gabriela Mistral, Pedro Salinas, Alfonso Reyes, María Zambrano, Juan Ramón Jiménez, Emil Ludwig, Juana de Ibarbourou, Victoria Ocampo, Federico García Lorca, Miguel Ángel Asturias, Fryda Schultz de Mantovani, Ezequiel Martínez Estrada y tantos otros.

Una lista larga y selecta que, sin embargo, no impide a García Vega, perpetuo inconforme, definir la institución como «coquetona e insoportable casa de conferencias y actividades culturales».[30] Visión muy diferente dará después Mario Parajón, cuando recuerde la importancia de aquella programación cultural y su efecto en jóvenes como Eugenio Florit, quien tras ver bailar en el Auditorium al ruso Alexander Sakharoff un ballet con música de Debussy, corrió a su casa para escribir «Martirio de San Sebastián».[31]

Por esos años, el joven Lezama acude con frecuencia a los conciertos, conferencias y exposiciones del Lyceum, si bien mira de lejos, con cierta altivez, a los representantes de la cultura más o menos oficial: la generación de *Revista de Avance*. Su desdén no excluirá la lectura, el diálogo ni el carteo, eso que ahora llamamos *networking*.

Las conversaciones con los amigos que ha hecho entre la «joven fauna intelectual» se prolongan en los cafés de la Habana Vieja y por la noche el cortejo suele encaminarse hacia el Paseo del Prado, donde hay una tertulia informal.[32] En casa, la madre espera a que «Joseíto» regrese, «dándose sillón» hasta la madrugada.[33]

Otro grupo muy cercano a Lezama son tres pintores, algo mayores que él, Arche, Víctor Manuel y Arístides Fernández, con cuya hermosa prima, Mary –María de las Mercedes Unshelm Fernández–, Arche se ha casado, al precio de renunciar a la ayuda económica de su padre, copropietario de un central azucarero.[34] Desencantados de la Academia («la sombra nefasta de San Alejandro», como la llamaba Guy Pérez Cisneros), estos jóvenes artistas pasarán las próximas dos décadas en busca de espacios para su progresiva afirmación hasta conquistar un lugar en el canon pictórico cubano.

A Víctor Manuel dedica Lezama un poema en fecha tan temprana como mayo de 1931, cuando el pintor acaba de regresar (por segunda vez) de Europa con su *Gitana tropical* bajo el brazo y la idea de una vanguardia singularmente despojada, luminosa y ascética. La «Pequeña oda a Víctor Manuel García», es uno de los poemas recogidos en *Inicio y escape* y está marcado, como se ha hecho notar, por el lenguaje surrealista de la «Oda a Salvador Dalí» de García Lorca, aunque sin su destreza métrica. En él se suceden imágenes de la pintura manuelina («Las damas se apoderan feroces de los portales» o «Las palmeras y las yerbas se alzan como tubos corintios») con un ambiente de irónica pesadilla urbana («Los brazos se tienden no al infinito, sino hacia la próxima fábrica de quincalla»). En lo que parece la descripción en clave de una visita al estudio del pintor, el poeta alterna entre la realidad y los cuadros para descubrir ese momento de creación pura en que «las líneas / van cobrando, distinción en ardid, imantados perfiles».

Ya en esa época Víctor Manuel era una personalidad difícil, que combinaba una dulzura angelical con la veta radical del *maudit*, como muestra esta anécdota de sus días parisinos, contada por su amigo Domingo Ravenet:

> Decía que un artista superior tenía que saber dominar sus reflejos animales y ser estoico.
>
> –A ver, Ravenet, ¿tú serías capaz de hacer esto? –Se llevó lentamente el cigarrillo que tenía encendido entre los dedos, a la palma de la mano y fue apretando el fuego en la piel.
>
> –Mírame la cara para que veas el dominio que tengo sobre el dolor.
>
> Sentí olor a carne quemada y miré su rostro, ninguna señal de dolor, solamente una sonrisa luminosa de triunfo que lo cubría. El cigarrillo permaneció pegado a la palma de la mano durante un momento que me parecieron varios minutos y lo botó, con cara satisfecha.
>
> –¿Qué te parece la prueba? ¿Tú puedes hacer eso?
>
> Le contesté que no creía útil la experiencia y que no estaba dispuesto a realizar esa prueba, que a mi juicio no tenía ningún fin saludable. Pero él decía que eso confortaba el espíritu.[35]

En un poema de *Fragmentos a su imán*, Lezama cita otros ejemplos de este tremendismo nihilista: «De pronto se acercó una vieja limosnera, / el instante se sacralizó cuando Víctor le dijo: / Bésame. / Le oigo un epigrama rapidísimo: / Un señorazo que llega y dice que se siente feliz. / Víctor me insinúa casi inaudible: / Aquí yace la felicidad.»

Curiosamente, como bien advierte Pérez Cisneros, la pintura de Víctor Manuel carecía de cualquier *mauditisme*. Su idea de la belleza se resume en una repetición de rostros femeninos inmóviles e impenetrables, cuyo efecto multiplicador acaba en melancolía: «Mil veces, las mil cabecitas con pañuelos, repiten su mohín, siempre tristón».[36] En esto, Pérez Cisneros coincide con su rival, el crítico José Gómez Sicre: «Era un pintor que no sabía pintar. La misma carita, cuadro tras cuadro».[37]

Tanto Pérez Cisneros como Lezama evocan a Sócrates para hablar del hábito peripatético de Víctor Manuel y su influjo sobre aquel grupo de amigos. «Hay que ser un Sócrates o un Cármides, / hay que hacer una sabiduría para un joveneto», arranca Lezama en su poema rememorativo. «Una comparación de este pintor con Sócrates resultará muy justa y nos dará una idea exacta de su método y su labor», resume Guy, el crítico apolíneo que mejor supo ver las virtudes y los defectos de nuestros primeros pintores modernos.

Caso aparte será Arístides Fernández, con quien Lezama tenía un enamoramiento platónico doblemente frustrado: por la condición hetero del pintor, devoto de su novia, a la que iba a ver «sin un medio para el tranvía»,[38] y por su temprana muerte, de leucemia, el 21 de agosto de 1934. María, la hermana del pintor, cuenta que el homenaje de Lezama a su amigo muerto se hizo en contra de la voluntad de la familia, pues tanto Serafina Vázquez, la madre de Fernández (cuyo perfil aparece en uno de sus cuadros más logrados), como sus hermanos aborrecían al poeta y lo trataban con frialdad. Este, en cambio, habla en un ensayo sobre Fernández de la madre cubana como «arquetipo de lo delicado».

Arístides, personaje de leyenda, irreverente y cultísimo, fue quien inauguró la tertulia en los leones del Prado, y allí cayó Lezama por natural gravitación. El pintor vivía entonces no muy lejos del Paseo, en la calle Lealtad 24 (hoy 110), entre Ánimas y Lagunas, y ya había tenido que lidiar no sólo con la pobreza, sino con las constantes exhortaciones familiares para que abandonara la pintura y se dedicase a un oficio mejor pagado. Fue también Fernández quien inició a Lezama en los temas esotéricos, pues, según varios testimonios, eran esas sus lecturas más comunes en aquella época, si bien le gustaba declararse librepensador y ateo. Al morir dejó escritos varios relatos fantásticos o «crueles» (en el sentido de Villiers de l'Isle-Adam), con ramalazos de humor negro, misantropía y ambiente gótico, que marcan un giro interesante en la cuentística cubana.

Arche, que como resultado de una poliomielitis infantil tenía la pierna izquierda inútil y la derecha debilitada, por lo cual andaba siempre con muletas, será el retratista oficial del grupo de amigos: hay retratos suyos de Arístides Fernández (1933), Víctor Manuel (1944), el padre Ángel Gaztelu (1937), Lezama (1936?),[39] René Villarnovo (1940) y un abogado que estuvo cerca del grupo desde mediados de los 30: Emilio

Rodríguez Correa (1941). En esos retratos de sus amigos y en los de importantes intelectuales de la época –Fernando Ortiz, Marinello, Mañach...– Arche emplea un mismo esquema compositivo: todos posan siempre ante una ventana o fuga visual con paisaje, mientras que el sujeto aparece en relación con objetos que cualifican su carácter, carrera y valores.

En el caso de su *Retrato de Arístides Fernández*, la figura muestra una severa economía de líneas; con el mentón apoyado en la mano derecha, mientras la izquierda yace desmadejada a un lado, suscita una simultánea impresión de *gravitas* e inestable equilibrio. Fernández medita, y tal vez esté pensando en cómo encontrar aquello que se le ha escapado a su mentor Víctor Manuel: ese lado baudelairiano de la realidad cubana que acabará siendo su gran hallazgo para nuestra pintura. Otra vez Pérez Cisneros: «En este artista, quizás por primera vez en Cuba, encontramos el sentimiento del pecado».

Para contrarrestar, un retrato del padre Gaztelu, con sotana y bonete parroquial, que se conserva en el Obispado de La Habana. Al fondo, un paisaje lleno de verdes que bien pudiera ser el de su Navarra natal.

En el retrato de Lezama no hay distracciones. Viste el traje blanco de lino crudo que le vemos en varias fotos de aquella época, con una corbata estrecha y oscura. En primer plano, sus manos, vigorosas y desproporcionadas, buscarían insinuar, no sólo el oficio de la escritura sino una poderosa fuerza de creación intelectual. Al fondo, una calle arbolada que recuerda la vieja Habana. La figura da la impresión de rebasar el espacio pictórico, como si el marco se resistiera a atrapar su grandeza.[40]

En la década siguiente, Arche pintará retratos un poco diferentes de Villarnovo y de Rodríguez Correa. Los colores son más alegres, y las vestimentas de los modelos resultan casi chillonas, festivas. Villarnovo, gran amigo de Arístides y el encargado de escribir en 1959 un prólogo para sus cuentos, sostiene entre las manos una granada. Para los cristianos, ello significa abundancia, fertilidad, fecundidad. En la simbología pagana, sin embargo, se trata de un fruto encantado y maldito, por el que Perséfone quedó vinculada al reino de Hades.

Lorenzo García Vega ha dejado un sarcástico retrato de Villarnovo en *Los años de Orígenes*, que detalla la ruta del personaje desde la revolución del 30 hasta su exilio, tras el triunfo de la Revolución del 59. Le cambia el nombre por «Alberto de la Cámara», pero no cuesta mucho reconocerlo. Allí se cuenta que, tras la caída de Machado en agosto de 1933, Villarnovo participó en el saqueo de la casa del secretario de Gobernación, Octavio Zubizarreta, cuya cava albergaba una espléndida colección de vinos. Aquel dandy estudiantil vació la cava y ofreció una cena en el restaurante del hotel La Reguladora, cerca del Capitolio, a la que invitó a Lezama y otros amigos.

En cuanto a Rodríguez Correa, magistrado, coleccionista y patrocinador ocasional del grupo, estaba tan orgulloso de su retrato (un óleo sobre madera) que se enfadó cuando lo colocaron cerca del baño en alguna exposición del Lyceum. En el cuadro posa sobre un valle interrumpido, al centro, por dos columnas doradas, y tiene entre las manos un libro encuadernado en rojo (¿el Código Penal?, ¿la Biblia?) y una moneda en alusión a su labor de mecenas.

En casa del magistrado Correa había una tertulia que Lezama y sus amigos pintores frecuentaron, al menos, hasta principios de los 40. El pintor Mariano recuerda una simpática anécdota sobre el final de esa relación, que retrata a la burguesía cubana de aquellos años: «En su casa [de Correa] nos reuníamos a escuchar música y mirar su colección de libros de arte: Piero della Francesca, Mantegna, todos libros de 40 o 50 dólares, con música de fondo de Haydn, Mozart...; tenía plata. Pero un día fuimos de sorpresa y estaba oyendo tangos, danzones. Entonces dice Lezama: *¡Esos son los fariseos de la cultura!* Y nunca más volvimos».

A esos «fariseos de la cultura», sin embargo, tendrá que acudir Lezama en varias ocasiones. Con fecha 12 de marzo de 1937, Rodríguez Correa, por entonces secretario de la Sala Primera de lo Criminal de la Audiencia de La Habana, hace constar «que el señor José Lezama y Lima, estudiante y vecino de Trocadero 22 bajos en esta ciudad, carece de recursos suficientes para pagar la matrícula universitaria».

EN noviembre de 1929, Lezama seguramente pudo leer en la *Revista de Avance* un irónico poema de Wallace Stevens, traducido (sin firma) por Jorge Mañach y publicado con el título «Discurso en una cantina de La Habana» (más tarde «Discurso académico en La Habana»), donde el poeta estadounidense recoge la experiencia de uno de sus viajes a Cuba y la transforma en interrogante sobre la función de la cultura en los trópicos.

> El mundo no es fantasía
> de insomnes ni palabra
> que deba importar sustancia universal
> a Cuba. Apuntad estas lácteas cuestiones.
> Alimentan Júpiteres. Su pezón casual
> caerá como dulzura en las noches vacías
> cuando queda anulada la rapsodia excesiva
> y la plegaria espirituosa provoca nuevos sudores: así, así.[41]

La pregunta del poema sobre la legitimidad del mito y sus reinvenciones tropicales constata también el lugar marginal del creador en ciertas sociedades: *«Politic man ordained / Imagination as the fateful sin»*. Gustavo Pérez-Firmat recuerda que el poema de Stevens apareció en *Avance* precedido por «Crisis de la ilusión», un ensayo donde Mañach lamenta la decadencia que aparece cuando «el hombre de la plaza y el del gabinete coinciden en la pérdida de la ilusión patriótica».[42] No es inverosímil suponer –dice Pérez-Firmat– que donde Stevens, más adelante, describe Cuba como una «parodia de maní / para gente de maní» (*a peanut parody / For peanut people*), Mañach haya leído una alusión a la corrupta República, y que en el «Rey Maní» (*goober khan*) mencionado en el poema haya visto una caricatura de Machado.

El discurso de la frustración cubana, que se fue intensificando hasta la explosión de 1933, caló también en Lezama. En los años que siguen decidirá afrontarlo a través de la reinvención mítica. Mientras que para Stevens, reo del exotismo, el mito cultivado en los trópicos es una subespecie rebajada, una parodia de segunda (como bien explica Pérez-Firmat, el «mythy» del poema no es lo «mítico» –en inglés, «mythic» o «mythical»– de la traducción de Mañach, «sino lo seudo mítico o casi-mítico, una falsificación o simulacro de lo mítico»), para Lezama la reinvención mítica sí representa una posibilidad de renovar la modernidad. Si bien ambos poetas van a defender la poesía como «sobrenaturaleza», Stevens prioriza un trabajo de decantación poética en busca de su «ficción suprema», mientras que Lezama se define por la sobreabundancia, la inclusividad y una insondable curiosidad barroca, reñida con el temperamento ascético del norteamericano.

El panorama cubano de la expresión artística era aún confuso durante esos últimos años 20 y principios del 30. Las discusiones sobre el «criollismo» y «lo afrocubano», tanto en música como en pintura, impedían una consideración más detallada y profunda del lenguaje artístico. Muchos pintores no sabían si fundar una vanguardia semisocialista «a la mexicana» o encerrarse en sus estudios. Arístides Fernández, por ejemplo, militó en la organización política clandestina ABC y llegó a escribirle a Diego Rivera con motivo de la llegada de los restos de Mella, o pintó con Gattorno una bandera de la Unión Soviética para el entierro de Rubén Martínez Villena, en enero de 1934. Arche, Ravenet, Gattorno, Romero Arciaga y el propio Fernández, entre otros, escribieron en noviembre de 1933 una carta al secretario de Instrucción Pública para crear una Escuela Libre de Pintura en La Habana, a semejanza de las que funcionaban en México. Reclamaban, además, la posibilidad de pintar murales en edificios públicos para recordar las hazañas populares contra la tiranía machadista. Ambas peticiones sólo fueron atendidas de modo parcial en 1937, con la creación del Estudio Libre de Pintura y Escultura en un galpón al comienzo del Paseo del Prado, y los murales realizados en la Escuela «José Miguel Gómez». Para entonces, Fernández, que estuvo muy interesado en la técnica de la pintura mural, ya había muerto.

La «solución mexicana» –que los *minoristas* tenían muy presente– en el tratamiento del mito nacional no acaba de convencer a Lezama. Es todavía muy joven, pero ya busca algo que vaya más allá de vanguardias institucionales, del nacionalismo y su ramplona expresión política: un mito que no obligue a diferenciar simplonamente entre «lo americano» y «lo europeo». Tampoco lo convencen quienes proclaman la transformación radical de la sociedad por la clase obrera. En esa misión autoimpuesta que él llama «el clima de la voluntad», su amistad con Guy Pérez Cisneros resultará, como veremos, providencial. «Queríamos un arte –escribe Lezama en su ensayo sobre Guy– no a la altura de la nación, indecisa, claudicante y amorfa, sino de un estado posible, constituido en meta, en valores de finalidad, que uniese la marcha de las generaciones hacia un punto lejano pero operante».

Tanto Lezama como Guy están en contra de un análisis cultural que aísle y enfrente los llamados ingredientes nacionales, a la manera, por ejemplo, de la polémica de los años 30 sobre las influencias hispana o negra en la música cubana, la célebre disputa del «sanchezfuentismo» (Roig, Lecuona y Sánchez de Fuentes) contra quienes defendían un mayor peso del folklore negro (la rítmica africana sobre lo melódico europeo), encabezados por Amadeo Roldán y García Caturla. En esa discusión, lo hispánico, piensa Lezama, si bien «no podrá ser la norma para lograr la universalidad de nuestra expresión artística», sí que aporta uno de sus rasgos fundamentales, la eticidad resistente, que le otorga un marco de unidad estatal a la nación. Aquí resultan bastante obvias sus lecturas de Unamuno y Ortega y Gasset.

Lezama y Guy buscaban «sentir el caudal de lo histórico» en una inteligente reedición de la teoría de los estilos, que se apartaba del desbroce de lo considerado «primigenio». No, como se ha dicho, por simple racismo, sino por hermenéutica: volviendo al símil musical, han sido muchos, desde Julián Orbón hasta Argeliers León, los que han demostrado que el elemento melódico de la música cubana no es exclusivamente hispano, y que lo africano no se reduce al ritmo. Hacían falta análisis más complejos de la cultura nacional para desbrozar aquellos malentendidos y simplificaciones. Un primer intento de esa nueva y ambiciosa interpretación es lo que a finales de los años 30 Lezama llamará «Teleología insular».

A mismo tiempo, gracias a su relación con Pérez Cisneros, Lezama extiende su idea de la amistad, apartándose de otra concepción, digamos, socrática. «Esa manera de amistad, que hemos llamado soreliana, muy alejada del *Charmides* o del *Lysis* platónico, vive de riesgos, se alimenta de dificultades y expectaciones. Su propio combustible no es la voluptuosidad de la conversación o de la compañía, sino la dificultad a vencer, la momentánea energía para penetrar en lo hostil, en una divinidad negada [...] No es la amistad entre la sabiduría y el adolescente hostigado por el Eros del conocimiento, sino entre dos adolescentes, que creen con decidida ingenuidad, que su energía y su novedad pueden producir comienzos o alteraciones en la masa indolente, extendida o rencorosa».[43]

Subrayemos estas distinciones de lo amistoso, fundamentales para entender la vida intelectual de Lezama: por un lado, el corro platónico, el Banquete peripatético, las relaciones con jovenetos fascinados por sus diálogos y su erótica más o menos sublimada en la cultura de la conversación –que es también afán de seducción: Narciso convirtiendo el Eros en apetito de conocimiento–. Por otro, la amistad soreliana o ignaciana entre *milites*, ese ceremonial que ya no busca seducir sino reclutar para una refundación. Entre esos dos polos oscilarán las amistades de Lezama durante las décadas siguientes.

El recuerdo más antiguo de la «inclinación griega» de Lezama, celosamente guardado por amigos cercanos, es su relación con uno de sus compañeros del Instituto más joven que él: un español llamado Salvador Gaztelu, nacido en el pueblo navarro de Puente la Reina, cuyos padres habían emigrado en mayo de 1927 junto a sus seis hijos (dos niñas y cuatro varones) para establecerse en La Habana.

Lezama siente una atracción especial por aquel jovenzuelo al que repasa Literatura y con quien hace largos paseos por el Malecón hasta la bahía. De uno de esos recorridos, a finales de 1931, han quedado varias fotos. No sabemos quién las tomó. Los jóvenes posan con despreocupada contigüidad, se trasluce cierta familiaridad física. Lezama, el más serio, lleva una estilográfica en el bolsillo del saco. Salvador está despeinado, con la corbata manchada y pose de garzón indolente. Atrás, olas revueltas y, a lo lejos, unas barcas.

En otra foto, el joven parece hosco y es Lezama quien insinúa una sonrisa mientras deja caer la mano blanda sobre los hombros de su amigo. En la mano derecha sostiene un cigarrillo: ha empezado a fumar dos años antes, y la falta de aire ya lo obliga a una entonación anhelante de asmático, que da a todas sus frases un dejo interrogativo.

Por culpa de los recuerdos a media voz y los estrictos silencios familiares, sólo es posible especular sobre la relación entre Lezama y Salvador, que podría ser uno de los personajes que aparecen en los poemas de *Inicio y escape*. Tal vez el Lysis de «Playa de Marianao», porque hay noticia de que también estuvieron allí. Y el aire que despeina al jovenzuelo de la foto junto al mar recuerda el de «Nacimiento de La Habana», el poema más lorquiano del primer Lezama:

¡Pero mira qué aire!
Puñales, jacintos de torso acribillado,
de torsos embistiendo las estatuas
y de toros nadando por las fuentes
y por el halago del aire.
¡Pero mira qué aire!
¡Míralo. Enciérralo.
Discúlpalo!
Que el aire pesa como plata
hacia arriba.
Como brazos de nieve
hacia arriba.

O quizás se trate del esquivo personaje de «Se esconde», que se refugia «triunfal en su cuerpo» junto al mar:

Patinados espejos entre islas
alzan tu frente en cielo navegable
por sirenas de añil que mortecinas
(entretejida lumbre de inmóvil océano)
saltan de la prisión desvaída de las manos
al exacto lamento de sus ojos.

Salvador debe haberle hablado al amigo de un hermano suyo que, después de pasar el internado con los padres jesuitas en Navarra, ha entrado en el habanero Seminario San Carlos y San Ambrosio a estudiar para cura. Se llama Ángel y también le interesa la poesía. Parece lógico presentarlos. Pero la única versión que tenemos del encuentro es menos deliberada: «un día saliendo del Seminario, en vacaciones, me los encontré a los dos conversando…».[44]

Ese verano de 1932, frente a una de las salidas del Seminario Conciliar, se reunieron los tres, Salvador, Ángel y Lezama, y el primero ofició de presentador, quizá con orgullo, aunque sin prever el alcance de aquella introducción. Porque su hermano, el seminarista regordete de mejillas sonrosadas que acaba de cumplir los 18, acabará siendo el más fiel amigo de Lezama. Ángel Gaztelu se ordenará sacerdote en octubre de

1938, publicará un par de libros de poemas, oficiará en varias iglesias (San Nicolás de Bari, en Güines; Nuestra Señora de la Merced, en Bauta; Nuestra Señora de la Caridad del Cobre, en la playa de Baracoa, también en Bauta; y la Iglesia del Espíritu Santo, en la Habana Vieja) y terminará siendo conocido como «el cura de Orígenes».

Es curiosa esta operación de memoria (¿intencional?) que ha ocultado una de las posibles relaciones homosexuales de Lezama al sobreponerle la muy conocida –y casta– amistad con el presbítero. De Salvador, el primer Gaztelu que conoció el escritor, nunca se habla o se le reduce a simple intermediario entre el futuro mentor y su discípulo. ¿Por qué los presentó? Curiosa manera de desplazar una atención que tal vez lo asfixiaba. ¿Se trató de un escándalo encubierto? El cura, que sí sabía, o al menos sospechaba, el verdadero trasfondo de aquel vínculo, nunca dará la menor pista sobre el asunto, como si se tratase de un terrible secreto de confesión,[45] pero la amistad especial entre Lezama y Salvador Gaztelu se prolongó hasta los años 40, cuando el primero frecuentaba una casa que Salvador tenía en la playa.

Lezama también mantuvo una estrecha relación con el resto de la familia Gaztelu. Los visitaba, compartía mesa con ellos, celebraba sus relatos de la España rural. Le escribe a la hermana María Asunción en 1961, para darle el pésame por la muerte de su esposo. Y al fallecer la madre, Ángeles Gorriti, en febrero de 1964, le vuelve a escribir a Asunción una carta donde asegura: «quizás yo sea, después de los del círculo de su sangre, el que me daba más fiesta, en la profundidad de la costumbre». Será también el preceptor literario de Ángel y su principal valedor crítico,[46] si bien aquella poesía devocional y un poco neoclásica del sacerdote estaba bastante lejos de la suya.

En cuanto a Salvador, años después revelará más abiertamente las conspicuas preferencias que Lezama había intuido, con gran disgusto para su conservadora familia. Por otros amigos habaneros, se iniciará en el negocio de los textiles, convirtiéndose, a finales de los 50, en el representante en Cuba de las fajas-corsé para mujeres Kleinert's («Sea encantadora y admirada; obtenga la cintura de bailarina»), con una pequeña tienda-taller en la calle Marqués González 753, en Centro Habana. En 1962, casado y con dos hijos, salió de Cuba hacia Miami, donde puso un nuevo taller textil en Flagler y la 17. Murió alrededor de 1994.[47]

La anécdota la cuentan, por separado, Eliseo Diego y Fina García Marruz.[48] Lezama camina por el Paseo del Prado junto a un entusiasta Ángel Gaztelu que gusta demasiado de Espronceda, Zorrilla y Núñez de Arce, la única poesía recomendada por sus superiores del Seminario. Es un joven curioso, que ya ha leído con placer a Rubén Darío y José Asunción Silva. También ha ido a un concierto de Lecuona en el Teatro Campoamor, donde se han declamado versos de Gustavo Sánchez Galarraga y se lo comenta a su amigo, buscando su aprobación. El otro calla, concentrado en los árboles del Paseo. Hasta que explota:

> –Pero no, Ángel, eso no tiene nada que ver con la poesía. En cambio: «Sevilla es una torre / llena de arqueros finos...». Fíjate: «llena de arqueros finos». Eso no lo vas a encontrar en ninguna otra descripción de la ciudad. Pescar un fragmento y darnos toda la esbeltez de un estilo. Esa es la saeta andaluza, que más que apuntar a un blanco, precisa un horizonte. Algo que no significa, sino que es. Una imagen que engendra el sucedido...

El seminarista escucha embobado las palabras de Lezama. «Aquella tarde aprendí de una vez por todas qué es la poesía», le confesará a Diego años después, «con un resto del azoro de entonces».

Fina describe con más detalle el periplo de esa «pareja del todo cervantina»: «dejan atrás la doble hilera de casonas del Prado, en cuyos portales los contertulios del amplio Casino Español juegan al ajedrez. Doblan ahora por las estrechas calles laterales que conducen a la casa de Trocadero de breves y graciosas columnas salomónicas, donde vive el mayor con su madre y hermana, y se adentran en la salita con humedad de gruta marina, donde quiere mostrarle al menor unos versos que acaba de sacar de lo oscuro a la luz». El joven Gaztelu vence la timidez y le lee sus primeros poemas al «maestro», que se refiere a él como «el abate joven de los madrigales», por los famosos versos de Darío.

Muchas serán las caminatas de Lezama y Gaztelu por La Habana Vieja, que suelen comenzar en la antigua entrada del Seminario, por la calle Tejadillo, cuyas anchas puertas de cedro escuchan sus conversaciones sobre Joyce, Lorca y Gabriel Miró. La capilla primitiva, antes de que existiera la fachada de la catedral, estaba dedicada a la Virgen de Loreto.

En ella, según Gaztelu, se habría inspirado su amigo para escribir los «Sonetos a la Virgen» que aparecen en *Enemigo rumor*.

En el segundo número de *Verbum*, Lezama incluye tres poemas del cura, entre ellos «Romance en la Bahía de la Habana», que mucho debe a las lecturas que este le ha aconsejado: Lorca y Juan Ramón. Detrás del romance irrumpe, solitario en su tajante originalidad, «Muerte de Narciso», al que el mismo Gaztelu dedicará un pequeño ensayo en el siguiente (y último) número de la publicación estudiantil. Aquella «rauda cetrería de metáforas» le parece al amigo inspirado «el más alto y atrevido intento de llevar la poesía a su desligamiento y región sustantiva y absoluta en virtud y gracia de esa esencial y mágica deidad de la metáfora».

Para quienes se atrevan a quejarse de que «no entienden» estos versos, Gaztelu ya tiene preparada su réplica: «La poesía es a manera del fluido eléctrico, sentimos en nuestro sistema de hilos emocionales sus sacudidas y temblores, no su verdad, ni su esencia. Para la verdad filosófica tenemos inteligencia. Para la verdad –o la mentira– poética tenemos sensibilidad... y al que carece de esta –pobrecillo– que no hable de poesía». Igual de taxativo se muestra poco después, como si respondiera a críticas no tan imaginarias: «a los que tenemos la gracia tan cercana de conocerle, que no los necesita, y a los que no le conocen, que le conozcan, y si no peor para ellos; nota más que crítica, no somos críticos, eufórica, somos apasionados, entusiastas...» Convertido a la poética de su amigo, Gaztelu entresaca fragmentos del largo poema, cita a Jung, a Juan Larrea, a Góngora, a Ortega y Gasset. Uno sospecha que el propio autor de los versos le ha dictado los argumentos de esa apología.

La estrecha amistad entre Gaztelu y Lezama fraguó en apenas dos años. Para probarlo, una carta del 15 de julio de 1934, que el primero escribe desde un barco que bojeaba la costa norte de la isla. Son páginas un poco cursis, como la poesía del seminarista en esa época, pero muestran la confianza que ya había ya entre ellos:

> Miré al cielo y vi más astros que nunca, más brillantes, como si acabaran de florecer en el cielo. ¿Tendrán primaveras las estrellas? El sol parece curioso en lo que te escribo y avanza cauteloso y lento hasta tocar el papel, pero me está quemando el rostro ya, y me levanto molesto. En

> cambio, al levantar la vista, me muestra el mar, rearmado de brillantes y refulgente como si fuera la espalda de plata de un inmenso pez. Estuve esta mañana largo rato en la proa, mirando cómo la quilla hendía el mar y rompía el cristal en rizados copos de espumas. Al mirar el mar tan bello me figuré que surcaba el mediterráneo mar latino en cristiana vela y que era el capitán esperando la aparición de otomana galera para trabar batalla contra el turco. No te rías –Lezama– por favor, que estoy hablando en serio.[49]

Claro que se reirá Lezama con esa imagen. Era una de sus tantas pullas cariñosas al cura, con quien tendrá también numerosas disputas doctrinales. En el arranque del prólogo a *Gradual de laudes* lo convierte, por ejemplo, en un recio soldado: «Conténtase La Habana defendida por el padre Gaztelu». La imagen también alude con ironía al ministerio del navarro, ejercido en una Habana que parecía la Gran Pecadora aunque los origenistas prefirieran calificarla de «nueva ciudad dignificada».

La carta termina con una mención irónica al descomunal apetito (sí, ya a los 23 Lezama era un glotón epicúreo) que los unía: «Me voy a bañar, para ir a comer. Tengo el tiempo justo. La comida ¡oh Epicuro! es muy buena y abundante. Esto para ti Lezama, tú bien sabes de mi ascetismo y penitencia».

Y se despide: «tu amigo, muy tuyamente tuyo».

LA primera vez que Lezama tuvo contacto con la figura de un gran poeta no fue, como suele asegurarse, durante la estancia de Juan Ramón Jiménez en La Habana, sino mucho antes, en la primavera de 1930, cuando asistió a varios recitales y conferencias de Federico García Lorca.[50]

La estancia cubana de Lorca, que duró tres meses y coincidió con una visita de Krishnamurti y con los segundos Juegos Deportivos Centroamericanos, hizo época en los periódicos locales. La prensa cultural no dudó en calificarlo como «el más eminente poeta español del momento» ni escatimó detalles de su itinerario. Aunque por esa época Machado ya gobernaba la isla como dictador *de facto*, la vida cultural habanera seguía siendo muy animada y el público cubano acudía a conciertos, espectáculos y lecturas públicas de artistas e intelectuales de todo el mundo.

Invitado por la Institución Hispanocubana de Cultura, que presidía Fernando Ortiz, el poeta español desembarcó en La Habana el viernes 7 de marzo y se alojó primero en La Unión, lo que en esa época se llamaba «un hotel decente» (para recién casados provincianos, viajantes de comercio y viudas de hacendados) en la esquina de las calles Cuba y Amargura, frente a la Iglesia de los Franciscanos. También fue acogido, casi desde el primer día, por el matrimonio de los españoles Antonio Quevedo y María Muñoz, musicólogos asentados en la isla desde 1919, a quienes Manuel de Falla había encomendado que cuidaran de su amigo. En casa de los Quevedo, excelentes aunque posesivos anfitriones, solía almorzar Lorca, «salvo cuando "estaba perdido" por varios días, durante los cuales, ni por teléfono en el hotel, ni en las casas frecuentadas dejaba el menor rastro».[51] Con ellos acude el poeta a un concierto de Serguéi Prokófiev, que se presenta en la capital cubana por invitación de la Sociedad Pro Arte Musical, acompañado de su primera esposa, la soprano catalana Lina Llubera. Concluida la función, Lorca se fue al Hotel Vedado donde se hospedaban los músicos para saludarlos. Traducido por Lina, charló largamente en la terraza del hotel con el ruso, decepcionado porque su música había provocado una estampida entre el público habanero.

Con Lydia Cabrera, a la que había conocido en Madrid, en casa de José María Chacón y Calvo, y a quien había dedicado su *Romance de la casada infiel* (a ella y a «su negrita», la criada Carmela Bejarano), Lorca asistió a una procesión sincrética. Allí le horrorizó tanto la apariencia del «diablito» o *ireme* («con sus blancos ojos de cíclope») que, según la propia Lydia, casi se desmaya. Mejor temple mostró el 17 de abril de 1930 (Jueves Santo), cuando en una visita al Convento de las Teresianas, en Teniente Rey y Compostela, el lienzo morado que cubría a la Santa se quemó, por accidente, con un cirio, dejando al descubierto la imagen de Santa Teresita, antes de que el poeta se descalzara sin ser notado y subiese de un salto de gato al altar para cubrirla ante el asombro de los feligreses.

Lorca frecuentó también a los hermanos Loynaz –Carlos Manuel, Dulce María, Enrique y Flor– en su famosa casona del Vedado, donde instaló una suerte de taller nocturno en el que tocaba el piano, cantaba, escribía, dibujaba y bebía whisky con soda, antes de salir, bien entrada la noche, a recorrer las calles y plazas de la Habana Vieja.

En la «casa encantada» de los Loynaz, llena de porcelanas y muebles franceses del XVIII, por cuyo jardín se paseaban dos pavos reales blancos y una pareja de flamencos, escribió *El público*, algunos de los poemas de *Poeta en Nueva York* y fragmentos de *Yerma* y *Doña Rosita la soltera.* Dulce María y Enrique no supieron lidiar con su irreverente personalidad, pero su trato con Flor y Carlos Manuel sí fue cercano. A Carlos, se dice, le regaló un borrador de *El público*, que este quemó luego en un arrebato.

Lorca tuvo tiempo, incluso, para participar en una protesta contra Machado: la llamada «huelga de los teléfonos», cuando los habaneros salieron a protestar por las cajitas de cobro automático recién adosadas a los teléfonos públicos («Qué revolución tan curiosa. Los gritos no son contra un rey o un mariscal. Es un clamor inverosímil este de "abajo los teléfonos". Me voy a la calle a gritar también»[52]), y para defender a un grupo de negros y mulatos a los que no dejaban entrar en la piscina del elitista Havana Yacht Club, donde se celebraban las pruebas de natación de los Centroamericanos.

Según sus biógrafos, en La Habana el granadino también hizo una intensa vida nocturna. Solían acompañarlo Luis Cardoza y Aragón, joven escritor y recién estrenado cónsul guatemalteco, junto al musicólogo español Adolfo Salazar y el pintor Gabriel García Maroto, ambos homosexuales. Con ellos, Lorca visitó en mayo el popular Teatro Alhambra, sólo para hombres, donde se representaban delirantes sainetes que alternaban la sátira social y política con espectáculos semiporno. Las parodias del Alhambra, cuentan sus acompañantes, hacían carcajearse a Federico, deslumbrado, además, por el delirio del público ante las aventuras escénicas del Negrito, la Mulata, el Gallego, el Policía o el Maricón. Algo de ese teatro bufo que, según Salazar, Lorca emparejaba con la Commedia dell'Arte, influyó en su obra «cubana» *El público*, que aborda abiertamente el tema homosexual.

Varios testigos describen también sus visitas a los bares de la playa de Marianao donde el poeta compartió con los soneros de las «Fritas». «Enseguida probaba con las claves, y como había cogido el ritmo y no lo hacía mal, los morenos reían complacidos haciéndole grandes cumplimientos. Esto le encantaba. Un momento después, Federico acompañaba a plena voz y quería ser él quien cantase las coplas», cuenta Salazar.

Con sus amigos más cercanos, Lorca recorrerá también los bares nocturnos del puerto, y con Cardoza visita un elegante burdel que, en palabras del guatemalteco, dejó a Federico «perplejo ante tanta suntuosidad animal», aunque intrigado por el hecho de que allí sólo hubiera chicas: «¿Por qué no muchachos? Destacarían como el *San Mauricio* de El Escorial». En medio de lo que Cardoza y Aragón califica de «delirio mahometano», aparece una bailarina, casi una niña, sentada en una silla de mimbre: «mientras conversa enfrente, abstraída se entreabre el sexo con el índice. En el túnel azul de los lisos muslos de acero sonríen las fauces de una piraña, quizá mostrándonos la delicia de las humedades recónditas en el vértice de astracán recio, corto y rizado en mínimos resortes de zafiro oscuro. Un muchachote de caderas angostas, iguales a las de ella, la conduce de la mano: ágiles y tranquilos van, como la mejor filosofía o versos de Garcilaso, hacia el edén momentáneo. Parecía un San Cristóbal cuando, después de algunos pasos, la sentó en el hombro. "Se la llevó San Mauricio", me dice Lorca».[53]

Visitó también el Kursaal, un bar de los muelles (calle Paula 4) con ínfulas de cabaret, sin mesas, sólo una gran barra de madera junto a la cual marineros, estibadores, prostitutas y proxenetas bebían de pie o contemplaban una mezcla de rumba con espectáculo de *varieté*. «No hace un mes que se encuentra en Cuba y ya está completamente aplatanado. Conoce y sabe más cosas cubanas que muchos de sus amigos, y nos puede servir perfectamente de cicerone y descubridor de lugares y tipos netamente criollos, para nosotros desconocidos», apuntó Emilio Roig de Leuchsenring.

En La Habana, Lorca planeaba impartir tres conferencias, que acabaron siendo cinco por el éxito de público. La gente hacía cola para las entradas, que se agotaban nada más ponerse a la venta. Eran los domingos por la mañana, en el desaparecido Teatro Principal de la Comedia, y ya desde la primera el poeta rompió el protocolo al presentarse sin traje y con un suéter de franjas amarillas. En una dedicada a las «nanas españolas» no sólo disertó sino que puso un gramófono, tocó el piano y cantó acompañado por una cubana de origen español, María Tubau. Cardoza y Aragón recuerda su «suave morfología feminoide», sus caderas «algo pronunciadas» y su «voz tenuemente afectada» en el escenario. «Su homosexualidad era patente, sin que los ademanes fuesen afeminados; no se le caía la mano».

Se trataba de charlas dictadas con anterioridad en otras ciudades y universidades: el 9 de marzo imparte la primera, «La mecánica de la poesía», leída dos años antes en Granada con el título «Imaginación, inspiración y evasión»; el 12, «Paraíso cerrado para muchos, jardines abiertos para pocos. Un poeta gongorino del siglo XVII» (homenaje a Pedro Soto de Rojas, que ya había dado en 1926 y 1928); el 16 del mismo mes, «Canciones de cuna españolas»; el 19, «Imagen poética de Luis de Góngora» (de la que Lezama recordará mucho después varios detalles), y el 6 de abril «La arquitectura del cante jondo».

Las conferencias fueron muy aplaudidas, como cuenta el propio Lorca, entusiasmado, en una carta a su madre. Según su biógrafo Ian Gibson, el poeta ganó, por primera vez en su vida, «un excelente dinero». Para presentar la primera, «Mecánica de la poesía», Francisco Ichaso hizo una lectura parcial de la «Oda al Santísimo Sacramento del Altar» («Piedra de soledad donde la hierba gime / y donde el agua oscura pierde sus tres acentos, / elevan tu columna de nardo bajo nieve / sobre el mundo de ruedas y falos que circula») que provocó cuchicheos e hizo fruncir el ceño a más de uno. Según Quevedo, el público cubano, «apegado en lo poético a la tradición finisecular española, estimó que esta *Oda* era –como las teorías heliocéntricas de Galileo– "no sólo herética en la fe, sino falsa en la filosofía"». Cuando, algunos días después, varios amigos de Federico le comentaron esta lectura, el poeta repuso: «hay gentes que se atragantan con una oblea poética, pero que no tienen reparo en comulgar con una rueda de molino».

La charla sobre Soto de Rojas fue, según el *Diario de la Marina*, «una obra maestra de erudición, de análisis y de emoción». De la conferencia sobre Góngora, dice el mismo periódico que fue un «tema sugestivo e interesantísimo, muy del dominio del conferenciante». La última, «La arquitectura del cante jondo», prevista para el 26 de marzo, se aplazó al 6 de abril. A lo escrito en 1922 sobre el tema, Lorca añadió esbozos de su *teoría del duende*, en la que juntó visiones de lo gitano y lo negro.

TAN bien se sentía Lorca en Cuba, que decidió quedarse dos meses más de lo previsto. A ello contribuyó, según su principal biógrafo, el clima de liberación sexual que sintió en la isla. «Hay numerosos indicios

–escribe Gibson– de que fue en Cuba donde Lorca empezó a vivir con más soltura su condición de homosexual».[54] Para ilustrarlo, baste una anécdota de otro de sus compañeros de juerga, el poeta colombiano Porfirio Barba Jacob, que alardeaba de haber sido su amante en esos días habaneros.

Los dos poetas se habían conocido en el despacho de Juan Marinello, donde solían reunirse los redactores de *Avance*. «Una mañana Marinello llamó por teléfono a Luis Cardoza y Aragón y le avisó que la reunión de la tarde sería grandemente interesante porque asistirían Federico García Lorca y Porfirio Barba Jacob, quien llevaba unos cuantos días en La Habana. Cuando Cardoza y Aragón llegó a la oficina ya estaban allí Barba Jacob y García Lorca charlando con Mañach, Francisco Ichaso y alguien más. Entonces Cardoza y Aragón conoció al poeta colombiano: "Federico, como siempre, centralizó la conversación. Nos hizo reír y nos encantó con su donaire y su talento. Barba Jacob callaba, seguro de que su silencio tenía más valor en aquella conversación. De vez en cuando, con su voz más lenta y ceremoniosa, después de sorber profundamente su cigarrillo nunca apagado, abandonaba palabras cáusticas, cínicas o amargas"».[55]

En un artículo de 1979, Cardoza y Aragón cuenta la otra parte de ese encuentro. Cuando él, García Lorca y Barba Jacob salieron del despacho de Marinello se fueron a una cervecería. El calor era intenso y Cardoza y Aragón llevaba un parche en el ojo porque al despertar se había puesto una gota de yodo en vez de colirio y le lastimaba la luz habanera. De pie, ante el mostrador, pidieron tres grandes vasos de cerveza. Un mocetón gallego les atendió: de camisa de manga corta abierta, descubriendo el pecho piloso. Cuando su brazo desnudo se puso al alcance de Barba Jacob al servirle, este, sin poderse contener, lo mordió. El mozo apenas si se apoyó en el mostrador y se lanzó hacia ellos. Mientras Cardoza y Aragón le decía: «Me los llevo en el acto, me los llevo» y trataba de contenerlo, el agraviado les gritaba enfurecido: «¡Fuera de aquí, partida de maricones!». Una variación de esta anécdota, u otra nueva, quién sabe, asegura que Lorca también terminó en la cárcel tras un lance habanero y sus amigos tuvieron que rescatarlo.

Hubo después una cena, ofrecida por Mañach, en la que Lorca, para los postres, recitó sus poemas más populares, y Barba Jacob también leyó los suyos. Concluidas la cena y la lectura, ambos poetas se fueron al Malecón, donde se toparon con un marinero que era amante del colombiano. Al día siguiente, hablándole de Federico y del final de la noche, Barba Jacob le aseguró a José Zacarías Tallet: «Hacia el amanecer me entregó su alma».[56]

La versión de Guillermo Cabrera Infante es algo diferente –y bastante más creíble–:

> Se dice que el poeta de la decadencia modernista encontró su marinero cuando, literalmente, «hacía el litoral». Litoralmente ambos se encontraban en los muelles. El marino, ni corto ni perezoso (en realidad era alto y ágil), se hizo amante del poeta pederasta y pesimista (recuerden, por favor, su divisa: «En nada creo, en nada») y para colmo pobre. Para su mal era 1930 y cuando se paseaba Barba con su marinero recién pescado, se atravesó en su camino Federico García, que era todo lo contrario del colombiano: graciosamente andaluz y para colmo famoso. Lorca procedió ahora, con todo su encanto y todos sus dientes brillando en su cara morena, a auspiciar al marinero escandinavo que recaló en el trópico. Barba perdió su diente para siempre.
>
> Alrededor de 1948, a casi veinte años del encuentro amoroso con Lorca, todavía era posible ver a este marino seudosueco caminando la noche, Prado arriba y Prado abajo, como un náufrago de otra época. Su ropa era, sí, azul marino y llevaba un paletó que hacía alucinante la noche tropical.[57]

El mundo del turismo sexual y los prostíbulos habaneros de los años 30 ha sido descrito por varios testigos ilustres: Robert Desnos, Ernest Hemingway, Claire Goll, el fotógrafo Walker Evans... Según el historiador Louis A. Pérez, en 1931 había en La Habana unas 7400 trabajadoras sexuales y más de 270 lupanares. Una visión interesante del asunto son las memorias del pintor Domingo Ravenet, muy cercano a *Orígenes*, donde cuenta su iniciación sexual con una prostituta llamada La Muñeca, que vivía, por cierto, en la calle Trocadero. Luego visitará con el pintor Víctor Manuel a unas francesas instaladas en unos altos de la calle Misión. En esos años, el sexo de pago era algo muy habitual entre cubanos, y Ravenet mantendrá esa costumbre cuando llegue a París.[58]

En un artículo sobre otro fascinante personaje de la época, Alberto Guigou, Vicente Echerri describe el ambiente de burdeles de hombres en La Habana de finales de los 30 y principios de los 40. Uno de los lugares mencionados coincide con las características del Kursaal visitado por Lorca:

> En su novela inédita [*Burdeles*], Guigou se proponía recrear la existencia de por lo menos otros dos sitios que se dedicaban al comercio sexual de varones. Uno de ellos, de mayores pretensiones y espacio, se encontraba sobre la Avenida del Puerto y se especializaba en marineros para los que había una vasta clientela de hombres y hasta algunas mujeres, y a los que el regente del burdel atraía de manera bastante peculiar e ingeniosa: se había provisto de un vasto repertorio de música folclórica y tradicional de diversos países y, tan pronto se enteraba de que llegaba al puerto un barco griego o sueco, chileno o australiano, hacía sonar incesantemente en su victrola la música del país en cuestión que, lógicamente, ejercía en los marineros una atracción irresistible.

Alberto Guigou –cuenta también Echerri– «sería muy amigo de Lezama, como lo fue también de Gastón Baquero, pero de otros ambientes que apenas rozaban los libros. Más adelante, en los años 40, aunque Lezama era todavía un hombre joven y sin la imponente obesidad que adquiriría después, ya empezaba a faltarle la acometividad para abordar a los muchachos que le gustaban. Guigou, que había adquirido una gran destreza en estas transacciones y que disfrutaba de alguna holgura gracias a su trabajo, compartía sus mancebos con el escritor y, con el tiempo, también un apartamento de soltero que se alquiló cerca de los muelles consagrado a sus tareas de efebófilo».[59]

En sus tres meses cubanos, Lorca sale varias veces de La Habana (viaja a Matanzas, Pinar del Río, Cienfuegos, Sagua la Grande...) y llega hasta Santiago de Cuba con un misterioso acompañante, para celebrar su 32 cumpleaños. De ese viaje salió su famoso poema *Son*, publicado por primera vez en la revista *Musicalia* (abril-mayo de 1930) y cuyo original autógrafo regalará a su director, Antonio Quevedo.

El poeta asiste también a innumerables tertulias con todo tipo de intelectuales. Fueron tantas las invitaciones, cuenta Quevedo, que una tarde, al preguntarle de dónde venía y quién o quiénes lo habían agasajado, «respondió con aquel gesto suyo, tan infantil: "Pues nada, que se me ha olvidado"». Las señoritas lo avasallaban para que firmara sus álbumes de autógrafos y los jóvenes poetas lo llenaban de manuscritos inéditos. Ballagas cuenta que no se atrevió a darle un poema suyo porque al preguntarle qué opinión le merecían los originales de cierto poeta joven, Lorca respondió con franqueza andaluza: «Son muy malos, muy malos. Horribles. Cuando los leo me dan accesos de llanto y ganas de echarme al suelo inconsolable gritando así: ¡Ay, aaaay, aaay!, como mi Bautista cuando el verdugo le rebana el cuello». Algunos de sus anfitriones son tan efusivos y absorbentes que Federico siente que le «estrujan las entrañas». Por eso a veces rehúye las invitaciones «y me voy solo por La Habana hablando con la gente y viendo la vida de la ciudad».

Aparece lo mismo en una casa de vecindad donde una «negraza inmensa y bondadosa» le ofrece una taza de café –«que bebí rodeado por toda la negrería»–, que en el Lyceum, donde «las damas distinguidas de La Habana» lo invitan a té. Se toma un Carta Oro con Guillén para ver «la vida color de ron» o, tras gritar que se quiere «convertir en un témpano», paladea una champola de guanábana, y el sabor de las sílabas le parece tan disfrutable como la blanda pulpa de la fruta.

En una de esas tertulias, en mayo, conoce a Lezama, que ya había asistido a sus conferencias y a un recital en la Universidad donde el granadino leyó, según recuerda Roa, «Romance sonámbulo» y «La casada infiel».[60]

«Conocí a García Lorca –cuenta Lezama– en el bufete de Emilio Roig, donde se celebraba una exposición que una institución cultural cubana se había negado a ofrecer por estimar que abundaba en excesos sensuales. Recuerdo que estaban allí Porfirio Barba Jacob y Luis Cardoza y Aragón. Hablaban entre ellos con mucha animación y yo con otros alumnos universitarios, que éramos un tanto adolescentes asombrados, permanecimos retraídos».[61]

Se refiere al célebre incidente de una exposición de Carlos Enríquez en la Asociación de Reporteros de La Habana, clausurada horas después de su apertura por unos desnudos considerados «impropios». No es el único caso: en 1934 sucederá lo mismo con otra exposición del pintor en el Lyceum, y es posible que Lezama mezcle en su memoria ambas situaciones. Los polémicos dibujos y temperas se trasladaron al bufete de Roig (calle Cuba 52, esquina con Empedrado), en el que tuvo lugar la despedida de Lorca y Salazar; allí Mañach leyó unas cuartillas que ironizaban sobre el cierre de la exposición y destacaban el coraje del pintor.

Dos años después, el 24 de octubre de 1936, al terminar una función nocturna de *Bodas de sangre* a cargo de la compañía de Margarita Xirgu en el Teatro Principal de la Comedia (Prado y Ánimas), los habaneros se enteraron del asesinato de Lorca. Las encargadas de entregar el triste mensaje a la actriz fueron dos niñas de trece y catorce años, las precoces hermanas Bella y Fina García Marruz. Luego que la Xirgu leyese el telegrama que confirmaba la muerte del poeta, en el teatro se hizo un gran silencio, al que siguieron unos aplausos atronadores, rabiosos. «Esos aplausos, para él», repetía la actriz, entre lágrimas. Juntos, actores y público, recorrieron después Prado, recitando los versos de Federico.[62]

Pasadas tres décadas, en 1961, Lezama regresa a sus recuerdos de Lorca en La Habana para escribir un prólogo a las *Conferencias y charlas*, publicadas por el Consejo Nacional de Cultura como parte de las celebraciones por el 25 aniversario de la muerte del poeta español.[63]

El ensayo disuelve el tradicional maniqueísmo de la crítica sobre los dos grandes poetas andaluces que conoció de joven: Lorca y Juan Ramón Jiménez. Empieza con aquella idea de los años 30 sobre la función de la sangre en la forja del mito. Esa sangre es, primero, regalo de la tradición mediterránea, «unida a la gracia voluptuosa incrustada por los árabes en la España sureña, unida también a una intuición vivaz y rápida de lo cotidiano poetizable». Lezama admira la manera en que Lorca ha conseguido incorporar la tradición, más allá del elemento árabe («agua peinada», lo define) o la racionalidad europea: «La romanidad y el helenismo, un poco más atrás que los árabes jardines granadinos, recorren su sentencia poética, aportándole dominios en la luz, leyes universales, y ese temblor del cuerpo que parece absorber trágicamente los reflejos del misterio de los sentidos». Esa mezcla del «remolino de la sangre» con la «claridad del espíritu», define para Lezama el poder metafórico de Lorca, a quien llama «garzón errante» y «Orfeo [que pasea por] lo infernal instantáneo» y lo lleva a fundir la poesía culta con la popular, más allá de cualquier folklorismo o *popularismo* ingenuo.

Pero en España, decía Lezama, la sangre siempre llega al río. Esta sangre, tratándose de Lorca, no es sólo una metáfora de la tradición que respalda sus virtudes poéticas. «No sólo la delicadeza inteligente de los jardines granadinos, o el tiempo medido por los juegos de agua del Generalife, estuvieron convocados por la poesía de García Lorca, acudieron también la sangre y la muerte y la sangre de la muerte». Lezama destaca la manera en que Lorca ronda siempre lo fúnebre, ese toreo suyo con Tánatos, ese adorar la «flor de la calavera»: «me atrevo a situar ahí su simpatía por muchos sones y conjuros de nuestra tierra y principalmente por nuestros reales negros cubanos».

Cita entonces una fábula de Lydia Cabrera, mencionada en *El Monte*, donde el Gallo vence a Ikú porque este, convertido en esqueleto, es incapaz de competir con la ligereza de una de sus plumas oscilando en el aire. Justo desquite lezamiano, quizá, de aquel terror que Lorca sintió ante los diablitos ñáñigos.

La sangre de su muerte consagró a Lorca, amplificó su mito. Desde esa obsesión funeraria, reverso de su eros sonriente, contemplará también el esplendor cubano. Será Lezama –como recuerda Pío Serrano– el encargado de interpretar un discutido verso de *Son*, «en un coche de aguas negras», para muchos impenetrable. «Lorca intuyó –dice Lezama– que el prodigio de nuestro sol es trágicamente tener sonidos negros, como el caer de una cascada sombría detrás de las paredes donde se lanzan al asalto los cornetines del bailongo». Qué bien visto ese lado melancólico –¡y alquímico! – de la solaridad cubana, ese astro con «sonidos negros» que se hunde en el horizonte de la plantación caribeña.

La lectura lezamiana de Lorca es también explicación de su famosa «teoría del duende», que extenderá a los sones cubanos, convertidos en ejemplos de «verdadero estilo vivo; es decir, de sangre; es decir, de viejísima cultura, de creación en acto». Su ensayo describe, además, la honda impresión que le causó, a los 19 años, la manera en que Lorca recitaba. Primero dice que la voz del poeta «cobraba una entonación grave y como la de una campana golpeada por un badajo fino, que detuviese de pronto la excesiva prolongación de los ecos». Y después celebra su desenvoltura gitana en el escenario, nacida de una «memoria voluptuosa»:

> La seguridad de su voz en el recitado le prestaba un gracioso énfasis, un leve subrayado. La voz entonces se agrandaba, abría los ojos con una desmesura muy mesurada, y su mano derecha esbozaba el gesto de quien reteniendo una gorgona, la soltase de pronto. El recuerdo de los *cantaores* estaba no sólo en el grave entono de su voz, sino en la convergencia del gesto y del aliento en todo su cuerpo, que parecía entonces dar un incontrastable paso al frente.

No se ha insistido lo suficiente en esta lección de gallardía que Lezama supo ver en Lorca, poeta homosexual sin amaneramientos superfluos, Narciso que entra con garbo en la «casa maldita» a pelearse con «unos enmascarados de azufre y rabos endemoniados». En *La expresión americana* una imagen casi heráldica incluye a Lorca dentro de la «gran tradición hispánica» del vivir y morir poéticamente: entre odios laberínticos y suposiciones groseras, el poeta asciende «como un delfín mediterráneo veteado de plata sombría en la medianoche de una tumba sin nombre».[64]

En una de sus últimas entrevistas, Lezama lo recuerda de nuevo mientras camina «entre anónimos guardias civiles que pasan a la Historia luciendo aberrantes excrecencias del vestir», convertido en un blanco vulnerable, avanzando «con paso lánguido pero resuelto hacia su muro»:

> Así Lorca es ajusticiado por sus virtudes, cuando la gloria de la poesía se le rendía en plenitud. Muere afortunado y muere afrontando con los dientes, él que más bien se iba en suspiros y pétalos. Su defunción infausta, todavía hoy y rebasadas aquellas pestilencias, huele a naranja, a gitano legítimo, a verdes ramas, aunque perdura también el olor a fuego apagado en la noche por el ángel de las tinieblas.[65]

NOTAS:

[1] Carlos Espinosa Domínguez: *Virgilio en persona*, Término editorial, Miami, 2003, pág. 71. Virgilio se enorgullecía de no haber terminado nunca Filosofía y Letras: decía que se negaba a ser examinado por un «bando de burros». En realidad, cursó todas las materias de su carrera y sólo le faltó defender la tesis final.

[2] Cintio Vitier: *De Peña Pobre. Memoria y novela*, Siglo XXI Editores, México, 1978, pág. 50.

[3] Víctor Amat, en su reseña del *Curso de Legislación Hipotecaria*, de Manuel Dorta Duque, en *Verbum*, año I, n. 2, La Habana, julio-agosto de 1937, pp. 61-62. Luego de participar en los sucesos del 30 de septiembre y hacer de agitador estudiantil, Amat Osorio se graduó de Derecho y publicó un libro de cuentos campesinos sobre su natal Holguín, *Seis cosas viejas* (Banes, 1937), celebrado por su condiscípulo José Antonio Portuondo, que lo comparó con Luis Felipe Rodríguez y Carlos Montenegro. Fue también uno de los fundadores del Club Rotario de Banes. Según Raúl Roa, Amat se fue del país luego del triunfo de la Revolución.

[4] Para Rojas, ocurría justo lo contrario: «El área en que se especializó el poeta, Derecho Penal, era por entonces la de mayor desarrollo en Cuba y la que experimentaba más claramente el choque entre el viejo paradigma de la criminología positivista y las nuevas teorías funcionalistas del delito». Véase Rafael Rojas: «Del derecho a la poesía», en *Lezama Lima: la palabra extensiva*, Verbum, Madrid, 2011, pp. 279-285; publicado también con el título «Lezama y los castillos», en Luzelena Gutiérrez de Velasco, Sergio Ugalde Quintana, eds: *Banquete de imágenes en el centenario de José Lezama Lima*, El Colegio de México, México, 2014.

[5] Fernando Sirgo Traumont llegará a ser director de la Secretaría de Instrucción Pública (ministro de Educación) entre 1936 y 1938, bajo el gobierno de Federico Laredo Brú. Simpatizaba con los comunistas, y fue amigo de Mella en la época del congreso de Estudiantes de 1923 y la Universidad Popular. En 1931 estuvo entre los fundadores del ABC. También será profesor y tutor de Lezama en la Universidad, y una influencia importante, junto con Marinello, en sus primeras ideas políticas, como ha analizado el investigador Sergio Ugalde en su ensayo «Literatura, pintura, universidad y nación: Lezama Lima en sus inicios», publicado en la revista *Rialta*, 22 de junio de 2020: https://rialta.org/literatura-pintura-universidad-y-nacion-lezama-lima-en-sus-inicios/.

[6] Véase: José Prats Sariol: «Opus Ícaro», en *Lezama Lima: la palabra extensiva*, Verbum, Madrid, 2011, pp. 268-270.

[7] Es el mismo asunto que va a separar, años después, a Lezama de su amigo Guy Pérez Cisneros, cuya meteórica carrera de *lycéen*, académico, político y diplomático representó, tal vez, lo más depurado de esa otra vía institucional a la que Lezama siempre se negó a reconocerle carácter fundador, hasta el punto del distanciamiento personal, o de opiniones tan severas («fue un desertor del movimiento y se entregó con bagaje y todo al enemigo») como las que sobre Guy aparecen en una entrevista con Ricardo Riaño, de febrero de 1954 (*AH*, pp. 11-14).

[8] Poco después, el 27 de septiembre de 1932, el propio Freyre de Andrade sería tiroteado y muerto en su casa, junto a sus hermanos.

[9] Buch, Menéndez Massana y Justo Carrillo fundarán luego un despacho de abogados, con sede en el edificio del Banco Nova Scotia (en el cruce de las calles Cuba y O'Reilly). Todos estarán muy involucrados en los primeros tiempos de la Revolución de 1959, junto a su amigo Miró Cardona, pero salvo Buch, los demás acabarán en el exilio.

[10] Según el testimonio de Mercedes Rosado, Portela era primo de Lezama por la línea paterna, «porque Portela era Portela [Möller] y Méndez, y José María era Rodda y Méndez». Fue él, en su etapa de presidente del Consejo de Defensa Social, quien le consiguió, *circa* 1940, el puesto dentro de esa misma institución, con sede en la prisión del Castillo del Príncipe.

[11] Esta anécdota y una larga semblanza de Buch aparecen en el ensayo de Reinaldo Suárez «El hombre que da las respuestas», incluido en *Un insurreccional en dos épocas. Con Antonio Guiteras y con Fidel Castro*, Editorial Ciencias Sociales, La Habana, 2001.

[12] Véase el testimonio de Robreño, «Un cubano que honró a su patria», en *CLL*, pág. 25. Sobre la manifestación del 30 vale la pena consultar también el ensayo de Juan Carlos Portantiero «El movimiento estudiantil en Cuba», en *Estudiantes y política en América Latina. El proceso de la reforma universitaria (1918-1938)*, Siglo XXI Editores, Col. Nuestra América, México, 1978, pp. 209-215, y las memorias de Raúl Roa, «La jornada revolucionaria del 30 de septiembre», en *Bufa subversiva*, Centro Cultural Pablo de la Torriente Brau, La Habana, 2006.

[13] Uno de esos amigos cercanos, que aparece como firmante del Manifiesto del Directorio el 28 de octubre de 1930, fue José Sergio Velázquez, condiscípulo de la Facultad de Derecho y uno de los oradores de la manifestación del 30 de

septiembre. Tras la represión desatada por Machado, emigra a Madrid, desde donde en 1932-33 le escribirá a Lezama pidiéndole dinero para regresar a Cuba. Véanse las cartas incluidas en *EEGA*, pp. 308-313.

[14] El informe prosigue: «Durante casi un año y medio, en Cuba ha campeado el desorden. Ha habido agitación, manifestaciones, bombas continuas con alguna destrucción de propiedad, y en agosto pasado la revolución que, aunque fue ganada por el Gobierno, no terminó en el restablecimiento de la paz moral. De forma intermitente, durante este periodo, se ha reducido la libertad de expresión o de prensa; en la actualidad, las garantías constitucionales están suspendidas y el país está bajo la ley marcial. Una organización llamada «El Partido de la Porra», que consiste en mercenarios partidarios del Gobierno, lleva a cabo represalias sangrientas contra los actos violentos o especialmente desagradables de los grupos de oposición. La única universidad del país y todas las escuelas superiores han estado cerradas más de un año, debido a la oposición estudiantil al gobierno. Las cárceles han estado llenas intermitentemente de presos políticos. Además de la depresión mundial (y esa es la causa básica de la difícil situación económica de Cuba), la falta de confianza en el gobierno cubano y las condiciones mencionadas han ayudado a provocar un estancamiento en los negocios que ha aumentado la miseria del pueblo cubano». (Véase *Foreign Relations of the United States Diplomatic Papers*, 1932, *The American Republics*, Volume v, en: Office of the Historian: https://history.state.gov/historicaldocuments/frus1932v05/d594). La traducción es mía.

[15] Manuel Marcer: «*Verbum*: primer signo de una generación», en *Vida Universitaria*, n. 175-176, marzo-abril 1965. Incluido en Carlos Espinosa (ed.): *Vuelvan crepúsculos y flautas*, Ediciones Orto, Manzanillo, 2010, pp. 91-97.

[16] «Pues en un mundo de choferes se estaba, en los años de Orígenes, con el alza del azúcar, y el auge económico de una burguesía tarada e imbécil. Todos fueron choferes: los políticos, los hombres de negocios, los curas, las putas. Los choferes se ausentaban para ir a Miami; los choferes no conocían el paisaje; los choferes sólo sabían llegar a sus horribles nuevas casas para destapar sus cervezas. Y Lezama caminaba, recorría su paisaje, como pocos cubanos lo han hecho. Pues las grandes caminatas de Lezama fueron también como su risa: un reto, y un descubrimiento». Lorenzo García Vega: *LAO*, pág. 270.

Sobre el «mundo de choferes» según Hermann Alexander, conde de Keyserling (1880-1946), puede verse esta ilustrativa columna del historiador de La Habana Emilio Roig de Leuchsenring, publicada en *Carteles* el 25 de septiembre de 1938: «El conde Keyserling ve en el chofer «el tipo determinante de nuestra edad de muchedumbres, como lo fueron de otras edades el sacerdote y el caballero... La mayoría de los hombres se orienta hoy hacia el tipo del chofer... En todo el mundo se instaura entre la muchedumbre el tipo del chofer... La juventud de hoy se diferencia de los pueblos salvajes en que, en su alma, lo transferible domina sobre lo intransferible. En tal respecto, su conducta encuentra su símbolo, no en el hombre primitivo sino en el coche mecánico. [...] Waldo Frank juzga que el hombre y la familia modernos norteamericanos, y lo mismo puede aplicarse en mayor o menor grado a los hombres y las familias de todo el mundo occidental, viven por el automóvil y para el automóvil. La aspiración de unos y otras es: primero, poseer un automóvil; después, ir mejorando la máquina y la calidad del carro. Su categoría social la dará la marca del carro que posean. El vestir elegante, el comer bien, el poseer casa confortable, importan poco. Todo será sacrificado al automóvil.»

Nótese la influencia de estas críticas a la modernidad en el siguiente párrafo de una crónica habanera de Lezama: «Ganemos en una mañana la perspectiva aérea de La Habana. Sus calles de anchura deleitosa parecen inundadas del río de latón de las máquinas. Lentísimas hileras se mueven como encadenadas. Quien soñó con una prisa innecesaria ahora camina como amarrado a un árbol. Calles hechas para la marcha y el paseo nocturno, soportan grosería y toneladas, erizando sus aguijones, sus ingenuos sistemas defensivos y logran hacer lento y arrastrado el paso de innumerables invasores». (*TH*, pág. 282).

[17] Testimonio de Vicentina Antuña recogido en: Víctor Fowler y Fabiola Mora: «Palabras cruzadas en torno a Lezama Lima», *Letras Cubanas*, n. 16 (oct.-nov.-dic. 1990), pp. 286-287.

[18] «Gustaba de vestir en verano con trajes de hilo crudo o blanco. No era síntoma de bien vestir porque por aquellos tiempos esos trajes costaban diez pesos (la moneda cubana se cotizaba igual a la de Estados Unidos). Los estudiantes tenían que acudir a las clases con el saco puesto, lo que hacía la pobreza más visible.

Este subrayado de su ropa obedece a que constituía una angustia para nuestra madre. Jocelyn crecía y engordaba muy ligero y los trajes le quedaban pequeños antes de romperlos. También a mí me preocupaba la compra de su ropa. Nuestra madre provenía de una familia burguesa venida a menos, más doce años de matrimonio con un militar de carrera, la hacía dar demasiada importancia al aspecto exterior, a la apariencia. Como ella gustaba de los refranes, yo, con cierta ironía le recordaba que el hábito no hacía al monje, a lo que me ripostaba que era de los pocos refranes equivocados. La ropa de Jocelyn se había tornado en problema doméstico, al que él no daba ninguna importancia». Eloísa Lezama Lima: *UFH*, pág. 46.

[19] Según De Armas, que encontró el manuscrito en abril de 1983, el joven escritor lo encabeza con una portada en la que figura el título, un epígrafe de Juan Ramón y el nombre, sin el segundo apellido. Al pie de todos los poemas está anotada la fecha de composición, y luego aparece un índice completo, lo cual sugiere que el joven escritor había seleccionado sus mejores poemas para llevarlos a la imprenta. Por alguna razón, hasta ahora desconocida, al final no lo hizo. Véase «*Inicio y escape* de José Lezama Lima», en *PC(EC)*, pp. 611-612.

[20] Enrique Saínz: «*Poesía completa* de José Lezama Lima», *Casa de las Américas*, n. 152, sept.-oct. 1985, pp. 26-29.

[21] Los «primeros serios» no fueron los primeros. Hay noticia de poemas de Lezama escritos en la época del Colegio Mimó, junto con los de otros amigos, en la libreta de uno de ellos: Juan Manuel Pereira. Según Lezama, a quien la hermana de Pereira prestó el cuaderno (no quiso regalárselo por tratarse de un recuerdo familiar) pero nunca regresó a buscarlo, los poemas, «hechos casi por broma», varios de tema amoroso y, al parecer, sin gran valor literario, eran el resultado de reuniones que se hacían para estudiar. El cuaderno incluía, según el testimonio de Mercedes Pereira, unos diez poemas del joven Lezama. En su archivo, sin embargo, no aparece, así que se presume destruido.

[22] «Agradecido por su acuse de recibo [del número 2 de *Verbum*]. Quizás pronto le envíe la *Fábula de Apolo y Jacinto*, en la que se verá lo que sucedió después de la *Muerte de Narciso*». Esta carta de JLL a Mañach fue escrita entre diciembre de 1937 y enero de 1938, y aparece recogida en *MI*, pág. 469.

[23] Entrevista con Joaquín G. Santana: «La novela de una vida», en *Índice*, Madrid, n. 278-279, noviembre de 1970, pp. 44-45.

[24] Jorge Luis Arcos: «La poesía de Lezama Lima: para una lectura de su aventura poética», en *La palabra perdida. Ensayos sobre poesía y pensamiento poético*, Ediciones Unión, Col. Contemporáneos, La Habana, 2003, pág. 190.

[25] Sobre la escenografía del poema y la influencia de Góngora y Valéry, véase: Gisela Beutler: «Lezama Lima, poeta y crítico: otra vez, la "Muerte de Narciso" (1937), en *Nuevo Texto Crítico*, año VII, n. 14/15, julio 1994-junio 1995, pp. 229-242.

[26] Luis Ortega: *Como se viene la muerte* (Memorias), Miami, pág. 168. Consultado en internet. https://www.latinamericanstudies.org/book/Luis-Ortega-1.pdf

[27] «El camino más seguro hacia Lezama es la Tradición, es decir, la Tradición oculta, y ese camino requiere calificaciones que van más allá de lo literario [...] Como artista, Lezama está más cerca de Sir George Ripley y Nicolás Flamel, de Michael Maier y Paracelso, que de Mario Vargas Llosa. Lezama parece decirnos: *¡Es la Alquimia, amigos!* Y, sin embargo, no lo tomamos en su palabra: por el contrario, insistimos en hacer de él un fenómeno puramente literario». Néstor Díaz de Villegas: «The Golden Shower», presentación de *José Lezama Lima: A Poetic Order of Excess: Essays on Poets and Poetry*, Green Integer, Los Angeles, CA, 2019.

[28] Los ensayos de Lourdes Rensoli sobre «Muerte de Narciso», inteligentes aunque con cierta panoplia marxista muy al uso de la Facultad de Filosofía en la Universidad cubana de los 80, se encuentran en: Lourdes Rensoli e Ivette Fuentes: *Lezama Lima: una cosmología poética*, Letras Cubanas, La Habana, 1990.

[29] Carlos M. Luis: «Lezama, persona», en *Tránsito de la mirada*, Saeta, Miami, 1991, pág. 91.

[30] En 1939, la fusión del Lyceum con el Lawn Tennis Club, organización de recreo que disponía de un terreno mayor en el mismo Vedado, hará posible ampliar el edificio e incorporarle la biblioteca donada por Max Henríquez Ureña.

[31] «Es a principios de 1935. Florit acude una tarde a Pro-Arte Musical, en el Auditorium, en la Calle Calzada, cerca del mar. Mujeres entusiastas, amigas de la música, aficionadas a la ópera, muy devotas, demasiado, del teatro español de principios de siglo, enemigas de la chabacanería y el desorden, han fundado esa sociedad. Van mucho, con el peinado corto de los años 30, a Rancho Boyeros; saben de antemano la hora exacta en que llegará el avión. Al abrirse la portezuela, dispuesta la escalerilla, una, la mejor enterada, le dice a sus amigas: –Es ese. Muchas veces sobra lo dicho porque las amigas se han enterado al ver al personaje envuelto en su abrigo, la bufanda al cuello, el paso algo inseguro: es un violinista, un barítono, un gran director de orquesta, un bailarín. Los mejores del mundo. Estas señoras fruncen mucho el ceño, no simpatizan demasiado con esa Habana que va perdiendo el dril cien, la rigidez, la solemnidad de ademanes que impusieron algunos patriotas a raíz de aquel 20 de mayo inolvidable; pero gracias a ella salta La Habana de ser provincia a elevarse a escuchar la mejor música del mundo. Habría que hacer, con imaginación exacta, como Marías nos ha enseñado, la historia de una capital donde, de pronto, llegan violines vieneses, aire antiguo del sur cobrizo y prieto de España, humedad, espuma del Cantábrico en el rosa de una caracola gallega, manos para el

teclado de marfil de un Pleyel. ¡Cuántos gritos, cuántas fealdades, cuánta bajeza se habrá evitado! Y a la vez: cuántas vocaciones, cuánta yesca se habrá encendido –luego floreciente en poemas, en artículos, en pensamiento, en maneras de hablar y comprender y ser discreto –gracias a los crepúsculos aquellos (las funciones eran a las cinco y media; iban muchas señoras sin sus esposos y hasta para los niños era una alegría que fuera la madre a Pro-Arte porque ese día se cenaba un poco más tarde y daba gusto ver a la dueña de la casa, al regresar, vestida con sus mejores galas), en que se alzaban los ojos en el interior del teatro y su redondez apacible, su limpieza y sus colores moderados disponían el ánimo para entrar pausada y alegremente en el mundo de la música.

El día que Alejandro Sakharoff bailó –con "mímica sobria"– el *San Sebastián* de Debussy [un ballet basado en la música de Debussy para la pieza dramática de Gabriele D'Annunzio, *Le martyre de Saint Sébastien*], Florit corrió a su casa. Vivía en uno de los barrios más sabrosos de La Habana, en Infanta y Concordia, frente a la Iglesia del Carmen. Para ir del Auditorium no tenía más que ir bordeando el mar, recto por Calzada hasta llegar a una calle transitada por estudiantes, empleados, clase media decorosa. Estaba muy cerca la Universidad, a muy pocos metros, en el cruce de Infanta y San Lázaro se citaban a esa hora las muchachas de provincias, pensionistas de las casas de huéspedes con los muchachos que acababan de comer su buena ración de ostiones. De un plumazo escribió Florit su Martirio». Mario Parajón: «El poema inocente de 1935», manuscrito conservado entre la correspondencia de Eugenio Florit en la Richter Library, de la Universidad de Miami.

[32] «Por esa época, el lugar de reunión de los escritores y artistas jóvenes era el Paseo del Prado, adonde íbamos de noche a conversar. En aquellos encuentros sobresalía la figura intelectual de Lezama, quien se sentaba en el grupo como un pontífice». Testimonio de René Portocarrero en *CLL*, pág. 34.

[33] «Cuando Jocelyn empezó a tener contacto con el mundillo intelectual, recibía con frecuencia invitaciones a fiestas donde, como era costumbre en Cuba, la bebida animaba la conversación. La primera vez que llegó de madrugada, Mamá lo estaba esperando dándose sillón en la sala. Yo estaba en duermevela cuando escuché voces alteradas, y a pesar de mi edad, percibí el sermón de ella donde hacía alusión a la falta de un padre que nos defendiera en caso de peligro». Eloísa Lezama Lima, *UFH*, pág. 28.

[34] Víctor Fowler, que la entrevistó, me cuenta que Mary Unshelm nunca pudo perdonarle a Lezama que en una visita a su casa (Villegas 64), a

principios de los 40, apartara a sus hijos pequeños del sofá con una palmadita en las nalgas, para poder sentarse. «El desdén en los ojos de aquella anciana de 77 años –me escribe Fowler– seguía tan vivo como medio siglo antes».

[35] Mariana Ravenet: *Ravenet revela a Ravenet*, Col. Voces, Letras Cubanas, La Habana, 2005, pp. 64-65.

[36] Guy Pérez Cisneros: «Víctor Manuel y la pintura cubana contemporánea», en *Universidad de La Habana*, n. 34, enero-febrero de 1941, pp. 218-230.

[37] «Es un hecho trágico que quieran basar toda una escuela moderna de un país en un tipo como Víctor Manuel. Era un pintor que no sabía pintar. La misma carita, cuadro tras cuadro. Un pintor de "señoritas". Incompleto. Personalmente era un personaje repulsivo, un mariconcito sucio. Víctor Manuel vio a Gauguin y a Modigliani, trajo estas influencias a Cuba en un momento en que la peor pintura académica reinaba. Hizo esto antes que los demás, de aquí su "importancia histórica" y nada más. [...] Cuando llegó la ola, y digo la ola de intelectuales capitaneada por el señor Lezama Lima, usaban a Víctor Manuel como "el padre" de lo moderno en la plástica cubana. Entre estos pedantes se encontraba el afrancesado de Guy Pérez-Cisneros, que era el crítico de arte de esa "capilla"». Alejandro Anreus: «Últimas conversaciones con José Gómez Sicre», *ArteFacto*: Revista de arte y cultura en blanco y negro, n. 18, Managua, verano del 2000, pág. 30.

[38] «Y en el relato sobre Arístides Fernández, relato que recogí en las grandes caminatas con Lezama, o cuando estábamos frente a un puestecito de café, o cuando nos sentábamos en el muro del Malecón, aparecía lo conmovedor y último de la pobreza nuestra, desde donde podíamos ver a Arístides Fernández yendo a ver a la novia, por las noches, sin un medio para el tranvía, o donde Lezama nos hablaba de esa gran frustración de la mujer cubana que asomaba en los rostros femeninos retratados por el pintor...». Lorenzo García Vega: *LAO*, pág. 93

[39] Habitualmente fechado, por error, en 1938. El retrato aparece mencionado en una invitación para una exposición de Arche en el Lyceum, que tuvo lugar el 5 de enero de 1937; debió ser pintado antes, por supuesto; en 1936, o incluso en 1935.

[40] «Es como si no admitiera encorsetamiento. Su paisaje de fondo dejó de ser el típico *landscape*, aunque tampoco es un *inscape* o panorama introspectivo: es más bien un *outscape*». El comentario es de Israel Castellanos León, en su artículo «Lezama dentro y fuera de la prisión del rostro» (en *Revolución y*

Cultura, n. 1, La Habana, época v, enero-febrero 2011, pp. 34-45), en el que hay una buena descripción del trabajo de Arche como retratista.

[41] Wallace Stevens: «Discurso en una cantina de La Habana». Versión de Jorge Mañach, publicada sin firma en *Revista de Avance*, año 3, n. 40, noviembre de 1929, pág. 328. El original, «Discourse in a Cantina at Havana» fue publicado por primera vez en 1923, de nuevo en 1929 y por último incluido como «Academic Discourse at Havana» en *Ideas of Order*, 1936. El fragmento citado, en el original:

The world is not
The bauble of the sleepless not a word
That should import a universal pith
To Cuba. Jot these milky matters down.
They nourish Jupiter. Their casual pap
Will drop like sweetness in the empty nights
When too great rhapsody is left annulled
And liquorish prayer provokes new sweets: so, so:

Una traducción más fiel que la de Mañach sería:

El mundo no es
bagatela de insomnes ni palabra
que deberá importar una médula universal
a Cuba. Anoten estas cuestiones lácteas.
Alimentan a Júpiter. Su papilla trivial
goteará como dulzor en las noches vacías
cuando también la gran rapsodia se deje anular
y un rezo espirituoso provoque otras dulzuras: así, así.

[42] Gustavo Pérez-Firmat: «La Habana de Wallace Stevens», en *Cuban Studies*, University of Pittsburgh Press, n. 44 (2016), pp. 214-229.

[43] José Lezama Lima: «Recuerdos: Guy Pérez Cisneros» [enero de 1956], en *Revista de la Biblioteca Nacional José Martí*, La Habana, mayo-agosto, 1988, pp. 28-29.

[44] Entrevista con Argel Calcines, «En el umbral del Espíritu Santo», en *Opus Habana*, vol. 1, n. 2, La Habana, enero-marzo, 1997, pág. 23. Es más o menos lo mismo que ya había dicho años antes: «Un día yo estaba frente al Seminario,

cuando en eso Lezama y Salvador venían caminando por el Malecón. Ahí tuvo lugar nuestro primer encuentro». Véase: «Su estatura espiritual y humana era inmensa»; *CLL*, pág. 30.

[45] Tampoco me las dio a mí, que sostuve dos largas entrevistas con él y con Eloísa Lezama Lima en Miami, en la primavera del 2002, durante la cual ambos negaron con vehemencia cualquier inclinación homoerótica de Lezama.

[46] «Lezama leía los poemas, me los criticaba, me decía cuáles debía publicar y cuáles no; y cuando llegó a Cuba Juan Ramón Jiménez le dio a leer mi primer libro». En *CLL*, pág. 31.

[47] La marca norteamericana Kleinert's, especializada en ropa interior, era parte de la compañía Boger & Crawford. Después de 1959, la firma demandará al gobierno cubano por «loss of payment for textile products shipped to consignees in Cuba». Uno de los consignatarios es Salvador Gaztelu, que aparece citado en la demanda con una deuda de $925.23 a la hilandería.

[48] Ambos incurren en errores memoriosos. Eliseo porque ubica el encuentro a finales de los años 20, cuando Ángel Gaztelu y Lezama aún no se habían conocido; Fina, porque equivoca la cita del poema de Lorca y pone «Granada tiene una torre / con unos arqueros finos». Véase: Eliseo Diego, «El balcón abierto», en *Flechas en vuelo. Ensayos selectos*, Verbum, Madrid, 2014, pp. 151-152, y Fina García Marruz: «El padre Gaztelu en los tiempos del jardín», en *Opus Habana*, vol. 1, n. 2, La Habana, enero-marzo de 1997, pp. 5-13.

[49] Carta de Ángel Gaztelu a JLL, en *MI*, pág. 757.

[50] La bibliografía sobre la estancia de Lorca en Cuba es muy amplia. Entre las obras consultadas: Luis Cardoza y Aragón: *El río. Novelas de caballería*, Fondo de Cultura Económica, México, 1986; Antonio Quevedo: *El Poeta en La Habana*, Consejo Nacional de Cultura, Ministerio de Educación, La Habana, 1961; la antología de Miguel Iturria *Miradas cubanas sobre García Lorca*, Editorial Renacimiento, Madrid, 2006; la biografía de Ian Gibson: *Vida, pasión y muerte de Federico García Lorca (1898-1936)*, Plaza & Janés, Barcelona, 1998; Urbano Martínez Carmenate: *García Lorca y Cuba: todas las aguas*, Centro de Investigaciones y Desarrollo de la Cultura Cubana Juan Marinello, La Habana, 2002; Ciro Bianchi Ross: *García Lorca: pasaje a La Habana*, Puvill Libros-Pablo de la Torriente Editorial, Barcelona, 1997; y Carlos Ripoll: *Cuba en Lorca*, Editorial Dos Ríos, Nueva York, 2007. Un resumen muy completo de la visita puede encontrarse en el artículo de Pío E. Serrano «Lorca en La Habana»: https://cvc.cervantes.es/Literatura/lorca_america/lorca_habana.htm

[51] Antonio Quevedo: *El Poeta en La Habana*, Ed. Consejo Nacional de Cultura, Ministerio de Educación, La Habana, 1961, [s/p].

[52] Citado por Emilio Ballagas: «Un recuerdo de García Lorca», en *Carteles*, La Habana, 24 de julio de 1938.

[53] Luis Cardoza y Aragón: *El río. Novelas de caballería*, Fondo de Cultura Económica, México, 1986, pág. 350.

[54] Según Gibson, además de las aventuras anecdóticas que recuerda La Habana del carismático Federico, «es seguro que el poeta mantuvo una relación con un guapo y vigoroso mulato de veinte años llamado Lamadrid». El biógrafo también cita los apuros del poeta cuando la familia de otro de sus amantes, Juan Ernesto Pérez de la Riva, se enteró de que era homosexual y le prohibieron visitar a su hijo. «Pese al desplante, su amistad con el joven siguió adelante y hay indicios de que fue precisamente con "Juanito" Pérez de la Riva –después ingeniero y geógrafo distinguido– que Lorca pasó algunos de sus días más felices en La Habana». Ian Gibson, *op. cit.*, pág. 433.

[55] Fernando Vallejo: *Barba Jacob el mensajero*, Alfaguara, Madrid, 1991, pp. 28-29. Vallejo cita aquí la versión de Cardoza y Aragón.

[56] Fernando Vallejo, *op. cit.*, pág. 28.

[57] Guillermo Cabrera Infante: «Lorca hace llover en La Habana», en *Mea Cuba*, Plaza & Janés, Madrid, 1992, pág. 118.

[58] A diferencia de tantos memorialistas pacatos de la literatura cubana, en sus memorias Ravenet habla sin tapujos de sexo, de prostitutas –cubanas y parisinas–, de la sífilis que contrajo en París, de los consejos de su médico de cabecera –«vaya con las de tarjeta roja [donde se anotaban las curaciones de las enfermas] en vez de las de tarjeta blanca» [mujeres supuestamente «sanas», a las que aún no se les había manifestado aún la enfermedad, pero que en cuestión de semanas podrían estar infectadas]. Sobre todo, le advierte el doctor amigo, «¡nada de *midinettes*, es por ellas que la plaga ha ido creciendo, imparable». Me llamó la atención ese término, que suele traducirse por «modistillas» en el imaginario erótico cubano y español de esa época. Eran las chicas atractivas de moral laxa, «liberadas», que trabajaban como vendedoras en las tiendas parisinas de ropa elegante, y que solían complementar sus ingresos con una práctica pagada del *ligue* por elección, algo que hoy se juzgaría, quizás, como empoderamiento femenino. «Midinette» aludía a la costumbre de almorzar ligero al mediodía (*midi*), para cuidar la figura. Véase *Ravenet revela a Ravenet*, edic. cit., pág. 80.

[59] Vicente Echerri: «Alberto Guigou y la novela de su vida», en *Revista Hispano-Cubana*, n. 21, Madrid, invierno de 2005, pp. 140-141. Preguntado sobre estas referencias, Echerri me dio más detalles: «Al parecer, Lezama era un poco tímido y Guigou, que era un *lanzado* y tenía los medios de que Lezama carecía (no que fuera rico, pero ganaba bien) no era avaro en compartir sus efebos. Además, Guigou me contaba que nunca llegó a enamorarse de nadie y, en consecuencia, los celos le fueron ajenos».

[60] Raúl Roa: «Federico García Lorca, poeta y soldado de la libertad», *Revista de las Indias*, vol. 1, n. 5 [marzo de 1937], pág. 44.

[61] En entrevista con Francisco Garzón Céspedes: «La poesía es como el aire, toca al hombre y lo define»; *AH*, pág. 178.

[62] Estos detalles los cuenta la hija de Bella, Josefina de Diego, en «Esos aplausos, para él», *¿Y ya no tocan valses de Strauss?*, Col. Los Molinos. Memorias, Ediciones Matanzas, 2019, pág. 15.

[63] La celebración oficial de 1961 incluyó, además de los libros, representaciones de varias piezas lorquianas en teatros habaneros. Por esa misma época, el antiguo y emblemático teatro Tacón, luego Centro Gallego y Gran Teatro, pasó a llamarse Teatro «Federico García Lorca». La introducción de Lezama, titulada «García Lorca: alegría de siempre contra la casa maldita», se publicó también en el suplemento *Lunes de Revolución* (n. 119, La Habana, 21 de agosto de 1961).

[64] Véase «El romanticismo y el hecho americano», en *LEA*, pág. 123. Debo esta referencia a un libro de la profesora Remedios Mataix: *La escritura de lo posible. El sistema poético de José Lezama Lima*, Universitat de Lleida, 2000.

Mataix también cita como ejemplo de la innegable simpatía de Lezama hacia los republicanos españoles su firma en una carta pública contra el actor español José González Marín, difundida en La Habana el 14 de febrero de 1937, en la que se podía leer: «Después de explotar con largueza el verso maestro de Federico García Lorca, al que debe sus mejores éxitos, José González Marín ha llegado al extremo de ofrecer en Puerto Rico un recital de poesía a beneficio de los generales traidores y de las tropas moras que están desangrando a España y que en Granada segaron la vida fecunda del autor de *Romancero gitano*. Por un deber de fidelidad y devoción a la memoria del gran poeta del pueblo español, cuya sangre gloriosa –maltratada, destruida por los enemigos de la cultura– nos duele para siempre, los poetas cubanos que suscriben expresan su más sentida repulsa a los recitales de González Marín, quien, al poner su arte al servicio de los verdugos de su patria, profana la obra del gitano ejemplar».

A continuación aparece la firma de Lezama Lima junto a las de Emilio Ballagas, Nicolás Guillén, Ángel Augier, Regino Pedroso, Manuel Navarro Luna, José Antonio Portuondo, Mirta Aguirre, José Ángel Buesa, Eugenio Florit, Ramón Guirao, José Zacarías Tallet y trece firmantes más. La carta se reproduce en el libro de Ciro Bianchi *De Cuba a Federico*, Letras Cubanas, La Habana, 1999, pág. 193. El original se encuentra, según Bianchi, en el Instituto de Literatura y Lingüística de La Habana.

[65] *PLDS*, pág. 80.

5.
UN ESTADO POSIBLE (1934-1939)

La muerte temprana del pintor Arístides Fernández en agosto de 1934 lo convirtió en una figura de eso que Lorenzo García Vega ha llamado «el folletín de la década del 30». Novelón romántico sobre una grandeza heroica un poco inventada, melodrama de artistas y comunistas empeñados en una gran transformación social que quedará inconclusa, como la carrera de uno de los más prometedores pintores cubanos.

Esa muerte prematura hizo reflexionar a Lezama sobre las posibilidades de un prestigio en el que pesara más la potencialidad que el mero saldo cronológico. Una trayectoria frustrada demasiado pronto se compensaría con la intensidad intuitiva. En el amigo pintor, como en algunos artistas muertos antes de tiempo, el escritor nota «un latido, una fermentación especial» que los eleva por encima del pragmatismo vulgar de la posteridad: «El tiempo que no se otorgó, que no adquirió su marcha desenvuelta sobre una extensión, parece abandonar su tirantez de prueba o aprovechamiento, para mantenerse como el halago invisible después de una desacertada sorpresa».[1]

Contra un enfoque historicista del arte o las teorías generacionales que distinguían a los creadores por sus niveles de realización, Lezama levanta la figura del *malogrado* ejemplar, capaz de segregar una obra significativa «independiente de los favores dispensados por un tiempo que se extiende». El artista que ha muerto joven y sigue siéndolo: con su negación del «áspero Cronos» y su «insolente cejijuntez», este singular punto de partida en el análisis de una obra abortada es el embrión de lo que luego Lezama llamará «la tradición por futuridad». Y no es coincidencia que esa celebración de las virtudes del ausente y su culto *post mortem* aparezca en un momento de pesimismo nacional, de frustración generalizada tras el fracaso de la revolución del 30, «ida a bolina» según la conocida metáfora de Raúl Roa.

Para García Vega, la originalidad de Arístides Fernández había sido captar el lado sombrío de su época, «todo lo cenizoso de aquel momento sin salida», cierta pobreza y sordidez que eran «el reverso, la ceniza, que como realidad última podían encontrarse, siempre, tras las cosas cubanas». Esa capacidad para el reverso le habría permitido conectar con la sensibilidad de Lezama, otro «venido a menos». Algo parecido opina Fina García Marruz: la obra de Fernández revela el desencanto esencial de su época, resumido en los versos del poeta y revolucionario Rubén Martínez Villena, «muerto como él demasiado joven– "¿Y qué hago yo aquí / donde no hay nada grande que hacer?"».[2]

A lo largo de tres décadas, Lezama hará una lectura enriquecedora y original de la vida y la obra de Fernández. Analiza tanto sus cuadros y sus dotes pictóricas como sus cuentos, en los que ve una comprensión poética del «proceso subconsciente de las cosas», trama secreta «que mantiene inédito y latente el mundo exterior». Con su penetración en lo cubano «sin ningún ornamento» («aquí lo cubano es como una manera de envolver lo externo en mirada cubana»), la búsqueda del reverso de toda realidad se convierte en una doble misión: existencial y artística.

En todos esos ensayos,[3] el escritor refiere el mismo conjunto de rasgos biográficos, lo que García Vega llama «las anécdotas *borrosas y destartaladas* de la vida de Arístides y del momento de Arístides»: su condición de benjamín de una familia dueña de varios ingenios, pero arruinada a principios del siglo XX; el desalojo familiar en 1914; su paso fugaz por San Alejandro, que lo lleva a rebelarse contra el academicismo; su presencia en las tertulias habaneras de Rodríguez Correa; sus estancias en la finca de un amigo donde leía a Dostoievski y a Balzac;[4] sus estudios de unas reproducciones de Cézanne; su pasión por Beethoven; sus brillantes apuntes en un diario y la lectura de las *Meditaciones* de Marco Aurelio poco antes de su muerte por leucemia sobre una colchoneta que filtraba la sangre que le brotaba de todos sus poros.

En esas anécdotas se revela, según García Vega, la gran intuición narrativa de Lezama, asociada a «lo conmovedor y último de la pobreza nuestra». Entre las historias que el escritor contará a su discípulo a finales de los años 50 y principios de los 60, aparece una que será incluida en *Paradiso* como episodio de la vida de José Cemí: su visita tras la muerte de Fernández, acompañado de un amigo pintor (¿Víctor Manuel?) y otro, identificado como «magistrado» (sin duda, Rodríguez Correa), a una espiritista habanera para que les hablara del amigo muerto.

Las palabras de la médium, una mulata que vivía en la calle General Lee del barrio Santos Suárez, y a quien Lezama llama Chacha (pero que puede haber sido la famosa Ñica que impresionó a una desconfiada Lydia Cabrera), causan una gran conmoción a los tres visitantes. La anciana primero adivina que vienen a preguntar por una «persona de mucho valor, pero no como se dice eso de un político, de un hombre rico o de un comerciante cualquiera», sino alguien más distinguido, «algo así como un artista, un pintor tal vez». Luego les dice que no se preocupen por su triste destino, «pues la persona por quien ustedes se vienen a interesar ya se había muerto varias veces. En su vida tuvo tres muertes, eso le permite ahora tener más paz, pues está como en su propia región».

«Muy amigado con la muerte», Arístides Fernández comenzará realmente su carrera con una serie de exposiciones póstumas. La primera de ellas fue organizada por sus amigos Arche y Rodríguez Correa en el Lyceum, el 19 de diciembre de 1934. Mañach pronunció unas palabras de elogio, y se presentaron quince óleos y diecinueve dibujos, casi todos realizados durante los dos últimos años de vida del pintor. Sus amigos –Correa, Villarnovo, Gaztelu– compraron algunas de las mejores obras. Lezama, que no tenía dinero para comprar, conservó toda su vida las dos que el pintor le había regalado: el óleo titulado indistintamente *Idilio* o *Los novios*, y *Las lectoras* (1933), un boceto en tinta y acuarela para un posible mural en la sala de lectura de la cárcel de mujeres.

Un año después de la exposición del Lyceum, en diciembre de 1935, el escritor dedicará a Arístides Fernández su primer ensayo impreso, «Tiempo negado», que apareció en la revista *Grafos*.

Grafos, fundada en 1933 por María Radelat (para entonces viuda de Enrique Fontanills, periodista del *Diario de la Marina* y «zar» de la crónica social cubana) y María Dolores Machín de Upmann (que había estado casada con Herman Albert Upmann, una de las grandes fortunas del tabaco cubano), asesoradas fugazmente por el diseñador y editor Carlos M. Zoehrer, es una revista clave en la historia de la prensa cubana. No sólo a la hora de entender el proceso de renovación estética que siguió a los esfuerzos de *Avance*, sino también para estudiar el cruce de esa nueva estética con el mundo, por entonces en boga, de la publicidad comercial.

En un ambiente Art Decó –«la década del 30 fue como el Art Decó cubano», dice García Vega–, *Grafos* competía con otras publicaciones llamadas «de variedades» (*Social, Chic* o *Carteles*), donde también había lugar para la llamada «alta cultura». En sus páginas convivían artículos sobre la técnica del *make up* o los sombreros de moda, y colaboraciones de Xavier Villaurrutia, Antonin Artaud (el «Manifiesto del Teatro de la Crueldad») o Carl Sandburg (sobre Whitman). Lo mismo podía uno encontrarse unos apuntes de Jean Giraudoux (visitante de La Habana en esos años) que el «relato de un encuentro con una prostituta andrógina» escrito por François G. de Cisneros, o «Remache», un «cuento marihuanero» de Raymundo López del Rincón. Todo acompañado de las ineludibles notas de sociedad y cierto feminismo reivindicativo, que inflamaba las pasiones folletinescas de las habaneras pudientes de la época.

A diferencia de lo que sucedía en *Avance*, en *Grafos* lo negro era visto con desconfianza y se discutía abiertamente sobre los «peligros» del afronegrismo para la cultura nacional. Véase, por ejemplo, «Falsa interpretación afrocubana», artículo del folklorista Juan Luis Martín Corona contra la moda de la poesía negra: «Para fabricar mucha de esa "poesía negra", se eliminan los valores de cultura y se quieren buscar valores de barbarie, elementos que nosotros no sabemos interpretar siquiera ya y que los negros no interpretan tampoco, perdida la continuidad, la solución de enlace con los pueblos africanos. El negro nuestro es cubano; sus tradiciones son las de Cuba; sus héroes son cubanos; sus mitos son los del pueblo de Cuba y hasta la forma de sus composiciones juglarescas se confunde y acopla con la española».

La República, que buscaba refundarse luego del machadato y sus excesos, concebía la cultura nacional como un espacio de mestizaje, pero dominado por los valores blancos: «Cultura para el negro y para el blanco, cultura para el cubano en general, una interpretación para el mismo dolor cubano y un empeño para la misma nacionalidad, no el *humbug* afrocubano es lo que demanda Cuba». Entre las élites primaba este enfoque «civilizatorio», presente también en otro artículo que analiza si los delitos relacionados con las religiones afrocubanas

–«crímenes brujeros»– merecían una consideración especial desde el punto de vista del Derecho. Una frase de esas páginas resume la aspiración un tanto higienista de la publicación: «Nuestro pueblo... exige la restauración de ciertos elementos de civilización, el rescate de una enorme masa del influjo de los falsos dioses, la aniquilación del fetichismo, por métodos positivos».

La revista la imprimía Úcar, García y Cía, y tuvo dos sedes: primero, una casona del Vedado, en la calle I número 199 y, a partir de 1937, un local en la Manzana de Gómez (el número 202). Detrás de esas inversiones y el culto al lujo, entre atractivas portadas y páginas de diseño moderno, desfilaban los fantasmas de la Moda y su inseparable acompañante, la Publicidad. *Grafos* era, en pocas palabras, una revista concebida para las mujeres de clase alta y sus proveedores, que además presumía de acoger los por entonces frecuentes debates sobre el rumbo del arte cubano.

Pero incluso sus lectores con ínfulas intelectuales debieron sentirse un tanto desconcertados ante aquel torrente de metáforas: «Clareada conducta y voz rebanada por la urgencia del tiempo negado pasaron en Arístides Fernández del rendimiento a las sombras, a un espacio pictórico rápidamente poblado que asomaba en la gracia de la expresión que renace». Tras este comienzo *in media res*, más tropos: «El tiempo estará para Arístides Fernández, tenso, espumado, esperando la violencia de su salto ponentisco, y el espacio en que se mueve su expresión, replegado, asustado, tendido, ofrecerá ocupación absoluta y asomo de figuras tartáricas golpeando en las ventanas con el tamborileo de las largas uñas, de las caras sin amanecer». No menos sorprendidos debieron quedar los editores, que en un primer editorial habían proclamado: «Nuestra Revista no ha de exigir al lector el esfuerzo, sino la emoción de su espíritu. Sus páginas le ofrecerán construcciones ágiles y breves a manera de miniaturas literarias.»

La novedad del ensayista Lezama no era sólo cuestión de estilo. Basta comparar su artículo sobre Fernández con otro de Carlos Enríquez, aparecido en *Grafos* ese mismo año y titulado «El *criollismo* y su interpretación plástica». Allí el pintor argumentaba, primero, su enfoque subjetivo y expresionista contra el arte académico, pero luego vinculaba el subjetivismo de su *romancero guajiro* a un sentido esotérico del paisaje cubano, defendiendo lo rural como lo esencialmente vernáculo, la médula de una auténtica cultura cubana. Lezama estaba muy distante de esas posiciones, y en general del espíritu de aquel grupo llamado *modernista*, algunos de cuyos integrantes habían viajado a la Europa de los primeros *ismos* en sus años de formación. Tras luchar contra la Academia, esos pintores buscaban ahora definir una identidad cubana dentro de cierta atmósfera rural y popular.

El canon pictórico de 1935, que podría resumirse en los nombres de la Primera Exhibición Nacional de Pintura (Víctor Manuel, Abela, Gattorno, Arche, Ponce, Peláez y Carlos Enríquez) le otorgó un lugar *post mortem* a Arístides Fernández. En su obra también aparecían referencias a lo rural, pero sin *criollismo*. Su gran logro, como explica Lezama en «Tiempo negado», había sido elevar la búsqueda propiamente pictórica para conseguir símbolos y arquetipos universales de la cotidianidad y la intimidad de la isla. En aquel hermético y amistoso texto inaugural, ya asomaba, entre líneas, el proyecto de una nueva generación de artistas cubanos.

Grafos, cuyo jefe de redacción era el escritor Ramón Guirao, se convirtió en una referencia para la pequeña élite interesada en los debates literarios y artísticos durante aquella época turbulenta de huelgas, protestas y forzado asueto universitario. El precio a pagar, como revela Guy Pérez Cisneros al cumplirse los diez años de la publicación,[5] era la mezcla de «los más refinados manjares» de la alta cultura con la vanidosa pasión por la moda y el culto a una elegancia afrancesada. Hay una diferencia entre las revistas donde empieza a publicar el joven Lezama y las otras que él mismo fundará, *Verbum* y *Espuela de Plata*, sin concesiones a la frivolidad comercial.[6] La publicidad siempre le pareció algo un poco vulgar, y consideraba la crónica de sociedad como uno de los peores males de la prensa.

Según afirma su hermana Eloísa, la persona que invitó a Lezama a colaborar en *Grafos* fue el propio Guirao, amigo suyo en esa época. Tanto esta amistad como la invitación son extrañas, puesto que la obra de Guirao, hijo de españoles devenido una de las voces fundamentales del negrismo, representa todo lo que Lezama criticará en los años 30 y 40. Pero sin duda fueron cercanos, de rumbos no sólo literarios –Guirao era dependiente en una famosa tienda habanera– y cierta bohemia urbana. Años después, será Lezama quien le abra a su amigo las puertas de *Espuela...* para que publique poemas, memorias de infancia y una fábula lucumí que anticipa los cuentos negros de Lydia Cabrera. De cualquier modo, Guirao no era la única conexión de Lezama con *Grafos*. La familia Fontanills había tenido relación con los Lima, como hemos visto. Y la revista también estaba vinculada con la familia de su amigo Guy Pérez de Cisneros, cuyo tío sustituirá a Guirao como jefe de redacción hasta que el propio Guy tome el relevo a mediados de los 40.

Además del ensayo sobre Arístides Fernández, el joven Lezama, que aún firmaba como «J. A[ndrés]», publicó en mayo de 1936 dieciocho décimas de bizarra métrica, bajo el título genérico de «Poesía». Iban precedidas por un exergo extraído del *Cántico espiritual* de San Juan de la Cruz (con una deliciosa errata: en lugar de «en solo aquel cabello que en mi cuello / volar considerase», pone «en solo aquel *caballo* que en mi cuello...»). Meses después, en agosto, aparecerá también en *Grafos* «Soledades habitadas por Cernuda», su primer ensayo sobre poesía.

Es interesante comprobar que durante el periodo en que la Universidad de La Habana estuvo cerrada, entre marzo de 1935 y principios de 1937, Lezama se reparte entre las revistas de la clase alta habanera y las de sus amigos comunistas. Publica ensayos y poemas en *Grafos* y *Social*, pero también en *Compendio* y *Polémica*. En esta última aparece, en mayo de 1936, una «Introducción a Garcilaso», precedida por la siguiente nota: «José A. Lezama / Estudiante. Poseedor de una vasta cultura, tiene un conocimiento entrañado y cabal de la literatura española. El artículo que publicamos hoy forma parte de un estudio más extenso dedicado a Garcilaso de la Vega, con motivo del cuarto centenario de la muerte del gran poeta [no será hasta el año siguiente que se publique «El secreto de Garcilaso», que fue primero conferencia]. Tiene, además, Lezama, en preparación un libro de versos: "Sub mar"».

Envalentonado por esta acogida, al mes siguiente Lezama le escribe a José Antonio Portuondo, miembro del Consejo de Dirección de la revista, pidiéndole que saque su poema «Noche insular», uno de los títulos del finalmente bautizado «Fiesta callada»:[7]

> Quisiera –si no asustase mucho por allí– ver mi poema "Noche insular" publicado en *Polémica*. Debes procurar, me parece que por lo menos

> sería salvador perseguirlo, que la gente joven que por allí asome, no se apoltrone y se tome en serio y se tome el pulso y crea ingenuamente que vamos a entrar todos en un virtuosismo neo-clásico.
>
> Comprendo que los bárbaros chillarán, pero yo creo que la única manera de saltar de tantos bizantinismos es abrirle la puerta a los bárbaros, o como dice Claudel, al viento del este. El que pueda entender entienda.
>
> La única inmoralidad que ya empiezo a reconocer es la de quedarse a medio camino, a negado decir. Todos estamos obligados a vitalizarnos persiguiendo nuestras posibilidades hasta la auto-destrucción, hasta el paraíso de los paraísos.
>
> Si hubiese muchas dificultades, te mandaría algo menos asustador, por ej.: Manuel García les roba a los pobres y se lo dá a los ricos (romance), o La niña de las algas le escupe a García Lorca. Sería tremendo y delicioso.
>
> Por lo demás se deberá leer este poema sin anhelar un desarrollo sinfónico, sino como un simple juego de artificio en la quejumbre del Trópico. Lo conceptual deshecho por lo sensible, la carga de los sentidos potenciados por la conciencia vigilante.

La carta que cito *in extenso* (entre otras razones porque permanece inédita) demuestra el sentido del humor y las pretensiones del joven Lezama, *agent provocateur* de la poesía insular.

El poema, definido en un apunte al margen como «relación jurada de bárbaros y barbaroides», habla de «oidores» que «clavan juncos para apuntalar la monarquía», y critica a unos cisnes –¿los mismos del *Discurso académico en La Habana* de Stevens?– que «se han esclavizado voluntariamente para ofrecer un simulacro de espumas». Estos oidores, es decir, los abogados, están amenazados por profecías que parecen un catálogo de posibilidades abortadas:

> El que juega pierde, el que no duerme esperando nueve meses
> también pierde y si pasan las banderas,
> y si los malayos siembran en el río,
> y si los ciegos amansan las inundaciones,
> o seguían hablando de la elegancia y de la fuerza,

de las fresas robadas y de la mano guardada
en la urna de la categoría sensible, de cartón y de nieve, de pecho mojado,
de armaduras salobres mordidas, de coral lastimero,
y si pasan las banderas, parará su máquina o seguirá cantándole a la lotería.

Estamos ante la descripción satírica de un contexto decadente, pero desde una nueva óptica; un intento por traducir la farsa política republicana en términos mallarmeanos, lo cual quedará más claro en la siguiente estrofa donde leemos que «Los pajes, los comunistas y los sultanes / han desfilado provocando la inclinación de las banderas y el voceo de los periódicos».

Con el tiempo, Lezama enmascara esas visiones críticas «en la quejumbre del Trópico» (los *siervos* se vuelven *ciervos*, para entendernos), pero aquí interesa, sobre todo, fijar la imagen del joven poeta iconoclasta que aprovecha cualquier oportunidad para hacerse visible y se mueve con libertad entre «los pajes, los comunistas y los sultanes». Por ahora, trata de colocar sus extraños poemas en cuanta revista los admita. Hasta el punto de publicar, en enero de 1938, unos versos en *Literatura. Revista popular*, publicación a cargo del periodista comunista Rafael Soto Paz, que presume de «hacer accesible a los grandes núcleos sociales lo mejor del movimiento literario de nuestros días».

NUESTRO poeta provocador repudiaba aquel ambiente confuso, «gelatinoso», en que lo cubano y su cultura se convertían con demasiada frecuencia en fáciles alimentos para turistas, la política estaba marcada por la corrupción y los cargos públicos se sucedían a un ritmo inverosímil. En la Cuba de mediados de los 30, donde presidentes y ministros duran días, las filias y fobias de Lezama también son difíciles de seguir. Del *ethos* de la frustración republicana pasa a los coqueteos con la clase alta, y de estos al diálogo con comunistas convencidos, como Portuondo, Marinello o Felipe Pazos, que fueron parte de su vida universitaria.

Sus movimientos por la ciudad delatan este afán de estar en todas las capillas. Se le ve tanto en la tertulia espontánea de Prado como en la de

Ramírez Correa. Frecuenta también la escalinata de San Alejandro, por entonces en la calle Dragones, donde discute con su amigo Diago, primer pintor negro de esa nueva generación, aunque filonazi y admirador de Spengler.[8] Asiste a charlas y conciertos en el Lyceum y el Auditorium. Da vueltas por el Capitolio con Arturo Galletti Cabot y Orlando Castañeda y Escarrá. Va a las tertulias musicales de los Quevedo. Bebe cerveza con Luis Ortega, Víctor Manuel y Francisco Masiques en *La Lluvia de Oro*, el bar de Obispo y Habana. Se cita con Juan Ramón Jiménez en el Hotel Vedado. Da una conferencia sobre Garcilaso en el Club de Amigos de la Cultura Francesa, en San Lázaro y Hospital. Visita a Arche en Villegas, pasa por el Estudio Libre en Prado o se reúne con Alfredo Lozano (llegado hace poco de México) en un cafetín del Muelle de Caballería, a escuchar las conversaciones de los marineros (una de las frases de Lezama en aquel lugar, «Ahora viene la brisa, la brisita...», dará título a una de las más famosas esculturas de Lozano). Frecuenta el estudio (en Empedrado 360, el séptimo piso del edificio Cuba, siete pesos de alquiler) de otro joven pintor, Mariano Rodríguez, también recién llegado de México con ínfulas de muralista. Con él baja los domingos hasta el parque Igüez de Monserrate a comer los panes con butifarra que prepara el español Malegue, mientras diserta entre carcajadas sobre arte y literatura. «Parece que era interesante la charla –recuerda el pintor–, porque muchas veces el dueño del bar nos decía "quédense, ahora invito yo" y los barman se quedaban a conversar».[9]

Lezama también tenía relación con varios intelectuales simpatizantes de la República española que un domingo de octubre del 36, avisados desde la embajada cubana en Madrid por José María Chacón y Calvo, organizan una cena de acogida para la filósofa María Zambrano. Esta va de camino a Chile (donde su esposo Alfonso Rodríguez Aldave ha sido nombrado secretario de la embajada española), pero al hacer escala en la capital cubana su barco queda retenido y toda su tripulación es encarcelada sin explicaciones. Zambrano y su esposo, que tienen pasaporte diplomático, serán mejor tratados. Por esos días el joven militar Fulgencio Batista lucha por volver a hacerse con el poder político.[10]

Hacía apenas unos meses que en España había estallado la Guerra Civil. El 19 de septiembre muere en combate Pablo de la Torriente Brau, comisario político del Quinto Regimiento y uno de los renovadores culturales de la década del 20 en la isla. Esta circunstancia, unida a la simpatía por la causa republicana de un grupo de intelectuales cubanos, favoreció el cálido recibimiento de Zambrano. El mismo día de su llegada, la filósofa y su esposo fueron invitados a cenar en un popular restaurante habanero:

> Fue una cena de acogida, más bien nacida que organizada, ofrecida por un grupo de intelectuales solidarios con nuestra causa en la guerra civil española. Se sentó a mi lado, a la derecha, un joven de grande aplomo y, ¿por qué no decirlo?, de una contenida belleza, que había leído algo de lo por mí publicado en la *Revista de Occidente*. [...] En esta sierpe de recuerdos, larga y apretada en mi memoria, surge aquel joven con tal fuerza que por momentos lo nadifica todo. Era José Lezama Lima. Su mirada, la intensidad de su presencia, su capacidad de atención, su honda cordialidad y medida –quiero decir, comedimiento– se sobrepusieron a mi zozobra; su presencia, tan seriamente alegre, tan audazmente asentada en su propio destino, quizá me contagió.[11]

En esa cena, que según Zambrano tuvo lugar en la Bodeguita del Medio, pero que debe haber sido en otro sitio pues ese restaurante será fundado en 1942, hubo un flechazo. Lezama era uno de los pocos que conocía la obra de la invitada, al menos lo aparecido en *Revista de Occidente*, una de sus lecturas más asiduas. En un momento de la noche, él le preguntó por qué no había publicado más en la revista de Ortega. A juzgar por sus propias palabras, Zambrano quedó deslumbrada con aquel joven. Física e intelectualmente. Con 32 años, recién casada, aunque no muy felizmente, llegó incluso a fantasear con la posibilidad de un enamoramiento, según confiesa mucho después.[12] En uno de los textos que dedicó a Lezama evoca ese primer encuentro como el capítulo inaugural de un destino común y detalla una simpatía instantánea que no necesitó de alardes curriculares: «No recuerdo si ya había publicado algo, y el no recordarlo quiere decir simplemente que su presencia tenía plenitud, que era eso: la presencia de alguien que por ser plenamente y por ser de un lugar, no necesitaba haber realizado nada que se le añadiera, nada que lo adjetivara».

Al igual que con Juan Ramón Jiménez, Lezama no se presenta ante Zambrano como «esa promesa que a todo joven brillante se le concede ser y que tanto reclaman. Era simplemente. Y aquellos que son suelen llevar a alguien al lado que brilla más, que reluce». Por esta frase podemos especular que junto al silencioso Lezama, en aquella cena hubo buenos oradores. Ella, sin embargo, prefirió al taciturno joven sentado a su derecha: «Su modo de manifestarse no es el brillo que deslumbra, sino el silencio que inevitablemente se hace, aunque sea en una cena improvisada entre gentes tan jóvenes y donde no faltaba ciertamente tema candente de qué hablar, aun en aquella apasionada conversación, era sensible el silencio que hacían sus palabras, cosa de un instante; un silencio que es cualidad y no extensión».

De esos silencios y las pocas palabras cruzadas, Zambrano saca el retrato metafísico de un Lezama contemplativo, «Señor del Tiempo», capaz de crear su propia circunstancia:

> Era alguien que tan joven, salido apenas de la adolescencia, no tenía que ser consolado ni animado para aprender carrera alguna. Vivía en el presente, cosa tan en principio negada a los jóvenes, presa como son de las dos dimensiones devoradoras del tiempo: el pasado y el futuro y aún para algunos dados a seguir una carrera, al porvenir: un porvenir que ocupa el futuro obnubilándolo y que aborrece el pasado por inaprovechable. Lezama Lima vivía en ese difícil cruce, en ese punto que es el tiempo presente, un punto –espacio-tiempo– al que hay que alzarse con destreza que solo la más sutil sabiduría proporciona y para los que los saberes no bastan.
>
> Y como decir presente no basta, hay que señalar que este punto temporal en el que Lezama hacía sentir ya entonces que moraba, no era ni podía ser el instante efímero, pues que no se puede morar en lo fugitivo en el aspecto más que dimensión en que el tiempo es la corriente huidiza que apenas deja parpadear a la realidad y a quien la mira no deja ni vislumbrar tan siquiera la posibilidad de la contemplación. Es el presente que se crea en verdad. Y así diríamos que la primera acción de quien es dado a la contemplación es la de una especie de creación de tiempo a ella adecuado, que la suscita y la alberga.

Esta amistosa metafísica se extiende a una relación del poeta con el espacio habanero, algo que Zambrano sólo puede haber percibido años más tarde:

> No se sabría decir si esta manera de habitar el tiempo, creando o por lo menos descubriendo una de sus recónditas dimensiones, sea consecuencia del habitar un lugar de un modo pleno –ya que en las cosas de la vida personal la relación de causa a efecto no lo explica todo–, mas, en todo caso, se puede afirmar que ambos hechos están íntimamente ligados. El habitar un lugar, el tenerlo, aunque sea por etapas diferentes, va junto con disponer de ese presente precioso de la contemplación. Y cuando el lugar de la persona, ese que ella se fabrica y mantiene, no deja de ser el mismo en que nació y creció como sucede en el caso de Lezama Lima, entonces es inevitable que ese lugar, que esa ciudad quede esclarecida.[13]

Para la filósofa, el cubano había encontrado la posibilidad de un «aquí» universal, a partir de la fe inquebrantable en su ciudad: «Él era de La Habana como Santo Tomás era de Aquino y Sócrates de Atenas».

El 22 de octubre, días después de aquel primer encuentro y poco antes de reembarcar hacia Chile, Zambrano dictará una conferencia en el Lyceum sobre «La filosofía de Ortega y Gasset», presentada por el joven profesor de Filosofía Antonio Sánchez de Bustamante y Montoro.[14]

Aquella breve estancia de Zambrano en La Habana (en la que, como a Lorca, hubo tiempo para llevarla a Marianao, donde vio bailar a unos negros), será el primer anuncio de una relación más larga. Poco después, en medio de las peores noticias que la guerra podía depararles, ella y Aldave regresarán a la isla para ganarse la vida con charlas, publicaciones y conferencias. Aquel trópico, que le recordaba su Málaga natal, se convertirá entonces en un oasis compensatorio: «siempre pensé que al haber sido arrancada tan pronto de Andalucía tenía que darme el destino esa compensación de vivir en La Habana tanto tiempo, pues que las horas de la infancia son más lentas. Y ha sido así. En La Habana recobré mis sentidos de niña, y la cercanía del misterio, y esos sentires que eran al par del destierro y de la infancia, pues todo niño se siente desterrado. Y por eso quise sentir mi destierro allí donde se me ha confundido con mi infancia.»

UNA impresión diferente de la ciudad se llevó otro viajero europeo, Guy Pérez Cisneros Nonnel, cuando en noviembre de 1933, con 18 años, desembarcó por primera vez en La Habana. Para el joven, nacido en París y graduado del liceo Longchamps de Burdeos, Cuba era apenas un paisaje mental, la *patria* de la que tanto hablaba su padre Francisco, pintor y diplomático destinado en Gascuña.[15]

Tras morir su esposa Paulette, y en medio de los cambios políticos que tenían lugar en la isla, el padre decide regresar a la isla con todos sus hijos, inscritos como cubanos en su consulado. Apenas instalado en su camarote del R.M.M.V. Reina del Pacífico, con una comprensible depresión adolescente, aquel joven franco-cubano tiene dudas sobre lo que le depara su viaje al trópico. Ha empezado a leer *Voyage au bout de la nuit*, de Céline, y eso tampoco lo ayuda a superar su tristeza. Sin embargo, Guy se encuentra con una vieja amiga de su padre (la esposa del célebre político y periodista Ramón Vasconcelos Maragliano)[16] y esta le presenta al bullicioso grupo de cubanos que viajan en el transatlántico. La pesadumbre comienza a diluirse mientras bebe con aquellas amables y risueñas personas que no dejan de preguntarle por su extraño acento. «Sobre la mesa –contará años después–, la botella de ron hacía las veces de la de vino. Con su sabor más áspero, más salvaje, pero con la misma capacidad de perfume, con la misma posibilidad de madurez. Así fue mi primer fraternizar con los cubanos, mis compatriotas».[17]

En Cuba, Guy matricula las carreras paralelas de Filosofía y Letras y Derecho Diplomático. Hijo de un funcionario del Servicio Exterior con sensibilidad artística (a Panchito/François, que fuera además pintor académico, debemos los habaneros el diseño de las farolas del Paseo del Prado), el joven pronto demostrará un talento excepcional para la crítica. Pinta un poco, pergeña unos cuentos llenos de galicismos, pero lo que más le gusta es escribir sobre arte. En la Universidad se rodea de amigos a los que impresiona con su erudición. Una sólida formación de *lycéen*, cultivada «entre las dos gigantescas valonas de Montaigne y Montesquieu», y su avidez de lector informado le dan ventaja sobre sus condiscípulos. Cuando la Universidad cierra, se dedica a perfeccionar su español tomando clases con profesores particulares y jóvenes escritores. Así conocerá a Lezama y a Justo Rodríguez Santos; por ellos, y también gracias a las conexiones de su familia, entrará en contacto con un grupo de pintores y escultores que, según su propia confesión, le harán ver La Habana, al principio «monótona y demasiado gris», con otros ojos. El arte local se convertirá así en parte del proceso con que Guy busca afianzar su propia identidad, su *cubanismo*.

El propio Lezama ha contado los comienzos de su amistad con Pérez Cisneros, en el ático de una casona de Prado y Trocadero, sede de la Sociedad Italo-Cubana de Cultura, donde ambos estudiaban italiano. Los había presentado un amigo común (¿Aurelio Boza Masvidal?) al que Lezama le endosa un apodo cervantino: «el licenciado Torralba». Pronto le llamó la atención la gran cultura de su condiscípulo, su seriedad y su ambición; así, entre referencias a Descartes y a Tertuliano, «a través del momentáneo antifaz de nuestras citas», arrancará aquella relación fundamental.

En 1934 Guy pierde a su padre; debe haber establecido con su amigo la complicidad de los huérfanos que veneran la imagen paterna. Eran, además, vecinos (Guy vivía en esa época en la calle Consulado) y pasaban por similares apuros económicos. Fue el encuentro de dos voluntades que, como explica Lezama, veían en el arte «la posibilidad de un nuevo estilo en lo histórico nuestro». Los unía, como a personajes de una novela de Hesse, la revelación de un culto liberador que exigía profundizar en la esencia del arte. Iconoclastas y rigurosos, Guy y Lezama acabarán fundando una suerte de milicia intelectual en la que el catolicismo y el repudio de la vulgaridad política no serán las únicas coincidencias doctrinales. La meta, en cualquier caso, era «lograr, por una nobleza más evidente, una claridad para el estado, entonces, como ahora, indeciso, mediocrísimo».

La base doctrinal sobre la que los dos amigos construyeron su común toma de partido fue la contraposición entre nación y Estado, concebidos como entidades que exigían diferentes comportamientos culturales: «Lo que era la nación, para las inserciones de la conducta en lo histórico, era lo popular para las más cómodas resoluciones de forma y de signo. Queríamos un arte, no a la altura de la nación, indecisa, claudicante y amorfa, sino de un estado posible, constituido en meta, en valores de finalidad». Tanto Lezama como Pérez Cisneros criticaban que el arte cubano del momento practicara una amorfa adecuación a lo popular (lo nacional como resultado pasivo de los «acarreos lentísimos y vegetativos» de una tradición), mientras aconsejaban al Estado una voluntad de espíritu para trascender, como se lee en el *Coloquio con Juan Ramón Jiménez*, la «música elemental de la sangre» que «enemista y separa».[18]

Esa concepción lezamiana de *lo estatal* será, primero, el esbozo de un «estado posible», objetivo de una generación de creadores en busca de un arte «viril, voluntarioso», antes de convertirse, ya con *Orígenes*, en la «política secreta» de una minoría. Por el camino, se producirá una escisión fundamental: la ruptura entre Guy y Lezama, cuando el primero se entregue casi por completo a la «política oficial», convertido en diplomático y más tarde asesor de Batista, algo que su viejo amigo calificará de deserción. Pero estamos todavía en la segunda mitad de los años 30, y ya tendremos tiempo de volver sobre estos asuntos.

En *Los límites del origenismo* Duanel Díaz ha hecho un análisis detallado de la polémica relación entre el afrocubanismo de la vanguardia y la estética trascendentalista del primer origenismo. Ese libro explica los presupuestos estéticos que amigaron a Lezama y a Guy, sobre todo sus fobias contra el arte afrocubano, que consideraban artificial y racista. Fue en *Grafos*, primero, y después en *Verbum* y *Espuela de Plata* que se articuló esta resistencia contra la estética del *minorismo*, donde lo afrocubano había ido a remolque de la moda negrista de la Europa de entreguerras. Por supuesto, como bien explica Guirao, el «modo negro» no tenía el mismo significado en Cuba que en Europa, pero Lezama y sus amigos se resistían a aceptar que el arte nacional fuera una simple expresión del costumbrismo folklórico. Hay numerosas afirmaciones suyas en ese sentido, pero una de las más reveladoras aparece en el artículo de 1942 sobre Mariano, que cita Díaz, donde se habla de «la decisión del arte para penetrar o crear un arte, antes que la etnografía, y crear las posibilidades de un estado, antes que la visión tosca de los estadistas».

El esfuerzo por crear esas «posibilidades» y superar tal «visión tosca» se encuentra de nuevo en otro artículo de Lezama, publicado en abril de 1937 en *Compendio*, «Etapa actual de nuestra pintura y exposición Arche», que pareciera el primer indicio de un futuro programa.[19] Aquí reaparece el joven provocador, esta vez para criticar a la vanguardia pictórica local, calificada de «generación monótona e inerte», «viciosa y esquemática», en la que conviven «expresionistas insistentes, surrealistas elementales, geometristas modiglianescos» que sustituyen los motivos pictóricos «por un fácil esquematismo». Pintura superficial, concluye el crítico, hecha «para un buen gusto de ciudadanos correctos, mensurables, agradecidos, que es el bajo nivel de este momento, el ruido pictórico y la hundida comodidad de las almohadas llenas de pájaros muertos».

«La actitud iconoclasta del joven de veintiséis años –explica Sergio Ugalde– iba acompañada, a un mismo tiempo, de una reivindicación específica: frente a los juegos figurativos y superficiales de la primera vanguardia, el poeta exigía la configuración de un arte nacional con proyección mítica».[20] En busca de un substrato telúrico que salvara a la nación de su catástrofe política, a Lezama casi cualquier manifestación artística de su época le parecía algo nimio. Al arte con que se entretenía la isla le faltaban dos elementos esenciales: amplitud de miras y capacidad de articulación, y serán los críticos sin compromisos, como él mismo o Guy, quienes podrán reconducirlo hacia un estilo más trascendente: «La pintura de la generación aparecida y dominadora hasta ahora [...] no había logrado integrarse en el diálogo apaisado; la nueva, más vacilante aun en su inseguridad que la anterior en su monotonía e insistencia, no ha podido ya que no integrar, al menos planear y proyectar una teleología insular, que ofreciese nuestros elementos sensibles en un tratado sobre los estilos posibles en las islas».

Como hace notar Ugalde, cuando Lezama escribe lo anterior aún no ha publicado su *Coloquio con Juan Ramón Jiménez* ni ha escrito a Cintio Vitier la famosa carta en la que sugiere la necesidad de una «Teleología insular». Estamos ante el joven estudiante de Derecho que, tras entablar relación con varios pintores de su generación, decide implicarlos en una misión más profunda, marcada por las cosas que lee en los libros de Ortega y Gasset y la *Revista de Occidente*. En la primavera de 1937 vislumbra una salida: contra el *mito del mestizaje*, el *mito de la insularidad*.

Al mismo tiempo, el poeta cree necesario superar «el divorcio de la persona y el estado [que] hacen nuestra suma de muerte, nuestro lote de desespero. [...] Nos falta la embestida que siempre finaliza en la comprensión estatal, el hecho artístico que se enlazaba por encima de las individuales calidades antinómicas. Menos vicio y más carnalidad histórica». Esta idea del arte que debe encarnar en la historia es la consigna grandilocuente de una búsqueda de apoyo para los jóvenes artistas por parte de los endebles organismos estatales de la época. Algo que ahora podría parecer una gestión casi burocrática, en aquel momento se convirtió, gracias a la retórica voluntarista y mandarinesca de Guy y Lezama, en un programa ético-artístico para reconducir el destino de la nación.

Con el cambio político que siguió a las elecciones de enero del 36,[21] los dos amigos intentaron buscar apoyo gubernamental. Cuando, en febrero de 1937, Chacón y Calvo regresa a la Dirección de Cultura para alentar una política cultural basada en la «neutralidad» y contraria al espíritu de partido, es decir, un espacio en el que coincidieran los sectores liberal y comunista, Lezama le escribe sumándose a quienes desde 1933 solicitaban la creación de un Taller Libre de Pintura y Escultura, inspirado en la experiencia antiacadémica de las Escuelas Libres de México. Fue un primer intento por profundizar «las relaciones entre el intelectual y el artista con el estado», y parece haber llegado a oídos receptivos pues en julio de 1937 quedó inaugurado el llamado Ensayo Experimental de Estudio Libre de Pintura y Escultura, bajo la dirección de Eduardo Abela y con el patrocinio de la Dirección de Cultura.

El proyecto quiso ser ecuménico y fundir dos generaciones de artistas, la primera Vanguardia con los más jóvenes. Domingo Ravenet, Rita Longa y Jorge Arche fueron nombrados orientadores; René Portocarrero, Mariano Rodríguez y Alfredo Lozano tenían el puesto de colaboradores. Casi todos los amigos artistas de Lezama participaron en ese experimento que, sin embargo, tuvo corta duración: apenas cuatro meses, en los que varios habaneros sin recursos pudieron asistir a unas clases que iban más allá de una educación meramente técnica. Al final, los alumnos hicieron una exposición de sus trabajos, que Chacón y Calvo calificó de «humilde». Las tormentas políticas posteriores y la falta de presupuesto acabaron desalentando la iniciativa.

En su trato cercano con varios pintores de la primera Vanguardia y la búsqueda antiacadémica de un Estado para el arte nuevo, Lezama concibe la necesidad de organizar, por un lado, un sistema de pensamiento que supere el nacionalismo elemental pregonado por *Avance* y, por otro, constituir una revista para integrar a esa generación de jóvenes pintores y escritores que aún no tiene forma definida. Ya se había dado cuenta de que no podía contar con los políticos cubanos: un proyecto semejante al de José Vasconcelos en México estaba amenazado por los límites pedestres de la Dirección de Cultura, institución demasiado voluble y dependiente de otros intereses. La lucha por el arte nuevo y una visión diferente de la cultura cubana debía emprenderse desde «falansterios ambulantes» que condujeran a un esfuerzo colectivo sin peajes políticos: una revista que aunara a los escritores, artistas y pensadores de la nueva generación, junto con exposiciones y manifiestos que llegaron a provocar pequeños escándalos. El más conocido fue la conferencia de Guy Pérez Cisneros dictada en la Asociación de Estudiantes de Derecho de la Universidad, el 2 de junio de 1937, para presentar una exposición de Ponce, Abela, Amelia Peláez, Víctor Manuel, Gattorno, Carlos Enríquez, Arche y el malogrado Arístides Fernández.

«Yo había sido comisionado para inaugurar la primera exposición universitaria de pintura –cuenta Lezama–, pero al frecuentar a Guy y captar su fervor por nuestra plástica [...] le cedí muy gustosamente, al descubrir su vocación esencial de crítico de pintura, las palabras inaugurales». Esas palabras con las que irrumpe este joven crítico en la escena cubana («revisionistas, históricas, de exacerbada crítica») no decepcionaron al iconoclasta Lezama, que enseguida las incluirá en el primer número de *Verbum*.

En «Presencia de 8 pintores», Guy se perfila como un decidido *clerc* (o «intelectual puro», según la traducción que él mismo hace de ese término en Benda). Se opone a la corrupción y mediocridad de un medio «sin alicientes», denuncia «el vacío informe, irrespirable» de la época y la falta de «algún mito patente que defender o atacar» (carencia que Lezama intentará llenar con su «Teleología insular»). El crítico también juzga a los jueces y deja clara la diferencia entre «arte a secas» y «arte oficial». Frente a los aburridos y previsibles salones consagratorios, proclama la necesidad de un nuevo espíritu que ayude a dar forma a una suerte de «pre-cultura» nacional. Lo que hasta el momento ha sido considerado «arte cubano» son manifestaciones no sintéticas de ese espíritu, simples defensas de sus componentes aislados –hispanismo y afrocubanismo–, mestizajes superficiales. El arte cubano no puede ser, dice Pérez Cisneros, «una mezcla de maracas, de sones, de rumbas, de poesías afrocubanas para turistas». Su andanada, que menciona explícitamente a dos escritores de la generación anterior, Emilio Ballagas y Nicolás Guillén, tampoco excluye a los capitostes de *Avance*, Mañach y Marinello, a quienes acusa de usar la carrera diplomática como «puerta de escape», de «ser mercenarios y vender a países extranjeros, un saber y una cultura que tanto necesitamos».

Tras citar una frase de Waldo Frank («no habrá en este país movimiento revolucionario hasta que tengamos mejores poetas», a la que agrega «y pintores de más integridad»), Guy esboza un programa cultural basado en cuatro puntos: 1) derrocar todo intento artístico de tendencia política, es decir, las pretensiones comunistas de un «arte social»; 2) derrocar el racismo, que tanto para Guy como para Lezama significaba el afronegrismo; 3) derrocar el servilismo del arte para turistas («esos seres rubios que nos vienen a observar detrás de espejuelos ahumados y a pasear sus autos sin fuelles, repletos de camisitas de colores a través de nuestros cementerios»); y 4) alentar «todo lo que sea capaz de crear la sensibilidad nacional y desarrollar una cultura».

Esta severa visión, casi de *tabula rasa*, con la que aquel joven afrancesado juzgaba la situación de la cultura cubana coincidía con el trascendentalismo iconoclasta del joven Lezama. Si el primero era capaz de terminar su polémica conferencia con un lema de Guillermo de Orange, «Emprender sin esperar y perseverar sin lograr», el segundo cerraba un número de *Verbum* considerando al Estudio Libre de Pintura y Escultura como hito en un desierto, que «empieza a trabajar sin precedentes de dogma o de pasión».[22]

A propósito de Arístides Fernández, Lezama citaba una frase de Leibniz según la cual «todo cuerpo es un espíritu "momentáneo", o sea, que carece de recuerdos». Esta ausencia de una memoria definitiva y ordenada propiciaría, según el poeta, la gracia de escoger un destino. Desde una perspectiva semejante, Pérez Cisneros habla de «crear la sensibilidad nacional», «desarrollar una cultura» o convertir el arte en «la fragua de la nacionalidad cubana», como si antes de ellos nada hubiese existido y lo poco logrado fuera prescindible: «Dejemos de recordar las nimiedades que hemos realizado. ¡Cómo es posible mirar hacia atrás para ver un minúsculo montículo vencido, cuando tenemos todavía por delante una inmensa barrera que nos cierra todo camino, y que nuestra indiferencia, nuestra falta de sentido nacional, nuestra escasa combatividad quieren ignorar».

El programa esbozado en «Presencia de 8 pintores» va más allá de un reajuste de los valores propiamente plásticos para anunciar los presupuestos estéticos que luego veremos en *Espuela de Plata* –y en *Orígenes*–. Ese clima voluntarioso y un poco ingenuo[23] desemboca en lo que algunos han llamado «Generación de 1938», que Lezama siempre prefirió considerar como un grupo o una *tribu* de creadores dentro de la *polis*, en oposición a un difuso *demos* cubano.

El desdeñoso discurso de Guy, pronunciado, según Lezama, ante un reducido público de amigos, circuló como el manifiesto radical de una «vanguardia conservadora». Cuando hablaba de «plantar los clavos», aquel crítico de voz nasal no sólo se refería al paso previo a colgar las telas, sino también a la implacable crucifixión de artistas, prensa «mercantil y mercenaria» y «piñitas» de diletantes. Su voluntarismo buscaba ser el contrapeso de «un destino irremediablemente mal educado». Con Pérez Cisneros, el nuevo grupo de artistas había ganado un verdadero crítico, cuya opinión será, hasta su muerte temprana en 1953, una de las más influyentes e informadas sobre el arte cubano. Desbrozar el terreno histórico y acabar con la complacencia y los falsos prestigios parecía el preludio de algo más ambicioso. Ideas aparte, el procedimiento para hacerse notar no era muy diferente del de las vanguardias: el nuevo grupo de artistas y escritores disponía de capos espirituales, convergía en el Estudio Libre (aunque por breve tiempo) y buscaba una revista desde donde lanzar sus nuevos manifiestos.

Tanta agitación voluntariosa les granjeó, también, los primeros reparos. En enero de 1938, por ejemplo, Lezama invita a Jorge Mañach a colaborar en un número quinto de *Verbum* (nunca editado) donde piensan hacer un homenaje a Juan Ramón Jiménez. El invitado dejará pasar al menos tres meses sin acusar recibo, y cuando lo haga, muy cortésmente, no perderá la ocasión de reprocharle las duras palabras de Guy, acusándolo de inexactitud y colocando su esfuerzo por «hacerles ambiente respirable de estimación y comprensión a nuestros pintores» en la estela de previos afanes suyos: «Por sus actitudes y sus logros, por su querer de finura y de altura, Vds. están continuando la labor que nuestra *Revista de Avance* dejó iniciada, entregándola al turbulento paréntesis revolucionario».[24] Aún en sordina, ese será el comienzo de una pugna que, con varios meandros intermedios, desemboca en la famosa polémica de 1949 entre Mañach y Lezama.

Enterado tempranamente, según él mismo cuenta en sus memorias, de que era pobre, homosexual y esteta, en 1937 el joven poeta Virgilio Piñera abandona Camagüey y se instala en La Habana para estudiar Filosofía y Letras. Está orgulloso de que Juan Ramón Jiménez haya incluido un poema suyo, «El grito mudo», en *La poesía cubana en 1936*, lo cual le ha procurado un discreto prestigio provinciano. Empieza también a escribir teatro. Su familia, sin embargo, cree que eso es perder el tiempo y que debería estudiar algo más práctico. Pero Piñera es tozudo: huyendo de las presiones familiares, deja la casa de una tía política y peregrina por varias pensiones y casas de huéspedes, hasta encontrar el anuncio de un cuarto barato con comida en la calle San Lázaro. Es una familia de negros y Virgilio hace lo que muy pocos jóvenes blancos de la época: se queda a convivir con ellos.

Cumple con las formalidades de los estudios universitarios, que le resultan aburridos y dispersos. Aun así, trata de ganar la mayor cantidad posible de premios académicos para que la matrícula le salga gratis. Poco a poco, contacta con otros poetas habaneros y condiscípulos interesados en la literatura. Toca puertas. Al principio, Chacón y Calvo lo acoge con simpatía. En septiembre de 1938 dará un recital en el Lyceum con el pretencioso título de «La voz humana a través de mi universo poético». Por esa época, Piñera ha empezado a escribir regularmente y a ejercer con cautela su homosexualidad. Mientras la facultad de Derecho parecía garantizar un certificado de incuestionable virilidad, Filosofía y Letras acogía «muchachos inclinados a lo bello, sensibles, amantes de las bellas artes». Entre estos condiscípulos pálidos y nerviosos, de quienes «nunca se podía saber si eran homosexuales porque aspiraban a ser artistas o aspiraban a serlo porque eran homosexuales», Piñera no se encuentra demasiado a gusto: detecta en esos muchachos, que no se perdían un concierto, exposición o recital poético, cierta afectación inseparable del oficio de hacer versos, el arte convertido en preludio para posteriores rituales en los patios universitarios, donde los aspirantes a poeta «buscaban ansiosamente nuevos reclutas, se olían y reconociéndose comenzaban por la confesión lírica para llegar a abruptamente a la confesión homosexual».

Filosofía y Letras, refugio de aquellos devotos de lo Bello «replegados a la sombra de Minerva», compartía edificio con Derecho, donde las veleidades estéticas solían ser motivo de burla y las sexuales se disimulaban todo lo posible. Entre esos dos mundos se tendían también otros puentes: asociaciones, fraternidades estudiantiles, tertulias de aficionados a la música o a las antigüedades, como la casona de Malecón donde se reunían «Los Calladitos», grupo de diletantes habituales e invitados flotantes, en la que unos jovencísimos Cintio y Fina, llevados por Augusto de Castro Tagle, «Kipipo», y su pareja, el fotógrafo Julio López Berestein, coincidieron con Gastón Baquero mientras escuchaban discos de Ravel, Debussy y Stravinsky.

De las llamadas tertulias de antigüedades convocadas por «homosexuales de *garçonnière*», podría ser buen ejemplo la que sesionaba los miércoles en casa de Ramírez Correa. Por allí pasaron Lezama, Villarnovo y muy probablemente Piñera, quien dejó una divertida descripción proustiana de aquel ambiente:

> Tanto el estudiante de Filosofía y Letras como el homosexual de *garçonnière* tenían algo muy en común conmigo. ¡Ellos también recitaban y se masturbaban según todos los matices y en todas las acepciones! No bien plantado todavía en la capital, y ya estaba fuertemente metido en el mismo juego. El único cambio radicaba en la variedad; en la provincia yo me masturbaba y recitaba en soledad; aquí, en La Habana comenzaba a hacerlo en compañía; en compañía dudosa y lacrimosa, llena de corbatas chillonas, de frasquitos de perfume, de antigüedades y objetos de arte...[25]

Lezama también estaba, por así decirlo, metido en aquel juego: admira la belleza de «garzones» y «donceles» sensibles que, como los pastores de Garcilaso, pierden sus cuerpos para encontrarlos reflejados, e incluso dedicará algo de sus magros ingresos a comprar antigüedades u objetos de los que presumir. La casa de Villarnovo, alguien muy cercano a Lezama en esos años, era un buen ejemplo de ese gusto diletante, que convertía ciertos espacios en grutas o capillas *snob*, y donde los objetos se exhibían con una complacencia tan pomposa que aun siendo auténticos provocaban la impresión de lo falso.

Este estilo del coleccionista-de-*garçonnière* llegó también a la poesía como un esteticismo de bazar, enumeraciones que mezclan lo extravagante con el oropel y lo esotérico con secretos amores despechados. Poesía de salones donde se refugian jóvenes entendidos, que no disponen siquiera de una alta sociedad en la que abrirse camino. Poesía de gente que presume de sensible entre un batiburrillo de «cosas bellas»: retratos, máscaras, discos de música clásica, la escultura de un efebo griego, libros de reproducciones de pintura renacentista. Poesía de jóvenes un poco desdeñosos aunque muy lectores, con un prestigio basado en tres o cuatro citas pedantes, que deben dar clases particulares a los hijos de familias adineradas para poderse comprar sus propios libros.[26]

Detrás de ese diletantismo cubano de la década del 30 que rodeó a Lezama y que contamina un poco su primera poesía está la impotencia para crear una obra auténtica; junto al afán juvenil de acumular libros, cuadros, discos u objetos curiosos, como para extraer de ellos una fuerza creadora, se manifiesta la angustia del estéril que sólo puede crear por delegación. Incapaces de involucrarse por completo en una obra maestra, prefieren convertirse en espectadores de su propio gusto.

Pero muy pronto Lezama se da cuenta de que la poesía no es lujo de exquisitos, cosa suntuaria o amaneramiento de cenáculo, sino forma constitutiva, espíritu que debe unificar vida y obra. Cuando en 1947 Rodríguez Feo elogie sus ocho poemas recogidos en la antología de Juan Ramón, Lezama le responderá con un párrafo que explica bien la diferencia entre sus primeros poemas y las búsquedas de su madurez: «Son versos míos cuando tenía veintitrés o veinticuatro años y ya ahora empiezo a verlos de nuevo con [la] amistad de la adolescencia. Entonces me preocupaba partir de una pureza para llegar al cristal, a la transparencia suma para después hacerla girar y buscar lentitudes y contrastes. Ahora quizá mi procedimiento sea inverso: parto de una impureza, de palabra o sensación, y después veo como si fuese un monstruo que se limpia de algas y anémonas, cómo la propia música nos deja su peso en el tiempo o se disuelve en la otra impureza».[27]

EN enero de 1934, al reiniciarse las clases de Derecho, Lezama aprovechó para terminar el segundo año de la carrera y comenzar el tercero, interrumpido a su vez por otra huelga, la del 35, y otro cierre de la Universidad, prolongado hasta la primavera de 1937. En verano de ese año, tras la reapertura, aparece *Verbum*, revista autoproclamada «Órgano oficial de la Asociación Nacional de Estudiantes de Derecho», con un respetable tiraje de mil ejemplares. En su portada, la viñeta de una mano que sostiene una brújula para fijar un rumbo entre puntos cardinales, pero también entre los sentidos artísticos, representados por una boca, un ojo y una oreja repartidos en el cuadrante. Desde el primer editorial, con evidentes ecos de E. R. Curtius y del «humanismo integral» de Maritain, la nueva revista arremete contra el estado de cosas en la institución educativa y deja clara su vocación a contracorriente:

> No hay duda alguna que nuestra Universidad en su fase actual –consecuencia de etapas sucesivas de ociosas vacaciones y de entusiasmos superficiales–, atraviesa el momento subrayable en que el dolor de no haber sabido articular su expresión, empieza a recorrerla. Es ya un claro signo. Quisiera la revista VERBUM, ir despertando la alegría de las posibilidades de esa expresión, ir con silencio y continuidad necesarias reuniendo los sumandos afirmativos para esa articulación que ya nos va siendo imprescindible, que ya es hora de ir rindiendo. La Universidad ha sido hasta ahora un mero eco de las equivocaciones radicales que dentro del *demos* suelen presentarse en forma de llamadas contradictorias y de antinomias irresolubles lo que aparece claro y cernido trasladado a las esencias del ser. Estamos urgidos de una síntesis, responsable y alegre, en la que podamos penetrar asidos a la dignidad de la palabra y a las exigencias de recalcar un propio perfil, un estilo y una técnica de civilidad. La función y la búsqueda de ese estilo, consistirán en el necesario aislamiento y rescate de aquellas fuerzas de sensibilidad y de fervor que puedan pasar a esa síntesis, dignidad rectora del ser que desplaza forzosamente el símbolo de la nueva ciudad dignificada.

Brújula, urgencia de articulación, «nueva ciudad dignificada». Es evidente que el autor de este «Inicial» fue Lezama: son sus ideas, su estilo, su peculiar uso de la puntuación. Pero creo que se ha exagerado un poco al decir que *Verbum* fue obra exclusiva suya, o que se trató de «una revista literaria en la que a veces aparecían trabajos de Derecho romano para justificar la edición».[28] *Verbum* no era, ciertamente, una revista de Derecho, pero sus preocupaciones sobre el destino y la función de las humanidades iban más allá de lo literario.

Tanto el director de *Verbum*, René Villarnovo, como los cinco integrantes del Consejo de Redacción (Manuel Lozano Pino, Manuel Menéndez Massana, Felipe de Pazos, Antonio Martínez Bello y Guy Pérez Cisneros, que acabarán siendo seis cuando se les una Antonio S. de Bustamante y Montoro), coincidían con las ambiciones de Lezama, Secretario de la publicación. De hecho, Villarnovo y Menéndez Massana fueron quienes lo buscaron para que se ocupara de la revista. Tres de sus redactores, Lozano Pino, Menéndez Massana y Pazos habían estado en el Directorio Estudiantil que protagonizara la protesta contra Machado en el 30,[29] aunque no eran del ala comunista, sino gente que buscaba un cambio social y espiritual inspirado en principios martianos.

Se ha dicho que la publicación la pagaba el decano de Filosofía y Letras y vicerrector, Roberto Agramonte, pero en realidad se sufragaba también con fondos de la Asociación de Estudiantes de Derecho, y ahí quienes mandaban eran Villarnovo y Massana, deseosos de hacerse notar. Hasta ese momento, los dineros estudiantiles se habían empleado en organizar bailes y fiestas. Ahora, tanto estudiantes como profesores podrían presumir de ambición intelectual. Por supuesto, apenas salió el primer número de *Verbum* (con una colaboración de Juan Ramón, el ensayo de Lezama sobre Garcilaso, la diatriba de Guy sobre la nueva generación de pintores y un fragmento de las memorias de Julien Benda traducido seguramente por el propio Guy), comenzaron las burlas en los corrillos de la Facultad. Varios estudiantes rebautizaron la nueva publicación como «Plomum», otros se mofaron del pudibundo abordaje del sexo que hacía Benda en el fragmento traducido de *La jeunesse d'un clerc*. Sin embargo, al mes siguiente sale el segundo número, doble, con otro ensayo de Juan Ramón y una breve antología poética que intenta subsanar el generoso índice de *La poesía cubana en 1936*. También aparece un ensayo, «Hacia una nueva conciencia histórica», firmado por un personaje curioso, Emilio Fernández Camus (1898-1982), profesor nacido en España, exdecano de la Facultad de Derecho, y uno de los mayores expertos de la época en Filosofía Jurídica, al que Hans Kelsen le había prologado un libro en 1932.

En ese segundo número se incorpora al Consejo de Redacción otro discípulo cubano de Kelsen, pero mucho más joven, Antonio Sánchez de Bustamante y Montoro. Nieto del líder autonomista Rafael Montoro (a quien los españoles llamaban «el Ruiseñor cubano» por su oratoria) y de Antonio Sánchez Bustamante y Sirvén, uno de los más eminentes juristas cubanos, autor del «código Bustamente» de Derecho Internacional Privado y Presidente de la Corte Internacional de Justicia de La Haya, el joven Antonio tuvo una educación privilegiada. Tratando de mitigar la pena por la muerte de un hijo, el abuelo paterno se llevó al nieto a Europa y lo educó con preceptores privados: aprendió inglés, alemán, griego y latín, y pasó luego por algunas de las mejores universidades de la época. En Berlín y en La Haya, donde estudió en la Academia de Derecho Comparado, el joven conoció a Kelsen, Stammler y otros pensadores de la llamada «Escuela de Viena». Cuando su abuelo tuvo que regresar a Cuba en 1929, Antonio volvió con él. A sus 19 años ya era una personalidad notable y, tras dar unas brillantes conferencias sobre Filosofía de Derecho en el Aula Magna de la Universidad habanera, su fama se extendió: causaba admiración que alguien de su edad tuviera tal cultura filosófica y jurídica. Pronto empezó a dar clases de Introducción a la Teoría del Derecho y de Filosofía del Derecho, y se hizo notar en la Facultad, además de por su capacidad intelectual, por sus simpatías progresistas y sus discrepancias con los miembros más conservadores del claustro.[30] Él también había estado, junto con Lezama, en el recibimiento a Zambrano, y fue el encargado de presentar su conferencia sobre Ortega y Gasset en el Lyceum.

Si en el primer número de *Verbum* el protagonista es Guy, en el segundo Lezama lleva la voz cantante. No sólo antologa poemas de sus amigos, incluido uno del pintor René Portocarrero, a quien acaba de conocer, y otro, bastante mediocre, del profesor Martínez Bello; también incluye su «Muerte de Narciso», editado poco después como *plaquette*. Allí aparece, además, el engolado ensayo de Fernández Camus sobre la crisis espiritual que antecede a la Segunda Guerra, en la que el profesor cree ver la fase efervescente de un ineludible ciclo dialéctico. De fondo, ideas de Nietzsche y Max Scheler, un filogermanismo capaz de asegurarnos –¡en el verano de 1937!– que «el mundo marcha por el buen camino, gracias a la actuación perenne del hombre, que no se deja arrastrar por la historia, sino la hace con sus puños. Su motivo alentador no es un sueño de felicidad, sino más bien una actitud vigorosa y firme que se dispone a la conquista de una nueva etapa histórica». El ensayo continuará en el número siguiente, con consideraciones que delatan una atenta lectura del *Mein Kampf.* Hitler mismo es considerado «otra de las figuras sobresalientes en estos instantes cargados de dramatismo» y «el hombre representativo de las aspiraciones y deseos de vivir de ese pueblo en instantes de desesperación [tras el pacto de Versalles], y por eso pudo imponerse a título de salvador de Alemania». Recordemos que mientras se publica este ensayo, en plena Guerra Civil española, un grupo de intelectuales cubanos claramente antifascistas había viajado a Valencia para participar en el II Congreso Internacional de Escritores para la Defensa de la Cultura.

Otro interesante artículo publicado en ese segundo número fue una reseña de Pérez Cisneros sobre *Green pastures* (1936), la célebre superproducción de Hollywood, dirigida por Marc Connelly y William Keighley, en la que un elenco de actores negros interpreta historias de la Biblia. La película, que según el reseñista había llegado a Cuba gracias a Fernando Ortiz, duró apenas unos días en cartelera. Lo cual, afirma Guy, era revelador de las limitaciones del «mestizaje» local, más inclinado a películas como *Nobleza baturra.*

En *Green pastures* Dios es un negro con levita y barba blanca, Noé un pastor borrachín, Babilonia un deprimente barrio del Sur estadounidense, y el Paraíso una fiesta llena de angelitos (negros) cantando *spirituals.* Película llena de estereotipos sobre la vida cotidiana de los afronorteamericanos, al joven Pérez Cisneros le entusiasmó, sin embargo, por su universalidad. De alguna manera, la cultura cubana que él y Lezama oponían al folklore y al negrismo más superficial debía aprender del trascendentalismo bíblico de un filme que, con todos sus defectos, fue un hito en la lucha contra la discriminación racial en Estados Unidos.

El tercer y último número de la publicación, fechado en noviembre del 37, vuelve a exhibir los resultados de la coyunda entre Guy y Lezama. El primero traduce la *Epístola* de D'Ors a Picasso, y posiblemente el ensayo de Claudel contra Descartes, tema de frecuentes conversaciones con su amigo poeta. Aparece además un artículo de Luis Amado Blanco, «Aprendiendo a ensayar», donde se discuten cuestiones estéticas que la guerra de España «ha vuelto a poner al rojo de los cañones apurados». Polemizando con el Ortega y Gasset de *La deshumanización del arte*, Amado Blanco explica la nueva relación entre Arte y Naturaleza, en la que lo humano vuelve a ocupar protagonismo: «Naturaleza es lo que está frente a nosotros, el objeto, mientras lo humano es el sujeto pensante, la estación receptora del milagroso paisaje de la vida. Así un humano puede ser paisaje para otro humano. Y lo importante, artísticamente, es lo que el observador diga, ponga o transforme de lo contemplado».

Todas estas consideraciones tienen la atildada seriedad de un credo juvenil, salpicado con cierto nietzscheanismo tropical. Tres décadas después, al hacer balance de *Verbum*, Lezama se refiere a «sus propósitos de innegable gravedad histórica y de certero criterio acerca de nuestra expresión artística», destaca el contraste de su revista «con las de tipo burlesco, de chascarrillos indeseables, de retratitos de bellezas de concurso y de puyas y de alusiones inmediatas y groseras», y cita una frase de Nietzsche («no somos jóvenes pero nos estamos convirtiendo en jóvenes»), para resumir el acierto principal de aquella publicación: «enseñó a ser joven, nos dio la lección de que cada instante de la vida es un convertirse en jóvenes y, con toda madurez, es el centro de una juventud tan desatada como atada».[31]

En *Verbum* hay también señales que anuncian la complicidad de un grupo, esa propensión de los jóvenes escritores embarcados en la misma aventura a formar una sociedad de admiración mutua: véase un poema de Gastón Baquero dedicado a Lezama que empieza «Los ángeles ya no sufren más la afrenta del anaranjado», o la reseña del fiel Gaztelu sobre «Muerte de Narciso»... Cuando Luis Ortega le presenta a Lezama al joven estudiante de Derecho Justo Rodríguez Santos, este le entrega once poemas para que escoja; él los publicará todos, incluido uno, «Sin ruido», que le está dedicado.[32] Tanto Baquero como Villarnovo trataban al joven Secretario de redacción de manera un tanto ceremoniosa, llamándolo «maestro» sin el menor asomo de ironía.

Antes de que la revista desaparezca por razones no explicadas, pero que suponemos económicas, Lezama también incluye en ese último número un largo elogio a su único maestro reconocido: «Gracia eficaz de Juan Ramón y su visita a nuestra poesía». Juan Ramón está presente, de una u otra manera, en todos los números de *Verbum*. Estará, también, en *Espuela de Plata*. Su *gratia eficax* (concepto teológico) va más allá de la estética, de la llamada poesía pura, para establecer los fundamentos católicos de una «república de la poesía», al margen de las discusiones estéticas de aquel momento incierto. «Abierto un debate sobre la poesía –escribe Lezama– no ha de faltar nunca el tonto que nos afirma jubilosamente que la vida está condicionada por factores económicos, o el otro tonto, quizás mucho más peligroso, que nos afirma que el solo arte es aquel que relaciona el yo con los recuerdos». Por ser «uno de los grandes líricos contemporáneos», Juan Ramón es la figura capaz de levantarse sobre esas disputas ideológicas, e incluso sobre la crisis generalizada del lenguaje, ya incapaz de revelar «el nombre exacto de las cosas», para convertirse en el mediador infalible y el juez privilegiado de «una lírica incipiente» que aún debe aprender a mirarse por dentro.

Antes de que en España empezaran a acusarlo de elitista, de «señorito andaluz» y de aristócrata exquisito por su defensa de una «inmensa minoría», Juan Ramón había marcado a los oyentes habaneros de sus conferencias con los conceptos de «trabajo gustoso» o «aristocracia de intemperie», la idea de que en cualquier clase había una minoría de *aristos*, los mejores, que disfrutaban haciendo su trabajo con el máximo rigor y excelencia.

La relación de Lezama con Juan Ramón marca también la pauta de su vínculo privilegiado con lo hispánico. En el *Coloquio…*, y tras una evidente referencia a las tesis de Ortiz sobre el mestizaje, es el poeta español (o su sosias literario) quien advierte a Lezama de que la poesía «está definitivamente del lado del espíritu, que fusiona a esos enemigos aparentes de la naturaleza y la cultura».

Si analizamos desde fuera la oposición al negrismo por parte de Lezama y Pérez Cisneros, tendremos un saldo discriminatorio: el negro debía renunciar a África para asimilarse a lo cubano, un mundo regido por los valores blancos tras la máscara de la mulatez. Pero Lezama también esgrime contra el negrismo razones de forma poética, de estilo, y usa esa argumentación, no para negar la importancia de lo afrocubano sino *para no encasillar formalmente lo cubano en lo hispánico.* Esta aparente paradoja la explica el propio poeta cuando dice que «al querer subrayar valores populares en el arte, nos subordinábamos a lo hispánico. ¿No hemos visto acaso, en colecciones de versos populares negros, el *A Pedro, mi hermano – el santo que tengo en la mano – roto y descosío – que no se sabe ni el santo que ha sido,* – que era en realidad una coplilla burlesca del XVI hispano? Surgían así los temas negros tratados en octosílabos romanceados y los cuentos malcriados, donde nuestros guajiros hablaban como andaluces, mascando rápidas mariposas».

Lezama sabía que Góngora fue el primero en escribir poemas que imitaban el habla de los negros, y esa presencia amparada por la flexibilidad del barroco español debió sonar tan exótica como los neologismos derivados del griego o del latín por los que la poesía culterana sentía especial predilección.[33]

Cuando en *West Indies Ltd.* (1934) Guillén da voz a negros y mulatos, también está imitando a su manera la sardónica sintaxis de las letrillas gongorinas. Antes había escrito *Motivos de son* y *Sóngoro cosongo. Poemas mulatos,* libros que parodian intencionalmente el habla de los negros cubanos sin romper con la *mirabilia* barroca. El Siglo de Oro lo condujo a lo folklórico: eso que a los españoles de la época de Góngora les sonaba raro, a los cubanos de la República les pareció familiar, autóctono. En cambio, Lezama y otros críticos sospecharon, porque habían leído bien a Góngora, que aquellas alusiones vernáculas eran parte de una *mirabilia* impostada. Y algo debe de haber inquietado al propio Guillén, cuando decidió poco después renunciar al negrismo y trasladarse al terreno de la llamada «poesía social». A partir de entonces, lo acompañó el aura del Siglo de Oro oculto tras la «aparente sencillez» de su poesía. Pero fue Lezama quien primero notó el efecto incorporativo, gracioso e ingenuo de ciertas letrillas gongorinas convertidas en sonajero mulato. Para él, como se ocupó de explicar en «El secreto de Garcilaso», lo popular y lo culto no eran mundos opuestos.

El problema de la poesía afrocubana, opina Lezama, es que no va más allá de «la incorporación del vocablo onomatopéyico»; su espectro sonoro ha quedado reducido a lo que llama «prueba orejera», un «elemento percutible» demasiado elemental que «no produce más que una poesía anecdótica». Como para él la poesía no era asunto de sonido sino de imagen, esa «prueba orejera» sólo podía conducir a una estética limitada. La mayor parte de la crítica cubana había visto en los versos de Guillén una novedad mestiza que a Lezama siempre le pareció muy hispánica, como si «el mestizo recalcase su bandurria presionado por las guitarras andaluzas de García Lorca». En resumen, bajo la construcción «mulata» de Guillén, se escondía el Siglo de Oro con máscara de son.[34]

Se puede estar de acuerdo o no con esta lectura, pero sin duda responde a una estética coherente, que explica las duras opiniones de Lezama sobre la poesía negrista en los años 30. Suele afirmarse que más adelante el poeta incorporó «lo negro» en una idea más ecuménica de la cultura cubana; que en *Orígenes* publicó, por ejemplo, a Lydia Cabrera y acogió a Wifredo Lam. Esta interpretación no sólo simplifica los primeros reparos lezamianos al *negrismo*, sino que también pasa por alto otras objeciones suyas que se remontan a los años 50, como cuando a propósito de Julián Orbón se queja, por ejemplo, de que «nuestros músicos se hundían en una ingenua aunque ambiciosa preocupación neoclásica o en un apetito de ritmos tribales negroides».

Tratando de liberar a Lezama y Orígenes de las acusaciones de racismo, nos vamos a veces al otro extremo, sin analizar en detalle sus argumentos. La realidad es que Lezama no tenía un prejuicio específico contra lo afrocubano, siempre y cuando fuese tratado desde el punto de vista del mito o la etnología. Simplemente, se negaba a convertirlo en la base de una literatura nacional.

De manera semejante valoró también Lezama ciertas búsquedas filológicas que, amparadas por un difuso panhispanismo, llevó a cabo en Cuba durante esos años Ramón Menéndez Pidal. Invitado por Chacón y Calvo, el filólogo español pasó en la isla la primavera de 1937, y dio varias conferencias en la Universidad de La Habana como parte de un Seminario de Investigaciones Filológicas, aunque no pudo conseguir una plaza de profesor visitante porque en esa época tal estatus no existía. Los temas de sus charlas fueron la historia de la lengua, la épica y la tradición del romance, cuyas derivaciones hispanoamericanas él mismo había rastreado años antes. En Cuba, varios de sus alumnos y colegas (el propio Chacón y Calvo, Ortiz, Enriqueta Comas, Carolina Poncet) le muestran romances locales grabados en discos de ebonita y lo instan a viajar por la isla para recoger más muestras. Menéndez Pidal se emociona; con cierta soberbia profesoral, cree posible penetrar hasta un estrato de la tradición al que los investigadores locales no habían llegado.[35]

Al final, su «viaje folklórico» acaba convertido en un aburrido periplo oficial, repleto de rituales cívicos: recibimientos solemnes, comisiones, bandas municipales, declaraciones en ayuntamientos para hacerlo huésped de honor de cada ciudad por la que pasa. Investigador y anfitriones prosiguen con sus rituales hasta que se acaba el dinero. Del supuesto tesoro escondido de los romances insulares, poca cosa. El filólogo trató de consolar su decepción argumentando que lo encontrado era, por lo menos, prueba de la unidad cultural de los pueblos hispanos y de la fortaleza de la tradición oral.

Contra ese simplismo folklórico panhispánico, y no sólo contra el *negrismo*, se rebela Lezama. «Sabíamos ya –dice en su ensayo sobre Pérez Cisneros– que lo hispánico no podrá ser la norma para lograr la universalidad de nuestra expresión artística, pero si esta se lograba, la eticidad hispánica alcanzaría la rotundidad de su pleno». Precisar los «integrantes nacionales» de lo cubano le parecía una tarea inútil, meramente pasiva. Para él, lo hispánico era la eticidad senequista (un estoicismo probado en la resistencia moral frente a la frustración) y cierto ordenamiento estatal que necesitaba, sin embargo, de otra prueba: la del viaje de vuelta desde las antiguas colonias hasta la metrópoli. El exilio republicano español en Cuba fue precisamente la posibilidad de ese diálogo de vuelta, y corresponde a Juan Ramón y a María Zambrano, ilustres transterrados y valedores de Lezama, buena parte del protagonismo estoico del exilio español.

Cuando Lezama asegura en *Verbum* que «la obra de Guillén o de Florit no ha tenido entre nosotros comentadores agudos que señalen sus aciertos y en lo que se quedaron a medio camino», se refiere a la doble limitación de una estética afronegrista o panhispanista. Pero hay también cierta arbitrariedad o simple rencor en opiniones del tipo «ningún poeta como Emilio Ballagas revela las influencias mal asimiladas, las simpatías inconsecuentes, los plagios porque sí». No se entiende por qué, si pensaba eso, incluyó al poeta en los índices de las revistas que él mismo hacía. Quizás con estas críticas simplemente se vengaba de las burlas anteriores que Ballagas le había dedicado en privado.

Por supuesto, al aludido estas opiniones lo irritaron muchísimo. En una carta a su amigo Marinello menciona el artículo de *Verbum* y llama a su autor «plumífero», «pobre diablo», «envidioso» y «resentido», entre otras lindezas.[36] Poco después, en un artículo de 1938, arremete públicamente contra Lezama:

> Cuando Valéry es sólo un valor relativo a su ambiente, clima, formación y clase, cuando Claudel –el insigne poeta católico– olvidando sus deberes de cristiano y cerrando los ojos al ejemplo de Maritain y Bergamín, se entrega a la España derechista que abre sus puertas al invasor pagano de Hitler y a los moros seculares enemigos de la cruz; todavía anda por nuestro trópico trasnochado, algún que otro Lezama a caza de mariposas puras y en exégesis de poetas que ya van camino de la Academia, camino de Senectud. Y es porque Lezama y su casi anónima gente de *Verbum* pagan caro –en moneda de aislamiento– su olvido de la vida, a cambio de una entrega incondicional al libro mal digerido que llegó de Argentina, traducido un año después de su publicación en francés.[37]

En diciembre de 1937, al cerrar *Verbum*, su Secretario de Redacción tenía acumulado suficiente material para otros números. Enseguida empieza a planear con Guy una continuación del proyecto, otra revista que no dependa de la Universidad. Al mismo tiempo, los pintores Mariano (que había publicado una efímera revista de arte y música, *Ritmo*) y Portocarrero han conseguido juntar algún dinero, unos 35 pesos, y están pensando en hacer una revista de arte por suscripción. Lezama acaba convenciéndolos de que hagan causa y hucha común para una revista de literatura, música y pintura, que al principio debía llamarse *Cuadernos de La Habana*.

Durante un año y medio coinciden nombres y voluntades alrededor de aquel «*connu comme inconnu*» que ha deslumbrado a varios poetas jóvenes con su «Muerte de Narciso». El grupo no es sólo literario, ni gira sólo alrededor de la Universidad; también hay un músico, Ardévol, y varios pintores que habían participado del experimento del Estudio Libre. En el verano de 1939 Lezama intenta un trato con un joven poeta e impresor malagueño recién llegado a Cuba, Manuel Altolaguirre, que ha usado un generoso cheque de la mecenas María Luisa Gómez Mena para montar una pequeña imprenta en el Vedado, bautizada como La Verónica.[38]

Altolaguirre posee no sólo la sensibilidad adecuada para este tipo de proyectos, sino también una gran habilidad como tipógrafo e impresor, probada en sus numerosas publicaciones desde los tiempos de la imprenta Sur, y en revistas como *Poesía, Litoral, Héroe, 1616* (desde Londres), *Caballo verde para la poesía, Hora de España*... Pero el malagueño ya tiene en mente una revista de exiliados españoles, y su pésima situación económica le aconseja no asociarse de momento con jóvenes que tienen poco dinero. Promete ayudarlos más adelante, cuando empiecen a imprimir *plaquettes* o libros. Lezama tendrá entonces que volver a tratar con Fernando García Mora, el impresor de Úcar y García, que no sólo se ha esforzado por conseguir la misma tipografía Bodoni de la *Revista de Occidente*, sino que además lo deja pagar a plazos.

Mientras hacía *Verbum*, Lezama también había entrado en contacto con un escritor y editor argentino, Marcos Fingerit, cuya revista *Fábula. Cuadernos de literatura y arte*, inaugurada en octubre de 1936, le sirvió de ejemplo e inspiración para su proyecto. Tanto *Fábula* como las revistas de Altolaguirre, que habían dado forma a la Generación del 27, estaban asociadas a pequeñas colecciones de libros o *plaquettes*, en las que tomaba cuerpo la lógica editorial de un pequeño grupo que giraba alrededor de un animador cultural. «Le confieso, amigo Fingerit –escribe al argentino–, que las revistas tipo *Fábula* son por ahora la más clara mansión donde puede habitar la poesía en estos días confusos. En ellas se va creando una responsabilidad máxima de dignidad minoritaria. De esos cuadernos surgirán verdaderas direcciones de sensibilidad, cuando la historia sea algo más que el recuento de las muecas de los plesiosaurios que han desfilado entre sus trompetas y sus zarandajas».[39]

Fábula, que empezó como versión sudamericana de una publicación fundada por el mexicano Miguel N. Lira, fue una de las primeras revistas no cubanas en que Lezama publicó poemas. En julio de 1938 su «soneto libre», como lo llama, «Comienzo del humo», apareció en el número 12 de la revista (sin título y con errata en el primer verso), y a finales de ese mismo año, en el número 14 (noviembre-diciembre de 1938) salió otro poema titulado «Justo mentir» (el fragmento III de «Madrigal»). También le aconseja a Fingerit (sin éxito) que publique a su amigo Gaztelu, recién consagrado como sacerdote. Además de esos dos poemas de Lezama, *Fábula* publicó trabajos inéditos de Alfonso Reyes, Camilo José Cela, Gómez de la Serna y García Lorca; en cada número reprodujo, además, un dibujo de conocidos artistas, y bajo su sello se difundieron los Cuadernos del Rabdomante, los Recados de Fábula y los delicados Cuadernos del Pez Volador, exquisitas *plaquettes* de poesía.

Poco a poco va Lezama armando su currículum de joven escritor, pero le falta, siempre le falta, el dinero. Las presiones familiares aumentan. Espoleado por su hermana menor, a finales de enero de 1939 escribe una carta a las autoridades de la Universidad para pedir «el puesto de repasador, auxiliar o encargado del aprendizaje del idioma y de la Literatura Castellana». Solicita que se le pague «una cantidad suficiente para cubrir sus gastos», y poder cursar nuevos estudios en Filosofía y Letras o en Ciencias Jurídicas con carácter de interno, es decir, gratis. Con la evidente intención de impresionar, resume sus logros –y aquí vale la pena citar *in extenso* porque es la oportunidad de saber cómo el poeta se ve a sí mismo o, al menos, como quiere que lo vean–. De hecho, el documento oscila entre la primera y la tercera persona:

> Que además de los títulos que ha mencionado anteriormente, pertenece con carácter de vocal a la Sección de Letras del Instituto de Cooperación Intelectual, organismo adjunto a la Sociedad de las Naciones. He sido también Secretario de la revista universitaria «Verbum», Órgano Oficial de la Asociación de Estudiantes de Derecho. Como fruto de su labor académica puede hacer mención que el tribunal calificador de su tesis de graduación le otorgó la calificación de Sobresaliente, es decir, la calificación más alta.
>
> He colaborado también en las siguientes revistas: «Revista cubana» (Órgano oficial del Departamento de Cultura de la Secretaría de Educación), «Fábula», revista de la juventud poética de Buenos Aires y que se considera revista de mucha selección, «Repertorio americano», una de las revistas más altas del pensamiento americano y en la que colabora lo más selecto de la intelectualidad americana. También ha colaborado en Grafos, Social, Polémica, Compendio, Hoy, etc.

> Ha publicado «Muerte de Narciso», «Coloquio con Juan Ramón Jiménez», publicado por el Departamento de Cultura de la Secretaría de Educación. Mi labor de cooperación en el Departamento de Cultura puede justificarse con el certificado que se acompaña, donde el Dr. Chacón y Calvo atestigua la eficacia de mi trabajo en torno a la labor cultural que el Departamento de Cultura, de la Secretaría de Educación viene desempeñando. Asimismo, el gran poeta español Juan Ramón Jiménez autorizó con frases elogiosas para el autor su trabajo anteriormente mencionado «Coloquio con Juan Ramón Jiménez». Durante la estancia de ese poeta en Cuba publicó el libro muy estudiado por los críticos de literatura de nuestro continente, llamado «La poesía cubana en 1936», donde se incluyen poemas míos. Juan Ramón Jiménez también en carta dirigida a Gordon Browne [sic] lo recomienda con encomio.[40]

¿Escribió Lezama este resumen un poco torpe de su trayectoria, o sólo firmó algo redactado por su hermana Eloísa? En cualquier caso, esas gestiones universitarias apoyadas por Chacón y Calvo no conducirán a nada.

En agosto de 1939, finalmente, aparece el número A de *Espuela de Plata*, título definitivo de la nueva revista habanera concebida por un poeta en busca de trabajo fijo. Es apenas un cuadernillo bimestre de modesta tirada, que se vende al módico precio de 20 centavos. Los directores son los que han puesto dinero para el proyecto: Lezama, Guy y Mariano. Entre los que «aconsejan», hay dos grupos: artistas y músicos (Arche, Portocarrero, Ardévol, el escultor Alfredo Lozano) y los poetas (Baquero, Vitier y Rodríguez Santos). Ya desde la primera página, el editorial titulado «Razón que sea» (en ese subjuntivo, dice Vitier, habitaba la poesía), deja claro el afán polémico («Con lo del sol del trópico nos quedamos a la luna de Valencia» –el galicismo delata a Guy–; «Convertir el majá en sierpe, o por lo menos, en serpiente» –el criollo humor delata a Lezama–) y la voluntad de no ceder ante las etiquetas ideológicas del momento (tanto en Cuba como en España): «Mientras el hormiguero se agita –realidad, arte social, arte puro, pueblo, marfil, torre–, pregunta, responde, el Perugino se nos acerca silenciosamente y nos da la mejor solución: *Prepara la sopa, mientras tanto, voy a pintar un ángel más*».

NOTAS:

[1] José Lezama Lima: *AF.* Publicaciones del Ministerio de Educación, Dirección de Cultura, La Habana, 1950.

[2] Lorenzo García Vega, *LAO*, pp. 91-92. Fina García Marruz en: «Homenaje. Arístides Fernández (1904-1934)», *Orígenes*, n. 26, La Habana, 1950, pp. 60-64.

[3] «Arístides Fernández: tiempo negado», *Grafos*, n. 33, La Habana, diciembre, 1935, pp. 76-79; *AF.* Dirección de Cultura, La Habana, 1950; «Exposición póstuma Arístides Fernández», Ministerio de Educación, Dirección de Cultura, nov. 15-30, 1950 (reverso de póster plegable); «De nuevo, Arístides Fernández I», *Diario de la Marina*, La Habana, 6 de marzo de 1958, pág. 4A; «De nuevo, Arístides Fernández II», *Diario de la Marina*, La Habana, 7 de marzo de 1958, pág. 4A; «Arístides Fernández, otra de sus visitas», prólogo al *Catálogo de la exposición de Arístides Fernández*, Consejo Nacional de Cultura, La Habana, 1965.

[4] «Recordaba José Cemí cómo el pintor había extraído de su billetera, y aquí había que recordar también que el nombre no hacía la cosa, una cita de esa obra de Balzac. "Tal vez haya en la naturaleza humana una tendencia a hacer soportar todo a quienes todo lo sufren por humildad verdadera, por debilidad o por indiferencia". Y el comentario sencillo: qué bien ha hecho Balzac en unir la humildad, la debilidad y la indiferencia». *PA(EC)*, pp. 410-411.

[5] «A pesar de su apariencia social, de sus páginas elegantes, a pesar de pequeños sacrificios a la vanidad y la moda, *Grafos Havanity*, puede ocupar hoy, en su mayoría de edad, un puesto muy alto en la gran tradición de las revistas cubanas: llámese *Revista Bimestre, Revista de Cuba, Revista de Avance, Fígaro, Habana Elegante, Social* o *Cuba Contemporánea.* Y no será seguramente el menor de sus méritos, el de haber ofrecido en elegante presentación, los más refinados manjares, a aquellos que no eran precisamente especialistas ni intelectuales». G[uy]. P[érez]. C[isneros]: «*Grafos Havanity* tiene diez años», *Grafos Havanity*, n. 110, La Habana, abril de 1943, s. p.

[6] En *Verbum*, revista universitaria, no había anuncios. En los dos últimos números de *Espuela de Plata* aparece una página final dividida en cuatro, con modestos anuncios de los dulces en conserva La Rosareña, otro de la revista *Musicalia* y la Coral de La Habana, empresas de los Quevedo, la librería de Tomás Rodríguez (en Obispo y Compostela, donde Lezama tenía su tertulia informal); la notaría de Humberto Mederos (en la que trabajó Lezama) y una empresa de tejidos, Standard Mills Inc., sita en San Ignacio y Empedrado.

Compárese esto con los más de sesenta anunciantes en *Grafos* durante sus dos primeros años, o los numerosos anuncios que aparecen en *Avance*.

[7] El primer título de este poema fue «Bahía de La Habana» (1932). Después, en 1936, se llamó «Noche insular», según revela la carta citada a Portuondo, conservada entre los Lezama Lima Papers de la Cuban Heritage Collection de la Universidad de Miami. Para un análisis detallado de los cambios entre la primera y la última versión del poema, incluida en *ER* (aunque no menciona esta versión intermedia que aquí citamos), véase el ensayo de Marie-Christine Seguin (Université Toulouse II Le Mirail) «Emergence d'une identité culturelle à l'époque de la Republique "mediatisée": "Bahía de La Habana" convertie en un fête silencieuse pour une clameur inegalée dans la poésie de José Lezama Lima». En *Hesperia: Anuario de Filología Hispánica*, n. 3, 2000, pp. 83-96. La académica francesa hace notar cómo los versos «donde los siervos han creído ver un mar de petróleo, / helado jardín persiguiendo una rosa / hasta la terraza donde los turistas no quieren pagar» se convierten, en la versión final, en «donde los ciervos han huído [sic] el paisaje».

[8] Cuenta Manuel Moreno Fraginals: «San Alejandro se encontraba entonces en la calle Dragones, y en los altos estaba la biblioteca de la Sociedad Económica de Amigos del País. [...] Las escaleras del edificio de la Academia se convirtieron en un punto donde un grupo de jóvenes con inquietudes culturales nos reuníamos casi a diario para hacer nuestras tertulias. Lezama Lima era uno de los que acudían con asiduidad a la instalación; yo era ya un ratón de biblioteca. Y fue inevitable que nos conociéramos. Un día Diago se hallaba enredado en una acalorada discusión con alguien. Yo me metí en la charla y resultó que el otro joven era Lezama. Recuerdo que en aquella oportunidad me sorprendió el conocimiento demostrado por él de libros y autores poco frecuentes en gente de nuestra edad. Para entonces, yo me había iniciado en la primera investigación sobre condiciones de vida en los solares o casas de vecindad, y me interesaba mucho la historia. Me llamó la atención por eso que aparte de su increíble erudición literaria, Lezama demostrase una gran información sobre la historia de Cuba, de la cual poseía una visión más bien clásica, que era la que casi todos teníamos en ese tiempo. (*CLL*, pp. 98-99). La descripción de Diago –que estudió en San Alejandro entre 1936 y 1941– como filonazi es de Lorenzo García Vega (*LAO*, pág. 146).

[9] Entrevista a Mariano Rodríguez por Víctor Fowler y Fabiola Mora, en «Palabras cruzadas en torno a Lezama Lima», *Letras Cubanas*, n. 16 (oct.-nov.-dic. 1990), pág. 282.

[10] «Tras de una larga y azarosa travesía en un barco español, [...] llegamos a La Habana, en este buque que, según supimos después, iba a Veracruz. Mas al llegar a La Habana, bajo el poder del general Fulgencio Batista, el barco fue detenido, su tripulación encarcelada, y nosotros, solamente sustraídos a esta suerte por un pasaporte diplomático». (María Zambrano, «A modo de Prólogo», en *Filosofía y poesía*, Fondo de Cultura Económica, México, 1993, pp. 7-8. El prólogo está fechado en Madrid, el 15 de febrero de 1987). En otro lugar, Zambrano abunda: «Yo conocí a tu hermano en octubre de 1936, a las seis horas de llegar a Cuba. Llegaba, recién casada, con mi señor esposo, que había sido nombrado a dedo secretario de la Embajada de España en Chile. Entonces hicimos escala en La Habana, que duró ocho días. Desembarcamos a mediodía en el Muelle de Caballería ("¡Fíjate, hasta del nombre se acuerda!"), sí, hija, sí, y salimos hacia un hotel... a esperar. No fuimos detenidos porque llevábamos pasaporte diplomático, pero sí seguidos. Porque Batista había elegido bando y acababa de regalarle un espadón al que yo llamo el Innombrable. Teníamos pocos chavos, pues el Estado español pagaba bien, pero nosotros, al par de pipiolos, administrábamos muy mal. En fin, fue cosa de predestinación. Yo no sé cómo, pero aquella misma tarde nos invitaron. Era la flor y nata, lo digo sin ironía, que estaba con la España republicana. Entonces nos llevaron a cenar a la Tabernita de Enmedio. Allí estaba Lezama. Yo no sabía quién era, pues no había publicado nada. Él, en cambio, sabía quién era yo, pues me había leído en la *Revista de Occidente* –la buena, la primera–, y entonces nos entendimos enseguida». Estas palabras de Zambrano, en conversación con Eloísa Lezama Lima y José-Miguel Ullán, las recoge este último en su «Relato prologal» a *María Zambrano: esencia y hermosura. Antología*, Galaxia Gutenberg, Barcelona, 2010, pág. 62.

Se impone aquí un breve apunte sobre la trayectoria política de Fulgencio Batista, figura clave de aquella República. Su «revuelta de los sargentos» de septiembre de 1933 había derrocado al efímero Carlos Manuel de Céspedes y Quesada, y él mismo, convertido ya en general, se ocupará al año siguiente de liquidar el llamado «gobierno de los Cien Días» (Grau, Hevia, Manuel Márquez Sterling, que estuvo en el cargo apenas seis horas), convirtiéndose en jefe supremo de las Fuerzas Armadas. Con el nuevo gobierno del liberal Carlos Mendieta, y tras firmar un nuevo tratado de relaciones cubano-estadounidenses, Batista se ocupó de reprimir la huelga general de 1935 y mandó a asesinar al líder Antonio Guiteras. Tras la repentina renuncia de Mendieta y un interinato de seis meses del presidente José Agripino Barnet y Vinageras (1935-1936), se organizaron las elecciones generales de Cuba de 1936 en las que resultó vencedor Miguel Mariano Gómez. Este sólo pudo gobernar siete meses, pues fue depuesto por el Senado de la República tras conflictos con el poder legislativo. A la cabeza del Estado cubano quedó entonces el vicepresidente Federico Laredo Brú (1936-1940), bajo cuyo mandato fue convocada en 1939 una Asamblea Constituyente, en la cual participaron todos los partidos de la época.

[11] María Zambrano, «Breve testimonio de un encuentro inacabable» [1998], en *Islas*, Verbum, Madrid, 2007, pág. 234.

[12] «Lezama tenía entonces 26 años. Era bellísimo, con unos ojos verdes... Y tenía carcajadas homéricas. ¡Ay!, si hubiéramos sido capaces de enamorarnos y casarnos, no prosigo el viaje. Pero fue más hermoso: fue la amistad indeleble, la que durará siempre». Véase el «Relato prologal» de José-Miguel Ullán, en *María Zambrano: esencia y hermosura. Antología*, edic. cit., pág. 62. Lezama no tenía los ojos verdes, y por eso Eloísa Lezama Lima no da demasiada importancia a este arrebato sentimental de Zambrano, que ocurrió en su presencia: «Poco antes de morir María Zambrano, la volví a ver en Madrid. Ya estaba reivindicada por el gobierno español y vivía en un piso elegante con una criada que la atendía. Nuestro encuentro fue muy emocionante. Estaba casi ciega y muy marchita, pero suficientemente lúcida para recordar su estancia en La Habana. // Me abrazaba demostrándome un afecto que había nacido en sus visitas a nuestra casa. Pero donde eran sus encuentros con mi hermano era en el apartamento de Julián y Tangui Orbón. // Me hizo anécdotas para mí desconocidas. Me contó que conoció a mi hermano en La Bodeguita del Medio. En ese primer viaje a La Habana iba acompañada de su esposo, Alfonso Rodríguez Aldave, de muy buena pinta. Dice que cuando vio a mi hermano por primera vez quedó prendada de aquel joven de mirada penetrante. Hizo acotaciones que tal vez su memoria algo senil desfigurara con el paso del tiempo. Se lamentaba de que Aldave al poco tiempo la dejó por una mujer vulgar. Me dijo María, muy confundida, como si su amistad con mi hermano hubiera tenido un tinte romántico. Nunca había oído semejantes comentarios». (*UFH*, pág. 55).

[13] María Zambrano: «José Lezama Lima en La Habana», *Índice*, n. 232, Madrid, junio de 1968 (incluido en *Islas*, edic. cit., pp. 211-212). Zambrano siguió refiriéndose a Lezama como «el Señor del Tiempo» (véase el «Relato prologal» de José-Miguel Ullán, en *María Zambrano: esencia y hermosura. Antología*, edic. cit., pág. 58).

[14] Años después, en marzo de 1940, cuando Chacón y Calvo le pide que hable nuevamente de su maestro, María se niega: «Me es completamente imposible el dar las conferencias sobre Ortega y Gasset según le había dicho. [...] Espero que Ud. tan inteligente y delicadamente comprensivo no dejará de entender esto que a mí me pasa, esta congoja, esta angustia imposible hoy de vencer y que me obliga mientras tanto al silencio. A un silencio que es el mejor homenaje que yo puedo hacer a mi maestro y a lo que me considero obligada por todo cuanto le debo. Cuando no se entiende a los que se ha admirado y querido, lo mejor, lo único, es callar... y tal vez, esperar todavía». En María Zambrano, *La Cuba secreta y otros ensayos* [edición e introducción de Jorge Luis Arcos], Madrid, Endymión, 1996, pág. 256.

En esta edición se omite un párrafo importante de la carta, transcrita del archivo de Chacón y Calvo en el Instituto de Literatura y Lingüística, explicando las razones que motivaron esta negativa: «Y ahora, una Ud. a esto el que *ha llegado a mí la posición franquista de Ortega* y ya es algo muy por encima de mis fuerzas el hablar sobre él. No me lo imagino, ¿qué quiere Ud.?, al lado de ellos, no puedo componer su figura, tan venerada, junto con tanta y triste vaciedad espiritual. No, no puedo. Mi primera conferencia iba a ser esto precisamente: "Ortega, figura de la vida y el pensamiento español" y su figura se me desdibuja y se me rompe... Quizá cuando pase algún tiempo me sea posible el componerla de nuevo, pero hoy se me ha hecho polvo y no quiero tampoco, en modo alguno, que se me trasluzca». Este párrafo recuperado lo debemos a Luis Miguel Pino Campos y a su ensayo «Ortega en los epistolarios de María Zambrano», en AA.VV.: *María Zambrano. Razón poética: nuevos senderos de convivencia,* Fundación Fernando Rielo, Madrid, 2011, pp. 112-122.

[15] Francisco Pérez-Cisneros Dubrull (1879-1934) se formó como pintor académico y en 1905 viajó, primero a París y luego a Roma, becado por el gobierno cubano. Coincidió luego en Bruselas con su hermano, también diplomático y cónsul general de Cuba en Bélgica. En esa ciudad participó en la Exposición Universal de 1910, donde obtuvo reconocimientos. En los años 20 se incorporó también él al servicio diplomático y fue cónsul en Gijón y Burdeos. En 1933, tras el fallecimiento de su esposa Paulette Bonnel, originaria de Toulouse, regresó a Cuba con sus cuatro hijos. Falleció poco después, en 1934. (Debo estos datos biográficos al nieto de Francisco e hijo de Guy, Pablo Pérez-Cisneros).

[16] Ramón Vasconcelos Maragliano (1890-1965) es uno de los personajes más interesantes del cruce entre política y periodismo que caracterizó la República

cubana. Nació en Alacranes, Matanzas, el 8 de febrero de 1890. Fue maestro de escuela pública hasta que empezó a viajar e hizo estudios en Francia, Italia y España. Fundó varios diarios y colaboró con los más importantes periódicos y revistas cubanos.

Creo pertinente reproducir aquí fragmentos de un perfil de Ciro Bianchi Ross, «Vasconcelos y su pluma de oro», aparecido en el portal *Cubaperiodistas*:

> Se opuso a Machado, pero cambió de postura cuando el dictador, en 1927, lo nombró agregado comercial de Cuba en París, Londres, Berlín, Bruselas y Madrid, cargo generosamente remunerado que mantuvo hasta el derrumbe de la dictadura en 1933, y desde el que pasaba información a la Policía del régimen sobre el movimiento y las actividades de los revolucionarios cubanos en Europa. Al regresar a la Isla, en 1936, gracias a la amnistía que benefició a los machadistas, se empeñó en conseguir la rehabilitación del Partido Liberal, proscripto por el presidente Grau por su apoyo a Machado, y presidió esa organización política hasta 1940.
>
> Dos años después ocupó la cartera de Educación en el gobierno constitucional del presidente Batista y desde ese cargo promovió la legalización de la CTC. Al perder el candidato de la coalición batistiana las elecciones de 1944, se afilió al Partido Auténtico, aunque no tardó en enfilar sus dardos contra el nuevo gobierno. Senador hasta 1948, quiso Prío entonces incluirlo en la boleta senatorial del Partido Auténtico y lo consiguió pese al criterio de Grau de que a los traidores se les paga, pero no se les premia. Ministro sin cartera en el gabinete de Prío, se desmarcó del gobierno tras el asalto al periódico *Hoy*, órgano del Partido Socialista Popular. Militó en el Partido Ortodoxo, de Eduardo Chibás, el más encarnizado enemigo de dicho mandatario. Apoyó el golpe de Estado del 10 de marzo de 1952 y fue de los doce periodistas, junto a Gastón Baquero, Luis Ortega, Miguel de Marcos, Gustavo Urrutia... que integró el Consejo Consultivo, que asumió funciones legislativas durante los dos años iniciales de la dictadura. Fue Ministro de Comunicaciones de Batista entre 1954 y 1958...
>
> Famoso por sus zigzagueos políticos, Ramón Vasconcelos Maragliano fue, se dice, arquetipo del columnista temperamental. Justificaba esos virajes. Decía que él no cambiaba, que la que variaba era la realidad política. Se comenta que Chibás cuando aludía al personaje, decía: «Vasconcelos vas con plata».
>
> Por la agudeza de sus opiniones y la elevada elegancia de su prosa, sus artículos y, en especial, sus panfletos resultaban siempre admirables y despertaban poderosas sugestiones en los lectores, que no vacilaron en exaltarlo como «la pluma de oro del

periodismo cubano», expresión que caló en la conciencia colectiva y que aún se repite sin que se sepa con exactitud su origen.

Fue además un polemista agresivo. Su polémica con Gastón Baquero, por citar solo una de ellas, fue subiendo de tono y llegó a alusiones personales más o menos molestas. En un momento Baquero afirmó que pondría en blanco y negro asuntos que al ilustre director de *Alerta* no le gustaría ver en letra impresa. Zorro al fin, Vasconcelos se percató por donde venía el poeta de *Saúl sobre su espada* y *Palabras escritas en la arena por un inocente*, y sin esperar a que se materializara la amenaza contactó con Miguel Ángel Quevedo, director-propietario de *Bohemia*. Le dijo. «Miguel, llámelo a capítulo porque si me menciona a Gloria (la esposa) lo mato». No se sabe ya si fue la mediación de Quevedo, que fructificó o que Baquero se tomó en serio la advertencia de su rival. De cualquier manera, la agria discusión se diluyó. Tal vez pesara en el ánimo del poeta el saber que el 24 de febrero de 1919, en Santiago de Cuba, en el curso de una reyerta callejera, Vasconcelos mató de un tiro al joven liberal Alfredo Justiz, por lo que se le condenó a seis años de privación de libertad, que no cumplió del todo pues el presidente Zayas lo indultó en 1921.

En marzo de 1934, en Belascoaín y Virtudes, la Comisión de Acción de la organización Joven Cuba lo hizo objeto de un atentado que lo puso al filo de la muerte.

La Revolución encontró a Vasconcelos fuera de la isla. Estuvo en España y México. Ciego y enfermo, asentado en Yucatán, solía decir que quería regresar a su país. Su hijastra intercedió ante Fidel Castro y Vasconcelos regresó a Cuba en 1964, para instalarse en Santa María del Mar donde, según se cuenta, Fidel lo visitaba a veces para hablar de historia y sucesos pasados. Murió el 11 de agosto de 1965, medio olvidado.

[17] Guy Pérez Cisneros, «Vasconcelos, ministro», en *Grafos Havanity*, año IX, vol. IX, n. 101-102, La Habana, julio-agosto de 1942.

[18] «Preferir la música elemental de la sangre a las precisiones del espíritu es lo mismo que habitar los detalles sin asegurarse de la legitimidad de una sustancia. Hasta ahora hemos preferido los detalles, gozosos de su presencia más grosera, de sus exigencias más visibles, sin intentar definir la sustancia, que es lo único que puede otorgar una comprobación universalista». JLL: *CJRJ* (fechado al pie en junio de 1937).

[19] José Lezama Lima: «Etapa actual de nuestra pintura y Exposición Arche», en *Compendio. Resumen del pensamiento universal*, n. 1, abril de 1937, pp. 102-108. El ensayo, que no aparece en las bibliografías de Lezama, fue descubierto por

el investigador mexicano Sergio Ugalde Quintana. Véase «Literatura, pintura, universidad y nación: Lezama Lima en sus inicios», en *Rialta*, 22 de junio de 2020. https://rialta.org/literatura-pintura-universidad-y-nacion-lezama-lima-en-sus-inicios/.

[20] Sergio Ugalde Quintana, *ibidem*.

[21] Las elecciones de enero de 1936 (las primeras, por cierto, con el voto femenino), las ganó una coalición formada por el Partido Liberal, Acción Republicana Constitucionalista y Partido Nacionalista, dirigido por Miguel Mariano Gómez, como presidente, y Federico Laredo Brú, como vicepresidente. El gran perdedor fue el Conjunto Nacional Democrático, pues los sectores denominados revolucionarios (ABC, Partido Revolucionario Auténtico...) decidieron no concurrir a la convocatoria electoral. La Constitución provisional fue modificada para aumentar los escaños senatoriales de 24 a 36, con el fin de facilitar la entrada a representantes del Conjunto Nacional, y que esta minoría funcionara como oposición visible, satisfaciendo en parte una vieja aspiración democrática: el respeto por el contrario.

Aunque se intentó abrir una fase democrática y pacífica en la vida política de la isla, la actuación del nuevo presidente, Miguel Mariano Gómez, no favoreció este clima. Se rebeló contra la intromisión militar en la política cubana, pretendiendo desconocer la importancia de Batista en aquellos momentos. Por su parte, la oposición comenzó a mostrar músculo: varias organizaciones de estudiantes protestaron contra una presidencia a la que acusaban de mantenerse afecta a la clase terrateniente a pesar de sus anuncios sobre la implantación de una reforma agraria y sus deseos de «civilizar» la vida política. Entretanto, Batista difundía una buena imagen en los estratos medios y bajos de la sociedad cubana, apoyando la creación de nuevos organismos sociales para fomentar la salubridad, la asistencia pública, el combate con la tuberculosis y la creación de escuelas rurales. Precisamente con el fin de mejorar la red educativa, el Congreso aprobó una ley que gravaba con 9 centavos cada saco de azúcar, destinando las ganancias del nuevo impuesto a la promoción de escuelas rurales e institutos técnicos dedicados a la educación de los hijos de obreros, empleados públicos y de las Fuerzas Armadas, cuyos padres hubieran muerto en acto de servicio. Las ambiciones de Batista se hicieron más visibles y pronto no dudaría en emplear todos los medios para alcanzar el poder.

[22] «Presencia de 8 pintores» no fue la única bofetada pública del joven Pérez Cisneros al arte establecido. En 1939, al ser invitado al Primer Congreso de Arte

Nacional celebrado en Santiago de Cuba, se opuso a unas consideraciones del presidente del mismo, José Joaquín Tejada, que pretendió desconocer a dos maestros de la pintura contemporánea como Cézanne y Picasso. Enfrentado a la complacencia de este conservadurismo, Guy escribió un documento (suscrito también por Mariano y Ricardo Riaño) en el que declaraban «querer salvar su responsabilidad histórica ante un caso tan flagrante de estupidez».

[23] Años después, Lezama se refiere a su amistad con Guy como «dos adolescentes, que creen con decidida ingenuidad, que su energía o su novedad pueden producir comienzos o alteraciones en la masa indolente, extendida o rencorosa». Sin duda, la contribución de Pérez Cisneros a la filosofía origenista fue enorme, y su influencia filosófica en Lezama recuerda la de Jorge Cuesta sobre el joven Octavio Paz.

[24] «Y ¿cómo no referirme a esas alusiones, un poco crueles sin duda, de su compañero Guy Pérez de Cisneros en el número inicial? Tenía noticia vaga de ellas; sólo ahora las veo en su concreción, en su espíritu. Marinello y yo "mercenarios", vendedores al extranjero del esfuerzo que ahí se necesita... No protesto de la actitud; este pedir cuentas, este ajustar a cada cual la responsabilidad de su conducta, es cosa saludable, y así me inicié yo, y no otra cosa hice mientras viví allá. Pero sí protesto de la inexactitud. ¿Sabe Pérez de Cisneros que yo desde que estoy en este país no hago sino anhelar volver a Cuba? ¿Sabe que por mi terquedad en esa esperanza, en ese propósito, he rehusado aceptar en esta tierra posiciones académicas muy brillantes que se me han ofrecido bajo condición de permanencia? ¿Sabe que, desde este exilio, no hago sino acechar la oportunidad de poder volver a Cuba en forma que no tenga que esclavizarme desde que llegue, y que a ese efecto aguardo se cree en la Universidad la cátedra de Historia de la Filosofía, para ir a las oposiciones de ella y ver así de darle a Cuba lo que no quisiera estar dando a gente extraña? // Dígale todo esto a Pérez de Cisneros, no por vía de reproche, sino para que me conozca mejor. Porque yo quiero que me conozca mejor hombre que escribe como él escribe y que, por lo visto, se desvela por las mismas cosas por que yo me desvelaba en Cuba». Carta de Jorge Mañach a JLL, 18 de abril de 1938; *FM*, pp. 290-291.

[25] «A poco de haber entrado a una de tales *garçonnières* el amigo que nos presentara al dueño de casa rogaba a éste que nos mostrase su "antigüedad" o "antigüedades". El anfitrión, bajando la vista y lleno de rubor se apresuraba a ponernos delante de los ojos todo lo antiguo de que era poseedor. En el ochenta por ciento de los casos este homosexual de *garçonnière* era persona muy

inculta, pero como se había corrido la voz entre los del oficio que las "antigüedades" eran espirituales, que daba "cachet" el poseerlas, él se apresuraba a adquirir, por lo menos, una. Ahora bien, dichos invertidos se cansaban muy pronto de sus "antigüedades".

Se levantaban una buena mañana diciendo que ya no podían pasar frente a la paloma de plata tal, o al plato de porcelana o a los candelabros de bronce sin experimentar un fuerte fastidio. Entonces se llamaban por teléfono y se proponían los trueques más pintorescos. Porque resultaba, con arquetípica frivolidad homosexual, que X se había enamorado de la antigüedad que precisamente daba ya náuseas a Z, y en esto podríase establecer un ajustado paralelismo en lo que a elección y posesión de hombres se refería.

Antigüedades y hombres iban y venían por la ciudad, se intercambiaban y a menudo se topaba uno con esto: la antigüedad y el hombre de X, vistos en su casa la semana última los veríamos hoy en la *garçonnière* de Z, extremo que procuraba un fuerte desasosiego y confusión puesto que no se encontraba en el momento una explicación del fenómeno». («La vida tal cual», *Unión*, n. 10, La Habana, abril de 1990, pág. 30).

[26] «Preparábamos a los muchachos para entrar al Instituto. Él daba las Letras y yo las Ciencias. Eran épocas muy difíciles; nos pagaban diez pesos mensuales, equivalentes a diez dólares; 5 para él y 5 para mí, que nos servían para comprar libros». «Eloísa Lezama Lima: una resistencia fogosa», entrevista con Nedda G. de Anhalt, en *Vuelta*, n. 143, México, octubre de 1988, pág. 25.

[27] Carta de JLL a José Rodríguez Feo, 21 de agosto de 1947; *MIC*, pág. 72.

[28] Eliseo Diego, por ejemplo, asegura que *Verbum*, «en realidad, era una revista literaria en la que a veces aparecían trabajos de Derecho romano para justificar la edición. Pero de todos modos al tercer número se dieron cuenta de que aquello era una farsa, se trataba simplemente de una revista literaria, Lezama los engañaba, les tomaba el pelo: cerraron la revista». Ver «Conversación con Eliseo Diego», entrevista de Juan Pin Vilar, *La Jornada Semanal*, n. 237, México, 26 de diciembre de 1993, pág. 26. Justo Rodríguez Santos también sostiene algo parecido en varias entrevistas.

[29] Fue esa directiva estudiantil la que hizo posible la revista. Recuerda Gastón Baquero: «[En *Verbum*] estaba también René Villarnovo que era el director. Tuvo mucho que ver en ese asunto la directiva estudiantil de Derecho, personas como Lozano [Pino], no el escultor, sino el otro, que procedían de allí». (*Entrevistas a Gastón Baquero*, Betania, Madrid, 1998, pág. 51).

Con el triunfo de la Revolución, Manuel Lozano Pino se exilió en Miami. En 1961 desembarcó en Playa Girón como parte de la brigada anticastrista, y después se convirtió en informante de la CIA sobre las acciones armadas del exilio cubano. Felipe Pazos Roque, que en un principio apoyó a Fidel Castro, e incluso fue restituido como presidente del Banco Nacional de Cuba (cargo que había ocupado entre 1950 y 1952), acabó desencantado de la Revolución, al igual que Menéndez Massana.

[30] Con el tiempo, Antonio (Tony) Sánchez Bustamante y Montoro insistirá en estas dos líneas de su destino: una capacidad intelectual fuera de lo común, y una no menos sorprendente capacidad para causar escándalos y convertirse en la «oveja negra» de su familia. No sólo llevaba lo que por entonces se llamaba «una vida licenciosa», fuera de las costumbres encubridoras de los miembros de su clase, sino que además contravino todas las expectativas familiares. El abuelo le había concertado un matrimonio con la hija de Ernesto Sarrá, una de las grandes fortunas de la República, pero Tony estaba enamorado de una mulata llamada Elsa Valladares, rumbera de regular calidad, que bailaba en México. Persiguió a aquella mujer pobre y humilde, corrió a México tras ella, se casó y tuvo una hija. No fue el único de sus escándalos. Mientras trabajaba como notario en el bufete de su abuelo –en Teniente Rey y Compostela, uno de los más famosos de La Habana, con más de cien abogados y una amplia cartera de poderosos clientes a los que a veces servía de testaferro–, se metió en problemas por estafar a gente importante. Llegó a ser tal el escándalo, que su abuelo tuvo que poner una nota en el periódico declarando que su nieto había sido separado del bufete e instando a que nadie hiciera negocios con él. «Un dolor muy grande para su abuelo que lo quería con delirio, pero tuvo que sacarlo escandalosamente del Bufete porque cometió varias estafas a la Compañía de Jesús, al *Diario de la Marina*, y se buscó el odio de toda esa gente, y de todo ese poder», según uno de sus discípulos.

Por estas estafas, el joven Bustamante y Montoro fue detenido y encerrado en el Castillo del Príncipe. Aprovechando sus conocimientos de Derecho y la posibilidad que daba la Ley de Enjuiciamiento Criminal española, vigente en Cuba por entonces, alegó una cuestión prejudicial: su desfalco estaba relacionado con negocios que habían salido mal, y no entraban dentro del campo de lo delictivo por ausencia de mala fe. Ganó el pleito, y todo quedó como un problema de negocios fracasados.

Se cuenta que en 1951, cuando la famosa actriz y bailarina Yolanda Montes, más conocida como *Tongolele*, visitó Cuba, Tony que llegaba a la Universidad en un Jaguar y vivía entonces en Miramar –una buena casa que perdió, para acabar viviendo en varios lugares de Centro Habana–, pagó a la mexicana para que le hiciera un *striptease* privado.

No por estas aficiones mundanas dejó de ser reconocido como un talentoso jurista. Kelsen lo declaró su discípulo preferido en América Latina, y fue a La Habana, invitado por él. Pero no pudo hablar en la Facultad de Derecho porque el decano, que era otro colaborador de *Verbum*, Fernández Camus, y el profesor Pablo F. Lavín, se disputaron en el claustro el rol de presentador. Los estudiantes le hicieron al alemán un festejo en la playa de Marianao como desagravio por tal ridiculez. Kelsen finalmente dio una Conferencia en el Aula Magna en la década del 40, y luego regresó varias veces a Cuba para tratarse varias enfermedades.

Tras el golpe de Batista el 10 de marzo de 1952, Tony Bustamante asumió una posición irónica con respecto a aquel a quien llamaba «el General Presidente». Solía debatir dentro de su Cátedra la legalidad o no de los Estatutos Constitucionales que habían sustituido la Constitución de 1940. Montaba todo un espectáculo en sus clases poniendo a un alumno a que defendiera los Estatutos, y a otro a que le llevara la contraria, lo cual le concitó la mala voluntad de otros profesores, algunos muy vinculados a la política nacional.

Después del triunfo de la Revolución, tuvo una oportunidad para vengarse de aquel Antiguo Régimen que lo había repudiado: sus clases antibatistianas y ciertas simpatías revolucionarias lo colocaron en los Tribunales de Depuración de la Universidad. Sin embargo, acabó él mismo dentro de los más de 400 profesores expulsados luego de que el gobierno revolucionario interviniera la Universidad. Así lo cuenta uno de los testigos y protagonistas de aquellos hechos:

> En aquella lucha y aquella posición del estudiantado, Tony Bustamante estuvo como pez en el agua, se divertía de aquello, sin comprender que él también tenía, en el orden ético, problemas que podían llevarlo a separarlo de allí, aunque no era lo fundamental lo que se valoraba sino la conducta revolucionaria. Y llegó un momento en el año 1960 de enfrentamiento ya de la FEU con la rectoría, el Consejo Universitario, y sobre todo con el claustro de la Facultad de Derecho que era el más reaccionario, el más fuerte que tenía gente en el gobierno hasta de viceministro, y de personajes importantes, hasta de primer ministro, Aureliano Sánchez Arango, Miró Cardona, Andrés Valdespino, Ernesto Dihigo, representante de Cuba en la ONU. Por eso, al enfrentarse con aquella gente, uno tenía que pensar que podía tener

problemas, si esto no iba con rumbo bueno, porque eran poco los que sabían el rumbo que iba a llevar la Revolución. Ya con el tiempo nos fuimos dando cuenta pero ¿y si metíamos la pata? ¿y si íbamos más allá de los que nosotros pensábamos y nos llamaban después y nos arreglaban cuentas a la dirección estudiantil? En aquel enfrentamiento, luchas, problemas, entrevista con Miró Cardona de madrugada hasta hacerlo asilar, en fin, cosas muy difíciles, todo aquello tan difícil que se debatía en reuniones en el estadio de madrugada, sin que tuviéramos orientación de ningún dirigente de la revolución.

Todo aquello a Tony Bustamante le pareció bien. Y nos apoyó. Había dos profesores dentro del claustro que nos apoyaban, que nos entendían, que estaban al lado nuestro, uno de ellos Guerra López, un hombre de ideas revolucionarias, honesto, y un magnífico profesor, el mejor profesor de la Facultad, sin duda alguna, y uno de los grandes pensadores jurídicos del país, y además valiente. A ese ni siquiera los demás se le arrimaron para concitarlo a nada. [...] En ese escenario, repito, Tony también se puso al lado de nosotros. Se puso militantemente al lado de nosotros en situaciones muy difíciles, en discusiones dentro del claustro. Hubo momentos en que tuvo que salir prácticamente expulsado del claustro y se fue diciendo horrores. Tuvimos que irlo a ver a la casa por la noche, a conversar con él, a ver que había opinado el claustro, hasta que como es lógico la ocupación de la Facultad de Derecho por la Asociación de Alumnos se produjo y provocó la renuncia del Consejo Universitario. Tony fue enviado por los estudiantes de la Facultad de Derecho a la reunión que se celebró en la Facultad de Filosofía, de madrugada, para constituir la Junta Superior de la Universidad de profesores y alumnos revolucionarios. Tony fue nuestro representante. Guerra López ya no podía ir porque tenía sus piernas ya muy malas, estaba viejo, en vías de jubilación, y así y todo dijo que explicaba todas las asignaturas y examinaba a todos alumnos hasta que se pudieran conseguir nuevos profesores revolucionarios.

Depurada la Facultad, expulsados 400 profesores de la Universidad, la Junta Superior de Gobierno estimó que a Tony Bustamante se le expulsara también de la Universidad y que no se le concediera la posibilidad de retirarse, ya Bustamante tenía edad de retiro.

Expulsado de la Universidad en 1961, Bustamante y Montoro pasó a trabajar en el Departamento de Traducciones de la Imprenta Nacional (1962-64) y en la Editorial Nacional de Cuba (1964-1966). Desde 1967 se trasladó como investigador al Instituto de Filosofía de la Academia de Ciencias. Entre 1972 y 1977 impartió cursos de filosofía marxista y seminarios sobre problemas filosóficos a los aspirantes a grados científicos en la Academia. Acabó su vida traduciendo textos de Marx, entre ellos los diez primeros capítulos de *El Capital* y la *Crítica del Derecho Político hegeliano.*

La mayor parte de estos datos procede de una entrevista a Fernando Cañizares Abeledo, «Comprendí su vida, sus frustraciones, su enajenación, su carácter de *declassé*», hecha por Harold Bertot Triana, y publicada el 28 de agosto del 2019 en el blog de Julio César Guanche: https://jcguanche.wordpress.com/2019/08/28/comprendi-su-vida-sus-frustraciones-su-enajenacion-su-caracter-de-declasse-entrevista-a-fernando-canizares-abeledo-sobre-antonio-sanchez-de-bustamante-y-montoro/.

[31] «*Verbum*: primer signo de una generación», entrevista de Manuel Marcer publicada originalmente en *Vida Universitaria*, n. 175-176, La Habana, marzo-abril de 1965. (Incluida en la compilación de Carlos Espinosa: *Vuelvan crepúsculos y flautas*, Col. Anazca, Ediciones ORTO, Manzanillo, 2010, pp. 91-97)

[32] «Era la época de la revista *Verbum*. Para la ocasión llevé, por si acaso, unos poemas. ¿Cuatro, cinco o siete? Tenía la esperanza de que me publicara alguno. Para mi sorpresa, Lezama los publicó todos. Cobré confianza en mí mismo. Le hablé para expresarle mi agradecimiento, pidiéndole una entrevista para conversar. Así fue como empecé a visitar su casa». Entrevista de Nedda G. de Anhalt: «Justo Rodríguez Santos: un sauce de reflexiones amarillas», en *Dile que pienso en ella*, Ediciones La Otra Cuba, México, 1999, pág. 24.

[33] Sigo aquí el sagaz análisis de Roberto González Echevarría en su ensayo «Nicolás Guillén barroco: el significado en *Motivos de son*», en *Biblioteca de México*, n. 22, México, julio-ago. 1994, pp. 55-62.

[34] El problema de *Motivos de son* es también un escenario que, si bien quiere provocar una especie de catarsis cultural revelándole a la sociedad cubana aquello que reprime, limita esa catarsis a una serie de dramas paródicos. «Estos pequeños dramas –escribe González Echevarría– se basan en relaciones sociales tirantes entre los negros mismos, o entre negros y mulatos. El amor se malogra por falta de dinero, por haraganería, por vergüenza de tener facciones africanoides, por las falsas pretensiones, la ambición y el deseo desmedido de status social. Todos los personajes son de color, y todos se juzgan unos a otros y a sí mismos a base de rumores, chismes, insinuaciones y las reacciones que sus características más visibles provocan». Roberto González Echevarría, *op. cit.*, pág. 59.

[35] «Hoy por la noche [8 de abril] salimos Chacón y yo para Santiago, Camagüey y Santa Clara, en viaje folklórico. Chacón está muy interesado en promover estudios folklóricos desde su Dirección de Cultura y yo espero encontrar un buen filón de romances. Los publicados en 1904 por Chacón y por Carolina Poncet apenas pasan de una docena y todos son vulgarísimos, del corro de niñas, en tanto que una señora de Santiago (muy cantarina, que no puede recitar un romance sin canturrearlo) sabe *Gerineldo, Carmela, don Bueso,* etc.». Carta de Menéndez Pidal del 8 de abril de 1937, citada en Diego Catalán: *El archivo del Romancero, patrimonio de la humanidad. Historia documentada de un siglo de historia,* Madrid, 2001, vol. 1, pág. 202.

[36] «Hay algo sobre lo cual me interesa también tu opinión. Resulta que no bastó la carga que Suárez Solís propinó a Urrutia para que otro plumífero vuelva por la picada de acusarme de plagiario con toda mala fe. Se trata de un pobre diablo –no sé si lo recuerdas– llamado Lezama Lima. Hay el agravante de que este señor me manifestaba amistad y es el caso que bastó que yo diera mi corto viaje a Europa para convertirse en mi peor enemigo. Es en la revista *Verbum* donde inserta sus perrerías el escritor envidioso y resentido. Estos ataques, esta maldad del cubano medio es lo que hace que se me caigan las alas a los pies y desespere de Cuba hasta el punto de querer abandonarla para siempre o colgar en un rincón mi pluma y mis actividades, aburguesarme, amurallarme, escaparme de la vida amarga y dura por una tangente cualquiera. El pícaro de Lezama sabe hasta qué punto soy un hombre honrado y decente, hasta qué límite mi vida es un sacrificio de superación sin negarme al servicio de los otros, aún de los que no lo merecen. ¿Valdría la pena de coger una yaya y hacerle entrar por la cabeza innoble lo que no quiere comprender por el corazón oscuro y soslayado? ¿Vale la pena contestarle? La palabra es viento en el viento y no hay que darle beligerancia a bichos de esa ralea. ¿Habré hecho yo un mal cuando me levanté del anonimato y de la nada a escribir versos diferentes a los que hasta entonces se habían escrito en Cuba? Si me dicen que los hacía para levantar el odio habría roto mi pluma en pedazos y hubiera dejado la tinta evaporarse del tintero sin tapa. // Juan, yo necesito que escribas y me aclares estas cosas. No puedo concebir la maldad. Sé que estás ocupado, pero tendrás tiempo de ponerme dos líneas. Me siento acorralado aquí en Sta. Clara sin poder ir a escupir la cara de los que me atacan injustamente. Quiero sobre todo que busques *Verbum* y me digas tu opinión sincera sobre el articulejo en cuestión, si es que merece leerse y tomarse en cuenta». Carta de Emilio Ballagas a Juan

Marinello del 2 de febrero de 1938, en «Epistolario Juan Marinello-Emilio Ballagas», *Revista de Literatura Cubana*, año v, n. 9, La Habana, julio-dic., 1987, pág. 131.

Ciro Bianchi ha escrito que Lezama le comentó que Ballagas «le había hecho una trastada», y Virgilio López Lemus se pregunta sobre el asunto en un artículo, «¿Por qué José Lezama Lima no amaba a Emilio Ballagas?», publicado en el portal *Cubaliteraria* (el 17/12/2020). La respuesta puede tener algo que ver con esto que cuenta Eloísa: «Sus primeras publicaciones en la revista *Grafos*, a petición de su amigo Ramón Guirao, fueron objeto de críticas negativas. Se le acusaba de oscuro y retorcido. Recuerdo un día que llegó entristecido porque algún malintencionado le contó que en un almuerzo donde estaba Emilio Ballagas habían leído algunos poemas suyos para hacer burlas de él». *UFH*, pág. 61.

Versión similar del incidente ha dado Pablo Armando Fernández, que fue amigo de los dos: «Emilio y Lezama estaban disgustados, y fue este último, conocedor del cariño que yo le tuve a Ballagas, quien me contó el motivo del distanciamiento. En una oportunidad le leyó unos poemas. Emilio se los elogió de modo efusivo. Lezama supo después que ese mismo días Ballagas visitó la casa de una amiga de ambos e hizo allí burla de los mismos textos que había alabado. Se refirió de manera bromista a su carga metafórica, a su desarrollo, a la abundancia de hipérboles y, lo más grave para el autor de *Paradiso*, calificó el lenguaje de ampuloso. Por supuesto, en el incidente medió un problema de deslealtad, pero fue ese calificativo lo que Lezama más tomó en cuenta. Resulta curioso cómo una simple palabra puede enemistar a dos hombres que se admiraron mutuamente». (*CLL*, pág. 130).

[37] Emilio Ballagas: «*La tierra herida*, de Manuel Navarro Luna»; en *Hoy*, La Habana, 23 de agosto de 1938.

[38] Altolaguirre y su esposa, Concha Méndez, atracaron en Cuba en abril de 1939, y tuvieron que bajar del barco porque su hija Paloma, enferma de sarampión, requería cuidados médicos. Altolaguirre escribió entonces a Ballagas y a Chacón y Calvo, que lo ayudaron a instalarse en la isla. Sobre Altolaguirre en Cuba pueden consultarse: Jorge Domingo Cuadriello: «Manuel Altolaguirre: su exilio en Cuba y su labor como impresor», en *República de las Letras*: revista literaria de la Asociación Colegial de Escritores, n. 93, Madrid, 2005, pp. 32-44; y Gonzalo Santonja: *Un poeta español en Cuba: Manuel Altolaguirre. Sueños y realidades del primer impresor del exilio*, Círculo de Lectores, Barcelona, 1994. Lo más

exhaustivo son tres volúmenes de James Valender: *Manuel Altolaguirre. Álbum*, Publicaciones de la Residencia de Estudiantes, Madrid, 2012; *Viaje a las islas invitadas. Manuel Altolaguirre 1905-1959*, Sociedad Estatal de Conmemoraciones Culturales/Publicaciones de la Residencia de Estudiantes, 2005; y *Manuel Altolaguirre. Epistolario 1925-1959*, Publicaciones de la Residencia de Estudiantes, Madrid, 2005. También indispensable es el libro de Julio Neira: *Manuel Altolaguirre, impresor y editor*, Consejo Social de la Universidad de Málaga-Publicaciones de la Residencia de Estudiantes, Madrid, 2008.

[39] Esta carta inédita a Fingerit, fechada en junio de 1938, aparece citada en un ensayo de Sergio Ugalde, «El joven Lezama, Casal y la crítica literaria», incluido en Gutiérrez de Velasco, Luzelena y Ugalde Quintana, Sergio (eds.), *Banquete de imágenes en el centenario de José Lezama Lima*, El Colegio de México/Cátedra Jaime Torres Bodet, México DF, 2015. Borradores de otras dos cartas de JLL a Fingerit, sin fecha, pero que por las referencias incluidas deben corresponder al mismo año, aparecen en *MI*, pp. 472-478. Hay más detalles sobre *Fábula* y la labor de su animador en un ensayo de Darío Pulfer: «Marcos Fingerit y la edición de revistas literarias. Entre la vanguardia artesanal y la apuesta institucional», 2019, presentado en las III Jornadas sobre la Historia de las Políticas Editoriales en la Argentina e Iberoamérica. Consultado en el portal Academia: https://www.academia.edu/43761896/Marcos_Fingerit_y_la_edici%C3%B3n_ de_revistas_literarias_Entre_la_vanguardia_artesanal_y_la_apuesta_institucional.

[40] Esta carta mecanuscrita de dos páginas, fechada el 25 de enero de 1939 y con algunas correcciones a mano, se conserva inédita en el Fondo Lezama Lima de la Biblioteca Nacional José Martí, en La Habana. Mi transcripción corrige obvias pifias ortográficas.

6.
HOTEL VEDADO (1936-1939)

La Habana a la que llegan Juan Ramón Jiménez y Zenobia Camprubí el 1 de diciembre de 1936 parece un balneario Art Decó, atravesado por autos con algo de soñolientos animales domésticos. En su rencorosa caricatura de 1944, José Moreno Villa imagina al poeta andaluz mientras pasea por la costa de California «estrenando los últimos modelos de automóviles salidos de las fábricas USA».[1] Lo dice como si fuera algo terrible que el «príncipe de la poesía» viajara así. A ese adusto *index* habría que agregar el Ford descapotable que el matrimonio alquiló para llegar desde Santiago, donde habían desembarcado el día antes, hasta la capital.

Alguien que había pasado toda su vida huyendo de las corrientes de aire, vigilando cualquier variación del clima y exigiendo a su esposa una absoluta ausencia de ruido para trabajar, en Cuba habrá tenido que sentirse arrojado a un infierno. «¿Cómo concebir aquí el libro total y único, resultado del mundo, del triste Mallarmé?», se pregunta Juan Ramón frente al folleto mohoso que una muchacha le pide que le dedique al final de una velada. Ese ejemplar ajado le basta para concluir que la exuberante vida del trópico va acompañada por una no menos exuberante muerte, «que se manifiesta en el ataque cotidiano del clima sobre todas las cosas». La decepción, concluye, es el destino de estas islas en las que todo sucede demasiado rápido, «de estas tierras excesivamente hermosas donde el presente es tan fugaz, tan breve el engaño del presente; donde la vida se desarrolla en volumen tan apresurado y se vive luego mucho tiempo como muerto; donde madura la belleza, blanda, tan pronto; donde es tan evidente y tan rápida nuestra deformación».[2]

Tales preocupaciones alternan, sin embargo, con arrebatos de signo opuesto, la mirada a veces pueril del turista obligado. Su gira transatlántica lo saca de un ambiente de fervores y arribismos, del «arrastre jeneral» de la política republicana. Viaja primero a Washington, con un encargo diplomático de Manuel Azaña que no conmueve la indiferencia norteamericana ante la Guerra Civil. Han transcurrido veinte años desde que el «poeta recién casado» descubriera los Estados Unidos, aquella primera Norteamérica vista, como dice Cintio Vitier, a través de un velo de novia. Ahora el velo está rasgado y deja ver el rostro filisteo de la gran ciudad: «Nueva York se deshace, automáquina, a sí misma. Es la forma más perfecta, a eso tenía que llegar, de la decadencia del progreso; mejor, del progreso decadentista, etc.».[3] En su ensayo «Límite del progreso», Juan Ramón equipara ese «capitalismo comunista con voluntad libre» al «programático comunismo sin capital». «Buen estilo progresista democrático», ironiza, y hasta los acentos de la frase parodian el ritmo monótono y banal del «progreso injenioso» contra el cual propone constituir una excéntrica «Minoría de Inventores Máximos».

HIJA de una acaudalada familia de catalanes y puertorriqueños afincados en Estados Unidos, Zenobia Camprubí Aymar es una de esas damas altruistas de principios de siglo que combina el ejercicio de la filantropía con una desconfianza absoluta hacia el ocio y el mestizaje. Su Habana parece una sucursal caribeña de la India, y su comportamiento recuerda el de algunos personajes de E. M. Forster o Kipling, transplantados a un mundo moralmente ajeno. Aunque Juan Ramón la prefiere de secretaria u ocupada en actividades de beneficencia, Zenobia es reacia a depender de su marido y hace de todo para no malgastar su herencia, administrada por un prudente abogado neoyorkino que había sido su prometido.

Al llegar a La Habana, la pareja se instala primero en el Hotel Plaza, frente al Parque Central, y luego se muda al último piso del Hotel Vedado –hoy Hotel Victoria–, en la esquina de las calles 19 y M. El Vedado era un hotel de precios módicos, cuyo comedor se convierte enseguida en el salón del poeta. Allí recibe Juan Ramón a sus discípulos cubanos (Eugenio Florit, Justo Rodríguez Santos, Emilio Ballagas, un jovencísimo Vitier...) mientras Zenobia, en ropa interior y agobiada por el calor, mecanografía en la habitación los apuntes de su marido.

A juzgar por su *Diario* cubano, la principal preocupación de Zenobia es precisamente el calor, asociado a la inquietante indolencia tropical («la desmoralización que causa el ocio») y su efecto «catastrófico» sobre la creatividad del poeta. Su impresión de Cuba se resume en una frase lapidaria: «Aquí el clima me agobia y no me gusta la gente». Para paliar tanto disgusto, entre marzo y abril de 1937 la esposa del poeta diseña un estricto presupuesto familiar, admira el Ten Cent, toma clases de cocina, asiste a unas conferencias de Menéndez Pidal y Camila Henríquez Ureña, ve bailar la rumba en un cabaret para turistas («Nunca he visto tales gestos y una exhibición tan obscena de sensualidad como el de esas negras esculturales al subirse las faldas llenas de vuelos para exhibir tanta piel como les fuera posible»); conoce la cárcel de Guanabacoa y enseña a leer y a escribir a las reclusas, recorre la provincia de Cienfuegos, escribe infinidad de cartas, lee *Lo que el viento se llevó*, va a misa en dos iglesias de la Habana Vieja –la Franciscana y la Merced–, visita un central azucarero, cose su propia ropa y aún le sobra tiempo para discutir con su esposo. Ella quisiera seguir rumbo a Estados Unidos para reencontrarse con su familia; él ha decidido quedarse en Cuba más tiempo, y no entiende cómo su mujer puede sentirse inútil con un programa tan apretado. El resultado es un paisaje idílico convertido en singular prisión:

> Aunque la Habana es tan bella, sus playas, atardeceres y las nubes tan hermosas, encuentro la vida aquí horriblemente vacía. La humanidad parece estar dividida entre los muy pobres y los que no hacen nada, igual que la isla está dividida entre el campo vacío de hombres, las pequeñas ciudades provincianas que arrastran su vida soñolienta y esta indecente explosión de prosperidad, la Habana.[4]

Y al día siguiente:

> Me gustaría que nos mudáramos a otro lugar más llevadero con nuestro parecer y sensibilidad. Claro que como J. R. necesita los seres humanos solamente en segundo término, lo soporta mejor que yo porque sus achaques físicos han desaparecido en este clima y la comida cubana le cae mejor que ninguna otra. Él dice que trabaja mejor aquí que lo que ha trabajado desde su juventud.[5]

Por suerte para Juan Ramón, Zenobia conocerá pronto a Elena Mederos, la dama más prominente del Lyceum habanero. En la casona de la calle Calzada las nuevas amigas programan conferencias, conciertos, exposiciones, escuelas nocturnas para adultos. Incansables, Elena y

Zenobia clasifican la biblioteca de Max Henríquez Ureña, meriendan en El Carmelo o pasan las tardes en la piscina del Hotel Nacional. Mientras tanto, el poeta pasea en un coche de alquiler, casi siempre solo, por una ciudad que le recuerda su infancia en Moguer. Atrás han quedado los temores del *heliotropiquismo*, el peligro oculto tras la belleza del trópico. Ahora se refiere al «secreto de la Habana», a la ciudad «hermosamente escondida».

La foto más conocida de Juan Ramón en Cuba aparece en un boletín de la Academia Cubana de la Lengua correspondiente a 1958, pero es de veinte años antes: de pie en el antiguo Recodo, al final del Malecón, con una corbata de lunares y un sombrero en la mano. Junto a él un señor, también de barba, sostiene su *canotier* bajo el brazo: es Ramón Menéndez Pidal, a quien la prensa habanera, poco habituada a los apellidos compuestos, ha convertido en «dos ilustres viajeros». La discreción del fotógrafo –José María Chacón y Calvo– no debería ser pretexto para el anonimato.

Aunque Juan Ramón llegó a La Habana invitado por la Institución Hispanocubana de Cultura que dirigía Fernando Ortiz, fueron los buenos oficios de Chacón y Calvo, su ayudante, los que dieron a la visita su resonancia pública.[6] Con el auspicio de la Hispanocubana, pronunció tres conferencias los días 6, 13 y 20 de diciembre de 1936: «El trabajo gustoso», «El espíritu de la poesía española contemporánea» y «Evocación de Valle Inclán».

En una de las reuniones con sus anfitriones, el español propuso realizar un Festival de la Poesía Cubana producida ese año y recoger los poemas en un volumen que sería el primero de una serie anual. Chacón y Ortiz se entusiasmaron con la idea, y el 20 de enero de 1937 quedó redactada la «Convocatoria a los poetas de Cuba» que apareció en la revista *Ultra*, órgano de la Hispanocubana. El límite de entrega vencía apenas diez días después, pero fueron más de cien los poetas que tuvieron tiempo de entregar sus tres ejemplares en la sede de la institución (Manzana de Gómez, 329).

Obligada a complacer a demasiados jueces, la antología engordó. Y la severidad de Juan Ramón quedó confinada a una antología de la antología, un recital para mostrar las principales tendencias poéticas del momento. De los 63 poetas finalmente incluidos en el libro, se escogieron 29 para que leyeran en el Teatro Campoamor el 14 de febrero, Día de San Valentín. Estaban los más conocidos (Emilio Ballagas, Agustín Acosta, Mariano Brull, Eugenio Florit o Nicolás Guillén); algunos muy jóvenes (como el propio Lezama, Mirta Aguirre, Justo Rodríguez Santos, Ramón Guirao) y otros no tan buenos, pero populares (como José Ángel Buesa).

Entre los elegidos figuraba también el seminarista Ángel Gaztelu, recomendado por Lezama. Juan Ramón envió un telegrama al Seminario San Carlos pidiéndole al poeta que asistiera al teatro. El rector, monseñor Guillermo González Arocha, pensó que se trataba de una broma de mal gusto. Gaztelu solicitó el permiso eclesiástico para participar en la lectura y fue conducido entonces ante el arzobispo Manuel Ruiz Rodríguez, prelado eminente y poeta frustrado, quien prohibió al seminarista presentarse al recital con el argumento de que era demasiado *vitando*. Gaztelu, al que le faltaban unos pocos meses para ordenarse, tuvo que enviar sus décimas, que fueron leídas por Ricardo Florit, hermano del poeta Eugenio.

Agobiado por las comisiones que lo visitaban para que incluyera poemas en su antología, Juan Ramón hizo concesiones de las que culpaba, en privado, al pobre Chacón y Calvo. Gastón Baquero cuenta que el español se sentía coaccionado por las recomendaciones de su anfitrión. «Suavemente, suasoriamente, Chacón acababa siempre por salirse con la suya, porque Juan Ramón estaba en situación de inferioridad: invitado, bien acogido, tratado con enorme delicadeza y respeto, qué iba a decir [...] Me consta que cargó con la antología como una cruz, y que se ruborizaba de ella como de un delito monstruoso. No era para tanto. Pero un hombre tan exigente consigo mismo como Juan Ramón, que tenía además un ojo infalible para "ver" el poema, tenía que reaccionar forzosamente como una víctima ante las cataratas de la antología».[7]

Parece que, además, Chacón tentó al andaluz con la oferta de una Cátedra de Poesía en el recién estrenado Instituto de Altos Estudios, anexo a la Dirección de Cultura, un proyecto que no se llegó a concretarse porque al citado Instituto nunca llegaron los fondos prometidos por un ministro que luego renunció. El futuro de Juan Ramón dependía de su benefactor, así que no cuesta mucho imaginar su incomodidad ante las «pedreas fatales» que provocó la selección.

Varada en un precario romanticismo, Cuba debía aún convertirse en un «estado poético». Complicada misión, comentaba Lezama con sorna, sin una ola de suicidios wertherianos. Cuando por fin algo de esta poética república se constituya, descubriremos con asombro que ninguno de sus «fundadores» comparte la estética juanramoniana. Juan Ramón había dividido la poesía cubana en tres líneas esenciales: una popular (Guillén); otra, «de patetismo ingenuo todavía y ya esquisito y cabal» (Ballagas) y otra «universalista y autocrítica» (Florit). Los poetas de *Orígenes* no seguirán ninguna de estas tres corrientes. Brull, Ballagas y Florit eran, dirá luego Vitier, «un vino demasiado aguado», poetas incapaces de generar una impulsión, de fundar ese «estado» exigido. Virgilio Piñera será aún más radical con aquella improvisada «Generación del 36»: «Poesía cubana que pasaba en aquel entonces por una fiebre altísima de subjetivismo, por las últimas llamaradas de un lirismo sentimental, lastrado con fuertes dosis de intimismo bastante provinciano, y que se iba a matizar un tanto con la poesía de aguas de Juan Ramón y la de cohetes de García Lorca».[8]

Los futuros origenistas estaban ante una paradoja: debían romper con lo «juanramoniano» para lograr el «estado poético» que Juan Ramón pedía. Años después, en respuesta a una carta de José Rodríguez Feo, que le propone averiguar cuántos de los poetas que figuran en la antología siguen escribiendo poesía «para invitarlos a colaborar en *Orígenes*», Lezama será rotundo: «Esos movimientos están baldados y su cojera poética es bien visible».[9]

En el Lyceum habanero se encontraron por primera vez Juan Ramón y Lezama, gracias a un escueto anuncio publicado en el periódico: *El poeta J. R. Jiménez recibirá a los poetas jóvenes y a cuantos quieran conocerlo, después de las cinco.* En plena ronda de preguntas, entre el bullicio generalizado, Lezama se puso de pie y le espetó al español:

–Me gustaría que nos dijera si siente la diferencia entre el hombre de una isla y el hombre de un continente, como es usted.

No se oyeron bien sus palabras porque todo el mundo hablaba a la vez. Juan Ramón, según recuerda la hermana de Lezama, tuvo incluso que alzar la voz:

–¡Cállense!, por primera vez se hace una pregunta interesante.

Las cabezas giraron y hubo cuchicheos. Pero al terminar la conferencia, el andaluz le dijo a Lezama:

–Joven, yo tengo mucho que hablar con usted, pero no aquí. Vaya al hotel a verme.

Lezama evocará siempre su amistad con Juan Ramón bajo el signo de aquella conversación, el gran momento de una adolescencia prolongada hasta los 26 años. En uno de los borradores de su cuaderno de apuntes, titulado *Recuerdos de JRJ* y fechado *circa* 1965, esa extraña pubertad se define, al estilo de los diálogos platónicos, como la edad en que «coinciden la intensidad de los deseos y la gracia que se nos regala». Una rendida admiración se trasluce en la amistad entre el maestro y un discípulo que, según posterior confesión, «vivía en una forma exacerbada la soledad de la adolescencia». A veces tenemos incluso la impresión de que el joven Lezama busca desesperadamente un padre poético con el cual contraer ciertas obligaciones, propias del huérfano que respira todavía el aire de la casa familiar.[10]

Lo curioso de esta relación es que el autor de «Muerte de Narciso» no tenía demasiado que ver con el estilo despojado del poeta andaluz. «En él –dirá luego– la influencia que perdura es la de *la* poesía, no la de *su* poesía». Mario Parajón opina que Juan Ramón apreciaba a Lezama por ciertos versos particularmente logrados (los tenía subrayados en su ejemplar de «Muerte de Narciso»), pero prefería las estrofas de Florit o Ballagas. Lo mismo dice Baquero. Y el propio Lezama en una entrevista: «En realidad su obra me interesó en los primeros momentos de mi formación. Luego no es que me alejara de ella nunca, porque creo que Juan Ramón es uno de los grandes poetas que ha tenido nuestro idioma, pero yo iba ya por otro camino. Y sin alejarme de él, busqué otro rumbo». También es sintomático que no incluyese en sus libros ninguno de los poemas que Juan Ramón escogió para *La poesía cubana en 1936*. Otro asunto interesante se deriva de una décima de felicitación que Lezama le envió a su maestro y amigo a finales de 1937, mientras este se encontraba en Nueva York visitando a los hermanos de Zenobia. Se titula «Décima que es felicitación a Juan Ramón, sorprendido a fin de año, buscando Palma y Estrella», y tuvo varios borradores, entre ellos uno donde Juan Ramón corrige cuatro imperfecciones métricas en los versos del cubano.[11]

Sin embargo, por encima de esas diferencias literarias, el reconocimiento público de Lezama como poeta debe mucho a la presencia de Juan Ramón en Cuba. Un influjo extraño, como se ha hecho notar, puesto que su mentor no era pródigo en consejos, sino en silencios cómplices, rotos por frases que parecían aforismos. «Su conversación –recuerda Lezama en una entrevista– no se distinguía por los enlaces, las pausas, la riqueza comunicante; sino más bien por un tono sentencioso, hablaba en tonos lentos y como si rastrillara las palabras». En esos silencios, el cubano descubre una coartada para convertirse, a su vez, en el *magister* de una generación. Como en un juego de espejos, esa presencia silenciosa y considerada de Juan Ramón, encarnación de la Poesía que sabe quedarse a solas con el mundo, otorga al más joven un puesto privilegiado en el retrato generacional.

Entre abril y junio de 1937 Lezama visitó varias veces el Hotel Vedado, vigilado de cerca por Zenobia, que interrumpía con elegancia la conversación cuando esta se alargaba para decirle «no me agote a Juan Ramón». Una de esas veces su anfitrión lo dejó plantado (existe una nota de disculpa en la que dice que debe despedir a un amigo y no pudo avisar). Coincidieron también en una tertulia musical en casa de María Muñoz y Antonio Quevedo, donde escucharon el *Concierto para clavecín* de Manuel de Falla. «Juan Ramón no habló ni hizo comentarios –cuenta Lezama– pero varias veces me pareció percibir que temblaba».[12]

El cubano tenía sólo 25 años y su primer libro (más bien una *plaquette*) aún estaba en imprenta, pero Juan Ramón incluyó ocho de sus poemas en la antología, colaboró varias veces con la revista *Verbum* (allí se publicó por primera vez «Límite del progreso»), le concedió a Lezama una extensa entrevista y, lo más extraño, no puso ningún reparo a la publicación, cuando era evidente que sus declaraciones habían sido reescritas y colocadas en la órbita del tema que entonces apasionaba al joven estudiante de Derecho: la relación entre cultura e insularidad, el tópico de la isla como una variante geográfica de la morfología, esa «ciencia cultural» que la *Revista de Occidente* puso de moda en los ambientes hispanoamericanos.

El *Coloquio* no es la típica conversación entre maestro y discípulo, como las que solía tener Juan Ramón en el comedor del Vedado. «Yo tengo la impresión –dice Vitier– de que Lezama no tuvo inmadurez en ningún momento. Es decir, que no tuvo un proceso, que no tuvo balbuceos. Al menos, si los tuvo no los conocemos. Se presentó ya de cuerpo entero, José Lezama Lima, con todas sus características». En efecto, Lezama nunca discute su poesía con Juan Ramón. A cambio, lo obliga a hablar de sus propios temas. Lo único parecido a una reticencia es el párrafo que precede al *Coloquio*, bastante tibio en comparación con la legendaria rispidez del español en casi todos sus tratos literarios:

> En las opiniones que José Lezama Lima "me obliga a escribir con su pletórica pluma", hay ideas y palabras que reconozco mías y otras que no. Pero lo que no reconozco mío tiene una calidad que me obliga también a no abandonarlo como ajeno. Además, el diálogo está en algunos momentos fundido, no es del uno ni del otro, sino del espacio y el tiempo medios.
>
> He preferido recoger todo lo que mi amigo me adjudica y hacerlo mío en lo posible, a protestarlo con un no firme, como es necesario hacer a veces con el supuesto escrito ajeno de otros y fáciles dialogadores.[13]

Este párrafo alimenta la sospecha de que Lezama inventó buena parte del *Coloquio* incluyendo los parlamentos del propio Juan Ramón. Tenemos, además, los apuntes que hizo la fiel Zenobia en su *Diario* mientras corregía el texto:

> Este trabajo no es muy satisfactorio, ya que todo lo que Juan Ramón hace es ponerlo en español. Hay tanto atribuido a J. R. que él nunca dijo ni pensó decir y tanto que realmente dijo y está incorporado a los comentarios de L[ezama] L[ima], que hubiera tomado más tiempo desenredar la madeja que escribirlo de nuevo. Sin embargo, había suficiente valor en el diálogo como para salvarlo, y todo lo que hizo J. R. fue corregirlo lo suficiente para que no se anegaran totalmente las ideas en un mar de confusión, debido a la oscuridad de la expresión.[14]

¿Por qué Juan Ramón, a pesar de lo quisquilloso que solía ser en tales asuntos, accedió a publicar aquel texto con mínimas variaciones? Jamás lo sabremos. Lo cierto es que en esa conversación goetheana se resignó a hacer de Eckermann y soportó en silencio un fárrago de citas: Scheler,

Frobenius, Goethe, Valéry, con tal de soltar algunas ideas, que no sabemos si eran suyas. En el ámbito español, Ortega y Gasset, Ganivet, Unamuno y el casi desconocido Pedro Cabrera ya habían vinculado la sensibilidad a un tipo de paisaje. Pero ninguno de ellos se atrevió a emprender lo que propone el *Coloquio*: convertir una característica geográfica en el mito capaz de subvertir una tradición que hasta entonces había padecido de un ostensible complejo de inferioridad.

En una archicitada carta a Cintio Vitier, fechada en enero de 1939, Lezama adopta un tono de conspirador: «Va siendo hora de que todos nos empeñemos en una Economía Astronómica, en una Meteorología habanera para uso de descarriados y poetas, en una Teleología Insular, en algo de veras grande y nutridor». Semejante empeño, en el que se percibe también un leve dejo de ironía, convierte el *Coloquio con Juan Ramón Jiménez* en la búsqueda de una imagen del génesis y la finalidad de la isla, un mito de fundación.

Aunque en otros países de Latinoamérica el mestizaje se había convertido en el emblema de la integración nacional, la «expresión mestiza» no convencía al joven Lezama. Busca entonces un refugio teórico en la idea de una insularidad trascendental, que ha sido desfavorablemente juzgada por el propio Vitier. «Lezama –dice el origenista– tenía el ímpetu de la juventud, pero se encontró con el andaluz universal que también se las traía y que, en un momento dado, le dice. Bueno, sí, usted tiene la pasión del mito insular, pero ¿qué cosa es una isla? Cuba es una isla, Australia es una isla, Groenlandia es una isla, Inglaterra es una isla, pero es que los continentes también son islas, están rodeados de agua por todas partes; el planeta es una isla. Lo que, desde luego, dejó a Lezama fuera de situación y le ayudó a precisar, pienso yo, su concepción del asunto, que llegó a sintetizar en un aforismo que a mí me parece magistral: "La isla distinta en el cosmos o, lo que es lo mismo, la isla indistinta en el cosmos"».

Ante el recelo de JRJ («Creo que lo que usted me ofrece es un mito»), Lezama aclara que se sitúa en lo poético porque, presentada de otra manera, la idea de un privilegio de la cultura insular «alcanzaría, sin duda, una limitación y un rencor exclusivistas». «Yo desearía nada más –advierte– que la introducción al estudio de las islas sirviese para integrar el mito que nos falta».

Esta teoría lezamiana de la «insularidad» aparecía sobre un fondo dominado por la idea del fragmento perdido, de una historia cubana sumergida en el sinsentido histórico. Si bien por esa época Lezama parece ocupado en misiones grandilocuentes, sus expectativas privadas eran bastante pesimistas. La vida nacional se le había convertido en un páramo donde sobresalía la evidencia de un país incapaz de producir una ruptura radical o un nuevo comienzo. «Imaginad La Habana de 1935 –dirá años después–, henchida de politiquería, con un inútil y rampante subconsciente alborotado de pesadilla colectiva».

La pesadilla era el sueño frustrado de la revolución del 30: a la caída del régimen de Machado no le siguió ningún gobierno legítimo. Al contrario: en apenas tres años (1933-1936) Cuba padeció una sucesión de efímeros gabinetes que llevaron la corrupción y el entreguismo de la joven república a extremos inéditos. Este sombrío panorama explica las posteriores reservas políticas de la llamada «Generación del 30». Para muchos de aquellos intelectuales sólo la cultura podía enfrentarse con éxito a la desmoralización de los poderes públicos.

Aunque Lezama compartía el desánimo generalizado tras el fracaso revolucionario del 30, su idea de la cultura era muy diferente a la de los llamados *minoristas*, que, agrupados alrededor de la *Revista de Avance*, habían dedicado la década anterior a la búsqueda de una identidad nacional mestiza. Esta labor, a la que Lezama alude despectivamente como «allegamiento de acarreos y materiales superpuestos», llegó a alcanzar notoriedad pública con la primera poesía de Ramón Guirao, Nicolás Guillén y Emilio Ballagas. Por esa época, la reivindicación de lo afrocubano coincidía, además, con un debate público sobre cultura y raza. La antropología se discutía en los periódicos, y el llamado «problema judío» encontraba un símil cómodo en el «problema negro». Se escuchaba la «música mulata» de Amadeo Roldán, Alejandro García Caturla o Rita Montaner, y en poesía irrumpía la moda recitativa con las voces radiales de Eusebia Cosme y Bertha Singerman. La idea de la identidad cubana como resultado del mestizaje será asimilada en la metáfora del *ajiaco*, utilizada después por Fernando Ortiz para describir un proceso de «transculturación» al que la isla debería su signo distintivo en relación con otras naciones caribeñas.

Aprovechando el vínculo del motivo insular con el mito, Lezama quiso proponer otra cosa. Y el *Coloquio con Juan Ramón Jiménez* le dio la oportunidad de definir un cambio de enfoque en la concepción de la cultura cubana. Un cambio, también, en el estilo de la ensayística cubana: las diferencias del *Coloquio* con la crítica literaria hecha en Cuba hasta el momento son notables. No hay en ese diálogo el menor asomo de academicismo y los nombres de Valéry, Mallarmé o Joyce desfilan con naturalidad junto a los de Pascal o Goethe, en un libérrimo teatro de las ideas.

Si bien al comienzo de la conversación Juan Ramón se resiste a aceptar la originalidad de lo insular y cita el universalismo indispensable en toda cultura auténtica, más adelante acepta que «el mito de la sensibilidad insular» debe oponerse al eclecticismo de una expresión mestiza, al resultado cultural de una suma de sangres. Lezama se refiere, más o menos en clave, al afroantillanismo o negrismo en boga, una poesía hecha para ser representada «con acompañamiento de voz o instrumento» y promovida por una cohorte de músicos y recitadores. «Preferir la música elemental de la sangre a las precisiones del espíritu –afirma– es lo mismo que habitar los detalles sin asegurarse de la legitimidad de una sustancia». Querer mover la poesía del lado del espíritu al lado de la naturaleza es «retrasarla a su primera sangre», «hacerla reincidir en etapas de la sensibilidad ya ganadas».

Ni Guillén ni Ballagas se sintieron de entrada aludidos por estas conclusiones, tal vez porque ambos eran, en aquel momento, poetas más establecidos que el joven y polémico Lezama. En cualquier caso, la acritud de este iba destinada a ellos y no a su interlocutor, bastante alejado de tales problemas. ¿Creyó realmente Lezama en la posibilidad de una Teleología insular, o usó el término para impresionar a Juan Ramón y a los futuros origenistas? Veinte años después, él mismo confesará que algo había de ambas cosas: su teoría era una manera de evadir los disfraces de la síntesis criolla, de «lo popular turístico» y del folklore nacionalista. «Desechando ahora –dice en 1956– el desarrollo de esa expresión [la Teleología insular], bástenos subrayar que le daba a su generación un sentido hímnico, whitmaniano, buscaba el *cantabile* optimista, para diferenciados afluir a lo universal... Creíamos que cada forma alcanzada artísticamente tenía que lograr, por una nobleza más evidente, una claridad para el estado, entonces, como ahora, indeciso, fluctuante, mediocrísimo».[15]

Lo primero que hizo Juan Ramón al llegar por sorpresa a Trocadero 162 fue preguntar por la fotografía que dominaba la sala de la casa: el retrato del coronel José María Lezama en su uniforme militar. La pregunta produjo enseguida una corriente de simpatía y se habló entonces de los orígenes de la familia Lezama, de los vascos exiliados en Cuba, de los tiempos del andaluz en Vasconia. «Realmente mi madre y mi hermana, cuando yo salí a recibirlo, estaban encantadas con él –recordará Lezama–. Era un hombre muy difícil, pero como gran poeta que era, tenía la definitiva vía de salvación». En la misma entrevista Lezama menciona, sin embargo, el lado oscuro del andaluz, «lo protervo, lo demoniaco, lo encendido en cólera y reacciones dementísimas que eran también uno de los centros de su alma».

Hacia 1937, las relaciones de Juan Ramón con el resto de la España literaria eran desastrosas. Equívocos y maledicencias del mundillo literario le trajeron fuertes desavenencias con un grupo de escritores a los que, no sin razón, consideraba sus discípulos. Varios hechos ahondaron su ruptura con la Generación del 27: la discusión sobre *poesía pura*, los cambios políticos, el hecho de que sus antiguos discípulos adoptaran como nuevo maestro a Pablo Neruda y le encargaran que dirigiera la revista *Caballo verde para la poesía...*, todo eso contribuyó a que Juan Ramón endureciera su recelo y se parapetase en su refugio habanero.

Tampoco allí mejoró mucho su humor. Cuando Lezama soltaba una de sus famosas risotadas, Juan Ramón se sobresaltaba: «¿De qué se ríe usted, Lezama –le decía–, si todo es tan triste?». Poco después de la muerte del español, en una nota publicada en el *Diario de la Marina*, Lezama compara el rencor juanramoniano con la bilis de Góngora –«avinagrada fábrica de oro en la niebla»–, y hace malabares retóricos para otorgarle la virtud de la lucidez:

> Por su rencor se igualaba con Góngora, el brillador. Sus sarcasmos tenían algo de la honda de David, entrando con su cancioncilla y sus cordeles en el corralón de la pesadez. El reverso de su éxtasis era la lucidez en el

> rencor. «Hablo –a todos los que me han hecho mudo». Su rencor nacía de ese paredón de la mudez, la propia por obligado asedio; la ajena, por negación de la gracia [...] Ejercicio de su lucidez, llevaba siempre su venablo al sitio donde más duele la maldición, pues todos nos estremecemos cuando el verídico descubre la oscura región en la que nuestra mudez fue merecida.[16]

Varios ejemplos de esa «lucidez en el rencor» –«la calumnia como género poético», escribirá Octavio Paz al rememorar su encuentro con Juan Ramón en Washington– aparecen reseñados en los diarios del joven cubano. En una de sus citas con Lezama, Juan Ramón habla de la poesía de Salinas y comenta que es encaje de bolillo. O si se quiere, un tren en marcha con una velocidad más bien moderada.

–Se asoma usted a la ventana, señor Lezama, y ve pasar corderos, hombres, jilgueros y sirenas. Bergamín, si bien no tiene esos problemas de estilo, padece cierto defecto orgánico que le impide acogerse a la legalidad de la sintaxis. Y es que desde muchacho lo acostumbré mal, le revisaba todos sus trabajos. Ahora creo que eso se lo hace Marichalar, por eso sus trabajos son cada vez más aguados.

–Pero fíjese que también en Claudel hay muchas repeticiones de palabras ¿Acaso Unamuno no habla de la «incorrección necesaria»?

–No haga usted caso. Unamuno, una vez que le hablaron de su discípulo Bergamín dio sobre él un juicio insuperable: «Es el incapacitado mental número uno».

Lezama comprende por la rapidez y deficiencia de la frase que la cita es apócrifa, que Unamuno no debe haber dicho nada de eso. Pero sonríe e intenta cambiar de tema. Por lo visto, Juan Ramón está en uno de sus días biliosos, porque poco después la emprende contra Pérez de Ayala:

–Su señora, cuando se iba a divorciar de él, nos decía con mucha ingenuidad a Zenobia y a mí: «Yo no sé lo que le pasa a Ramón, que cuando va a escribir se encierra en su cuarto y necesita ponerse varias revistas enfrente: *The Criterion*, la *Nouvelle Revue Française*, la *Neue Rundschau*...

La mano se cierra, rápida como un abanico. Le hace un guiño a su interlocutor, que percibe la fina malicia sin inmutarse: ya se ha acostumbrado a estos comentarios. Hace apenas un mes Juan Ramón le ha citado la misma anécdota a propósito de Eugenio D'Ors: su esposa ingenua, que no lo contaba por maldad... Le divierte este lado protervo de su maestro, y él mismo no se anda con rodeos a la hora de criticar a Ballagas, quien, por cierto, se ha burlado de su poesía en un almuerzo. La maledicencia ajena produce una incomodidad que sólo se conjura con una dosis equivalente de murmuración. Y Lezama es un gran conversador.

–Parece que Ballagas está perpetrando nuevos sonetos...

–Sí, me ha mandado algunos. Hay algo en ellos del coleccionista, aunque atenuado por la búsqueda de una forma precisa.

–Me temo que hemos ido demasiado lejos en el camino del cisne, y por ahí se llega a la estatuaria. Como en la antología de la Hispanocubana, por ejemplo... Hasta él mismo se asustó de estar en tan numerosa compañía.

–Eso fue lo que ustedes llaman «un numerito», una orquestación montada para llamar la atención y que luego fuera yo a rogarle a las puertas del castillo. Desde entonces me escribe cada vez que piensa venir a La Habana o cada tarde que la musa lo visita.

–A ver qué aporta esa musa guajira, que ya hace mucho lo tiene en fase adoratriz. Por el momento no le ha dictado otra cosa que imitaciones de Neruda, un Neruda aguado en Evaristo Carriego. Nadie como él, ¿no cree usted?, revela las influencias mal asimiladas, el atolondramiento del vanguardista provinciano por incorporar a los que han ganado en verdad esas posiciones. Detrás de su aparente timidez se cree un Orfeo tropical.

La referencia a Neruda sonroja al español.

–Ese señor, Neftalí Reyes, no entiende nada y se entretiene en cantar contra mí en coro de necios o beodos. Su poesía no tiene acento propio. Ya vio usted como copia a Tagore sin sonrojo. Es como un vertedero a donde hubiera ido a parar el sobrante, el desperdicio, el detrito. Vaga como un rebuscador que encuentra aquí y allá por su camino un pedazo de cartón, un vidrio, una suela de zapato, un ojo, una colilla y los fuera uniendo y pegando sin ton ni son sobre el tablero de su taller, pero dejándose olvidado también el útil ajeno: un lápiz, una tijera de sastre. Sus amigos de partido se han contagiado.

–Cuénteme, cuénteme...

–Cuando llegó Marinello de México me llamaron para que fuera al muelle a esperarlo. Pero ya sabe usted que no soy hombre de comisión ni de turba. Luego, cuando pasé por su casa, me dijo: «¿No ha querido usted comprometerse?». Lo invitamos entonces a comer en nuestro hotelito. El jefe de comedor, un asturiano que se llama José Méndez, me había dicho que sería feliz si podía darle la mano. Vino a nuestra mesa y le dije levantándome: «Mi amigo José Méndez, asturiano que lo admira hace tiempo, quiere saludarlo». Méndez extendió su mano dura y trabajada, pero tuvo que guardársela porque el comunista, sentado, no le tendió la suya con sortijas.

–Politiqueros... No les haga usted mucho caso.

–Le oí sus discursos populares. Pero me pareció retórico, imperativo. Le falta sencillez, y el espíritu libre que hay que comunicar al humilde. Así se lo dije a Clarita Porcet, que estuvo de acuerdo conmigo. Y ahora esta notita que acaba de publicar, ese entrefiletito torpe y venenoso en el periódico de la Legación. Ya he protestado ante don Fernando. Marinello, Roa, Guillén y compañía creen que no me entero de lo que dicen a mis espaldas. Pero yo lo sé todo, lo leo todo. A Zenobia ya le da náusea tanto periódico. Diga usted lo que diga, prefiero a Ballagas; es al menos respetuoso. Por cierto, me ha anunciado que escribirá un «Prontuario de Flora lírica». Se le ha ocurrido conversando con nosotros, que le preguntamos a qué sabía el marañón.

–En la gran división de las frutas, esa dualidad que rigen el mamey y la piña, el marañón está del lado de la piña, una armadura que protege una pulpa dulcísima, y que al chuparla aprieta la boca. Mi primer marañón lo comí cuando tenía cinco o seis años de edad y ese sabor recorre el tiempo incólume, sin que logre olvidarlo. Pero que no se esfuerce Ballagas: ni siquiera Góngora pudo clasificar ese mundo de paladares güelfos y gibelinos.

–¿Cree que podríamos hablar de eso en la Universidad?

–Hemos estado insistiéndole al rector para que usted lea en el Aula Magna. ¿Y sabe lo que ha respondido ese señor?: «Hay que tener mucho cuidado con quien viene a hablar aquí. ¿Es conocido ese señor Jiménez?».

–En cualquier caso, ese no es mi lugar sino el de Menéndez Pidal con su ancha bolsa de categorías. Bueno, me marcho ya porque supongo que tendrá ganas de encender uno de esos puros deleitosos que yo padezco. ¿Puede pedirme un coche de alquiler? Para venir he tomado uno de esos monstruos verdes y anaranjados que ustedes llaman *guaguas*, pero a esta hora las fuerzas me abandonan.

Se levanta, sonriente, y se despide con ceremonia del poeta y de su madre. Le elogia el café a Baldomera. Y sube al coche, después de comentar algo sobre los espléndidos nubarrones de los trópicos.[17]

ATENTOS oyentes de las conferencias habaneras de Juan Ramón fueron varios de los futuros origenistas: Baquero, Cintio (por entonces «Cynthio») Vitier, Fina García Marruz, Eliseo Diego, Justo Rodríguez Santos... En aquellas charlas coincidieron con Lezama, cuya figura veían de lejos, un poco intimidados. Para todos, Juan Ramón funcionó como foco o punto de intersección, a la manera de un profeta de la Poesía, cuya autoridad estaba fuera de discusión.

Fina ha recordado el influjo de *Canción*, libro leído en su infancia, y la profunda huella que le causaron las lecturas habaneras de su autor, «pronunciando las palabras como si fuera su dueño no transitorio», o el miedo que sintió cuando el poeta le pidió visitar su casa de la calle Neptuno.

Vitier, por su parte, rememora su lectura egoísta de la *Segunda antolojía* descubierta en la biblioteca matancera de su padre, y las búsquedas enfebrecidas que le siguieron durante todo un año. En medio de aquellas iniciaciones lectoras, aparece Juan Ramón en persona, hablando sobre el «trabajo gustoso» o el «comunismo poético», defendiendo «no sólo los grandes poetas españoles o franceses habían sido sus primeros maestros, sino también "el regante granadino" y "el mecánico de Moguer", los aristos, los mejores, del pueblo trabajador».

Las hermanas García Marruz llegaron a dar vueltas los domingos alrededor del hotel donde se alojaba el poeta para intentar coincidir con él («¡qué dicha saber que estaba allí, a lo mejor escribiendo aquellos poemas cuyo sabor conocía casi como él mismo, mirando, a lo mejor, aquellas mismas nubes que ya yo veía con los colores con que aparecían en su poesía!»). Al final, acompañadas de su madre, las dos adolescentes van a verlo para recoger el ejemplar de *Canción* con la dedicatoria prometida. «Las muchachitas de la Hispanocubana» pasan el filtro de Zenobia, y Juan Ramón baja al comedor del Vedado vestido de traje oscuro, con el libro ya dedicado. Se ha tomado unos días para hacerlo, dice, «porque no me gusta improvisar nada». Ellas le piden que hable de Lorca, y el encargo se convierte en otra charla del Lyceum; entre Ichaso, Ballagas y Serafina Núñez, dos niñas de pie en la sala llena, pasmadas ante «aquel eternizador Orfeo al que habrían de deber el recuerdo más bello de su vida».

Vitier, a su vez, se recuerda «corriendo como un loco a lo largo de toda mi casa para llegar a la contigua de mi tía Estrella, de donde una voz me había avisado que Juan Ramón me llamaba por teléfono». Era para invitarlo a oír música en casa de los Quevedo. Otro día el poeta español lo cita en el comedor vacío de su hotel para escoger y ordenar los poemas de lo que será el primer libro del joven, que saldrá en septiembre de 1938 por Úcar, García y Cía, la futura imprenta de Orígenes, prologado por Juan Ramón.[18]

Lezama está un escalón por encima de esos poetas aún adolescentes, tímidos e intimidados. Ya publica en revistas, e incluso las funda; parece haberlo leído todo, hace honor a su fama de altivo y ríspido. Fina lo ve desde lejos, «como una especie de rey oculto que presidiese la ciudad que lo desconocía, invisiblemente». Pero detrás de su altivez distingue, también, la «atmósfera de muchacho modesto que se destaca entre los más privilegiados y es en secreto envidiado por ellos».

El primero en atreverse a cruzar la frontera hacia Lezama es Baquero, el joven negro y católico de familia muy pobre, llegado de Banes para estudiar agronomía en la Universidad de La Habana, aunque también asiste a algunas conferencias en la Facultad de Filosofía y Letras. Ha encontrado respuesta a su vocación literaria entre un pequeño grupo de diletantes y homosexuales, a los que a veces lee algún poema que lleva en los bolsillos. Aunque ha ido a todas sus charlas y a alguna que otra reunión en el jardín del Hotel Vedado, prefiere no frecuentar las tertulias de Juan Ramón, que un día pregunta por él: «–¿Y qué se ha hecho de ese muchacho, que parece un príncipe abisinio? –Nada, Juan Ramón –le responden–; él está en todo lo de usted; pero, ¿sabe?, es un poco raro y muy tímido; siempre le decimos el venadito. –Sí, es verdad –comentó Juan Ramón–; tiene algo de animalito que huye. Pero díganle que me traiga más poemas suyos…».

A Baquero, el visitante le ha producido una impresión fuera de lo común. «Había una melancolía en derredor de su cabeza –recordará después–, pero me pareció una melancolía vieja, de raza, no de circunstancia. Y como Juan Ramón sabía estar sentado (cosa difícil), y mantenía muy erguida la cabeza, uno veía que en aquel señor triste, vestido de negro, había una majestad sin prosopopeya. Tenía, me pareció, la majestad de un rey moro en el destierro». En esa majestad poética, lo principal era la voz, el «tono interior» que demostraba en sus lecturas:

> No había teatralidad, ni énfasis excesivo, exterior, ni eso que los oradores llaman «recursos», tan frecuentes en el hombre hispánico, español e hispanoamericano, cuando se dirige a un público. En Juan Ramón, lector de sus textos, no había sino el instrumento musical por naturaleza, que brota a la manera del manantial-hilo-de-agua, no del manantial-torrente. Uno sentía inmediatamente que estaba ante el Poeta Viator, un hombre que va de viaje, que no se detiene nunca. Alguna vez le llamé el Judío Errante del Planeta Poesía. Ese río del romance español que él ve continuamente yendo y viniendo entre las venas de la poesía española estaba vivo en él y fluía constantemente. Cuando quedaba en silencio Juan Ramón, uno seguía trasoyéndole la música interior, enteramente como sucede con el mar.[19]

Poco después, en el verano de 1937, Baquero se tropieza con una pequeña revista, *Compendio*, donde un tal «José A. Lezama» ha publicado un poema, «Discurso para despertar a las hilanderas», que le causa una profunda impresión. Va a su casa para buscar unas monedas y regresa a comprar la revista. «Se hablaba allí, al pie del poema, de que se trataba de un joven poeta "que cultivaba lo onírico" y que preparaba un libro titulado *Filosofía del Clavel*. Me hice con la revista y me fui a mi casa decidido a escribirle a quien había escrito aquello que, de acuerdo con mi enorme pedantería y spenglerismo de entonces, *no se podía producir en Cuba*».[20]

Contra su costumbre, Baquero se interesa en conocer al autor de aquel poema, abriendo así una puerta decisiva a eso que él mismo llamará «destino». En su círculo más cercano, nadie sabe nada de aquel extraño poeta. Hasta que un amigo, culto y noctámbulo, le informa que a Lezama lo llaman, por su pretenciosa erudición, «Estante con Patas», y que vive en la calle Trocadero. Baquero apunta la dirección y envía a Lezama «una carta larguísima, pedantísima, llena de citas: una vitrina infantil para exhibir lecturas abundantes, dispersas y mal asimiladas, pero impresionantes».

Según cuenta Baquero que le contó la madre del poeta,[21] su carta llegó en un momento muy oportuno. Ese mismo día, algunos amigos de Lezama, a los que este había tratado de leerles un poema en un café, se habían reído de él, de su retórica incomprensible, que equiparaban a un tipo de locura. Aquella carta de un desconocido vino a confirmarle que, además del solitario profeta Juan Ramón, también acusado a veces de loco, podía encontrar otros interlocutores en la isla.

El orgulloso poeta le responde a su admirador con otra larga carta de la que sólo sabemos que terminaba con estas palabras: «Salud, arcos y flechas». Meses después, ambos poetas se conocerán en persona, pero ya en aquellos primeros contactos epistolares el más joven lo llama «Maestro» sin el menor asomo de ironía.

Debieron intercambiarse lo escrito. En octubre de 1937, cuando Lezama vuelve a publicar poemas en *Compendio*, uno de ellos, el soneto que empieza «Nuevo nácar recurva a nuevo frío», estará dedicado a su nuevo amigo.[22] Se trata, sin embargo, de una amistad difícil, no exenta, como cuenta Gastón, «de alternativas, de "baches", de tropiezos»:

> A veces estábamos meses y meses sin tratarnos, porque mi carácter le resultaba demasiado blando con los demás, poco exigente. «Usted es muy politiquero», me decía, refiriéndose a que yo tenía trato, superficial, pero cordial, con personas por las que él sentía un desprecio total (me refiero a la cultura, al valor intelectual de esas personas). Un día me dijo, muy encolerizado: «¡Usted es capaz de cualquier cosa, usted es capaz de hablar hasta con Jorge Mañach!». Llamarme pastelero, politiquero, *salonnier*, era lo más suave que me decía. En ese tiempo era un verdadero ogro, un puercoespín hecho y derecho.[23]

Esta imagen de un joven Lezama a la vez ferviente y desdeñoso fue también la primera impresión de Cintio, que lo conocerá en persona el 20 de diciembre de 1938, en una conferencia del catedrático español

Fernando de los Ríos («La posición de las Universidades ante el problema del mundo actual»), pronunciada en el Aula Magna de la Universidad de La Habana.[24]

Vitier, que ese día tenía fiebre, tuvo que escuchar la conferencia de pie, pero eso le permitió observar discretamente a Lezama, que ya antes de entrar al Aula había soltado una de sus típicas frases tan burlonas como tajantes: «Quien no haya leído la *Historia de las ideas estéticas en España*, absténgase de hablar de literatura.» El adolescente, que no había leído el monumental libro, prefirió hacer mutis. Años después, aclara: «De más está decir que no fue Lezama un lector especialmente admirativo de Menéndez y Pelayo. Dijo aquello, supongo, como una forma de burlarse de la intimidación que producía en uno el conocerle».

Fernando de los Ríos fue presentado por Pablo F. Lavín, profesor de Teoría General del Estado en la Facultad de Derecho. Ello provocó que Lezama preguntara, sin dirigirse a nadie, con su habitual entonación asmática e irónica: «Y a Pablo F., ¿quién lo presenta?».

Lezama tenía entonces 28 años y Vitier apenas 17, pero además de las diferencias de edad y de prestigio, el primero ya estaba envuelto en cierto aire de leyenda, lo que Vitier llama «su fábula habanera», una mezcla de su personalidad y las cosas que decía con el carácter insólito de los pocos textos que había publicado. Es ese personaje de leyenda el que aparece descrito en uno de los párrafos de *De Peña Pobre*:

> El Maestro estaba en la noche de universitarias columnas plantado como un rey de ajedrez en un tablero por el que nadie más que él caminaba. Su soledad era paralizante y a él mismo le quitaba el aire, le empalidecía las comisuras de los labios mordidos en un pliegue irónico, le aguzaba los ojos como quien busca precisar al enemigo que ya las aletas de la nariz han olisqueado. Su incipiente corpulencia, sin restarle todavía esbeltez, añadía distinción a su talante de príncipe de una dinastía perdida. Había en él como un disfrute secreto y una totalidad indetenible, que alzaba su cabeza altiva, de rizado pelo criollo y nuca vasca, para mirar por encima de todos los circundantes, con melancólica naturalidad, las torres incendiadas de un castillo lejano.[25]

Tanto Cintio como Fina coinciden en que aquella primera imagen era el recurso defensivo de un hombre tímido y acorralado por sus circunstancias. Detrás del desdén principesco y de la solemnidad irónica con que Lezama miraba a su alrededor se ocultaba el joven casi lloroso que había recibido con entusiasmo la primera carta de Baquero, enmascarando de distancia su impulso afectivo.

Poco después de aquel encuentro en la Universidad, y aprovechando la existencia de una asociación estudiantil llamada IOTA ETA, Vitier tuvo la idea de organizar un recital de poesía, al que invitó por carta a Lezama,[26] junto a Mirta Aguirre, Baquero y Justo Rodríguez Santos. Tras ser presentados por Guy Pérez Cisneros, cada uno de los invitados leyó una selección de su obra y una poética que, en el caso de Lezama fue el texto «Doctrinal de la anémona», publicado después en *Espuela de Plata.*[27]

Los poetas de aquel recital salían, por supuesto, de la antología de Juan Ramón, cuyo nombre aparece como una especie de salvoconducto en la primera carta (del 10 de diciembre de 1938) que le escribe Baquero a Vitier, tras leer su libro *Poemas (1937-38).*

La carta, ceremoniosa y pedante, empieza con una disculpa por atreverse a llamar amigo al mero conocido, al que ha llegado gracias a «otro amigo y poeta –José Lezama Lima–». Amistades a la sombra de la poesía, o mejor, «esa amistad esencial, permanente, que es la Poesía». El joven Baquero celebra los poemas adolescentes de Vitier desde una intuición que precedería a cualquier otro sentido crítico. Para él, como para Juan Ramón, la Poesía sólo merece existir con una mayúscula trascendental: «Digo que es Poesía aquella comunión de forma y sentimiento en que el Ser trasciende de sí mismo por la ardiente y pura intención de lo eterno. Digo que no es Poesía aquello trabajado artificiosamente, tanto, que no traspasa el menor hálito de verdad y pureza. Juan Ramón Jiménez es poeta; Gaspar Núñez de Arce, por ejemplo, no lo fue».

Aunque acaba de cumplir 24 años, este devoto autor inédito ya se considera parte de «esta generación nuestra a la que pertenecen en su línea superior los altísimos nombres de Eugenio Florit y de José Lezama Lima». Pero a diferencia de Lezama o Pérez Cisneros, empeñados en una gran empresa colectiva, Baquero sólo busca reclutar a Vitier para una amistad poética:

> Soy enemigo de tertulias, charlas colectivas, reuniones, etc., pero tengo una fe ciega, fe de niño, en el poder de la amistad. Los seres humanos, cuando se consideran aisladamente, como simples personas de Dios, tienen siempre una luz bella, amable, en la que puede reconocerse el impulso divino que a todos nos produjo y sostiene. Pero en cuanto los hombres forman partidos, peñas, grupos, emerge lo peor de la humanidad que es su falta de tolerancia, de respeto, de amor. El mismo hombre a quien teníamos por culto y comprensivo se transforma en fiera cuando acepta una dogmática cualquiera; cuando se hace parcial, partidista. Huyendo de esto, por conservar lo mejor de cada vida, y de la nuestra por ende, que es la fe en lo humano, temo como a mal incurable toda limitación que me provenga del exterior, toda imposición de la historia a mi conciencia. Ahora, lo comprendo, no sirvo más que como persona aislada. En este carácter le ofrezco hoy mi amistad y mi agradecimiento por su delicadeza para conmigo.

Gastón, por último, pide a Cintio que persevere en su oficio guiado por «los versos de Goethe que Juan Ramón pone al frente de *Canción*: "Como la estrella –sin tregua– y sin precipitación"», y acaba su carta con una posdata en la que le recuerda «que el próximo 24 de diciembre cumple un año más de vida Juan Ramón Jiménez».

FEBRERO de 1938. Lezama, con un traje blanco demasiado ceñido, el mismo con que aparece en una foto junto a su hermana Eloísa, en el relleno del Malecón, camina presuroso rumbo al Hotel Vedado. Por fin, después de los sucesivos cierres de la Universidad, ha retomado las clases de Derecho y se dedica a preparar su tesis: *La responsabilidad criminal en el delito de lesiones.* Trabaja por las mañanas en un bufete privado, y lo poco que gana se lo gasta en librerías: La Victoria, del exiliado español Tomás Rodríguez, que aviva con sus bajos precios los celos de la competencia: la Minerva, la Contemporánea y la Económica de Obispo y O'Reilly. El dueño de estas dos últimas, Alberto Sánchez Veloso, le permite comprar a plazos y esa largueza se vuelve, según Eloísa, «una centrífuga interminable».

El joven llega sonriente, pero Juan Ramón está melancólico: lo ronda la imagen de su sobrino, parte de las tropas franquistas, muerto meses antes con apenas 22 años en el frente de Teruel. Invita a comer a Lezama (Zenobia está fuera de la ciudad), comentan los primeros síntomas de una gripe y la furia de los ciclones tropicales. El día anterior, la poeta y periodista Herminia del Portal ha hecho su visita ritual al Hotel Vedado para hablarle a Juan Ramón de Paul Valéry, Eugenio D'Ors y otros intelectuales que ha conocido en París, en casa de Milena Barili. A Juan Ramón le interesa la relación de Barili con Valéry y otros escritores franceses, pero su otra pasión son los chismes sobre sus contemporáneos. «Le contaba de Eugenio D'Ors –recuerda la cubana–, de una vez que en la librería *Le Cercle* sostuvo un debate literario con Valéry. Valery lo fulminó. Y D'Ors, porfiado, insistía en discutir: *Parce que*...«Yo imitaba muy bien el acento castizo de D'Ors cuando hablaba francés. A Juan Ramón le causaba mucha gracia. No hacía más que terminar y él: "dímelo otra vez"...».[28] Los biógrafos explican el encono: el caprichoso Juan Ramón detestaba al catalán desde el día en que lo saludara por la calle quitándose un sombrero de hongo que le pareció ridículo.

Otra anécdota: en enero de 1939, el célebre lingüista Karl Vossler, invitado, también por Chacón y Calvo para hablar sobre el Siglo de Oro en el recién fundado Instituto de Altos Estudios,[29] coincide en el Hotel Vedado con Juan Ramón. Ha decidido atender las recomendaciones de Menéndez Pidal y escapar del invierno bávaro en aquella «Niza de los americanos». Desde el primer instante, el andaluz pone en marcha su máquina de recelar, hasta que Chacón, de regreso del hospital donde ha estado ingresado por una misteriosa operación «no grave pero muy molesta», se da cuenta de que sus invitados llevan varios días sentándose en mesas contiguas sin hablarse, y hace las debidas presentaciones. Enseguida sale el tema de la guerra inminente, y la obligada mención a la Alemania nazi sonroja al filólogo. Juan Ramón le cuenta la tragedia del exilio español, y conmueve a Vossler con la historia de su biblioteca perdida. En tono más áspero, le anuncia que no podrá asistir a su conferencia, presidida por el ministro de Alemania. Para suavizar tensiones, Zenobia enviará flores a *frau* Vossler, con quien comparte el estupor ante los carnavales del trópico.[30]

El 28 de enero de 1939, Juan Ramón, deprimido por las noticias que le llegan de su país, cede a las presiones de su esposa y se marcha definitivamente a la Florida. Algunos de sus amigos habaneros van al muelle a despedirlos. Están los Florit, Camila Henríquez Ureña, las hermanas Lavedán, Elena Mederos, el señor Porro. Los Camacho le mandan un coche con chófer. Otros traen regalos: para Juan Ramón, un pasador de corbata; para Zenobia un ramillete de guisantes y un agua de colonia Guerlain.

Meses después, Lezama le escribe a Juan Ramón, que ha intentado conseguirle una beca de estudios en la Universidad de Gainesville:

> Me sería muy conveniente embarcar antes que el curso empezase con objeto de repasar y perfeccionar el idioma. Para trasladarme con esa anticipación me sería imprescindible el envío de los trescientos pesos en efectivo. Me alegraría en extremo que usted hiciese posible que la universidad me enviase ese adelanto para hacer el necesario gasto de viaje. De ese modo también conseguiría familiarizarme con el paisaje antes de que el curso empezase.
>
> ¿Gainesville es un pueblecito que está cerca de Miami? ¿está muy lejos? ¿La universidad se encuentra cerca de donde usted vive? ¿Me sería posible verlo a usted con frecuencia? Dispense esas preguntas en serie, pero usted sabe que hay en el fondo de todo eso un problema de raíces. Eso y la lección que le aprendemos al aire, me atemorizan un poco al trasladarme, y me fuerzan las preguntas. Todas esas cosas que usted me diga me darían seguridades que me son necesarias.[31]

La Universidad floridana, según carta del rector Rollin Atwood,[32] concedió a Lezama no sólo los trescientos pesos sino también una beca de investigación que incluía matrícula, pensión completa y alojamiento. Pero ya en Navidad el poeta sabe que no viajará: no se decide a abandonar a su madre, o emplea su indecisión como excusa para no dejar La Habana. En una carta posterior aducirá vagos «motivos familiares» para justificar el primero de sus viajes frustrados. «Ahora sólo puedo hablar –le escribe a su maestro en una tarjeta de Navidad– con piedras, alambres, sombras y en el mejor de los casos, espejos».[33]

NOTAS:

[1] José Moreno Villa: *Leyendo a [...] San Juan de la Cruz, Garcilaso, Fr. Luis de León, Bécquer, Rubén Darío, Juan Ramón Jiménez, Jorge Guillén, Federico García Lorca, Antonio Machado, Goya, Picasso,* El Colegio de México, México, 1944.

[2] Juan Ramón Jiménez: «El libro mohoso», fragmento del *Diario poético.* En *Guerra en España,* Seix Barral, Barcelona, 1985, pp. 37-38.

[3] Juan Ramón Jiménez: «Límite del progreso», en *Verbum,* año 1, n. 2, La Habana, julio-agosto de 1937, pp. 3-11.

[4] Zenobia Camprubí: *Diario* [t. 1] *Cuba (1937-1939),* Alianza Editorial-Editorial de la Universidad de Puerto Rico, Madrid, 1991, pág. 31.

[5] Zenobia Camprubí: *Diario* [t. 1] *Cuba (1937-1939),* edic. cit., pp. 31-32.

[6] Se conserva la carta de invitación de Ortiz a Juan Ramón del 30 de septiembre de ese año, en la que le invita a dar «un saltito» a la isla, pues «el calor va de vencida y una zambullida en este ambiente antillano –aun cuando sea ahora de enrarecido oxígeno, no habría de serle del todo ingrato». Ver *Correspondencia de Fernando Ortiz. 1940-1949. Iluminar la fronda,* compilación y notas de Trinidad Pérez Valdés, Fundación Fernando Ortiz, La Habana, 2016, pp. 268-269.

La historia de cómo se conocieron Chacón y Juan Ramón tiene algo de película del cine mudo. En 1918 el cubano llegó a España como agregado cultural. Debía recorrer todas las embajadas y dejar en cada una su tarjeta de visita. Volvía del paseo cuando, frente a su casa, el paquete de tarjetas cayó de su mano y Juan Ramón, que en ese momento se disponía a entrar en el edificio, fue quien ayudó al nervioso joven a recogerlas. El cubano se instaló en la Residencia de Estudiantes y pronto comenzó a hacer amigos. El destino quiso que fuera a vivir a la misma habitación que había ocupado Juan Ramón en su juventud. Marañón le salvó la vida en marzo de 1925 al diagnosticarle una pulmonía contraída en un viaje en tren hacia Ávila. Salvador Dalí le regaló unos dibujos antes de irse a Nueva York. Manuel de Falla lo recibió en su casa de la Alhambra y García Lorca se volvió su amigo. Se mantuvo como primer secretario de la Embajada de Cuba en Madrid hasta el 2 de noviembre de 1936, cuando una grave enfermedad de su madre lo obligó a regresar a Cuba.

[7] Felipe Lázaro: «Conversación con Gastón Baquero», en AA.VV.: *Entrevistas a Gastón Baquero,* Editorial Betania, Col. Palabra Viva, Madrid, 1998, pág. 18.

[8] Virgilio Piñera: «Con diez años de retraso» [1945], en *Poesía y crítica,* Col. Cien del Mundo, Consejo Nacional para la Cultura y las Artes, México, 1994, pág. 284.

[9] Carta de JLL a José Rodríguez Feo, 21 de agosto de 1947; *MIC*, pág. 71.

[10] Más de una vez Lezama relaciona a Juan Ramón con José Martí, «a quien la generación anterior no había conocido, en el sentido de conversar, verlo atravesar una calle o comprar unos libros o unos bombones». No faltan afinidades entre ambos: el mismo temperamento nervioso e irritable, un carácter hosco y tierno a la vez, incluso cierto parecido físico. Otra coincidencia: «Límite del progreso» recuerda las crónicas norteamericanas de Martí, escritas cincuenta años antes. Nueva York, muestrario de tentaciones, aparece en las páginas de ambos como la réplica moderna de Cartago, Babilonia o la Roma decadente. En esta visión de la ciudad sin alma coinciden Juan Ramón, profeta de un sentimiento antinorteamericano, y los futuros origenistas, preocupados por la injerencia *yankee* en el destino de la joven república. «En España –escribe Lezama– [JRJ] apenas recibía, entre nosotros, conversaba un crepúsculo o caminaba una mañana subrayando el gris que acompaña a nuestro azul o nuestro verde. Le seducía nuestra retadora diversidad, una suma de lo discontinuo que logra una inesperada resultante tonal. Decía que no había podido escribir sobre Martí antes de su visita a Cuba, en aquellos días lo hizo con verdadero esplendor, sentía como nadie el delicado, Garcilaso, Sidney o Martí, muerto por la espada».

[11] Véase el artículo de Alfonso Alegre Heitzmann «Juan Ramón y Lezama en La Habana», *La Jornada*, México, 4 de abril de 2010, y compárese la versión corregida encontrada por Alfonso en el archivo de JRJ con las versiones que aparecen en *PC(EC)*, pág. 570. Donde el original decía: «en ti, solo, pulcro y buscando», el andaluz corrige «tú, solo, pulcro y buscando»; donde decía «vuelve, es cola y es corazón», JR recorta: «vuelve, es cola y corazón»; donde dice «en el puro, en el puro», JR añade «en el puro, ya en el puro», y el último verso, «símbolo de plata rielera», queda convertido en «símbolo, plata rielera».

[12] «Recuerdos de J.R.J.»; *MI*, pp. 428-429.

[13] José Lezama Lima: *Coloquio con Juan Ramón Jiménez*, Publicaciones de la Secretaría de Educación, Dirección de Cultura, La Habana, 1938.

[14] Zenobia Camprubí: *Diario* [t. 1] *Cuba (1937-1939)*, edic. cit., pp. 72-73.

[15] José Lezama Lima: «Recuerdos: Guy Pérez Cisneros», en *Revista de la Biblioteca Nacional José Martí*, año 79, 3ra época, vol. XXIX, n. 2, La Habana, mayo-agosto de 1988, pp. 24-37.

[16] José Lezama Lima: «Tránsito de Juan Ramón», en *Diario de la Marina*, La Habana, 6 de junio de 1958, pág. 4-A.

[17] La escena del diálogo entre Juan Ramón Jiménez y Lezama, que tuvo lugar en Trocadero 162, ha sido reconstruida con un método menos ficcional de cuanto parece: el zurcido o pastiche de opiniones que ambos escritores dejaron por escrito. Las de Juan Ramón están recogidas en la antología de Ángel Crespo: *Guerra en España* (1936-1953), Barcelona, Seix Barral, 1985; las frases de Lezama son citas de su correspondencia y pasajes de su *Diario 1939-1949/1956-1958* (publicado por la mexicana editorial Era, en 1994). Fina García Marruz también alude, en sus *Pequeñas memorias* (Ediciones Huso, Madrid, 2023) a la maledicencia de Juan Ramón:

> Recuerdo que cuando alguien le preguntaba por el último libro de Pedro Salinas, fingía preguntar su título. «¿*La voz a ti debida*? ¡Claro! ¡Cómo me la debe a mí!». ¡Y pensar que muchos lo juzgaban por estas cosas! Se veía que lo había irritado mucho.
>
> Algo mejor, mezquino, invisible lo había tocado en la sombra, y si es verdad que daba zarpazos de león uno sentía también la superioridad de una cabeza mucho más noble.

Rara nobleza esta, que el escritor sólo despliega frente a «criaturas naturales»: «un árbol, un hombre de bien, un burrito, una fuente, un niño». Este Juan Ramón, al que Fina conoció y leyó –¡con 13 años!–, al que invitó a su casa y enseñó sus primeros poemas, fue el embajador de una España medular y omnipresente en aquella Cuba desaparecida, pero también un dechado de rencores.

[18] Cintio Vitier, *Memorias y olvidos*, Letras Cubanas, La Habana, 2006.

[19] Gastón Baquero: «Recuerdos sobre exiliados españoles en La Habana», en *Cuadernos hispanoamericanos*, n. 473-74, Madrid, nov.-dic. de 1989, pp. 218-219.

[20] Hay diferentes versiones de la anécdota. En una, el escenario es la Plaza de Armas; en otra, más confiable, un puesto de limpiabotas del Parque Central. Sigo aquí los detalles que da el propio Baquero en una charla filmada sobre Lezama, y en su entrevista con Felipe Lázaro (*vid. sup.*). Tampoco están exentas de errores: si bien ubica su descubrimiento de Lezama «entre 1935 y 36», el poema que menciona no fue publicado hasta junio de 1937 en *Compendio. Resumen del Pensamiento Universal* (a. 1, n. 3, pp. 54-55), la revista que editaban Rafael Cruz Menéndez y Raúl Ros Dorticós, y que pagaban los Clubes Rotarios de la isla.

[21] «La carta que yo le envié, me lo dijo su madre un día, llegó en el momento más oportuno de su vida. Porque ese día él llegaba muy triste de la calle. Se habían estado riendo de él –se reían los literatos, el grupo aquel, le decían que era un loco, un mongolino, un retrasado, que no se le entendía; se reían y a él esas mofas le hacían mucho daño, porque era muy sensible a esas agresiones, y eso lo obligaba a encerrarse mucho dentro de sí (yo creo que eso fue lo que creó una costra que él tenía luego de rechazo hacia el exterior). Y venía para su casa muy triste, casi llorando, me dijo la madre. "Hijo, ¿qué te pasa?". "Nada, mamá, esta gente, que me mortifican mucho". "No hagas caso, mira, ahí tienes una carta". Y era la carta mía. Me dijo su madre: "Usted no sabe lo que fue esa carta para él". Porque creo que fue el primer testimonio de homenaje que él recibía». Gastón Baquero, entrevista filmada e incluida en *Orígenes. Edición Multimedia*, La Habana: Ediciones Cubarte. Centro de Informática y Cultura, 2010. El editor responsable de la multimedia fue Ernesto Sierra, aunque en ella colaboraron diferentes investigadores. La entrevista está disponible en YouTube por cortesía de la revista *Rialta*: https://youtu.be/ncfgkNF-hXk?si=fop4NteM1coG9KzW

[22] Sin embargo, en diciembre de 1937, cuando Lezama vuelve a publicar esos textos en la revista *Social*, ahora firmados por «J. Lezama Lima», ya no aparece la dedicatoria. El soneto será finalmente incluido con el título «Vuelta del aire» en *Enemigo rumor*.

[23] Felipe Lázaro: «Conversación con Gastón Baquero», *op. cit.*, pág. 22. A Mañach, por cierto, el propio Lezama le había escrito a finales de 1937 para invitarlo a colaborar en *Verbum*.

[24] En esa conferencia (impresa como separata: *La Posición de las Universidades ante el Problema del Mundo Actual*, Publicaciones de la Revista «Universidad de La Habana», La Habana, 1 de enero de 1938, 22 pp.) se contó una anécdota que llamó la atención de Lezama. De los Ríos había sido anfitrión de G. K. Chesterton en España, y en alguna ocasión lo había invitado a sumarse a un grupo de campesinos de la comarca de Toledo que estaban arreglando la estera de un arado. A Chesterton lo sorprendió la delicadeza con que los campesinos manipulaban el instrumento. «Los invitaron cortésmente a comer ("¿Quieren ustedes acompañarnos?"), pero Chesterton no respondió; observaba en silencio cómo comían "y cómo cogían su navajita y cortaban el queso, la cebolla y el pan, prodigio estético de refinamiento, de pulcritud, de gracia, de señorío"... Y cuando se levantaron, para despedirse, exclamó "¡Qué cultos son estos analfabetos!"». Véase la separata de la conferencia. La frase era una variación sobre

los *aristos* del pueblo de Juan Ramón, y será medular en la doctrina cultural de los origenistas.

[25] Cintio Vitier: *De Peña Pobre. Memoria y novela.* Siglo XXI Editores, México, 1978, pp. 55-56.

[26] «Puede usted asegurarse –le responde Lezama– que estaré a la hora y sitio que me indique para su recepción poética, y que me complace cabalmente verme en la mejor compañía de amistad y poesía, entre amigos queridísimos». Y luego de soltarle la andanada sobre la Teleología insular y comentarle la buena impresión que le han causado los poemas del primer libro de Vitier, le aconseja: «Continúese, consejo que yo también recibiría gustoso, y llegue a acostumbrarse a su misma sorpresa. A eso creo que Juan Ramón llama: seguro instinto consciente». *CE*, pp. 251-252. Es importante leer con atención esta carta de respuesta porque revela la manera en que el joven Lezama se veía a sí mismo en relación con otros poetas; esa mezcla de soberbia y cordial catolicismo, esas rachas de inspirado que alternan con un paternalismo irredento.

[27] «La amistad tranquila y alegre, en eco de mucho júbilo», testimonios de Fina García Marruz y Cintio Vitier, en *CLL*, pág. 50. Se conserva la carta de respuesta de Lezama (de enero de 1939) a la invitación de Vitier: *MI*, pp. 526-530.

[28] Nedda G. de Anhalt: «Herminia del Portal: una lectora privilegiada», en *Dile que pienso en ella*, Ediciones La Otra Cuba, México, 1999, pp. 42-43.

[29] Las conferencias de Vossler, que fueron el primer acto del Instituto, tuvieron lugar entre enero y marzo de 1939, en un salón cedido por la Academia de Ciencias. El romanista habló, entre otros asuntos, de Tirso de Molina, el teatro de Calderón, y la lírica simbolista y neosimbolista del siglo XIX. Lezama asistió a todas (lo menciona en su ensayo «Calderón y el mundo personaje», *AR*), participó activamente y Vossler llegó a elogiar su conocimiento de los «clásicos menores». Véase el artículo de Medardo Vitier «Puntos de estética», en *Diario de la Marina*, La Habana, 22 de febrero de 1958, pág. 4D. El Instituto, que incluso llegó a recibir una oferta de la Fundación Rockefeller, nunca prosiguió sus actividades, y hubo de disolverse por falta de presupuesto tras los cambios políticos de ese año.

[30] Véase carta de Karl Vossler a Benedetto Croce con sus comentarios sobre su estancia habanera en: *Carteggio Croce-Vossler 1899-1949, a cura di Emanuele Cutinelli Réndina*, Edizione Nazionale delle Opere de Benedetto Croce, Bibliopolis, Nápoles, 1991, pp. 378-381.

[31] Carta de JLL a Juan Ramón Jiménez, 22 de septiembre de 1939; *CE*, pp. 271-272.

[32] Véase la carta de Atwood al profesor cubano Juan Clemente Zamora, 12 de junio de 1939, en el archivo de la Universidad de Gainesville, descubierta y citada por el investigador Gerardo Muñoz: «Lezama Lima en Gainesville, 1939» (USFP Bulletin, Florida, 2010).

[33] Postal navideña de JLL a Juan Ramón Jiménez, diciembre de 1940; *CE*, pág. 272.

ÍNDICE ONOMÁSTICO

SE TERMINÓ DE IMPRIMIR ESTE LIBRO
JOSÉ LEZAMA LIMA: UNA BIOGRAFÍA
AÑOS DE FORMACIÓN (1910-1939)
EL 19 DE DICIEMBRE DE 2025